bodensee

Ingrid Nowel

Senkrechtstarter

Was nimmt den Stress des Alltags schneller: An einer der wunderschönen Uferpromenaden am Bodensee zu sitzen und den Schiffen auf dem Wasser zuzusehen oder selbst auf einem dieser Schiffe über den See zu gleiten und die Landschaft an sich vorbeiziehen zu lassen? Probieren Sie aus, was Ihnen guttut. Sichere Häfen wie hier in Lindau erwarten Sie entlang des ganzen Sees. Und danach geht es entspannt zum Stadtbummel oder ins Museum oder zum Winzer oder auf Radtour oder auf den nächsten Berg. Schon eine Idee, was Sie machen wollen?

Überflieger

Skurrile Skulpturen

Ludwigshafen/ Bodman

Zeitenreise, ganz

Tosende Wassermassen

Kult um die Zwiebel

Überlingen

Moos

Unteruhlding

Schaffhausen

Salatinsel

Reichenau

Insel Mainau

Blumenins

Gaienhofen

Stein am Rhein

Konstanz

Wo große Literatur entstand

Bilderbuch-häuser

Grenzenloses Grenzgebiet

Warth

Kunst im Hinterland

Winterthur

Köstliche Kultur-Kartause

Der Bodensee — von Hügeln und Bergen umgeben. Mal eben drüberfliegen, von Ost nach West und von Nord nach Süd. Viel Wasser, viel Ufer, viel Urlaub!

Kunst und Spiele

alem

Wo die weißen Mönche lebten

Ravensburg

ier dichtete
ie Droste

eersburg

Achtung Piraten!

Immenstaad

ur für
chiffe

Friedrichshafen

Dem Alltag entschweben

Turmblick

Langenargen

Der Löwe brüllt nie

Romanshorn

Startpunkt für Skater

Lindau

Über dem See

Arbon

Baden im Stil der 1930er-Jahre

Nistplatz für Nachtreiher und Nilgänse

Pfänder

Bregenz

Die Bühne bebt

Heiden

St. Gallen

Hier ist nicht
nur Spitze
spitze

Wo hat sich der Witz versteckt

Schwarzenberg

Dornbirn

Gebirg, Wald und Wasser in der Gießerei

Neue Architektur mit altem Holz

Hohenems

Appenzell

Geheimnisse im Käsekessel

Festival für Franz

Säntis

Der Berg ruft

Querfeldein

Der Blick übern See — er bringt jeden zur Ruhe, sei es im Hintergrund noch so trubelig. Denn so ist das Leben am Bodensee: aktiv, lebensfroh, genussfreudig, kreativ, innovativ, begleitet von kulturellen Highlights.

See-Inspiration

Wald, Wiesen, Berge – und natürlich der See. Der Star, um den sich alles dreht. Seit Tausenden von Jahren. Die Bodenseeregion ist so inspirierend, dass sie nicht nur Urlauber anzieht, sondern auch viele Künstlerinnen und Künstler. Nobelpreisträger Hermann Hesse ist sicher der bekannteste. Apropos Nobelpreisträger: Jedes Jahr treffen sich die besten der Wissenschaftler in Lindau mit jungen Forschenden zum kreativen Austausch. Kein Wunder, dass auch zahlreiche Firmen dieses Innovationspotenzial gerne nutzen.

Ländereien

Auch wenn alles irgendwie zusammengehört, so spürt man doch, wenn man das Land am Bodensee wechselt. Nicht nur, weil in der Schweiz der Franken gilt oder ein anderer Dialekt gesprochen wird. Jedes Land und jedes Bundesland bringen ihre Besonderheiten an den See. Einfach liebenswert.

Abseits des Sees

Klar, an den Bodensee fährt man vor allem wegen des Sees. Aber man sollte ihn auch mal verlassen und das Hinterland erkunden. Beispielsweise, um einige der 17 Museen in Winterthur anzusehen oder um auf den Säntis hochzufahren oder um sich spielerisch durch Ravensburg zu bewegen oder um den Pfänder zu besteigen – oder, oder, oder.

Es ist eisig kalt am Seeufer bei der Kirche von Wasserburg. Ein schöner Wintertag geht zu Ende. Doch trotz der Kälte macht sich niemand auf den Nachhauseweg. Der glutrote Untergang der Sonne wärmt nicht nur Romantiker. Beim heißen Tee in der Wirtschaft sind alle erst einmal ganz bei sich.

Feste feiern

Egal, wann man an den Bodensee reist, irgendwo ist immer ein Fest. Beim kleinen Hock im Winzerdorf sind sprachliche Barrieren zwischen Bodenseeanrainern und Gästen aus anderen Regionen der Welt schnell überwunden. Wer es lieber größer mag, ist bei den Weinfesten in Konstanz und Meersburg am richtigen Platz. Und wer es richtig groß und trubelig will, der fährt zum Seenachtsfest nach Konstanz. Allein das Seefeuerwerk, eines der größten Europas, ist für viele eine Reise wert. Doch ein solches Fest könnte überall auf der Welt gefeiert werden. Das Bülle-Fest auf der Höri oder die Mooser Wasserprozession nach Radolfzell hingegen – die gibt es nur am See.

Fortbildung mal ganz anders

Auf der Insel Mainau darf man für einen Tag als Gärtnerin oder Gärtner ›mitschaffen‹, muss allerdings dafür bezahlen. Im Gegenzug ist man ganz nah dran an den Profis und kann viele Tipps in den eigenen Garten mitnehmen.

»Wenn ich den See seh', brauch' ich kein Meer mehr.« Deshalb wird der Bodensee auch ›schwäbisches Meer‹ genannt.

Im Badi

Eine durchschnittliche Wassertemperatur von 25 Grad im Sommer lockt auch kälteempfindliche Schwimmer in den See. Die Strandbäder rund um den Bodensee sind von Mitte Mai bis September geöffnet. Da gibt es ganz große wie das in Horn bei Konstanz oder architektonische Kleinode wie in Bregenz das Mili, das seit rund 100 Jahren auf Stelzen im Wasser steht. Ein Flair der 1920er-Jahre strahlen das Strandbad Bad Schachen und die Badhütte in Rorschach aus. Wer außerhalb der Badesaison an den See kommt – oder es lieber wärmer hat –, der kann in den Thermen von Meersburg, Überlingen, Konstanz und Lindau abtauchen.

Nostalgiebad Mili

Inhalt

Vor Ort

Überlinger Seeufer und Linzgau 14

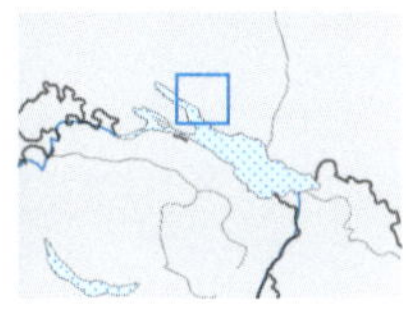

Nostalgisches Badevergnügen: Das Mili in Bregenz wurde 1825 als Trainingsort für Rekruten erbaut und ist damit die älteste Badeanstalt am Bodensee.

Mittleres Nordufer und Hinterland 38

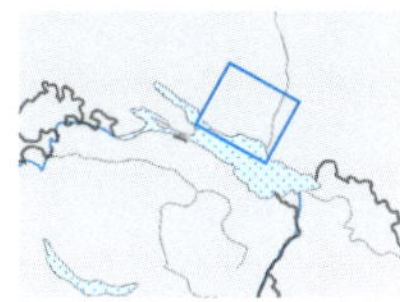

Östliches Nordufer und Umgebung 74

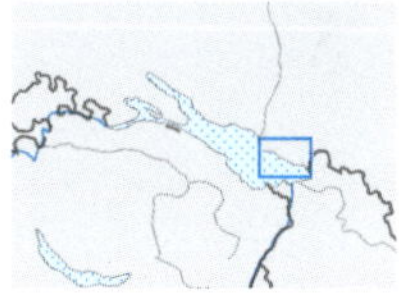

Österreichisches Ufer und Hinterland 96

Östliches Schweizer Ufer und Hinterland 118

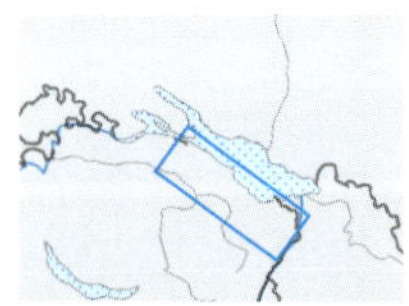

Konstanz und die Insel Mainau 154

Schweizer Untersee und Hochrhein 178

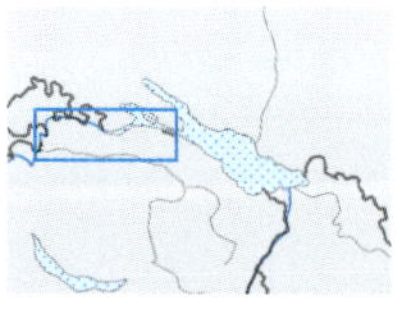

Höri, Bodanrück und Insel Reichenau 198

Das Kleingedruckte

Die gräflichen Besitzer der Insel Mainau residieren in einem wundervollen Schloss.

Das Magazin

Vor

Ort

Einer der Zugänge in Meersburgs idyllische Altstadt: das Obertor

Überlinger Seeufer und Linzgau

Viel Abwechslung — wird in dieser Region geboten. Eine perfekte Mischung aus Kultur und Genuss.

Seite 32

Wallfahrtskirche Birnau ✪

Die festlich-heitere Kirche thront zwischen Weingärten und Obstwiesen über dem See. Einst zum Kloster Salem gehörig, ist sie der schönste Barockbau am Bodensee.

Seite 24

Bodensee-Therme

Ein Hochgenuss für Körper und Seele ist diese mit fünf Sternen ausgezeichnete Wellness-, Spa- und Badelandschaft in Überlingen mit Thermalbecken innen und außen, Wasserattraktionen, Saunapark und freiem Seezugang.

Achtung vor den Affen am Affenberg bei Salem: Sie stehlen!

Seite 34

Kloster und Schloss Salem ✪

Das einst bedeutendste Zisterzienserkloster im süddeutschen Raum ist mit seinem Münster und den barocken Klosterbauten von dörflichem Charme. Das berühmte Internat Salem ist hier zu Hause, und für Besucher gibt es viel zu entdecken.

Seite 27

Reptilienhaus

Grüne Mambas, Riesenspinnen – alles, was kreucht und fleucht ist im Reptilienhaus in Unteruhldingen zu bestaunen.

Seite 28

Pfahlbauten Unteruhldingen

Hier wird das Leben aus der Stein- und Bronzezeit (4000–850 v. Chr.) lebendig.

Seite 19

Städtisches Museum Überlingen

Das Museum im prächtigsten Renaissance- und Barockpalais Überlingens zeigt eine historische Puppenstubensammlung und Werke der Bodenseekunst.

Seite 20

Promenade in Überlingen

Egal ob im Sommer oder Winter, tagsüber oder am Abend: Die großzügige Uferpromenade von Überlingen mit mediterranem Charme ist eines der großen Flaniervergnügen am Bodensee.

Seite 23

Landgasthof zum Adler

Im Dorf Lippertsreute bei Überlingen bietet dieser Gasthof eine heimelige Postkartenidylle in Kombination mit preisgekrönter badischer Landküche.

Szenetreff mit Stil – die zurückhaltend-elegante Weinstube Weinstein (s. S. 24) mit Loungebereich ist der Treffpunkt in Überlingen.

Wandern Sie doch mal durch die Geschichte: Der historische Prälatenweg (s. S. 36) verbindet Kloster und Schloss Salem mit der Wallfahrtskirche Birnau – Top-Aussicht inklusive.

Kulturlandschaft mit viel Genuss

H

Hier beginnt das Bodenseevergnügen. Überlingen präsentiert sich als eines der Ferienzentren des Bodensees. Mit reicher Kultur, dem großen Münster St. Nikolaus inmitten der gepflegten Altstadt und einer großen, bunten und geschäftigen Seepromenade mit Schiffsanlege. Von dort ist es ein Katzensprung zu den Läden, Restaurants, Cafés und kleinen Kneipen, Trendiges und Gemütliches in allen Straßen, Plätzen und Gassen. An der Seepromenade beginnt auch der Überlinger Gartenkulturpfad, der in das historische Zentrum führt. Er zeigt ein einzigartiges Ensemble von Parks und kleinen, verwunschenen Gärten.

Das Hinterland, der Linzgau, bietet eines der Highlights der Bodenseeregion: das Klosterareal Salem mit großer Geschichte, bedeutenden Kunstschätzen und einer sehr lebhaften Gegenwart; ringsum liegen reizende Landgasthöfe.

Unteruhldingen mit seinem rekonstruierten Pfahlbautendorf ist weltberühmt, und die Wallfahrtskirche Birnau – hoch über dem See gelegen – ist eine vielgerühmte Barockschönheit; sie gilt als das prächtigste barocke Juwel am Bodensee.

O

ORIENTIERUNG

Im Internet: www.bodensee.eu (Portal für den ganzen Bodensee), **www.bodensee-linzgau.de** (Portal der Orte im Linzgau wie Salem u. a.), **www.bodo.de** (Auskünfte über Bahn, Bus- und Schiffsverkehr im Raum Bodensee/Oberschwaben), **www.schiffe-am-bodensee.ch** (Website der Vereinigten Schifffahrtsunternehmen)
Transport: Die **Bodenseegürtelbahn** führt rund um den Bodensee. Die **Seelinie Bus 7395** fährt tgl. mehrmals von Überlingen jeden Ort am nördlichen Seeufer über Meersburg nach Friedrichshafen an. Der **Linzgau Freizeitbus 7379** und **7397** fährt an Wochenenden und Feiertagen von Überlingen über Heiligenberg und Salem nach Meersburg. Von April bis Okt. verbindet ein **Erlebnisbus** (tgl. 10–18 Uhr, alle 60 Min.) die Sehenswürdigkeiten zwischen Unteruhldingen und Salem. Ganzjährig fährt ein zweiter Erlebnisbus zwischen Unteruhldingen und Meersburg. Zwischen April und Okt. fahren die **Schiffe** der Bodenseeflotte von Überlingen über die Insel Mainau nach Konstanz.

Überlingen

F 3

Die Kurstadt Überlingen mit ihren 22 400 Einwohnern hat alles, was sich ein Urlauber wünscht: Die dicht bebaute Uferpromenade ist die größte und schönste am See. Gepflegte ausgedehnte Park- und Gartenanlagen schmiegen sich rund um den verkehrsberuhigten Altstadtkern. Und der wiederum ist sehr vital und quirlig, besitzt prächtige Fachwerk- und Patrizierbauten, reizvolle Plätze und Gassen, Kunstschätze in Kirchen und Museen. Bummeln und Shopping, Sitzen und Schauen in mediterranem Flair sind ein Vergnügen, die Gastronomie ist interessant und vielfältig, das Freizeitangebot groß.

Charme, Lebensqualität und Sorgfalt im Umgang mit allen Ressourcen haben dazu geführt, dass Überlingen als eine von zehn deutschen Städten in den Kreis der Slow Cities (www.cittaslow.de) aufgenommen wurde: als liebenswerter Ort, der sich in Anlehnung an die Slow-Food-Bewegung für den Erhalt der Stadt- und Kulturlandschaft, für Nachhaltigkeit in Umweltfragen und eine hochwertige Lebensmittelproduktion in der Region einsetzt.

Stadtgeschichte

Schon 770 wurde Überlingen erstmalig erwähnt, unter den Staufern, um 1180, erhielt der Ort Stadt- und Marktrechte. Er lag am Schnittpunkt dreier regionaler Handelswege, u. a. an der Handelsstraße von Ulm nach Konstanz. Bald gehörte Überlingen zu den großen Städten am See und durfte sich ab 1268 Freie Reichsstadt nennen: Zu der Zeit wurde auch der starke Befestigungsring mit Türmen und Toren errichtet. Mit Weinbau und Getreidehandel erhielt Überlingen seine Wirtschaftskraft. Der wöchentlich abgehaltene Kornmarkt war der bedeutendste am Überlinger See. Im Dreißigjährigen Krieg wurde die Stadt schwer verwüstet. Nach den Napoleonischen Kriegen fiel sie dann an das Großherzogtum Baden.

Im 19. Jh., mit dem Bau der Eisenbahn, entwickelte sich ein reges Kur- und Fremdenverkehrsleben, die gerade entdeckte Mineralquelle wurde zum Thermalbad ausgebaut. Ab 1956, als Überlingen Kneippheilbad wurde, entstanden Sanatorien und Kuranlagen. Heute ist Überlingen ein renommiertes Bad mit einem breiten Angebot für medizinische Nachsorge, Kneippkuren und Heilfasten. Mit der Bodensee-Therme ist ein weiterer großzügiger gesundheitsorientierter Wellnesstempel hinzugekommen.

Altstadt

Die Stadtanlage Überlingens macht es leicht, sich zurechtzufinden: Am Seeufer erstreckt sich die Seepromenade, die im Zuge der Landesgartenschau 2021 nach Osten hin verlängert wurde, und zwar bis zur Silvesterkapelle in Goldbach. Die Bodensee-Therme und das Strandbad West sowie der einwärts geschobene Mantelhafen markieren die West- und Ostränder der Altstadt. Der historische Kern wird von dem heutigen Stadtgraben eingefasst, mit fünf erhaltenen **Wehrtürmen** am äußeren Ring.

In Nord-Süd-Richtung läuft die Aufkircher Straße vom gleichnamigen Turm als Hauptachse auf das Franziskanertor zu; von dort zielt die Franziskaner- und als ihre Verlängerung die Marktstraße direkt auf den Landungsplatz und die Schiffsanlege. Eng beisammen bilden Münster und Rathaus das Herz der Stadt.

Ringsum in den Straßen und Gassen erinnern stattliche Bauten mit großen Innenhöfen, gotischen Treppengiebeln oder anmutigen Fachwerkfassaden an die historische Größe der einstigen Freien Reichsstadt.

Münster St. Nikolaus

Das **Münster St. Nikolaus** ❶ (1350–1586) ist der größte gotisch geprägte Kirchenbau am Bodensee. Das Wahrzeichen der Stadt erhielt, wie seine Vorgängerbauten, den Namen des Heiligen der Seeleute und Fischer. Eine achteckige Haube mit Nadelspitze krönt seinen Turm. Auffallend in der weiten fünfschiffigen Basilika ist die feierliche Raumwirkung. Hinter dem filigranen Chorgitter zieht der über 10 m hohe Hochaltar von Jörg Zürn – eines der bedeutendsten Kunstwerke im süddeutschen Raum und größter Schatz der Stadt – die Blicke auf sich. Der Überlinger Bildhauer fertigte mit Vater und Brüdern 1613–16 die Skulpturengruppen mit der Verkündigungsszene, Christi Geburt, Marienkrönung und Kreuzigung aus Lindenholz.

tgl. 8–18 Uhr

Rathaus

Die wuchtigen, rustizierten Gemäuer des **Rathauses** ❷ liegen direkt unterhalb des Münsters: Vorbild für das Rathaus aus dem 14./15. Jh. waren italienische Renaissancebauten, wobei der ältere **Pfennigturm** integriert wurde. Im langen Osttrakt liegt der prachtvolle holzgetäfelte **Rathaussaal:** Ab 1492 begann der Überlinger Schnitzer Jakob Russ mit dessen grandioser Ausgestaltung. In einen umlaufenden Arkadenfries sind 41 Statuetten eingearbeitet, darunter je vier Vertreter aller Stände des Heiligen Römischen Reiches Deutscher Nation. Sie versinnbildlichen die enge Verbindung von Reichsstadt und Kaiser und spiegeln den detaillierten Gesellschaftsaufbau wider: Die geknechteten Bauern mussten im Vorraum verbleiben.

Überlingen

Ansehen
1 Münster St. Nikolaus
2 Rathaus
3 Städtisches Museum
4 Franziskanerkirche
5 Salmansweilerhof
6 Franziskanertor
7 Brunnen von Peter Lenk
8 Greth
9 Städt. Galerie Fauler Pelz
10 Kuranlagen
11 Stadtgarten
12 Uferpark
13 Goldbacher Stollen

Schlafen
1 Seehotel Schäpfle und Café Anna
2 Hotel Seegarten
3 Kur- und Strandhotel Seehof
4 Das Domizil am See
5 Ferienhaus Avila
6 Ferienwohnungen Mohring
7 Gästehaus Ritsche
8 Martin-Buber-Jugendherberge
9 Campingplatz Überlingen

Essen
1 Café und Wein im Rathaus
2 Fischhaus Löwenzunft
3 Gasthaus zur Krone
4 Restaurant Bürgerbräu
5 Landgasthof zum Adler
6 Landgasthof Keller

Einkaufen
1 eigenart
2 Wochenmarkt (Hofstatt)
3 Gudrun Grenz Shop
4 Konditorei Popp

Bewegen
1 Strandbad West
2 Strandbad Ost
3 Strandbad Nußdorf
4 Bodensee-Therme
5 Taichi Haus
6 Weidemann
7 2-Rad-Shop-Wehrle
8 Tanznachmittage im Kursaal

Ausgehen
1 Weinstein
2 Sushi Bar im Zeughaus
3 Theater Überlingen

Münsterplatz, Rathaussaal Mi/Do 11 Uhr und bei Stadtführungen (s. Touristen-Information S. 25)

Städtisches Museum
In den Straßen rund um den Münsterplatz stehen sehr gut erhaltene Patrizierhäuser. Schönstes ist das **Reichlin-von-Meldegg-Haus,** benannt nach seinem Erbauer, einem Überlinger Arzt und Humanisten, der zeitweilig päpstlicher und kaiserlicher Hofarzt war. Beim Bau des Palastes (1459–63) hatte er eine toskanische Villa der Frührenaissance vor Augen: heute der nachweislich früheste Einfluss florentinischer Renaissancearchitektur in Deutschland. Um 1700 wurde das Innere barockisiert. In dem prächtigen Ensemble mit Treppengiebeln, grünen Läden und wunderschönem Garten wird der barocke Saal des **Städtischen Museums** 3 als Konzert- und Veranstaltungssaal genutzt. Im teils noch vollständig möblierten Gebäude ist eine der schönsten deutschen historischen **Puppenstubensammlungen** zu Hause: 55 Puppenstuben von der Renaissance bis zum Jugendstil. Exzellent sind auch die Werke der **Bodenseekunst** von der Gotik bis zum Klassizismus. Anhand zahlreicher Sammlungsstücke wird zudem die Geschichte Überlingens und des Umlandes erzählt.

Reichlin-von-Meldegg-Haus, Krummebergstr. 30, www.museum-ueberlingen.de, Di–Sa

PANORAMABLICK

Vom ›hängenden‹ Garten des **Städtischen Museums** (s. S. 19) hat man einen wunderbaren Ausblick auf die bewegte Dächerlandschaft, den Überlinger See und das gegenüberliegende Ufer mit dem bewaldeten Bodanrück.

9–12.30, 14–17, April–Okt. auch So, Fei 10–15 Uhr, Erw. 5 €, ermäßigt 4 oder 1 €

Nordwestlich vom Münster

Nur einen kurzen Spazierweg entfernt liegt die **Franziskanerkirche** ❹ (Franziskanerstraße, tgl. 9–17 Uhr). Die Basilika aus dem 14. Jh. wurde später erweitert und Mitte des 18. Jh. wie so viele Bodensee-Kirchen in barocker Üppigkeit umgestaltet. Am Hochaltar finden sich zwei Originalskulpturen von Joseph Anton Feuchtmayer. Auch die Stuckarbeiten in der ausgemalten Langhausdecke stammen von ihm, die weiteren Altäre aus seiner Werkstatt.

In der Franziskanerstraße mit den alten Stadthäusern hatte schräg gegenüber das Kloster Salem mit dem **Salmansweilerhof** ❺ eine ›Stadtadresse‹, die mehrere kleine und große Gebäudeteile miteinander verband. Dieser städtische Hof des rund 10 km entfernten Zisterzienserklosters (einst Salmannsweiler) stammt im Wesentlichen aus dem frühen 16. Jh. In der sternenübersäten einstigen Hauskapelle ist heute ein Ladenlokal zu Hause.

Angrenzend an den Salmansweilerhof markiert das **Franziskanertor** ❻ (1494) den nördlichen Bogen des ältesten Überlinger Stadtteils. In den Straßen und Gässchen rund um die Franziskanerstraße geht es lässig und lebendig zu. In der Fußgängerzone liegen Geschäfte, Cafés und Restaurants.

Immer Richtung Wasser

Die wuselige Marktstraße öffnet sich in östliche Richtung in die weite, sehr schöne Platzanlage **Hofstatt** 2 mit dem Kaiserbrunnen – ein städtischer Treffpunkt; hier findet auch der Wochenmarkt statt, und hier lässt es sich schön sitzen und schauen.

Die Marktstraße kreuzt die lange mittelalterliche Schneise der Hafenstraße, bevor sie schnurstracks auf den **Landungsplatz** und die Seepromenade führt. Im Mittelpunkt der Platzanlage liefert der bronzene **Brunnen von Peter Lenk** ❼ mit seinem skurrilen Personal endlosen Gesprächs- und Diskussionsstoff (s. auch S. 226). Zur Wasserfront hin öffnet sich die **Greth** ❽. Einst liefen hier alle Fäden der Wirtschaft zusammen: Die Greth war städtisches Handels- und Kornhaus, und auch heute noch ist das elegante, weiß leuchtende Gebäude, 1788 von Franz Anton Bagnato im klassizistischen Stil umgebaut, der Treffpunkt am See. Nach kompletter Sanierung ist sie nun **Markthalle** mit zwei Restaurants und großer Terrasse.

Städtische Galerie

In der **Städtischen Galerie Fauler Pelz** ❾ finden ganzjährig hochkarätige Wechselausstellungen statt. Die Bandbreite reicht vom Mittelalter bis zur Gegenwart, von regionalen bis zu internationalen Künstlern.

Landungsplatz, Seepromenade 2, www.staedtischegalerie.de, Di–Fr 14–17, Sa, So, Fei 11–17 Uhr, bei großen Ausstellungen im Sommer tgl. 10–13, 14–18 Uhr, Erw. 1 €, Kinder frei

Promenade und Parks

Die **Seepromenade** ist autofrei, bunt, lebendig, mediterran. Mit Palmen, Blumenrabatten, einer dicht gedrängten Abfolge von Hotels, Cafés, kleinen Geschäften, Restaurants und Eisdielen. Ein träge fließender Strom an Lustwandlern vom Mantelhafenbecken im Osten bis zur Bodensee-Therme im Westen. Dazwischen schiebt sich das Grün der **Kuranlagen** ⑩ mit wunderbaren alten Bäumen, **Kursaal** und dem **Badhotel** mit seiner reizenden Gartenfassade.

Nördlich der Kuranlagen liegt der **Stadtgarten** ⑪. Das lang gestreckte Band des Gartens ist für seine exotischen Bäume und Pflanzen und eine über 100 Jahre alte Kakteengruppe bekannt. Westlich der Bodensee-Therme entstand anlässlich der Landesgartenschau 2021 der **Uferpark** ⑫, der bis zur Silvesterkapelle reicht.

Goldbacher Stollen

Hitlers Machtergreifung war auch in Überlingen ohne Aufregung und Widerspruch hingenommen worden, und als in der Endphase des Zweiten Weltkriegs die Rüstungsfabrikation von Friedrichshafen durch alliierte Bomber schwer geschädigt war, fiel die Wahl eines Ausweichortes, die Auslagerung der Fabriken, auf Überlingen. Häftlinge aus dem KZ Dachau, die in Aufkirch in Baracken hausten, mussten von September 1944 bis April 1945 in das Molassegestein von Überlingen-Goldbach ein – nie fertiggestelltes – kilometerlanges Stollensystem sprengen. 300 Häftlinge starben an den Strapazen. Der **Goldbacher Stollen** ⑬ und die dazugehörigen Baracken wurden zerstört, bevor die französischen Alliierten Überlingen besetzten. In den Wäldern fand man Massengräber; im April 1946 wurden die Toten geborgen und auf den KZ-Friedhof in Birnau überführt.

Stolleneingang: Obere Bahnhofstr. 28, www.stollen-ueberlingen.de, Führung jeden 1. Fr im Monat 17 Uhr

Schlafen

Die Tourist-Info hält für Überlingen und Umland eine große Auswahl an Übernachtungsmöglichkeiten bereit, entweder direkt am Wasser gelegen oder weiter oben mit bester Aussicht auf den See. Im Folgenden finden Sie einige besonders empfehlenswerte Beispiele.

Mediterran

1 **Seehotel Schäpfle und Café Anna:** Direkt an der Promenade liegt das schöne Haus mit seinen blumengeschmückten Balkonen. Die Zimmer sind großzügig und in mediterranem Stil eingerichtet. Das vorgebaute Café Anna ist eine grüne Oase unter Palmen. Hotel und Café gehören mit dem eleganten Hotel Schäpfle in der angrenzenden Seitenstraße zusammen.

Seepromenade 1, T 07551 830 70, www.schaepfle.de, DZ 120–196 €

Tolle Lage

2 **Hotel Seegarten:** Direkt an der Promenade lässt sich von den Zimmern, meist mit Balkon, das Treiben beobachten. Restaurant und Terrasse unter großen Kastanien.

Seepromenade 7, T 07551 918 89 19, www.seegarten-ueberlingen.de, DZ 118–189 €

Mit Seezugang

3 **Kur- und Strandhotel Seehof:** Am Bodensee-Radweg am östlichen Ortsrand gelegenes, behaglich-modernes Haus mit Kurbetrieb. Große Liegewiese und Seezugang. Komfortable Zimmer, z. T. mit Balkon.

Strandweg 6, T 07551 94 79 80, www.kurhotel-seehof.de, DZ 105–170 €

Chic & zentral

4 **Das Domizil am See:** Aufwendig restauriertes, schön ausgestattetes Patrizierhaus am Landungsplatz mit zehn geschmackvollen Appartements mit Seeblick, überwiegend mit Balkon.

Jakob-Kessenring-Str. 38, T 07551 92 66 12, www.das-domizil-am-see.de, Ferienapartments (42–80 m^2), 58–129 €/Nacht

Allein zu Haus

5 **Ferienhaus Avila:** Nicht direkt am See, aber in ruhiger Wohnlage und sehr gemütlich – so präsentiert sich das Ferienhaus auf 65 m². Mit windgeschützter Holzterrasse.

Nelkenweg 4, T 07551 94 80 00, 650 92, www.ferienhaus-avila.de, 2 Pers. 95–110 €/ Nacht, mind. 5 Nächte

Den See im Blick

6 **Ferienwohnungen Mohring:** 2 Wohnungen mit Balkon und Seeblick, voll ausgestattet, je 50 m² mit 2 Zimmern, Bad und Küche (95–99 €) in schöner Villa aus den 1930er-Jahren. Mit Liegewiese.

Nußdorfer Str. 33, T 07551 91 58 37, www.fewo-mohring.de

Idyllisch

7 **Gästehaus Ritsche:** Idyllisch und ruhig unter alten Bäumen, mit Liegewiese und eigenem Badestrand vor der Tür. Geräumige Doppel- und Mehrbettzimmer, teils mit Balkon zum See. Ohne Frühstück.

Nußdorf, Zur Forelle 6, T 07551 620 04, www.gaestehaus-ritsche-bodensee.de, DZ 85–95 €

Günstig

8 **Martin-Buber-Jugendherberge:** Frisch renovierter Kasten am westlichen Ortsrand von Nußdorf mit 240 Betten, Tagungsräumen, eigenem Hallenbad. Das Bodenseeufer liegt 150 m entfernt. Auch für Familien und Vereine gut geeignet.

Nußdorf, Alte Nußdorfer Str. 26, T 07551 42 04, www.jugendherberge-ueberlingen.de, ab 33,70 €/Person im Mehrbettzimmer

Camping

9 **Campingplatz Überlingen:** Direkt am See zwischen dem Überlinger Ortsteil Nußdorf und der Basilika Birnau liegt der kleine, familienfreundliche Campingplatz Brändle-Köhne mit guter Ausstattung.

Untermaurach 4, T 07551 832 88 88, www.untermaurach.de

Essen

An der Promenade reihen sich Restaurants, Weinstuben und Cafés mit Terrassen dicht an dicht. Daher hier nur eine kleine Auswahl aus der Altstadt und der Umgebung.

Qualitätvoll

1 **Café und Wein im Rathaus:** Hier könnte man den ganzen Tag sitzen, sich kulinarisch verwöhnen lassen und dabei auf das vielfältige Geschehen auf der Hofstatt und der Münsterstraße schauen. Der Kaffee kommt aus dem Tessin, der Wein aus der Region und der ganzen Welt.

Münsterstr. 15–17, T 07551 947 12 84, www.rathauscafe-ueberlingen.de, Mo–Mi, Fr, Sa 9–19, So ab 10 Uhr

Frische Fische

2 **Fischhaus Löwenzunft:** Im Fischhausbistro oder draußen auf der Hofstatt gibt's Fisch in allen Varianten. Der Fisch aus dem See ist tagesfrisch, wird auch selbst geräuchert. Vom Fischbrötchen bis zur Austernplatte – alles super.

Hofstatt 7, T 07551 94 90 25, www.knoblauch-bodensee.de. Laden Di–Fr 8.30–18, Sa 8–14.30, warme Küche Di–Fr 11–15, Sa 10.30–14.30 Uhr, Hauptgerichte 9–19 €

Bürgerlich badisch

3 **Gasthaus zur Krone:** Vom späten Frühstück bis zum letzten Bier am Abend gute, preiswerte badische Küche. Mit schönem Hofgarten.

Münsterstr. 10, T 07551 91 99 33, www.krone-ueberlingen.de, tgl. 11.30–14.30, 17–22 Uhr, Sa, So durchgehend geöffnet, Hauptgerichte 12–20 €

Raffiniert

4 **Restaurant Bürgerbräu:** Hochgenuss in einem historischen Fachwerkhaus-Hotel; in den gemütlichen

Gasträumen wird Köstliches von ländlichen Delikatessen bis zu asiatischem Raffinement serviert. Preisgekrönte Küche.
Aufkircher Str. 20, T 07551 927 40, www.buergerbraeu-ueberlingen.com, Küche Mi–Sa 17.30–21, So auch 11.30–14 Uhr, Hauptgerichte ab 17 €

Urgemütlich

5 **Landgasthof zum Adler:** In der heimeligen Gaststube und auf der Hofterrasse wird preisgekrönte badische Landküche serviert, etwa Schweinsbäckle, gefüllte Kalbsbrust oder Fisch aus dem See.
Lippertsreute (ca. 8 km nordöstlich), Hauptstr. 44, T 07753 825 50, www.adler-lippertsreute.de, Fr–Di 11.30–14, 17.30–21 Uhr, Tagesgerichte ab 17 €. Großer Landgasthof in blumengeschmücktem, stilvollem Fachwerkgemäuer. Schöne Zimmer (DZ 110–130 €), Appartements und Ferienwohnungen

Slow Food

6 **Landgasthof Keller:** Das hübsche Gasthaus mit Gartenterrasse bietet Ausblicke auf das Salemer Tal und Schloss Heiligenberg. Komfortable Zimmer (DZ 82–114 €), gut ausgestattete Ferienwohnungen. Der Chef, Markus Keller, ist Slow-Food-Mitglied, kocht viel mit Kräutern und Produkten der Region. Spezialität: frische Innereien.
Lippertsreute (ca. 8 km nordöstlich), Riedweg 2, T 07753 82 72 90, www.landgasthofkeller.de, Mi–So 11.30–13.30, 17–20.30 Uhr, Tagesgerichte 12–27 €

Einkaufen

Bauernmarkt

Auf dem Münsterplatz: beim Münster ❶, Sa 7–14 Uhr.

Individuelles

1 **eigenart:** Künstler und Kunsthandwerker zeigen und verkaufen ihre Werke in unmittelbarer Seenähe. Hier findet man schöne Souvenirs.
Seepromenade 15, Ecke Schulstr., T 07551 24 03, www.eigenart-kunsthandwerk.de, Mo–Fr 10–13, 14.30–18, Sa 10–14 (Ostern–Sept. bis 16 Uhr)

Wochenmarkt

2 **auf der Hofstatt:** Mi, Sa 7–14 Uhr.

Edles Schönes

3 **Gudrun Grenz Shop:** Die Kollektionen von Gudrun Grenz sind aus edlen Materialien, puristisch mit einem Touch Extravaganz, lässig-elegant und tragbar.
Hofstatt 2, T 07551 94 88 19, www.gudrun-grenz.com, Mo 13–18, Di–Fr 10–18, Sa 9–15 Uhr

Torten

4 **Konditorei Popp:** Bekannt für traumhafte Torten und Gebäck aus besten Produkten und mit reduziertem Zuckeranteil.
Hochbildstr. 23, T 07551 45 32, www.konditorei-popp.de, Mo, Mi–Sa 8.30–17.30, So, Fei 9–17 Uhr

Gleich mehrere Strandbäder laden in Überlingen zum Baden ein.

Bewegen

Baden

❶ **Strandbad West:** Gepflegtes Bad mit Kiesstrand, Liegewiesen, Gastronomie.
Bahnhofstr. 27, T 07551 30 19 90, www.ueberlingen-bodensee.de/strandbad-west, Mai–Sept. 9–20 (letzter Einlass 19) Uhr, Erw. 3 €, ermäßigt 1 €, Kinder bis 6 Jahre Eintritt frei, ab 18 Uhr alle Tickets die Hälfte

❷ **Strandbad Ost:** Sand- und Kiesstrand, Liegewiesen mit altem Baumbestand, Gastronomie.
Strandweg 32, Richtung Nußdorf, nahe Sportboothafen, www.ostbad-ueberlingen.de, Mai–Sept. (wetterabhängig) tgl. 9–20 Uhr, Erw. 3 €, ermäßigt 1 €, Kinder bis 6 Jahre Eintritt frei

❸ **Strandbad Nußdorf:** Das kleine, familiäre Strandbad liegt im Ortsteil Nußdorf. Mit Gartenrestaurant Forelle.
Zur Forelle 14, 07551 832 88 66, www.nussdorf-bodensee.de/strandbad, Mai–Sept. tgl. 9.30–20 Uhr, Erw. 3 €, ermäßigt 1 €, Kinder bis 6 Jahre Eintritt frei

Wellness

❹ **Bodensee-Therme:** Die mit fünf Wellness-Sternen ausgezeichnete Therme ist *der* Renner. Mit Thermalbecken innen und außen, Wasserattraktionen, Eltern-Kind-Bereich und großzügiger Saunawelt. Im Saunagarten am Seeufer bieten Seesauna, Bootshaussauna, Ruhehaus mit Kamin und Panoramablick schönste Entspannung. Der See ist von allen Bereichen aus frei zugänglich. Kombitickets für die drei Bodensee-Thermen Überlingen, Konstanz und Meersburg: www.thermentrio.de.
Bahnhofstr. 27, T 07551 30 19 90, www.bodensee-therme.de, tgl. 10–22 Uhr, Thermal-/Sportbad Erw. 12–16 €, Kinder 6,50–11 €, inkl. Sauna 26–29 €

Taiji und Qigong

❺ **Taichi Haus:** Kennenlern- und Schnupperkurse für Taiji und Qigong. Einstieg jederzeit. Umfangreiches Programm. Stunden auch im Park am See.
Nußdorfer Str. 38 f, T 07551 858 06 36, www.taichi-haus.de

Fahrradverleih

❻ **Weidemann:** Hofstatt 12, T 07551 989 75 12, www.fahrradshop24.com.
❼ **2-Rad-Shop-Wehrle:** Zum Hecht 11, Nußdorf-Zentrum, T 07551 57 37, www.rad-sport-wehrle.de.

Tanzen

❽ **Tanznachmittage im Kursaal:** So 14.30–17 Uhr, wenn Saal verfügbar, Eintritt frei.
Christophstr. 2, T 07551 83 76 30, www.ueberlingen-bodensee.de/kursaal-am-see, Mai–Sept.

Stadtführungen

Tourist-Information: s. S. 25.

Rundflüge

Plessing Flug: T 07551 949 97 89, www.flugundbild.de, nur nach Vereinbarung, im zweisitzigen Flugzeug 1 Person/150–210 €/Std.

Ballonfahrten

Bodensee-Ballöner: 60–90 Min. (Flug über den westlichen Bodensee), April–Okt. (wetterabhängig) Mo, Mi/Do 295 €/Person, Fr, So, Fei 335 €/Person, nur mit Voranmeldung, Startort: Hohenfels.
Gina Steinmann, Kratellen 19, Hohenfels, T 07557 84 74

Ausgehen

Behaglich

❶ **Weinstein:** Moderne, behagliche Weinstube mit viel schlichtem Holz, einem langen Tresen und gepolsterten Sitzbänken. Im OG befindet sich ein Loungebereich mit Kamin. Regionale und internationale Weine, Flammkuchen, kleine Gerichte.

L

LITERARISCH-KULINARISCHES FESTIVAL

Seit 1999 findet alle zwei Jahre, meistens im April, das **WortMenue** (www.wortmenue-ueberlingen.de) statt – eine Veranstaltungsreihe, die 14 Tage lang in und um Überlingen eine köstliche Verbindung zwischen Literatur und Kulinarik schafft. Lesungen und Diskussionen mit Schriftstellern und Dichtern über Essen, Trinken und Genießen werden mit Essen und Trinken in Restaurants, Gasthöfen und Cafés verknüpft, Verstand und Gaumen gleichermaßen verwöhnt; der Ansturm ist gewaltig.

Münsterstr. 10, Ecke Kronengässle, T 07551 947 11 04, Mo–Sa ab 17 Uhr

Puristisch

2 **Sushi Bar im Zeughaus:** Sehr chic und puristisch geht es in den alten Gemäuern zu. Sushi und andere japanische und fernöstliche Spezialitäten. Große Terrasse an der Seepromenade.

Zeughausgasse 2, T 07551 937 98 80, https://zeughaus-ueberlingen.restexpert.com, Mi–Mo 11–22 Uhr

Theater

3 **Theater Überlingen im Kursaal am See:** Das Gastspielrepertoire ist anspruchsvoll und vielseitig.

Christophstr. 2, T 07551 83 76 30

Feiern

- **WortMenue:** s. Kasten oben
- **Überlinger Fasnet:** Am 6. Januar starten die Hänsele mit dem Einschnellen, dem traditionellen Peitschenknallen. Umzüge: Hänselejuck am Fastnachtssamstag, So großer Umzug, Mo Hemdglonckerumzug.
- **Historische Schwedenprozession:** So Mitte Mai und Mitte Juli. Prozession, die an die Abwehr schwedischer Truppen im Dreißigjährigen Krieg erinnert.
- **Gassenfest:** Fest der Stadtkapelle, 1. Juliwochenende.
- **Promenadenfest:** letztes Juliwochenende (Fr–So). Größtes Stadtfest, mit Künstlermarkt.
- **Überlinger Orgelsommer:** Aug./Sept. Mit Konzerten im Münster.
- **Großer Töpfermarkt:** letztes Augustwochenende, Hofstatt, www.toepfermarkt-ueberlingen.de.

Infos

- **Tourist-Information Überlingen:** Landungsplatz 5, T 07551 947 15 22, www.ueberlingen-bodensee.de, Mo–Fr 9–13, 14–17, Ende März–Juni Mo–Fr 9–18, Sa 9–13, So und Fei geschl., Juli–Sept. auch So 10–13, Mitte Okt.–Anfang April Mo–Fr 9–12.30, 14–16.30, Do bis 18 Uhr. U. a. Führungen Altstadt (T 07551 947 15 23) Fr 15, April–Okt. auch Di 10, Mai–Sept. 14-tägig Sa 14.30 Uhr, 7–8 €.
- **Bahn:** Der Hauptbahnhof von Überlingen ist in der Altstadtmitte, der Bahnhof Therme liegt am Westrand der Promenade. Die stdl. Züge der Bodenseebahn Richtung Radolfzell und Friedrichshafen halten an beiden Stationen; ab Bahnhof Mitte auch 2-stdl. Expresszüge nach Radolfzell/Singen und Friedrichshafen/Lindau.
- **Bus:** Zentraler Busbahnhof am Bahnhof Mitte, von dort 3 Stadtbuslinien sowie Regionalbusse in die Umgebung.
- **Schiff:** März–Okt. nach Konstanz, Mainau, Meersburg, Bodman über Marienschlucht, Sipplingen, Ludwigshafen. Viele Sonderfahrten. Bodenseeschiffsbetriebe: T 07531 364 00, www.bsb.de; Überlinger Schiffsbetriebe: T 07551 91 69 04, www.ueberlinger-schiffsbetriebe.de.

Sipplingen

E/F 2

Die kleine Gemeinde knapp 7 km westlich von Überlingen mit ihren rund 2200 Einwohnern ist eine Fachwerkidylle mit buckeligen Straßen, engen Gassen, Klosterhöfen und sehr gut restaurierten alten Bauten mit Treppengiebeln oder mächtigen Walmdächern. Besonders schön sind in der Rathausstraße der fünfstöckige **Konstanzer Spitalhof** und das historische **Rathaus** (Hausnr. 10) mit seinem regionaltypischen Sockelgeschoss.

Die **Pfarrkirche St. Martin und Georg,** um 1750 umgebaut in barockem Stil, besitzt mit den Plastiken der Kirchenpatrone St. Georg und St. Martin zwei kostbare Skulpturen: Sie stammen von Joseph Anton Feuchtmayer. Die Marienstatue im Chorraum wurde um 1620 in der Werkstatt der Überlinger Bildhauerfamilie Zürn gearbeitet. Von hier aus steigen die Straßen den Hang hinauf.

Die **Uferpromenade** mit alten Bäumen zieht sich zwischen Ost- und Westhafen hin. Direkt vor der Promenade wurden zahllose Funde einer rund 4000 Jahre alten Pfahlbausiedlung gemacht; die Tauchexpeditionen der Archäologen gehen weiter.

Rund um Sipplingen werden vorwiegend Kirschen angebaut, und die Umgebung ist im Frühling ein einziges Blütenmeer.

Trinkwasser-Anlage Sipplingen

Auf dem Sipplinger Berg befindet sich die Pumpstation für das Bodenseewasser, das als Trinkwasser für 4 Mio. Menschen in Baden-Württemberg dient (s. S. 263). 1954 wurde der Zweckverband Bodensee-Wasserversorgung gegründet, er betreibt die größte Fernwasserversorgung Deutschlands. Rund 356 000 m^3 Wasser pro Tag werden aus der Tiefe gepumpt und durch die Leitungen geschleust, bis sie in die Haushalte von 320 Städten und Gemeinden, auch Stuttgart, gelangen. Ein zweiter Standort ist in Planung.

Besichtigungen Mi 15.30 Uhr, Anmeldung über Tourist-Information

Schlafen, Essen

Designorientiert

Hotel Krone: Das stattliche Haus an der Hauptstraße wurde vor einigen Jahren komplett renoviert und bietet Design sowohl in den Zimmern als auch im Restaurant. Mit Liegewiese und eigenem Badestrand.

Seestr. 54, T 07551 632 11, www.krone-am-see.de, DZ 80–145 €

Idyllisch

Landhaus Sternen: Inmitten von Obstwiesen mit Panoramablick auf den See bietet der hübsche Landgasthof beschauliche Gemütlichkeit. 20 nette Zimmer überwiegend mit Balkon. Restaurant nur für Hausgäste bzw. nach Absprache. Verkauf eigener Erzeugnisse von Wurst bis zu Obstbränden.

Burkhard-von-Hohenfelsstr. 20, T 07551 830 70, 947 44 60, www.landhaussternen.de, DZ ab 119 €

Ausflugsziel

Haldenhof: Beliebtes Ausflugslokal in herrlicher Lage mit großartigem Ausblick, Terrasse, Biergarten, gutbürgerliche Küche.

Bonndorf, Haldenhofweg 51 (von Sipplingen Richtung Stockach, dann nach Bonndorf, ca. 9 km nordwestlich von Überlingen), T 07773 56 13, www.gasthaus-haldenhof.de, März–Okt. Di–So ab 9, warme Küche 11.30–14, 17–21 Uhr, Hauptgerichte 8–14 €, DZ 80 €

Super im See

Ristorante Café Riva: Tolle Lage mit Terrasse über dem See, chic und cool

mit Mahagoni, weißem Leder und offener Küche. Die Leistung überzeugt.
Seestr. 1a, T 07551 93 61 91, www.ristorante-riva.de, tgl. 11.30–23.30 Uhr, Mittagsmenü (Mo–Fr 11.30–14.30 Uhr) ab 8,50 €, Hauptgerichte ab 8 €

Infos

- **Tourist-Information Sipplingen:** Seestr. 3 (Bahnhof), T 07551 949 93 70; www.sipplingen.de, Mo–Do 9–12.30, Mitte April–Ende Sept. auch 14–17, Juli/Aug. auch So 9–12.30 Uhr, Okt. Fr nur vormittags.
- **Bahn:** Der Bahnhof liegt im Ort; stdl. mit der Bodenseebahn Richtung Radolfzell, Überlingen, Friedrichshafen.
- **Bus:** Nach Bodman-Ludwigshafen und nach Überlingen.
- **Schiff:** www.bodenseeschifffahrt.de. 3 x tgl. Richtung Marienschlucht, Ludwigshafen-Bodman und Überlingen.
- **Dorffest:** Aug. Musik- und Vereinsfest.

Uhldingen-Mühlhofen G 3

Uhldingen-Mühlhofen besteht aus den drei Ortsteilen Unteruhldingen, Oberuhldingen, Mühlhofen sowie den Weilern und winzigen Dörfchen Birnau, Maurach, Seefelden, Gebhardsweiler und Hallendorf.

Direkt am See liegt das einstige Fischerdorf **Unteruhldingen** mit dem **Pfahlbaumuseum** (s. S. 28). In der rekonstruierten Pfahlbausiedlung kann man der Lebensweise der Steinzeitmenschen nachspüren. An der hübschen Bucht mit Schiffslände, Jachthafen und autofreier Promenade, dem Halbkreis an Restaurants und Cafés, lässt sich entspannt bummeln, bevor man sich das Reptilienhaus anschaut und dann das schönste Barockkunstwerk am Bodensee, die Wallfahrtskirche Birnau, besucht.

WOCHENENDE OHNE TRUBEL

Seefelden (G 3) besteht aus drei, vier Häusern, einem alten Kirchlein, dem Pfarrhaus und dem historischen, anmutigen Fischerhaus mit Bauerngarten. Zum dortigen Landhotel gehören 15 000 m^2 Parklandschaft mit Sommerterrassen, Obstwiesen, Kräutergarten, Weiher und zwei modernen Gästehäusern – eines davon mit Suiten, Sauna und Solarium sowie beheiztem Außenpool. Zum eigenen Seeufergrundstück mit Liegewiese und Badesteg sind es nur wenige Meter. Das gesamte Ensemble wie auch die Restaurant-Stuben sind den Hotelgästen vorbehalten.
Landhotel Fischerhaus: Seefelden 3, T 07556 85 63, www.fischerhaus-see felden.de, DZ 200–250 € inkl. Halbpension mit 5-Gänge-Menü.

Reptilienhaus

Sie wollten immer schon einer grünen Mamba beim Speisen zusehen? Im Reptilienhaus kreucht und fleucht es wie in Australiens Outback, der Sonorawüste oder der Savanne Afrikas. Die Schlangen, Echsen oder Schildkröten, Riesenspinnen oder Geckos aus Wüste und Regenwald leben hier in weitgehend natürlichen und artgerechten Biotopen.
Unteruhldingen, Ehbachstr. 4, am Parkplatz, www.reptilienhaus.de, April–Okt. tgl. 9.30–18, Nov.–März Sa, So, Fei 11–17 Uhr, Erw. 6 €, Kinder 3 €

TOUR
Zu Gast in der Steinzeit

Rundgang durch das Pfahlbaumuseum in Unteruhldingen

Infos

G 3

Pfahlbaumuseum Unterhuldingen: Strandpromenade, T 07556 92 89 00, www.pfahlbauten.de, Jan.–März Sa, So 10–17-30, April–Sept. tgl. 10–18, Okt. tgl. 10–17.30, Nov. Sa, So 10–17.30 Uhr, Erw. 12 €, Schüler (16–18 Jahre) 6,50 €, Kinder (5–15 Jahre) 8 €

Das **Pfahlbaumuseum** in Unteruhldingen stellt Menschen und Siedlungsformen aus der Stein- und Bronzezeit (rund 4000 Jahre v. Chr.) vor; in den original nachgebauten Häusern und Hütten, die auf Stelzen in der Flachwasserzone stehen, lässt sich das Alltagsleben nachempfinden.

Das Pfahlbaudorf Unteruhldingen mit heute 23 Häusern wurde 1922 gegründet und ist damit das älteste Freilichtmuseum Deutschlands. Es besteht aus sechs Baugruppen, allesamt Rekonstruktionen. Schon in der Stein- und Bronzezeit haben Menschen am Bodensee gelebt; an der Nahtstelle zwischen Überlinger und Obersee waren die Funde aus der Jungstein- und Bronzezeit besonders zahlreich. Zwar existieren Pfahlbauten am Wasser weltweit, am Bodensee lässt sich diese Siedlungsform aber rund 4000 Jahre zurückverfolgen. Bisher gibt es etwa 100 Fundstellen rund um den See, und die Grabungen und archäologischen Unterwassererkundungen gehen weiter. Die Funde sind seit 2011 UNESCO-Welterbe.

Von der Steinzeit ins Zeitalter des Fernsehens
Nach dem Eingangs- und Museumsbereich (Ausstellung s. u.) gelangt man über einen langen hölzernen Laufsteg auf die Plattformen, auf denen die Häuser gruppiert sind. Zusammen mit den Laufstegen bilden sie ein geschütztes See- und Uferareal.

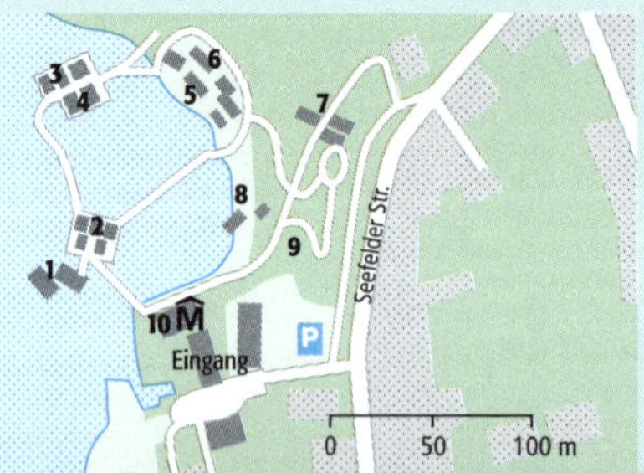

Die **ersten beiden Häuser (1, 2)** stammen aus dem Jahr 1922. Ihr Bau basiert auf Grabungsfunden am Federsee, d. h. sie sind streng genommen Moorhäuser. Hier werden der Bau eines Hauses, die Wand- und Deckenkonstruktionen und die Raumaufteilung erläutert. In der **zweiten Gruppe (3, 4)** finden sich die Werkstätten des Töpfers, Bronzegießers

Im Pfahlbaumuseum wird anschaulich präsentiert, wie die Menschen während der Stein- und Bronzezeit lebten.

oder des Holzschnitzers; die einfachen Werkzeuge, Hausgerätschaften, auch Figuren, Schmuckelemente, Kleidungsstücke und Kultobjekte lassen den Alltag früherer Zeiten lebendig werden.

Im 2002 rekonstruierten **spätbronzezeitlichen Hüttenbereich (5, 6)** zeichnen die kleinen Szenarien mit Figurinen, Tieren, Modellen und Fundstücken den aktuellen Erkenntnisstand der archäologischen Forschungen und der neuen Tauchgrabungen nach.

Am Ufer schließlich liegt das **Filmdorf (7)** aus der ARD-Serie »Steinzeit – das Experiment«: ein Highlight des Museums. Es ist mit allen Requisiten zu besichtigen und macht eindrücklich klar, mit welch beträchtlichen Beschwernissen und kleinen Freuden die Großfamilie auf Zeit zurechtkommen musste. Die komplette Filmserie wird im Museumshaus gezeigt. Zwei **Experimentalhäuser (8),** die sich auf frühe Bauprinzipien beziehen, sind nicht zugänglich. Der 2 km lange **Zeitweg (9)** schließlich verdeutlicht in 20 Stationen die Landschaftsgeschichte. Er ist jederzeit frei zugänglich.

Arche Noah gegen Darwin

Hochinteressant ist die Museumsgeschichte. 1856, so erläutert die **Ausstellung (10),** wurden die ersten Funde am Bodensee gemacht – eine Sensation. Zeitgleich begannen sich europaweit Geologie, Zoologie, Botanik und Anthropologie zu entwickeln. Neben den Gelehrten waren auch hier begeisterte Laien mit Hacke und Schaufel unterwegs. Die Funde und Erkenntnisse mündeten in der Darwinschen Evolutionstheorie, die die biblische Zeitrechnung außer Kraft setzte.

Am Bodensee führte eine romantisierende Goldgräberstimmung zu kopf-, plan- und zahllosen Pfahlbaugrabungen. In den 1920er-Jahren begann dann die wissenschaftliche Erschließung. Umstritten ist bis heute, ob die Siedlungen der Stein- und Bronzezeit tatsächlich im Wasser oder am Ufersaum gestanden haben. Auch diese Kontroverse wird dem Besucher vorgestellt.

Der Besuch startet direkt am Ufer des Bodensees, wo Guides eine rund zehnminütige Einführung zu den Pfahlbauten geben. Danach macht man sich selbstständig auf den Weg zu den einzelnen Häusern. Überall geben Mitarbeiterinnen und Mitarbeiter des Museums Auskunft.

Schlafen, Essen

Wochenende ohne Trubel

Landhotel Fischerhaus: s. S. 27

Spitze

Hotel Restaurant Seehalde: Das gepflegte Haus der Familie Gruler ist chic und elegant, mit vorzüglichem Restaurant und traumhafter Gartenterrasse, die über dem See zu schweben scheint. Ringsum Ruhe, nur selten ein Auto. Küchenchef Markus Gruler wurde mehrfach ausgezeichnet; beste Produkte, innovativ zusammengestellt, verwöhnen den Gaumen.

Maurach 1, T 07556 922 10, www.seehalde.de, DZ ab 200 €; Restaurant Do–Mo 12–14, 18–21 Uhr, 3-Gänge-Mittagsmenü 51 €

Direkt am See

Hotel Rebmannshof und Pilgerhof: s. S. 31.

Günstig

Strandpension Mäder: Auch Ferienwohnungen. Nur ein paar Schritte zum See sind es vom modernen, gut ausgestatteten Haus mit Terrasse. Zimmer überwiegend mit Balkon. Fahrradgarage mit Ladestationen.

Seefelder Str. 4, T 07556 60 67, www.strandpension-maeder.de, DZ 65–85 €

Sehr nett

Hotel Restaurant Café Knaus: Zentral an der Promenade am Jachthafen hat man von Restaurant und Sonnenterrasse alles im Blick! Angenehme Zimmer (meist Seeblick), badisch-schwäbische Küche, Konditorei. Fahrradverleih für Hausgäste.

Seestr. 1, T 07556 80 08, www.hotelknaus.de, DZ 145–170 €, auch Appartements

Direkt am Hafen

Ferienhaus am Anleger: Alle Wohnungen haben einen Balkon oder eine Terrasse, überwiegend mit Seesicht.

Seefelderstr. 16, T 07556 67 02, www.knoblauch-bodensee.de. Schönes Haus am Hafen, Ferienwohnungen für 2–5 Personen/62–115 €

Gut

Campingplatz Birnau-Maurach: Gut ausgestatteter Platz am See unterhalb der Klosterkirche Birnau mit Strand. Bootsvermietung, Kiosk und Bistro.

Alte Uhldinger Straße, T 07556 66 99, www.birnau-maurach.de

Idyllisch

Camping Seeperle: Kleiner, ruhiger Platz am Rand des Naturschutzgebietes am Seeufer. Frühe Nachtruhe, Fahrverbot, keine Jugendgruppen.

Seefelden, T 07556 54 54, www.camping-seeperle.de

Einkaufen

Fangfrisch

Uhldinger Fischtheke: Alte Fischertradition und neuer Laden mit Fischimbiss.

Unteruhldingen, Poststr. 8, T 07556 67 62, www.uhldinger-fischtheke.de

Bewegen

Baden

Naturbadestrand Unteruhldingen: bei den Pfahlbauten, frei zugänglich. Mit Umkleiden, Duschen, Spielplatz, Beachvolleyball.

Bootsvermietung

Bootsvermietung Weber: Mo–So 10–18 Uhr, führerscheinfreies, kleinstes Motorboot 40 €/30 Min. Motor-, Ruder- und Tretboote.

Am Jachthafen/Bootssteg, Seefelder Str., T 07556 455 10 13, www.bootscharter-weber.de

Lieblingsort

Schlafen und Schlemmen direkt am See

Ein stattlicher historischer Fachwerkhof, modern ausgebaut und am Rand des Naturschutzgebiets direkt am See gelegen: Nur etwa 2 km westlich von **Unteruhldingen** (G 3) findet sich diese idyllische Bleibe mit ihrer herrlichen Seeterrasse, einer weitläufigen Gartenanlage und einem sonnigen Biergarten: das **Hotel Rebmannshof**. Wenn man möchte, kommt man direkt über den Fahrrad- und Spazierweg vom Ort aus dorthin. In dieser traumhaften Lage lässt es sich wunderbar entspannen. Nur einige Schritte weiter liegt das Hotel Pilgerhof unter gleicher Leitung. (Maurach 2, Unteruhldingen, T 07556 93 90, www.hotel-pilgerhof. de, DZ 130–160 €)

Malen

Atelier und Galerie Norbert Sand: Zwischen Mai und Okt. können Anfänger und Fortgeschrittene an einem 3-tägigen Malkurs in der Natur teilnehmen (1 x im Monat), z. B. Aquarellmalerei 150 €.
Salem-Weildorf, Bachstr. 26, T 07553 82 98 60, www.sand-bilder.de

Feiern

- **Musik:** Mai–Ende Sept. zeigen So ab 17 Uhr Musik- und Gesangvereine auf dem Hafenplatz ihr Können.
- **Töpfermarkt:** Mitte Mai. Kunsthandwerk am Hafen.
- **Jazzfestival an der Ostmole:** Mitte Juni. Unteruhldingen.
- **Hafenfest:** letztes Juliwochenende am Sa-nachmittag. Mit Schrottregatta (auf dem See mit ›Marke Eigenbau‹), Musik, Kulinarischem und großem Feuerwerk.

Infos

- **Tourist-Information Uhldingen-Mühlhofen:** Ehbachstr. 1, Uhldingen-Mühlhofen, T 07556 921 60, www.uhldingen-bodensee.de, April–Juni, Mitte Sept.– Mitte Okt. Mo–Fr 9–17, So, Fei 10–14, Juli–Mitte Sept. auch Sa 10–14, Nov.–März Di–Do 10–14 Uhr.
- **Kurbähnle:** Ostern und Mai–Okt. bringt das Bähnle die Gäste vom Parkplatz ins Zentrum, zum Hafen und zu den Pfahlbauten; T 07556 83 58, www.uhldinger-kurbaehnle.de.
- **Bahn:** Der Bahnhof befindet sich in Oberuhldingen. Stdl. Verbindung mit dem »Seehas« Richtung Friedrichshafen/Lindau und Überlingen/Radolfzell; www.efa-bw.de.
- **Bus:** Regionalverkehr stdl. nach Überlingen und Meersburg/Immenstaad.
- **Schiff:** Kursschiffe nach Mainau, Meersburg, Konstanz oder in Richtung Überlingen. Bodensee-Schiffsbetriebe: T 07531 364 00, www.bsb.de; Überlinger Schiffsbetriebe T 07551 91 69 04, www.ueberlinger-schiffsbetriebe.de.

Wallfahrtskirche Birnau

Eingebettet zwischen Weinreben und Obstwiesen thront die barocke Wallfahrtskirche Birnau wie ein Lustschlösschen über dem See. Mit ihrem rosé- und cremefarbenen Gewand und ihrer kupfergrünen Turmhaube ist sie weithin erkennbar. Von den besten Baumeistern ihrer Zeit errichtet, lustvoll und prächtig geschmückt und in unübertrefflicher Lage, ist sie einer der üppigsten Barockbauten am Bodensee. Schon im 13. Jh. gab es eine Marienkapelle in Altbirnau – sie gehörte zum Besitz der Zisterzienser vom Kloster Salem. Mit den Wallfahrten zum gotischen Gnadenbild der Muttergottes kam ein gewaltiger Strom an Pilgern. Die Kapelle wurde ausgebaut, auch die dazugehörigen Klosterhöfe und Wirtschaftsgebäude. Nach der Verheerung des Dreißigjährigen Krieges entfaltete sich das barocke Zeitalter – mit praller Lebenslust, in Kunst und Architektur mit überbordendem Dekor und üppiger Ausschmückung, politisch mit einem hohen Repräsentationsbedürfnis.

Der Bau wurde 1746 begonnen; die Weihe fand vier Jahre später statt, die Ausgestaltung dauerte knapp ein weiteres Jahrzehnt. Dem Zusammenwirken der besten Männer ihrer Zunft und Zeit ist dieses heitere spätbarocke Juwel über dem See zu verdanken: Architekt war Peter Thumb aus Vorarlberg; Joseph Anton Feuchtmayer war der Stuckateur und Bildhauer, der sich bei Salem niederließ; Gottfried Bernhard Götz war der Maler der Deckengemälde und Fresken. Diesen Namen begegnet man an der oberschwäbischen Barockstraße ständig wieder.

Höhepunkt barocker Baukunst hoch über dem See: die Wallfahrtskirche Birnau

Nach der Säkularisierung 1804 wurde das Kircheninnere ausgeräumt und verkauft, die Birnau als Scheune und Stall genutzt, bis sie in den Besitz von Prinz Max von Baden kam. Der schließlich schenkte sie 1919 dem Bregenzer Zisterzienserkloster Mehrerau, das noch heute für die Kirche verantwortlich ist.

Maurach 5, Unteruhldingen (Uhldingen-Mühlhofen), Führungen T 07556 920 30, www.birnau.de, Kirche Sommer tgl. 7.30–18, Winter 7.30–17 Uhr, Besichtigung an Wochentagen ab 9.15, an Sonntagen ab 12.30 Uhr

Kirchenbau

Die Schauseite der Birnau blickt auf den See: Der mittig gesetzte, schlanke Turm ist flankiert von den wohlproportionierten pavillonartigen Flügelbauten des Priesterhauses. Über dem Portal thront eine Marienstatue von Feuchtmayer. Dem T-förmigen Grundriss entsprechend, öffnet sich das Innere in ein Langhaus, gegliedert von Pilastern und Fensterachsen, und einem Kapellenpaar im Halbrund; eine umlaufende luftige Galerie fügt beide Bauelemente optisch zusammen. Der Chorraum verjüngt sich und wird durch eine flache Kuppel abgeschlossen; dahinter liegt das Sanktuarium: eine bewegte Raumabfolge, ein Miteinander von gerundeten und lang gestreckten Formen, eine Inszenierung, die zur Bühne des Altarraums hinstrebt. Ein Rausch in Gold und Weiß, ein Baukörper, über und über geschmückt, mit Stuckarbeiten, Putten, Gemälden, sanften oder kräftigen Farbtönungen, eingehüllt von dramatischem Lichtspiel.

Von Feuchtmayer stammen die **Stuckarbeiten** der Kapitelle, der Kanzel, Orgel und der Uhren sowie die Altaraufbauten und der Höhepunkt des **Hochaltars,** von Säulen gefasst, mit Baldachin.

Das Gnadenbild der Muttergottes von 1430, aus der alten Kapelle gerettet, ist umgeben von einer wolkigen Engelsschar und flankiert von Marias Eltern und der Figur Johannes des Täufers.

Am bekanntesten ist Feuchtmayers **»Honigschlecker«:** Einer der Seitenaltäre ist Bernhard von Clairvaux, dem Gründer der Zisterzienser, gewidmet; die Honigschlecker-Putte versinnbildlicht seine ›honigfließende Rede‹, seine Überzeugungskraft.

Ausflüge in den Linzgau

Freigehege Affenberg und Hofgut Mendlishausen G 3

Auf dem Weg von der Birnau nach Schloss Salem trifft man auf das **Freigehege Affenberg**. In dem rund 20 ha großen, eingezäunten Gelände sind schon lange rund 200 Berberaffen aus Marokko und Algerien zu Hause. Weil sie in ihrer Heimat vom Aussterben bedroht sind, bilden die Tiere einen wertvollen Reservebestand. Ganze Gruppen können wieder ins Freiland in Nordafrika rückgesiedelt werden. Die kleinen und großen Berberaffen springen frei herum, tun alles, was Affen so tun, während die Besucher ebenfalls frei zwischen ihnen herumlaufen und sie mit Popcorn füttern dürfen. Neben den Affen gibt es auch Weißstörche, Damwild und zahlreiche Wasservogelarten. Während der offiziellen Fütterungen erfährt man Wissenswertes über die Tiere.

Das **Hofgut Mendlishausen** liegt am Eingang zum Freigehege; auf den Dächern nisten Störche, im Gut gibt es eine ungewöhnliche Galerie mit Affenplastiken aus aller Welt. Für Speis und Trank ist ebenfalls gesorgt.

Mendlishausen, T 07553 381, www.affenberg-salem.de, 15. März–Okt. tgl. 10–17 Uhr, im Sommer 1 Std. länger, Erw. 12 €, Kinder 8 €

Kloster und Schloss Salem

Salem zählt zu den schönsten und bedeutendsten Kulturdenkmälern der Bodenseeregion. Umgeben von Wiesengrün, Weihern, Obstplantagen und kleinen Wäldchen breitet sich das prachtvolle Kloster- und Schlossareal aus: Die schlichten Mauern des gotischen Münsters, die strahlende Heiterkeit der barocken Flügelanlage und der barocke Formengarten bilden den Mittelpunkt. In diesem historischen Ambiente sind auch die Schüler von Deutschlands berühmtestem und nobelstem Internat zu Hause.

Heute bieten sich Besuchern zahlreiche Verlockungen: Neben den kunst- und kulturhistorischen Schätzen gibt es eine **Handwerksstraße** mit Werkstätten, ein **Feuerwehr-**, **Brennerei-** und **Küfereimuseum,** eine **Weinstube,** einen großen **Kinderspielplatz** und **Gastronomie.** Konzerte, Ausstellungen und themenbezogene Erlebnistage ergänzen das Angebot.

1134 schenkte der Linzgauer Guntram von den Weiler Salmansreute dem Zisterzienserorden. Mit Abt Frowin, einem Weggefährten des hl. Bernhard von Clairvaux, begann schon einige Jahre später der Aufstieg des Klosters, das fortan Salem, Stätte des Friedens, genannt wurde. Durch den Ausbau der Landwirtschaft, Weinbau und sorgsames Wirtschaften, das Ansehen der gelehrten Mönche und politischen Einfluss wuchs Salem zum führenden Zisterzienserkloster Süddeutschlands heran. Auf dem Höhepunkt seiner Macht lebten im Kloster rund 300 Mönche und Laienbrüder. Der Dreißigjährige Krieg und ein Großbrand zerstörten alle Konventsgebäude bis auf das Münster und den Langen Bau. Nach Kriegsende beauftragte Abt Stephan I. Franz Beer, der mit den besten Kunsthandwerkern seiner Zeit zusammenarbeitete. Gemeinsam schufen sie 1697–1707 ein mächtiges, repräsentatives Bauensemble. Eine Generation später, unter Abt Anselm II., erlebte Kloster Salem eine neue und letzte Blütezeit, in der auch die Wallfahrtskirche Birnau errichtet wurde.

Mit der Säkularisation 1802 ging das gesamte Reichsstift in den Besitz des Hauses Baden über; der Konvent wurde 1804 endgültig aufgelöst und aus Kloster Salem wurde Schloss Salem. 1920 gründete Prinz Max von Baden, Reichskanzler vor der Gründung der Weimarer Republik, gemeinsam mit Kurt Hahn die Internatsschule Schloss Salem. Nach dem Ersten Weltkrieg sollten demokratische Prinzipien, soziale Verantwortung und eine harmonische Bildung der Persönlichkeit im Vordergrund der schulischen Ziele stehen – damals ein umwälzendes Konzept. Viele Prominente haben das Internat besucht: die spanische Königin Sophia und Prinz Philip, Hildegard Hamm-Brücher, Golo Mann und Theodor Heuss. Heute hat Salem rund 600 Schülerinnen und Schüler aus aller Welt.

Schloss Salem ist immer noch Wohnsitz der Familie des Markgrafen von Baden. Da die anstehenden Sanierungsmaßnahmen und die laufenden Kosten gewaltig waren und sind, ging die Anlage 2009 an das Land Baden-Württemberg über.

T 07553 916 53 36, www.salem.de, April–1. Nov. Mo–Sa 9.30–18, So, Fei 10.30–18 Uhr; das Schloss mit den Prunkräumen ist nur mit Führung zu besichtigen, Erw. 9 €, Kinder 4,50 €; thematische Führungen, Weinproben

Münster Mariä Himmelfahrt

Das imposante gotische Münster (1285–1414) wurde punktgenau zum Konzil in Konstanz (s. S. 160) fertiggestellt und geweiht. Den Regeln des Zisterzienserordens gemäß ist der Bau schlicht; einziges Zierelement sind kunstvolle **Maßwerkfenster.** Die Innenausstattung schufen Johann Georg Dir und Johann Georg Wieland Ende des 18. Jh. im frühklassizistischen Stil. Die barocken Beichtstühle (aus der Birnau) und das Gestühl im Kirchenschiff sind von Joseph Anton Feuchtmayer. Von der Orgelanlage des barocken Orgelbaumeisters Charles Riepp ist der wunderbare Prospekt erhalten.

Schloss Salem

Die machtvollen **Vierflügelanlagen** mit ihren Innenhöfen waren die Prälatur- und Konventsgebäude des Klosters; sie stammen von dem Vorarlberger Baumeister Franz Beer. Er schuf zwei baugleiche Anlagen, die durch einen langen Zwischenbau, den Speisesaal des Klosters (Refektorium), verbunden sind. Höhepunkte sind die **Klosterbibliothek** in klassizistischem Stil, der **Kaisersaal**, von Franz Joseph Feuchtmayer (1708)

FEUCHTMAYER MUSEUM

Im Salemer Ortsteil Mimmenhausen hatte sich der bedeutende Rokoko-Künstler Joseph Anton Feuchtmayer niedergelassen, der u. a. im Kloster Salem und der Wallfahrtskirche Birnau tätig war. Wie er und seine Männer gearbeitet haben, wird anhand von Erläuterungen und Originalskizzen, Entwürfen und Dokumenten in dem kleinen Museum lebendig.

Feuchtmayer Museum: im Feuchtmayerhaus, Tüfinger Str. 10, Mimmenhausen, T 07553 969 10, www.feuchtmayermuseum.de, Ende Juni–Okt. Sa, So, Fei 11–17 Uhr.

TOUR
Auf historischen Pfaden

Wanderung vom Schloss Salem zur Wallfahrtskirche Birnau

Infos

G 2/3

Start/Ziel: Parkplatz Salem-Stefansfeld/ Schloss Salem, Anfahrt per Pkw zum Parkplatz oder Erlebnisbus (s. S. 16) ab Unteruhldingen bis Schloss Salem

Länge/Dauer: ca. 7,5 km, Rundwanderung 15 km, ca. 4 Std. ohne Besichtigungen; der Prälatenweg ist ausgeschildert (blauer Balken)

Der **Prälatenweg** ist ein historischer Transportweg, der das **Kloster Salem** (s. S. 34) mit der Wallfahrtskirche Birnau verbindet. Er führt u. a. nach Mendlishausen und zum für Kinder besonders reizvollen Affenberg.

An der **ehemaligen Klostermühle** überqueren wir die Salemer Aach, dann folgen wir am Waldrand den Prälatenweg-Schildern. Der Forstweg führt zum **Hofgut Mendlishausen** (s. S. 34) mit Storchenkolonie. Hier ist auch der Eingang zum **Freigehege Affenberg** (s. S. 34).

Nach Passieren des Hofguts wird die Kreisstraße (K) 7765 überquert, anschließend geht es aufwärts durch ein Waldstück, dann wieder hinunter, an den **Weihern** vorbei, dann wieder hinauf in den **Wald** bis zum Ende mit Blick auf das **Salvatorkreuz.** Hier haben wir bereits die Birnau vor Augen und halten nun auf sie zu. Beim **Hofgut Birnau** geht es unter der B 31 hindurch weiter zur **Wallfahrtskirche Birnau** (s. S. 32). Es bieten sich herrliche Ausblicke auf das nahe gelegene **Schloss Maurach,** den See und die Weinberge.

Von der Birnau geht es zunächst zurück unter der Bundesstraße durch den Wald bis zum **Salvatorkreuz.** Hier halten wir uns nun rechts (gehen also nicht denselben Weg zurück) und folgen dem Schotterweg Richtung Oberuhldingen/Mühlhofen. An der nächsten Gabelung geht es links bergab, dann folgen wir erst dem Schild zum **Killerweiher,** weiter dann dem Hinweis zum **Befangweiher.** An diesem gehen wir ein Stück entlang, überqueren eine kleine **Brücke** und folgen der Beschilderung **Mimmenhausen.** Nach einem kurzen Stück auf der Bodenseestraße biegen wir links in den Lindenweg ein. Nach einem Kilometer durch die Felder entlang der Salemer Aach erreichen wir wieder das Schlossareal bzw. dann den Parkplatz Salem-Stefansfeld.

und das erlesene **Arbeitszimmer** des Abtes in zartem Rokoko.

Am östlichen Abschluss des Klostergeländes bildet der barocke **Marstall** am Untertor den Auftakt zur Handwerkerzeile. Hier wird heute gehämmert, geschmiedet, genäht und poliert: Schuhmacherei, Goldschmiede, Holzkunstwerkstatt und Modeatelier sind hier zu Hause, außerdem die **Weinkellerei,** das **Küfereimuseum** und die **Weinstube Zum alten Gefängnis**.

Interessant ist auch das **Feuerwehrmuseum** im Portalhof der Prälatur. Die Mönche hatten beim Brandschutz Großes geleistet, die historischen Gerätschaften geben einen Einblick in die Geschichte des Feuerwehrwesens.

Schlafen, Essen

Bestes aus der Region

Schlosshotel Schwanen: Fisch und Wild auf der Karte des »Schwanen« stammen aus der Markgräflichen Fischzucht und Jagd. Die Salate kommen aus dem Linzgau oder von der Reichenau, die Gerichte sind badisch interpretiert. Das historische Gasthaus vermietet auch 14 Doppelzimmer und zwei Einzelzimmer. (DZ ab 92 €).

Im Schlossbezirk 1, T 07553 283, www.schlosshotel-schwanen.de, Restaurant tgl. 11–14, 18–22 Uhr, Hauptgerichte 9–24 €

Feiern

- **Kinder-/Familienführungen:** So 15 Uhr, Sonderführungen unter www.salem.de.
- **Picknick-Konzert:** Pfingsten.
- **Schlosserlebnistag:** Juni.
- **Mozart-Sommer Schloss Salem:** im Sommer.
- **Internationale Salemer Orgelwochen:** im Sommer.
- **Open-Air-Konzerte:** im Sommer.
- **Erlebnistag im Kloster:** Okt.

Infos

- **Bahn:** stdl. nach Überlingen und Uhldingen.
- **Bus:** mehrmals tgl. nach Überlingen. Am angenehmsten ist die Verbindung mit dem Erlebnisbus (s. S. 16).

Heiligenberg G/H 2

Mit grandioser Aussicht auf Bodensee und Alpen liegt der Luftkurort Heiligenberg an der Moränenkante des oberen Linzgaus.

Schloss Heiligenberg

Das Renaissanceschloss – bis heute im Besitz des Hauses Fürstenberg – blieb durch die Jahrhunderte von Verwüstungen verschont und präsentiert sich so noch heute als besonders schönes Beispiel der Schlossarchitektur des 16. Jh. Den repräsentativen, zwei Stockwerke hohen **Rittersaal** schmückt eine Kassettendecke mit kunstvollen Schnitzereien. Die ebenfalls reich dekorierte **Schlosskapelle** ist zugleich fürstliche Grablege.

2022 hat die Familie von Christian zu Fürstenberg entschieden, ihren Hauptwohnsitz nach Heiligenberg zu verlegen, weshalb es bis auf Weiteres keine Schlossführungen geben wird. Zu besonderen Anlässen wie dem Tag des Denkmals soll das Schloss aber der Öffentlichkeit zugänglich gemacht werden.

Höchsten und Deggenhauser Tal

Sommers wie winters sind der Höchsten, mit 833 m der höchste Berg Oberschwabens, als Aussichtsberg und das Deggenhauser Tal als Wandergebiet schöne Ausflugsziele.

Mittleres Nordufer und Hinterland

Alles da! — Romantik in Meersburg, moderne Technik in Friedrichshafen, Natur pur im Schutzgebiet Eriskircher Ried.

Seite 40

Meersburg ✪

Von der Seepromenade zieht sich die romantische Altstadt mit ihren engen Gassen und kleinen Plätzen hinauf bis zum Alten und Neuen Schloss in den Weinbergen. Meersburg ist ein Muss für jeden Bodenseebesucher.

Seite 46

Weinkunde-Panoramaweg

Auf diesem Weg zwischen Meersburg und dem Winzerdorf Hagnau geht es durch die Rebenlandschaft – immer auf dem Höhenrücken und (fast) immer mit herrlichem Blick auf den See.

Liegt im Wein wirklich die Wahrheit? Wenn ja, in welchem?

Seite 52

Bodensee-Radweg

Eine der schönsten Strecken des berühmten Radwegs führt von Meersburg nach Lindau, kann an einem Tag bewältigt werden und bietet sehr unterschiedliche Landschaftseindrücke.

Seite 68

Museum Humpis Quartier

Sieben über einen Innenhof miteinander verbundene Patrizierbauten bilden das Museum Humpis Quartier in Ravensburg, eines der größten und schönsten kulturhistorischen Museen Süddeutschlands.

Seite 56

Segeltripp mit der Lädine

Mit einem historischen Lastensegler von Immenstaad aus über den See zu schippern ist ein besonderes Vergnügen.

Seite 58

Zeppelin Museum

In diesem Museum in Friedrichshafen ist die weltgrößte Schau zur Geschichte und Technik der Luftschifffahrt zu sehen – nicht nur für Technikfans lohnend!

Seite 44

Meersburg und ›die Droste‹

Annette von Droste-Hülshoff gilt als eine der wichtigsten Erzählerinnen und Lyrikerinnen des 19. Jh. Ihre Lebensgeschichte ist mit Meersburg verwachsen, und noch heute wird ihr Andenken auf vielfältige Weise geehrt.

Seite 62

Eriskircher Ried

Von Friedrichshafen führt eine Radtour ins Naturschutzgebiet Eriskircher Ried mit versteckter Badeanstalt. Kulturinteressierte sollten im Ort Eriskirch der gotischen Liebfrauenkirche mit Wandmalereien des frühen 15. Jh. einen Besuch abstatten.

Von O bis O – die Saison am Bodensee entspricht der Saison für Sommerreifen: von Ostern bis Oktober.

e können den See nicht lassen? ollten Sie aber auf alle Fälle, wegstens für einen Tag! Ravensburg spielend zu erreichen und nicht nur spielerischer Hinsicht lohnend.

& erleben

Alte Städte und guter Wein im ›Zeppelinland‹

M

Meersburg mit seinen kopfsteingepflasterten Gassen, malerischen Winkeln und bunten Plätzen, die sich die Rebberge hinaufziehen, gehört zum Pflichtprogramm jedes Bodenseegastes. Die kleinen Orte Hagnau und Immenstaad wiederum sind ganz unterschiedliche Urlaubsidyllen, die einen leisen Kontrast zum geschichtsmächtigen Industriestandort Friedrichshafen bilden. Hier erstreckt sich eine lange, schöne und moderne Uferpromenade bis hin zum Zeppelin Museum, das der spannenden Geschichte der Luftschifffahrt gewidmet ist. Auch heute noch kann man im Zeppelin lautlos über den See hinweggleiten. Unbedingt sehenswert ist die Metropole Oberschwabens, Ravensburg, die Spielestadt, mit ihrer wunderschönen Altstadt zwischen den Stadttoren. Und in Weingarten lohnt die größte Barockbasilika Deutschlands einen Besuch.

Meersburg

Ohne Meersburg kein Bodenseeurlaub: Die romantische kleine Stadt (6000 Einw.) zwischen Überlinger und

ORIENTIERUNG

O

Im Internet: www.bodensee.eu (Portal für die gesamte Bodenseeregion)

Transport: Die Eisenbahnstrecke der **Bodenseegürtelbahn** (Singen–Friedrichshafen–Lindau–Bregenz) deckt das nördliche Bodenseeufer ab. Von Friedrichshafen aus gibt es Verbindungen nach Ulm über Meckenbeuren, Ravensburg und Aulendorf. Außerdem kann man mit der **SBB** (T 041 848 44 66 88, www.sbb.ch) über Lindau nach Basel fahren und mit der ÖBB (T 05 17 17, www.oebb.at) über Lindau nach Bregenz. Die **Seelinie 7395** fährt jeden Ort am nördlichen Seeufer bis nach Friedrichshafen an, mit **RAB-Bussen** (T 0751 361 41 41, www.bodo.de) geht's ins Umland; in Friedrichshafen selbst verkehren Stadtbusse (www.stadtverkehr-fn.de). Die **Bodenseefähre** Friedrichshafen–Romanshorn fährt tgl. stundenweise; der **Katamaran** verbindet Friedrichshafen ebenfalls tgl. stundenweise mit Konstanz. **Kursschiffe** gibt es von Konstanz über Meersburg, Friedrichshafen und Lindau nach Bregenz.

Obersee mit ihrem Alten und Neuen Schloss in den Rebhängen hoch über dem Wasser ist Sinnbild der Romantik. Von der dicht bebauten Promenade ziehen sich die steilen Gässchen, Winkel und Treppen mit blumengeschmückten Fachwerkhäusern die Hänge hinauf. Eine unverwechselbare Kulisse, die sich am schönsten vom Schiff aus präsentiert.

Stadtgeschichte

Schon im 7. Jh. soll der Merowingerkönig Dagobert eine Feste auf dem steil abfallenden Hang zum Seeufer errichtet haben. Urkundlich erwähnt ist die Meersburg erstmals 1113. Über ein halbes Jahrtausend (1210–1803) gehörte der Ort dann dem Bistum Konstanz. Anfang des 16. Jh. – als Konstanz protestantisch wurde – wanderte der Klerus nach Meersburg aus und ließ sich dort in Prunk und Glanz nieder. Das Neue Schloss zeugt davon. Mit der Säkularisierung 1803 – Meersburg gehörte nun zum Großherzogtum Baden – war die große Zeit vorbei. Fischfang und Weinbau waren die Haupterwerbszweige. Erst in den 1920er-Jahren wurde Meersburg als Sommerfrische entdeckt; seither ist der Tourismus bestimmender Wirtschaftsfaktor.

Altstadt

Meersburg und Konstanz liegen sich gegenüber, die Schiffsverbindungen sind ausgezeichnet, und so überfluten im Sommer täglich Touristenscharen die Gassen, und an der Promenade lässt sich kaum ein freies Plätzchen finden.

Am See

Die Orientierung fällt nicht schwer: Der **Autofährhafen** liegt am westlichen Rand des Meersburger Seeufers; der **Bismarckplatz** ❶ mit dem **Unterstadttor** leitet über zur langen **Seepromenade:** Sie ist dicht bebaut mit netten Häusern unterschiedlichster Epochen. Hier reiht sich ein Hotel, Restaurant, Café, Souvenirladen und Bistro ans andere. Die **Schiffslandestelle** mit der hoch aufschießenden **Magischen Säule** ❷ von Peter Lenk (s. S. 226) bildet den östlichen Schwerpunkt; hier liegt auch das spätgotische **Grethaus** ❸ mit seinen Treppengiebeln. Von hier geht es weiter, zwischen Rebhängen und Seeufer, zum Freibad, zur Meersburg Therme und an zwei Segelhäfen vorbei bis nach Hagnau.

Aufstieg zum Schlossplatz

Vom Bismarckplatz schraubt sich die **Steigstraße** mit ihrem bunten Häuser-, Giebel- und Dächergewirr bis zum **Marktplatz** ❹ hinauf – eine malerische Enge mit **Rathaus** und gelbem **Falbentor** von 1551, dem roten, grün umrankten Eckhaus der Weinstube Löwen und dem ebenfalls roten Obertorturm. Das Falbentor führt zum weiten **Schlossplatz** ❺ mit ringsum wunderschönen Gebäuden wie dem **Geburtshaus der Fürstbischöfe von Rodt** (um 1700) gegenüber vom Schlosseingang.

Neues Schloss

Zentraler Blickpunkt ist das **Neue Schloss** ❻. Schon das **Entrée** mit der doppelläufigen Treppe ist grandios. Erbaut wurde das Schloss 1712 bis 1760 als repräsentative Residenz der Konstanzer Fürstbischöfe. Der Benediktinermönch Christoph Gessinger hatte mit dem lang gestreckten Flügelbau begonnen. Das atemberaubende Treppenhaus in seiner festlichen Eleganz entstand nach Plänen von Balthasar Neumann (dem Baumeister der Würzburger Residenz und der Wallfahrtskirche Vierzehnheiligen). Unter Fürstbischof Conrad von

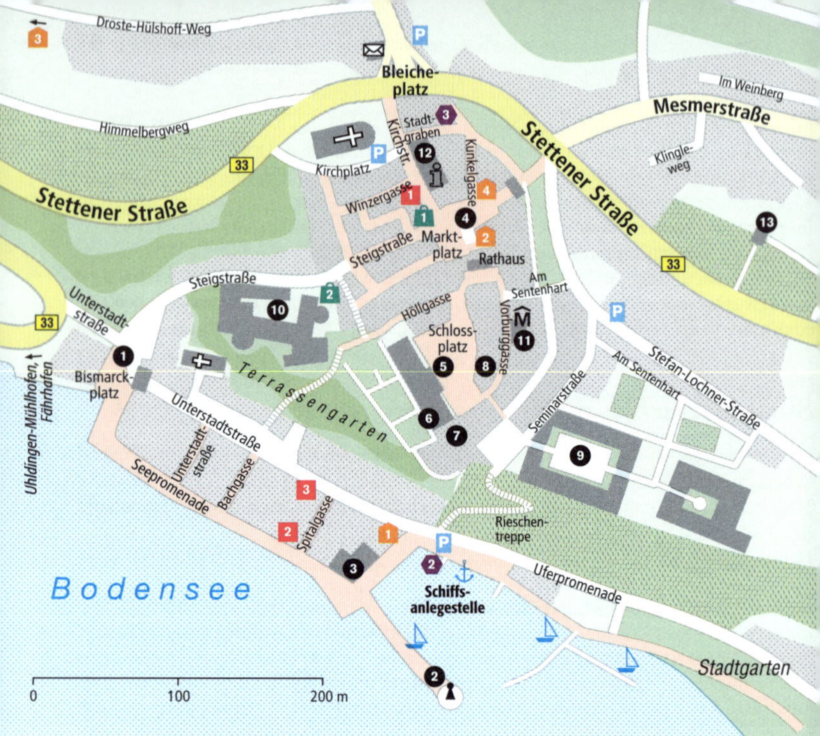

Rodt schließlich wurde der Bau durch Franz Anton Bagnato beendet.

Für das prachtvolle Interieur waren die besten Künstler tätig. Die Stuckaturen sind von Carlo Pozzi, die Deckenfresken im Treppenhaus malte Giuseppe Appiani. Alle Dekorelemente, der Hochaltar und die Fürstenloge in der Hofkapelle stammen von Joseph Anton Feuchtmayer.

Die **Beletage,** das 2. Obergeschoss, zeigt noch die Wohn- und Repräsentationsräume der geistlichen Würdenträger. Im eleganten **Spiegelsaal** finden heute Konzerte statt; prächtig sind in allen Räumen das Mobiliar, die Wandvertäfelungen, Öfen und Gemälde. Im 1. Obergeschoss ist die **Städtische Galerie** zu Hause. Gezeigt werden Werke von Künstlern, die in den 1920er- und 1930er-Jahren in Meersburg lebten und arbeiteten, wie Hans Dieter, Waldemar Flaig oder Kasia von Szadurska.

Einen weiteren Schwerpunkt bilden die Gemälde mit Bodensee- und Meersburg-Motiven. Hin und wieder eine schöne Doppelung: ein Gemälde mit dem Bodensee, wie er sich vor dem Schloss ausbreitet.

T 07532 807 94 10, www.neues-schloss-meersburg.de, April–Okt. tgl. 9.30–18, Nov.–März Sa, So, Fei 12–17 Uhr (Weihnachten–Anfang Jan. tgl. 12–17 Uhr), 8 €, ermäßigt 4 €

Museum für Meersburger Bildteppichkunst

In einem Anbau am Schloss befindet sich das **Museum für Meersburger Bildteppichkunst** ❼. Die 1995 in Meersburg verstorbene Edith Müller-Ortloff ist mit ihren farbsprühen-

Meersburg

Ansehen
1 Bismarckplatz
2 Magische Säule
3 Grethaus
4 Marktplatz
5 Schlossplatz
6 Neues Schloss
7 Museum für Meersburger Bildteppichkunst
8 Galerie Bodenseekreis
9 Staatsweingut Meersburg
10 Altes Schloss (Meersburg)
11 Weinbaumuseum
12 Bibelgalerie
13 Fürstenhäusle
14 Friedhof Meersburg

Schlafen
1 Hotel Seehof
2 Hotel Weinstube Löwen
3 Landhaus Ödenstein
4 Gasthof Zum Bären

Essen
1 Steak & Wine
2 Valentino
3 Zum Bengel

Einkaufen
1 Omas Kaufhaus
2 Zierat

Bewegen
1 Meersburg Therme
2 Tanzschiff
3 Fahrradverleih Dreher
4 Meersburger Hofladen

---

den Bildteppichen, Knüpfereien, Gobelins und Seidenstickereien weltweit bekannt geworden. Die Ausstellung zeigt eindrucksvolle Arbeiten in zehn historischen Räumen – ein Erlebnis.
Schlossplatz 12, T 07532 64 76, www.bildteppichkunst.de, Ostern–Mitte Okt. Mo–Fr 11–13 Uhr, 5 €, Kinder 2,50 €, Atelierführung (ab 3 Personen) Sa 17 Uhr, 7 €/Person

Galerie Bodenseekreis

Ein roséfarbenes Palais birgt die **Galerie Bodenseekreis** 8, die im Sommer Ausstellungen moderner und zeitgenössischer Kunst zeigt. Sie widmet sich überwiegend südwestdeutscher Kunst, lädt wichtige Privatsammlungen ein und präsentiert Grafikdesign sowie Fotografie.
Schlossplatz 13, T 07532 49 41 29, www.bodenseekreis.de/bildung-kultur/kultur/galerie-bodenseekreis, Ende Mai bis etwa Mitte Sept. Di–So, Fei 11–17 Uhr

Staatsweingut Meersburg

Seitlich am Schloss vorbei führt der Weg zum **Staatsweingut Meersburg** 9 in einem hochherrschaftlichen Bauensemble, dem ehemaligen Marstall, der, wie auch die Weinberge, zum Besitz der Fürstbischöfe gehörte.

Hier am Steilhang vor der Seefront, schlendert man von einer Aussichtsterrasse zur nächsten: vom Weingut in die barocke Geometrie des **Terrassengartens vom Neuen Schloss** und dann auf das **Aussichtsplateau der Burg Meersburg.**
Seminarstr. 6, Verkauf T 07532 44 67 44, www.staatsweingut-meersburg.de, Mo–Fr 9–18, Sa 9–16, April–Okt. auch So 11–18 Uhr; s. auch S. 47

Altes Schloss (Meersburg)

Das **Alte Schloss** 10 gilt als älteste Wohnburg Deutschlands. Der Legende nach wurde sie vom Merowinger König Dagobert auf das steinerne Plateau gesetzt. Bis sie neue, prächtigere Bauten errichten ließen, diente der Bau als Sommerresidenz der Konstanzer Fürstbischöfe. 1838 wurde die Meersburg von Freiherr von Laßberg, dem Schwager

TOUR
Meersburg und ›die Droste‹

Auf den Spuren der Schriftstellerin Annette von Droste-Hülshoff

Infos

G 4

Start: Altes Schloss (Meersburg) 10 (s. S. 43)

Museum Fürstenhäusle 13: T 07532 60 88, www.fuerstenhaeusle.de, April–Ende Okt. tgl. 10–17 Uhr, Erw. 5 €, Kinder 2,50 €

Annette von Droste-Hülshoff gilt als eine der wichtigsten realistischen Erzählerinnen und großen Lyrikerinnen des 19. Jh. Ihre Lebensgeschichte ist mit Meersburg verwachsen, und noch heute wird ihr Andenken auf vielfältige Weise geehrt.

Die Adelige Annette von Droste-Hülshoff (1797–1848) stammte aus Westfalen; sie war ledig und besuchte öfter ihre Schwester Jenny, die mit dem Freiherrn von Laßberg verheiratet war, einem bedeutenden Privatgelehrten. Er hatte die alte Meersburg erworben, als Wohnsitz umgebaut und besaß eine riesige Bibliothek – ein Umfeld wie geschaffen für seine Schwägerin, die aber auch gern über die gruseligen Gemäuer spottete …

Auf der Meersburg

Zwischen 1841 und 1848 war die Droste dreimal für jeweils mehrere Monate in Meersburg zu Gast. Der dritte Besuch im Oktober 1846 war ihr letzter; sie kam wohl auch, um »bey den Meinigen« zu sterben. Am 24. Mai 1848 starb sie auf der **Meersburg** 10. Bei jedem ihrer Aufenthalte hat sie andere Räume bewohnt. Immer zugänglich auf der Burg ist das runde, elegante **Turmzimmer** mit dem herrlichen Blick auf den See und die Alpen. Ihr Bett steht noch da, Familienbilder und Dokumente erzählen von ihrem Familienclan. Hier konnte sie schreiben und in Maßen am gesellschaftlichen Leben teilnehmen – für ledige Frauen beides schwierig zu bewerkstelligen. Auf der Meersburg schrieb sie zahllose Gedichte und Balladen; ihre Novelle »Die Judenbuche« (1842 erschienen), eine zeitlose Geschichte von menschlicher Schuld, ist als eine der besten realistischen Erzählungen des 19. Jh. in den Kanon der deutschen Literatur eingegangen und war über Jahrzehnte hinweg in jedem Schulbuch zu finden.

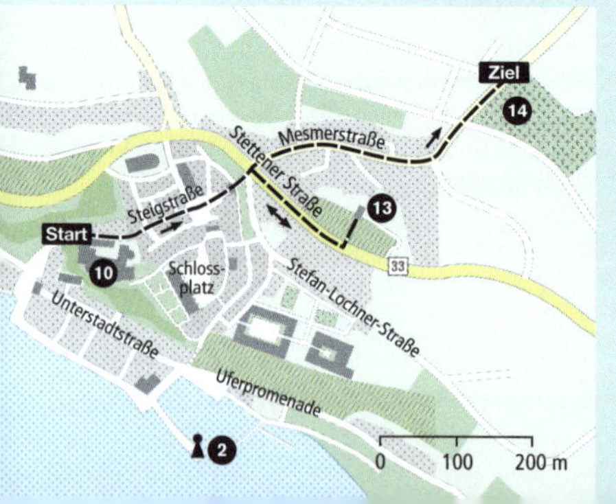

Auch musiziert hat die Droste in ihrem Fürstenhäusle.

Das Fürstenhäusle ⓭

Verlässt man die Altstadt durch das rote Obertor, liegt in der Stettener Straße 9, mitten in den Rebhängen, ein kleines Haus; heute ist es das **Droste-Museum**. Nach dem Erscheinen der Gesamtausgabe ihrer Gedichte konnte sie mit dem Honorar im Jahr 1843 dieses reizende Fürstenhäusle mit umliegenden Weinbergen hoch über Meersburg ersteigern: »Ich mache ein kleines Paradies aus dem Nestchen!« Endlich hatte sie etwas Eigenes, einen Ort zum Alleinsein – ein großes Glück für sie, das sie aber nur noch knapp ein Jahr genießen konnte. Hell und heiter präsentiert es sich mit feinen Biedermeiermöbeln und Familienbildern. Auch eine Locke der Dichterin ist hier zu betrachten. Im Obergeschoss liegen zwei kleine Räume: das sogenannte Schwalbennest mit schönen Ausblicken. Die ehrgeizigen Umbau- und Gestaltungspläne für das ›Häusle‹ und die Rebhänge konnte sie nur ansatzweise umsetzen. Auf dem alten **Friedhof Meersburg ⓮**, nordöstlich vom Fürstenhäusle, fand sie nahe dem Nordeingang ihre letzte Ruhestätte.

Drostes Erbe

Jährlich im Mai finden – über die ganze Stadt verteilt – die weithin bekannten **Droste-Literaturtage** in Meersburg statt, mit Lesungen, Vorträgen, Diskussionsrunden und Ausstellungen. Und in jedem dritten Jahr wird der renommierte Droste-Literaturpreis an eine deutschsprachige Autorin verliehen.

Ganz gegenwärtig ist die Droste auch am Hafen: An der Schiffslände erhebt sich an der Mole die **Magische Säule ❷** des Bildhauers Peter Lenk. Seinem Werk liegt das Droste-Gedicht »Am Thurme« zugrunde; die Figurenwelt der Stele bezieht sich auf Mythen und legendäre Personen aus Meersburg; ihr Schwager Joseph Freiherr von Laßberg ist als Nibelungen-Steckenreiter verewigt, und die Droste schwebt als Friedenstaube hoch auf der Säulenspitze.

DEM WEIN AUF DEN FERSEN

Vom **Weinbaumuseum** (s. unten) geht es über die Stefan-Lochner-Straße auf den ausgeschilderten, 5 km langen Höhenspazierweg in östlicher Richtung durch Weinberge zum Aussichtspunkt Wetterkreuz. Von dort führt ein **Weinkundeweg** mit Informationen zu Rebsorten und dem geologischen Aufbau der Rebflächen in das beschauliche Weindorf Hagnau (s. S. 50). Der See ist weit unten immer im Blick.

Annette von Droste-Hülshoffs gekauft und damit vor dem Verfall gerettet. Sie ist auch heute noch in Privatbesitz.

Über die Zugbrücke geht es in die Burg. Der Rundgang führt in den **mittelalterlichen Wohntrakt,** den Rittersaal und die Waffenhalle mit Rüstungen und heraldischen Exponaten, führt zu Kapellen, Burgverlies, Wehrgängen und dem Burggarten. Zu sehen sind auch die Räume, die **Annette von Droste-Hülshoff** (s. S. 44) bewohnte. Den **Dagobertsturm** aus mächtigem, unbehauenem Stein mit grandiosen Ausblicken kann man bei einer zusätzlichen Führung erklimmen.

Schlossplatz 10, Burgmuseum, T 07532 800 00, www.meersburg.com, tgl. 10–18 Uhr, letzter Einlass 30 Min. vor Schließung, Erw. 12,80 €, Jugendliche (Schüler) 10 €, Kinder (6–13 Jahre) 8 €, Café mit Gartenterrasse tgl. 10–18 Uhr, Febr., März Mo, Di Ruhetag, Jan. Winterpause

Weinbaumuseum

Das **Weinbaumuseum** ⓫ informiert über die Bedeutung des Weinbaus für Meersburg in früheren Zeiten und zeigt das sagenhafte Zehntfass der Deutschordenskommende Mainau, das ein Fassungsvermögen von 50 000 l hat!

Vorburggasse 11, T 07532 440 26 32, www.vineum-bodensee.de, April–Okt. Di–So, Fei 11–18 Uhr, Nov.–März nur Sa, So, Fei, 7 €

Bibelgalerie

Im ehemaligen Dominikanerinnenkloster ist heute die **Bibelgalerie** ⓬ zu Hause. Sie bietet eine Erlebnisreise in die biblische Zeit mit Nomadenzelt, orientalischem Haus und interaktivem Kinderprogramm. Schön ist der Innenhof mit Bibelgarten. Skriptorium und Druckerwerkstatt zeigen, wie die Bibel zum Buch wurde.

Kirchstr. 4, T 07532 53 00, www.bibelgalerie.de, Ende März–Nov. Di–Sa 11–13, 14–17, So 14–17 Uhr, Erw. 6 €, Kinder 3 €

Fürstenhäusle ⓭, Friedhof ⓮

s. S. 45

Schlafen

Nett und mittendrin

1 **Hotel Seehof:** 3-Sterne-Hotel am Grethaus mit Blick auf die Schiffsanlege. Geschmackvolle Zimmer im mediterranen Stil, meist mit Balkon. Fahrradverleih.

Unterstadtstr. 36, T 07532 808 17 33, www.seehof-meersburg.de, DZ 80–195 €

Augenweide

2 **Hotel Weinstube Löwen:** Das ochsenblutrote stattliche Eckhaus, umrankt von Blauregen, ist nicht zu übersehen. Weinstube und Straßenterrasse sind ein beliebter Treffpunkt.

Marktplatz 2, T 07532 430 40, www.hotel-loewen-meersburg.de, DZ 80–160 €

Rundum charmant

3 **Landhaus Ödenstein, garni:** Am Südhang hoch über Meersburg bietet die Frühstückspension in einer alten, stilvollen Villa inmitten von Weinbergen tolle Ausblicke und allen Komfort. Die zehn großzügigen Zimmer, meist mit Seeblick

und Balkon, sind hell und gemütlich. Sehr gutes Frühstück, auch auf der Sonnenterrasse. Fahrradverleih. 10 Fußmin. zur Altstadt.
Droste-Hülshoff-Weg 25, T 07532 61 42, www.oedenstein.de, DZ 122–162 €

Traditionsreich

4 **Gasthof Zum Bären:** Der Bär ist der älteste Gasthof in Meersburg, stattlich und gepflegt. Die Zimmer sind freundlich und komplett renoviert. Das Interieur ist mit Bauernmöbeln ausgestattet.
Marktplatz 11, T 07532 432 20, www.baeren-meersburg.de. DZ 100–140 €

Essen

An der Promenade, in Unter- und Oberstadt gibt es zahllose Restaurants, Gaststätten, Bistros und Cafés. Hier eine kleine Auswahl.

Nicht nur für Steakfans

1 **Steak & Wine:** Wer gerne Steaks isst, ist hier richtig. Artgerechte Haltung ist ein wichtiges Kriterium beim Einkauf. Das Aged Beef ist mindestens vier Wochen am Knochen trocken gereift. Es wird aber auch Fisch und Vegetarisches serviert.
Kirchstr. 7, T 07532 800 90, www.3Stuben.de, Di–Sa 17–23 Uhr

Alleskönner

2 **Restaurant Café Valentino:** Direkt am See sitzen, Pizza, Pasta oder ein Eis essen: Wer dabei Schiffe und Leute gucken will, ist hier am rechten Fleck.
Seepromenade 10, T 07532 80 76 90, www.valentino-meersburg.de, März–Okt. tgl. ab 11 Uhr, Nov.–Febr. Betriebsferien (außer 26. Dez.–7. Jan.)

Rumdum gut

3 **Restaurant Zum Bengel:** Frischeste Bodenseefische und jahreszeitlich orientierte Gerichte gibt es in diesem Restaurant. Vieles wird hier noch von Hand gemacht, auch die Pommes frites.
Unterstadtstr. 30, Tel. 07532 60 60, www.hotel-bengel.de, Ostern–Okt., 20. Dez.–6. Jan. tgl. ab 12 Uhr

Aussicht bei Wein

9 **Gutsschenke im Staatsweingut:** s. S. 48.

Einkaufen

Nostalgisches

1 **Omas Kaufhaus:** Eine Institution für Junge und Junggebliebene: In dem Fachwerkhaus lebt die Welt der alten Spielzeuge wieder auf. Blechspielzeug, Emaillegeschirr, Papiermodellbau. Im OG Ausstellung mit Modelleisenbahn, einem Titanic-Modell im Wasserkanal und Mini-Dampfmaschinen.
Kirchstr. 1, T 07532 433 96 11, tgl. 10–18.30 Uhr, Erw. 2 € für Ausstellungsbereich

Wohnaccessoires & Mode

2 **Zierat:** Französische Wohnaccessoires, ausgesuchte Mode und Café-Lounge.
Steiggasse 19, T 07532 41 45 12, www.zierat.de, Mo, Di, Do–Sa 10–17, Mi 10–14, So 11–17 Uhr

Bewegen

Baden & Wellness

1 **Meersburg Therme:** Ein wunderbares Erlebnisbad mit Wildbach, Felswand mit Wasserkaskade, Sport- und Thermalbecken innen wie außen. Liegegalerie, Sonnendeck, direkter Seezugang und Freibad/Strandbad sowie eine spitzenmäßige Saunalandschaft mit finnischen und orientalischen Saunen und Garten der Sinne zum Verwöhnen und Lümmeln. Der Clou sind drei reetgedeckte Pfahlbausaunen. Für das

Lieblingsort

Aussicht von weit oben

Nach dem Aufstieg in die **Oberstadt Meersburgs,** vorbei an Souvenirläden und Menschentrauben, folgt hier die Belohnung: Auf der großen Terrasse der **Gutsschänke** ❾ thront man hoch über dem See und genießt die traumhafte Aussicht bei einem Viertele der charaktervollen Domänenweine und einem Stück Flammkuchen oder hausgemachten Käsespätzle. Nach dem Genuss von Wein und Speisen kann man in den Verkaufsräumen des **Staatsweingutes** gleich die guten Tropfen einkaufen. (Gutsschänke im Staatsweingut: Seminarstr. 6, 07532 80 76 30, www.gutsschaenke-meersburg.de, tgl. 12–22, Küche 12–14.15 und 17.30–21 Uhr, dazwischen Kaffee und Kuchen, Vesper ab 9 €.)

luxuriöse, hochmoderne Trio der Thermen Meersburg, Überlingen und Konstanz gibt es ermäßigte Tagesthermentickets und Tagessaunatickets (vor Ort oder über www.thermentrio.de).

Uferpromenade 12, T 07532 440 28 50, www.meersburg-therme.de, Mo–Do 10–22 (Mo Damensauna), Fr/Sa 10–23, So, Fei 9–22, Frei- und Strandbad Mai–Sept. tgl. 9–20 Uhr, Badewelt (inkl. Frei- und Strandbad) ab 10 €, Kinder 7 €, mit Saunawelt ab 20,50 €

Tanz auf dem Wasser

2 **Tanzschiff:** Ganz romantisch wird's auf dem Tanzschiff, ab Meersburg. Auskunft über Meersburg Tourismus (s. Infos) oder T 07531 364 00, www.bsb.de.

Kreativkurse

Atelier Meersbuger Bildteppichkunst: s. Museum für Meersburger Bildteppichkunst 7, S. 42. Wer Urlaub mit kreativer Entfaltung verbinden möchte, kann aus mehreren Workshops auswählen, Informationen gibt es unter T 07532 78 93, www.bildeteppichkunst.de/kontakt.

Fahrradverleih

3 **Dreher:** Stadtgraben 5, T 07532 51 76. **Hotel Seehof** 1: Unterstadtstr. 36 (s. S. 46). **Meersburger Hofladen** 4: Stettener Str. 41, T 07532 41 42 27.

Stadtführungen, geführte Wanderungen

Tourist-Information: s. Infos

Feiern

- **Internationale Schlosskonzerte:** ganzjährig im barocken Spiegelsaal. Konzerte mit namhaften Künstlern.
- **Droste-Literaturtage:** Mai, in Veranstaltungsorten über die Stadt verteilt. Lesungen deutscher Autorinnen, dazu Ausstellungen und Vorträge. Alle drei Jahre Vergabe des renommierten Droste-Literaturpreises.
- **Chor- und Blasorchesterkonzerte:** Mo im Sommer, Hof des Neuen Schlosses. Männerchor und Gruppe Knabenmusik (Jugendblasorchester).
- **Open-Air-Konzerte:** Sommer, Schlossplatz.
- **Winzerfest in der Unterstadt:** 1. Juliwochenende.
- **Bodensee-Weinfest:** 2. Wochenende im Sept., Promenade. Weingüter und Kellereien aus Meersburg und Umgebung stellen ihre Produkte vor. Kulinarisches Angebot, Bühnenprogramm.

Infos

- **Meersburg Tourismus:** Kirchstr. 4, T 07532 44 04 00, www.meersburg.de, Mai–Sept. Mo–Fr 9–12, 14–16.30 Uhr, sonst kürzer. Neben Stadtführungen werden zu bestimmten Terminen auch geführte Wanderungen unterschiedlicher Länge angeboten (s. Website).
- **Bahn:** nächster Bahnhof ist Uhldingen-Mühlhofen. Verbindungsbus zur Seelinie ab Fähre und katholischer Kirche.
- **Bus:** RAB-Seelinie 7395 (Mo–Fr tagsüber alle 30 Min., abends und Sa, So stdl.) mit Verbindungen nach Überlingen, Radolfzell und Friedrichshafen, in Meersburg Anschluss an die Autofähre. Karfreitag–Okt. Pendelbus zwischen Altstadt und See.
- **Schiff:** Meersburg ist ein Knotenpunkt der Schifffahrt, und die Verbindungen – nicht nur nach Konstanz – sind zahlreich. Vom Hafen an der östlichen Promenade gute Linienverbindungen Mitte Mai–Mitte Okt. Mehrmals tgl. Richtung Konstanz/Mainau, Überlingen, Friedrichshafen, Lindau und Bregenz. Zusätzliches Ausflugsfahrtenprogramm.
- **Autofähre:** Vom Fährbahnhof am westlichen Ortsrand nach Konstanz mit Personen- und Fahrradtransport. Tagsüber alle 15 Min., abends alle 30 Min., nachts stdl.

Hagnau

G 4

Eingebettet in Weinberge und Obstgärten, die bis an den See reichen, empfängt der kleine, anmutige Ort seine Gäste. Das Weinbaugebiet Hagnau kann auf eine lange Tradition zurückblicken, und die mächtigen Klöster der Umgebung wie Salem, Weingarten und Einsiedeln hatten hier große Hofanlagen errichtet, um ihren Anteil an der Rebernte gleich vor Ort einzufordern. 145 ha Rebland gehören zum Hagnauer Terroir. Hier wurde um 1870 die allererste Winzergenossenschaft gegründet, vom Pfarrer und Schriftsteller Heinrich Hansjakob, dessen Statue vor dem Genossenschaftsbau steht. Im Jahr 2009 hat ein schwerer Sturm große Teile der Rebflächen verwüstet. Es galt also, wieder neu anzufangen – ein mühsames Unternehmen.

Ortskern

Der alte, modernisierte Dorfkern gruppiert sich um die einschiffige spätgotische Hallenkirche **St. Johannes Baptist** mit ihrem fast 50 m hohen, eckigen Kirchturm. Das Innere wurde barockisiert; einige Schnitzereien stammen noch aus dem 15. Jh. Ringsum liegen spätgotische und barocke Steinhäuser, stattliche Fachwerkbauten und Höfe mit großen Tordurchfahrten und Kellereingängen – typisch für die Lagerung des Weines. Die Amtshäuser wie der **Salmansweiler Hof** von 1568 oder die **Hofmeisterei** des Klosters Weingarten und das **Zehnthaus** des Bistums Konstanz an der Schiffsanlege erinnern an die hohen Herren und die Frohn der Weinbauern. Sehr schön ist der große offene Platz am Ende der Hansjakobstraße; an seiner Stirnseite liegt der wunderbar restaurierte **Gasthof Löwen** mit seinem steinernen Sockel und den Wappenreliefs, schönem Fachwerk, blauen Fensterläden und Blumenschmuck. Von hier aus führt die Dr.-Fritz-Zimmermann-Straße mit hübscher Bebauung hinunter zum See.

Am Seeufer

Mittelpunkt am Seeufer ist der weit ins Wasser führende hölzerne Steg der **Schiffsanlege.** Ihm zur Seite laden Gasthöfe und Hotels mit großen Terrassen zum Essen, Trinken und Genießen ein. Die lange Fußgängerpromenade mit Blumenrabatten, begleitenden Wiesenstreifen, Platanen und naturbelassenen Uferstrecken führt nach Westen Richtung Meersburg. Entlang der Promenade liegen alte und neue Villen hinter dichten Gartenhecken, und es reihen sich kleine, feine Hotels, Pensionen oder Appartementhäuser aneinander.

Schlafen

Augenweide

Boutique-Hotel Villa am See: Direkt an der ruhigen Promenade gelegen. Strahlend weiße Villa im englischen Arts-and-Crafts- oder deutschen Werkbund-Stil mit Balkonen und Terrassen unter dem großen, behaglichen Walmdach. Romantische Gartenanlage mit Liegewiese.

Meersburger Str. 4, T 0172 315 53 33, www.villa-am-see.de, DZ 140–280 €

Ruhig und gepflegt

Landhaus Messmer: Ein gepflegtes, schönes Haus, das privat geführt ist, mit Garten und Liegewiese. Die meisten Zimmer verfügen über einen Balkon mit Seeblick.

Meersburger Straße 12, T 07532 43 31 14, www.hotel-landhaus-messmer-hagnau.hotel-mix.de, 110–140 €

Idylle pur

Der Löwen – Hotel, Restaurant, Café, Bäckerei: Auf dem großen Dorfplatz thront das stattliche Gasthaus der

Familie Bröcker mit schönen Wirtsstuben, guter, kreativer Küche, einer Gartenterrasse und einem wundervollen japanischen Garten; die meditativen Gartenräume sind der Stolz des Besitzers. Mit Sitzecken zum Träumen beim Aperitif (nur für Hausgäste). Wie aus dem Bilderbuch!

Hansjakobstr. 2, T 07532 43 39 80, www.loewen-hagnau.de, DZ 135–235 €

Familienfreundlich

Pension Villa Neugarten: In ruhiger Halbhöhenlage bietet die Frühstückspension Villa Neugarten (vormals Hotel von Sanden) moderne, gut ausgestattete Zimmer, eine schöne Terrasse mit Seesicht und einen Garten.

Neugartenstr. 39, T 07532 430 20, www.renn-hotels.de/villa-neugarten, DZ 99–189 €

Wunderschön

Strandhaus Ferienappartements Ott: Umgeben von einem großen, mediterranen Garten mit lauschigen Sitz- und Liegeplätzen, sind die sieben Appartements im modernen Haus großzügig angelegt und geschmack- und qualitätvoll ausgestattet. Alle haben Balkon oder Terrasse. Auch Fahrradverleih.

Meersburger Str. 5, T 07532 70 12, www.strandhaus-ott.de, Appartement pro Tag 120–200 €

Camping

Campingplatz Alpenblick: Naturbelassener Campingplatz mit Strand und Bewirtschaftung.

Strandbadstr. 13, T 07532 49 57 60, www.campingplatz-alpenblick.de

WEGE ZUM WEINGENUSS

W

Weinstube Haltnau: Uferpromenade 107 (zwischen Meersburg und Haltnau), T 07532 97 32, ww.rebgut-haltnau.de, April–Dez. Fr–Mi 12–21 Uhr. Das stattliche Haus mit Treppengiebel und großer Gartenwirtschaft liegt direkt am See und hat einen eigenen Boots- und Badesteg. Auf der Landseite rücken die Weinberge fast bis ans Haus. Auf der Karte locken Bodenseefisch, eigene Metzgereiprodukte, deftige Vesper und hauseigene Weine. Dazu gibt es herrliche Ausblicke über den See, das Schweizer Seeufer und die Alpenkette im Hintergrund.

Winzerverein Hagnau: Strandbadstr. 7, T 07532 10 30, www.hagnauer.de, Mo–Fr 8–18, Sa 9–18 (Nov.–März Sa bis 16) Uhr. Rund 160 ha Anbaufläche in Hagnau werden von 52 Winzerfamilien kontrolliert umweltschonend bewirtschaftet. In den sehenswerten, schönen alten Kellern des Winzervereins lagern die edlen Weine. Mit Verkauf und Weinproben.

Weingut H. und M. Aufricht: Höhenweg 8, Stetten, T 07532 24 27, www.aufricht.de, Verkauf Mo–Sa 10–12, 14–18 Uhr. Mehrfach prämierte Weine eines jungen Familienteams in modernem, schönem Holz- und Glasbau.

Burgunderhof: Am Sonnenbühl 70, Hagnau, T 07532 80 76 80, www.burgunderhof.de, DZ ab 235 € (ab 3 Nächte, Mitte/Ende Okt.–Ostern geschl.), Verkauf von Wein und Destillaten Mo–Fr 10–12, 15–18 Uhr. Exklusiver Komfort und familiäre Atmosphäre. Der exklusive Hof liegt inmitten der Rebhänge, ist anspruchsvolles Weingut, Brennerei und Hotel-Oase. Die Zimmer und Suiten sind edel-zurückhaltend gestaltet. Garten, Terrasse und Außenpool bieten vor dem See-Panorama japanisch-meditative Anklänge. Die Destillate und ökologisch angebauten Weine sind mehrfach ausgezeichnet worden.

TOUR
Immer am Wasser lang

Auf dem Bodensee-Radweg von Meersburg nach Lindau

Infos

G 4–L 6

Start: Mole in Meersburg

Ziel: ab Lindau kann man entweder mit dem Schiff oder vom Hafenbahnhof stdl. zurück nach Meersburg fahren

Planung: einfach losradeln und den Schildern folgen

Länge: ca. 40 km

Infos: s. Bodensee-Radweg S. 232

Die Radtour rund um den Bodensee ist ein Klassiker. Der Drei-Länder-Weg gehört zu den beliebtesten in Europa und ist ideal zur Entdeckung der Region. Eine schöne Tagestour mit vielen Höhepunkten führt von Meersburg nach Lindau, dann geht's mit Bahn oder Schiff zurück.

Mit dem Fahrrad den Bodensee zu erkunden, ist ein besonderes Vergnügen. Man ist nahe dran an Kultur und Natur und bekommt die vielen Eindrücke der Region hautnah vermittelt. Besonders schön ist das Radeln im Frühling, wenn die Obstbäume blühen. Aber auch der Sommer hat seinen Reiz. Da sollte man sein Badezeug griffbereit halten: Ein spontaner Halt mit einem Sprung in den See ist köstlich! Die hier vorgeschlagene Strecke lässt sich gut an einem Tag bewältigen und bietet sehr unterschiedliche Landschaftseindrücke.

Durch welliges Weinland

Los geht's gleich hinter der Mole in **Meersburg**, und zwar in östlicher Richtung auf einem schönen Weg ganz nah am See entlang. Der Bodensee-Radweg ist ausgeschildert: Auf deutscher Seite folgt man überwiegend einem Piktogramm mit Fahrrad und blauem Hinterrad. Man passiert Wohnbebauungen, kommt an Gärten und Rebhängen vorbei und wirft Blicke ins gewellte Hinterland.

Hinein nach **Hagnau** (s. S. 50) geht es entlang der weitgehend naturbelassenen Uferpromenade mit kleiner Schiffsanlege, Restaurants und Weinstuben. Hier wurde die erste Winzergenossenschaft Baden-Württembergs gegründet. Weiter führt die Strecke nach **Immenstaad** (s. S. 54). Der größtenteils moderne Ort wurde mehrfach als besonders kinderfreundlich ausgezeichnet. Der alte Ortskern liegt etwas abseits der Radstrecke.

Der Radweg um den Bodensee ist prima ausgebaut, hier der Abschnitt nahe der Aachmündung bei Unteruhldingen.

Eine Metropole
Vor **Friedrichshafen** (s. S. 57) ändert sich der Charakter der Umgebung: Der Radweg führt nicht mehr am See entlang, sondern nahe der B 31 – vorbei an Industrieansiedlungen und Gewerbegebieten. Deutlich wird hier, dass der Bodensee nicht nur ein Naturidyll ist, sondern auch als Wirtschaftsregion Bedeutung hat. Vorbei an der barocken Schlosskirche mit ihrem Park ist schnell die lange, lebendige Uferpromenade erreicht: Hier radelt man nicht, sondern schlendert, kehrt ein, besichtigt das strahlend weiße Zeppelin Museum am Ostrand der Promenade. In Friedrichshafen beginnt auch das stimmungsvolle Naturschutzgebiet **Eriskircher Ried** mit seinem Auwald, den Streuwiesen und dem hohen Schilfgürtel. Der Weg führt nach **Langenargen** (s. S. 76). Dort beeindrucken das maurisch inspirierte Schloss Montfort und die hübsche Promenade. Schicke Jachthäfen in den Buchten ziehen sich bis **Kressbronn** hin – ein Dorado für Wassersportler.

Bayerisches Ufer und Lindau
Ein Postkartenidyll ist die bezaubernde Halbinsel mit der Zwiebelturmkirche und den gelben Treppengiebelbauten von **Wasserburg** (s. S. 84). Hier radelt man schon in Bayern, und wenn Sie z. B. im Haus des Gastes an der Schiffsanlege eine Stärkung zu sich nehmen, haben Sie die schönste Aussicht und Umgebung. Ganz anders präsentiert sich **Bad Schachen** mit seinem großen verwunschenen Landschaftspark, dem Grand Hotel am Wasser aus der Zeit des Fin de Siècle und seinem winzigen Ortskern mit bayerischen Wirtshäusern. Höhepunkt und Abschluss der Radtour – und die Krönung der Insel **Lindau** (s. S. 86) mit ihrer wunderschönen, geschäftigen Altstadt – ist die Seepromenade: Hier grüßen der Leuchtturm und der bayerische Löwe an der Hafenmole vor dem hoch aufragenden Panorama der Alpen. Nach getaner Arbeit geht es dann per Schiff oder Bahn wieder zurück nach Meersburg.

Essen

Über dem Wasser

Seeblick: Die umrankte Terrasse des Restaurant-Cafés steht auf Stelzen im Wasser am eigenen Bootssteg und ist ein beliebtes Ziel der Feriengäste; bodenständige Küche und zahlreiche Varianten vom frischen Bodenseefisch.

Seestr. 11, T 07532 62 82, www.seeblick-hagnau.de, Do–Di 11.30–15, 17–22, warme Küche bis 20.30 Uhr, Bodenseefischsuppe 15,90 €, Fischgerichte ab ca.25 €

Beliebt

Zur Winzerstube: Elegantes Restaurant mit idyllischer Seeterrasse mit Panoramablick auf den See und die Alpen. Gutbürgerliche Küche mit Schwerpunkt Bodenseefisch. Lokale Weine.

Seestr. 1, T 07532 49 48 60, www.zurwinzerstube.de, April–Dez. Di–So 14–22.30 Uhr

Feiern

- **Hagnauer Obst- und Weinwanderfest:** 2. So im Mai. Erlebnisfest entlang des Weinwanderweges mit Musik und Bewirtung.
- **Sommerfest:** 2. Juliwochenende. Mit Musik und kulinarischen Angeboten.

Infos

- **Tourist-Information Hagnau:** Im Hof 1, Hagnau, T 07532 43 00 43, www.gemeinde-hagnau.de, Mo–Fr 9–12, 14–17 Uhr. Wöchentliche Führungen und Weinproben in der Winzergenossenschaft Hagnau.
- **Bahn:** nächste Bahnhöfe Friedrichshafen, Markdorf, Uhldingen-Mühlhofen.
- **Bus:** tagsüber alle 30 Min. nach Immenstaad, Friedrichshafen, Meersburg, Überlingen.
- **Schiff:** April–Okt. mehrmals tgl. Verbindungen nach Friedrichshafen, Lindau, Bregenz, Meersburg, Mainau, Konstanz.

Immenstaad

H 4

Immenstaad mit rund 6500 Einwohnern liegt zwischen Apfelplantagen und See. Der staatlich anerkannte Erholungsort wurde als besonders familienfreundlicher Ferienort ausgezeichnet. Unterschiedlichste Programme für Eltern und Kinder ab dem Babyalter sorgen für Entspannung und/oder Unterhaltung.

Der **Ortsteil am Wasser** mit überwiegend neuer Wohn- und Geschäftsbebauung hat einen familiären Vorortcharakter. Die Uferanlagen mit zwei Jachthäfen und die Bootsanlegestelle sind ebenfalls modern. Der **alte Ortskern** – mit großem Marktplatz, der Pfarrkirche **St. Jodokus** (mit modernem Zeltdach) und dem 400 Jahre alten Fachwerkbau des **Schwörerhauses** – ist durch eine Hauptverkehrsstraße vom fröhlichen Trubel am Seeufer abgetrennt. Auch hier waren Fischerei und Weinbau bis etwa zur Gründerzeit die Haupterwerbszweige. Die Nähe zur Industriestadt Friedrichshafen hatte auch Auswirkungen in Immenstaad: So ist u. a. die Firma Dornier (zu Airbus gehörig) ansässig und beschäftigt rund 2000 Menschen im IT-Bereich und Satellitenbau.

Schlafen, Essen

Kreative Küche

Hotel Restaurant Weinstube Seehof: Am Yachthafen, T 07545 93 60, www.seehof-hotel.de, DZ 300–355 €. Käsespätzle mit viererlei Alpenkäse 18 €, Mittagstisch 17–26 €, Hauptgerichte ca. 16–33 €. Das moderne Hotel-Restaurant mit Sonnenterrasse liegt direkt am Jachthafen. Die Küche wurde mehrfach ausgezeichnet, bietet frischeste Regionalprodukte und kreative internationale Gerichte.

Komfortabel

Eberle Strandhaus, Hotel – Pension – Garni: Zwei gepflegte, moderne Häuser in schönem Garten, mit Liegewiese, eigenem Badestrand. Alle Zimmer mit Balkon oder Terrasse und Seepanorama.

Seestraße West 13-15, T 07545 94 29 50, www.strandhaus-eberle.de, DZ ab 120 €

Idyllisch

Landhotel Elfenhof garni: Im wunderschönen, idyllischen Fachwerkhof mit ländlichem Garten und Terrasse gibt es sechs individuell eingerichtete, behagliche Zimmer mit Balkon.

Kippenhausen (ca. 2 km westlich), Kirchberger Str. 5, T 07545 38 85, www.landhotel-elfenhof.de, DZ ab 69 €

Seenah

Gästehaus Zum Landesteg: Vier komfortable und modern eingerichtete Ferienwohnungen (56–75 m²) mit Balkon in unmittelbarer Seenähe, 60–110 €/Nacht. Schöner, hauseigener Badestrand mit Liegewiese.

Bachstr. 8, T 07545 949 87 33, www.obst-und-urlaub.de

Schön

Haus Veit am See: Sehr schönes, modernes Haus am Seeufer mit eigenem Strand; große Liegewiese mit altem Baumbestand.

Friedrichshafener Str. 12, T 07545 12 27, www.veit-bodensee.de. Ferienwohnungen (26–78 m²) 57–120 €/Nacht für 1 bis 5 Personen

Camping

Schloss Helmsdorf: Ruhig am Jachthafen gelegen, mit altem Baumbestand. Vom ADAC ausgezeichnet, mit Badestrand, Surf- und Segelschule, Tauchen, Bootsverleih.

Friedrichshafener Str., T 07545 62 52, www.schloss-helmsdorf.org

Einkaufen

Dekoratives

Blatt und Blüte: Man muss nicht unbedingt frische Blumen bei Ruth Dickreiter kaufen. In ihrem Laden gibt es auch viele schöne Dekorationsartikel, die sich im Koffer viel leichter transportieren lassen als frische Gewächse.

Happenweilerstr. 6, T 07545 61 77, Mo, Di, Do, Fr 8–12.30, 14–18, Sa 8–13, So 10–11 Uhr

Wein

Reblandhof: Direkt auf dem Weingut einkaufen: Winzersekte, Destillate. Mo–Sa 8–12, 14–18 Uhr. Mitte/Ende März–Nov. schöne, idyllische Besenwirtschaft, Mi–Mo ab 18 Uhr.

Kippenhausen, Kupferbergstr. 2, (ca. 2 km westlich), T 07545 67 84, www.reblandhof-siebenhaller.de

Destillate

Eberle's Destillate: Edle Destillate und Liköre aus eigener Herstellung.

s. Eberle Strandhaus, Hotel – Pension – Garni

Bewegen

Baden

Aquastaad: Großes Strandareal mit Kleinkinderbadelandschaft und Naturstrand, kombiniert mit Hallenbad (geheiztes Seewasser und Panoramablick).

Strandbadstr. 1, T 07545 90 13 13, www.aquastaad.de, Mai–Sept. tgl. 8.30–19 Uhr, sonst eingeschränkte Öffnungszeiten, Erw. 4 € (Sommer ab 17 Uhr 2,50 €), Kinder (6–17 Jahre) 2 €

GEMÄCHLICH AUF DEM LASTSEGLER

Besonders schön ist eine Ausfahrt auf einem 17 m langen, alten Segellaster, einer Lädine (alemannisch *lädi* = Last). Rund 150 dieser kompakten Rah-Segler hat es gegeben. Die Lädine St. Jodok in Immenstaad ist der einzige originale Nachbau.
Lädine St. Jodok: regelmäßige Rund- und Charterfahrten, im Sommer tgl. ab Landungssteg Immenstaad. T 07551 91 69 04, www.laedine.de, Rundfahrten ab Immenstaad Ostern–Okt. Di, Do, Sa 10.30, 14, 15.15, 16.30, So 10.30, Überfahrt nach Konstanz So 12.15 Uhr, auch zahlreiche Sonderfahrten, 13–20 €, Kinder (5–15 Jahre) 6,50–10 € (wg. Charterungen können Fahrten ausfallen).

Fahrradverleih
Joos E-Bike Center: Gehrenbergstr. 1 b, T 07545 749 99 84, www.zweirad-joos.de. **Sporträdle:** Meersburger Str. 27, T 07545 14 44, www.sportraedle.de.

Radtouren und Wanderungen
Tourist-Info: s. Infos.

Kletter- und Hochseilpark
Abenteuerpark Immenstaad: Klettern und Balancieren zwischen Bäumen, über Seilbrücken und künstliche Hindernisse. Unter Aufsicht und mit Einführung.
Am Klötzenen Forst (von der Straße nach Markdorf abzweigend, Richtung Sportplatz), T 07545 94 94 62, www.abenteuerpark.com, April Di–So 10–19, Ende April–Ende Juli Di–Fr 12.30–19, Sa, So, Fei, Brückentage 10–19, Ende Juli–Mitte Sept. tgl. 10–19, Mitte Sept.–Okt. Di–Fr 12.30-18, Sa, So, Fei, Brückentage 10–18 Uhr, während der Schulferien tgl., letzter Einlass 3 Std. vor Schließung, je nach Dämmerung Schließung bereits um 17.30 Uhr, Erw. 29 €, Jugendliche (16–17 Jahre) 26 €, Kinder (6–15 Jahre) 23 €, Kinderparcours (ab 3 Jahre) 16 €, Familienermäßigungen. Ganz toll für Kinder, Jugendliche und Erwachsene ist der Kletter- und Hochseilpark mit zahlreichen Seilparcours unterschiedlicher Schwierigkeitsgrade

Kinder und Teens
Über die **Tourist-Info** (s. Infos) werden abwechslungsreiche betreute Programme für Kinder und Teens angeboten.

Feiern

- **Jazz Night:** Mai oder Juli.
- **Weinfest:** Letztes Augustwochenende auf dem Rathausplatz.
- **Apfelwochen:** Mitte Sept.–Anf. Okt. Kulturprogramm, Apfelspezialitäten.

Infos

- **Tourist-Information Immenstaad:** Dr.-Zimmermann-Str. 1, T 07545 201 37 00, www.immenstaad-tourismus.de, April Mo–Fr 9–12, 14–17, Mai–Sept. 9–12.30, 13.30–18, Juli/Aug. auch Sa 9.30–12.30, 13.30–17, Okt. Mo–Fr 9–12, 14–17, Nov.–Mitte März Mo–Fr 9–12, Di auch 14–17 Uhr. Während der Saison tgl. verschiedene Sportangebote; große und kleine klar ausgewiesene Wanderrouten, wie der Apfel- und Weinspazierweg, sind als Broschüren erhältlich. Jeden Di 14 Uhr geführte Radwanderungen.
- **Bahn:** nächster Bahnhof ist Friedrichshafen; in Immenstaad kann man aber Fahrkarten kaufen (Hauptstr. 3, T 0185 44 64 47).
- **Bus:** Gute Verbindungen, darunter auch Schnellbusse nach Konstanz (mit der Autofähre), Meersburg, Friedrichshafen; Seelinie Überlingen, Meersburg, Friedrichshafen; Regionalbus Immenstaad, Markdorf, Salem.
- **Stadtbus:** Verbindung der Ortsteile.

• **Schiff:** April–Okt. regelmäßig, mehrmals tgl. Konstanz–Bregenz.

Friedrichshafen

J 4

Modern und sehr geschäftig: Friedrichshafen mit seinen rund 60 000 Einwohnern ist die zweitgrößte Stadt am Bodensee. Sie ist Knotenpunkt für Bahn-, Schiffs- und Flugverkehr, eine pulsierende Industrie-, Messe- und Tagungsstadt mit einer ereignisreichen Geschichte. Der großen Rüstungsbetriebe wegen ist die Stadt im Zweiten Weltkrieg stark zerstört worden. Die wenigen, ja seltenen noch erhaltenen historischen Zeugnisse sind sorgsam ins moderne Stadtbild integriert.

Friedrichshafen ist untrennbar mit dem Namen Graf Ferdinand von Zeppelin verbunden – hier baute er seine Luftschiffe. Rund ein Jahrhundert später gleitet nun der neue Zeppelin wie ein großes, weißes Schiff lautlos über den See hinweg. Und das lebendige Zeppelin Museum an der Uferpromenade erzählt die Geschichte der Luftschifffahrt.

Stadtgeschichte

Jung ist sie, die Stadt. Erst 1810, nachdem die ehemalige winzige Reichsstadt Buchhorn und die Klosterdomäne Hofen an das neue Königreich Württemberg fielen, wurde daraus die Stadt Friedrichshafen, und das kam so: Friedrich I. von Württemberg wollte mit einem neuen Hafen Handel und Industrie beleben; er fasste Buchhorn und Hofen zusammen und benannte die ›Neugründung‹ ganz einfach nach sich selbst. Das Kloster Hofen ließ er zum Schloss umbauen. Ab 1824 verbrachte er dort mit dem Hof die Sommermonate. Zeitgleich wurde mit dem Dampfschiff Wilhelm ein regelmäßiger Schiffsverkehr nach Rorschach eingerichtet.

Industriestadt am See

Mit dem Luftschiffbau des Grafen Zeppelin ab 1900 kam für Friedrichshafen eine späte, aber intensive Industrialisierung: Zeppelin Luftschifftechnik, Dornier-Flugzeugbau, die Motoren- und Turbinen-Union (MTU) und eine Zahnradfabrik. Die Bedeutung der Stadt nahm mit den Rüstungsbetrieben während des Ersten Weltkriegs noch zu.

Bis Ende des Zweiten Weltkriegs waren in den Friedrichshafener Rüstungsbetrieben und ihren deutschlandweiten Standorten rund 50 000 Menschen beschäftigt – darunter eine große Anzahl von Kriegsgefangenen und KZ-Häftlingen. Man weiß von sieben Lagern mit je rund 60 Baracken in Friedrichshafen. Am 21. Juni 1943 begannen die elf Luftangriffe, die 85 % der Stadt in Schutt und Asche legten.

So ist Friedrichshafen heute eine Stadt in überwiegend nüchterner Nachkriegsarchitektur; in den letzten Jahren jedoch haben Neu- und Umbauten, die Uferpromenade mit ihren Parkanlagen, zahlreiche künstlerische Arbeiten im Stadtbild, attraktive Museen und ein vielfältiges Kultur- und Freizeitangebot die Stadt und das Ufer mit Leichtigkeit, Lebenslust und mediterraner Stimmung aufgetankt.

Rund um die Uferpromenade

Die großzügige, breite Promenade – die Ufer- und Seestraße – mit ihrem offenen Stadtgarten ist eine der schönsten und abwechslungsreichsten am Bodensee. Sie schwingt sich von der Schlosskirche im Westen bis zum Zeppelin Museum im Osten; dazwischen liegen der Jacht- und Gondelhafen und vor dem Zeppelin Museum der Schiffs- und Fährhafen mit dem Stahlgerüst des modernen Moleturms. Die Weite des Seespiegels wird im Hintergrund vom Alpenmassiv eingefasst.

Schlossareal

Am äußersten Westrand der Promenade liegt die ehemalige Sommerfrische der württembergischen Könige auf einer kleinen Halbinsel, eingebettet in den üppigen Schlosspark.

Die dreiflügelige **Schlossanlage** mit großem Innenhof (1824–30) gehört noch heute dem Haus Württemberg und ist bewohnt; daher ist nur die barocke **Schlosskirche** ❶ zugänglich (Palmsonntag–Sept. Fr–Mi 9–18, Do 11–18, Okt. bis 17 Uhr, an kirchlichen Feiertagen, bei Gottesdiensten, Trauungen, Konzerten etc. geschl.). Sie ist mit ihren 50 m hohen Doppeltürmen das Wahrzeichen Friedrichshafens. Errichtet wurde sie um 1700 von dem berühmten Christian Thumb aus Vorarlberg. Seit 1812 ist sie protestantisch.

Vom Jachthafen zum K 42

Vorbei am Jachthafen und dem Band des Stadtgartens mit seinem **Zeppelin-Denkmal** ❷ zieht das **Klangschiff** ❸, eine vielteilige bewegte Stahlskulptur, die Blicke auf sich; der Breisgauer Künstler Helmut Lutz hat es als Mahnmal für ein Europa in Eintracht geschaffen. 2001 ist das Klangschiff hier vor Anker gegangen; es ist Teil künstlerisch-musikalischer Aktionen am Ufer. Herzstück der Uferpromenade ist der Abschnitt zwischen Gondelhafen und Zeppelin Museum mit seinem mediterranen Flair. Der **Moleturm** ❹ am Schiffshafen ist ungewöhnlich in seiner architektonischen Zurückhaltung: ein 22 m hohes, filigranes Stahlgerüst mit Aussichtsplattform. Von dort hat man einen traumhaften Blick auf Stadt, Bodensee und gegenüberliegendes Seeufer mit den Alpen im Hintergrund.

Das Medien- und Geschäftshaus **K 42** ❺ ist ein weiterer Blickfang: Im milchig-weiß schimmernden Glaskubus sind die Stadtbücherei, zahlreiche Geschäfte, eine Kleinkunstbühne, ein Restaurant und eine Café-Bar zu Hause – ein beliebter Szenetreff.

Innenstadt

Im Rücken der Promenade liegen die verkehrsberuhigten Haupteinkaufsstraßen und die drei Platzanlagen der Innenstadt: der Adenauerplatz mit der **Nikolauskirche** ❻ und ihrer zeitgenössischen Innenraumgestaltung, der Rathausplatz mit dem funktionalen **Rathausbau** ❼ sowie der **Buchhornplatz** ❽ mit Brunnenkunstwerken, netten Cafés und Eisdielen.

Museen

Alte Schule

❾ **Schulmuseum:** Hier tut sich die schulische Entwicklung Mitteleuropas auf, von der Klosterschule bis heute. In 19 Räumen lassen sich schulische Zwänge und seltene Freuden nachvollziehen.

Friedrichstr. 14/Ecke Olgastr., T 07541 20 35 56 00, www.schulmuseum.friedrichshafen.de, April–Okt. tgl. 10–17, Nov.–März Di–So 14–17 Uhr, Erw. 3,50 €, Kinder ab 6 Jahren 1,50 €

Luftschifffahrt

❿ **Zeppelin Museum:** Der einstige Hafenbahnhof, ein gleißend weißer Bau im Stil der Neuen Sachlichkeit (1933), beheimatet das international renommierte Zeppelin Museum. Es zeigt die weltweit größte Sammlung zur Geschichte der Luftschifffahrt. Ein Erlebnis ist die

Nicht nur für Technikfreaks ein Erlebnis: das Dornier Museum in Friedrichshafen

über 30 m lange Rekonstruktion der LZ 129 Hindenburg in Originalgröße: Hier betritt man authentisch ausgestattete Passagierräume. Zudem bietet das Museum in seinen Erdgeschossräumen eine auf- und anregende Sammlung zur bildenden Kunst in Süddeutschland mit Wechselausstellungen bis hin zur zeitgenössischen Avantgarde.

Seestr. 22, T 07541 380 10, www.zeppelin-museum.de, Mai–Okt. tgl. 9–17, Nov.–April Di–So 10–17 Uhr, letzter Einlass jeweils 16.30 Uhr, Erw. 11–12 €, Kinder (6–16 Jahre) 6–6,50 €

Luft- und Raumfahrt

⓫ **Dornier Museum:** Mehr als 100 Jahre Luft- und Raumfahrt spiegeln sich in den Erfindungen von Claude Dornier (1884–1969), der Generationen von Forschern und Technikern beeinflusst hat. Sein Flugboot Do-X hob sich hier im Juli 1929 dröhnend aus dem Wasser und sollte im Linienverkehr den Atlantik überqueren. Das wurde ein Flop. Dornier arbeitete für Zeppelin, bis er seine eigene Firma für Flugzeugbau gründete – er schließt praktisch nahtlos an die Luftschifffahrt an. Das moderne Dornier Museum befindet sich an der Geburtsstätte des Unternehmens am Flughafen. Highlights der Ausstellung auf 6000 m² sind die teils noch funktionstüchtigen Originalflugzeuge.

Claude-Dornier-Platz 1, am Flughafen, T 07541 487 36 00, www.dorniermuseum.de, Mai–Okt. tgl. 10–17, Nov.–April Di–So 10–17 Uhr, Erw. 11,50 €, Kinder 6 €

Schlafen

Die Hotels in Friedrichshafen sind überwiegend auf Geschäfts- und Messereisende

Friedrichshafen

Ansehen

1. Schlosskirche
2. Zeppelin-Denkmal
3. Klangschiff
4. Moleturm
5. K 42
6. Nikolauskirche
7. Rathaus
8. Buchhornplatz
9. Schulmuseum
10. Zeppelin Museum
11. Dornier Museum

Schlafen

1. Ringhotel Krone Schnetzenhausen
2. Select Hotel
3. Hotel City Krone
4. Die Villa Bed & Breakfast
5. Ferienwohnungen Fink
6. Haus Groll
7. DJH Graf Zeppelin
8. CAP Rotach

Essen

1. Restaurant Café Delphi
2. Brot Kaffee Wein
3. Ristorante Pizzeria Centrale
4. Hotel-Restaurant Maier

Bewegen

1. Frei- und Seebad Fischbach
2. Strandbad Friedrichshafen
3. Radverleih Hotel Gasthof Rebstock
4. Zweirad Schmid
5. Radverleih Friedrichs-hafen.de

Ausgehen

1. Kultur- und Congress-Centrum Graf-Zeppelin-Haus
2. Bahnhof Fischbach

---

eingestellt. In den Ortsteilen ringsum finden sich familienfreundliche ländliche Hotels und Pensionen. Sie sind jedoch oft durch die Verkehrsschneisen vom Seeufer getrennt. Das Angebot an Ferienwohnungen und Bed & Breakfast im Umkreis ist groß; die Tourist-Info hält Broschüren bereit.

Luxuriös

1 **Ringhotel Krone Schnetzenhausen:** 5 km nordwestlich liegt das familiengeführte üppig-luxuriöse 4-Sterne-Superior-Haus in der Dorfmitte. Um eine große parkähnliche Hofanlage liegen die Flügelbauten in ländlichem Stil. Herausragendes Angebot der Spa-Wellness-Landschaft mit Anwendungen, Innen- und Außenpool.

Schnetzenhausen, Untere Mühlbachstr. 1, T 07541 40 80, www.ringhotel-krone.de, DZ 154–330 €

Traditionshaus

2 **Select Hotel:** Älteste Wirtschaft und einstige Poststation der Stadt ist das komplett sanierte Haus in der verkehrsfreien Fußgängerzone unweit der Promenade. Großzügige Zimmer.

Karlstr. 43, T 07541 28 50, www.select-hotels.com, DZ 67–278 €

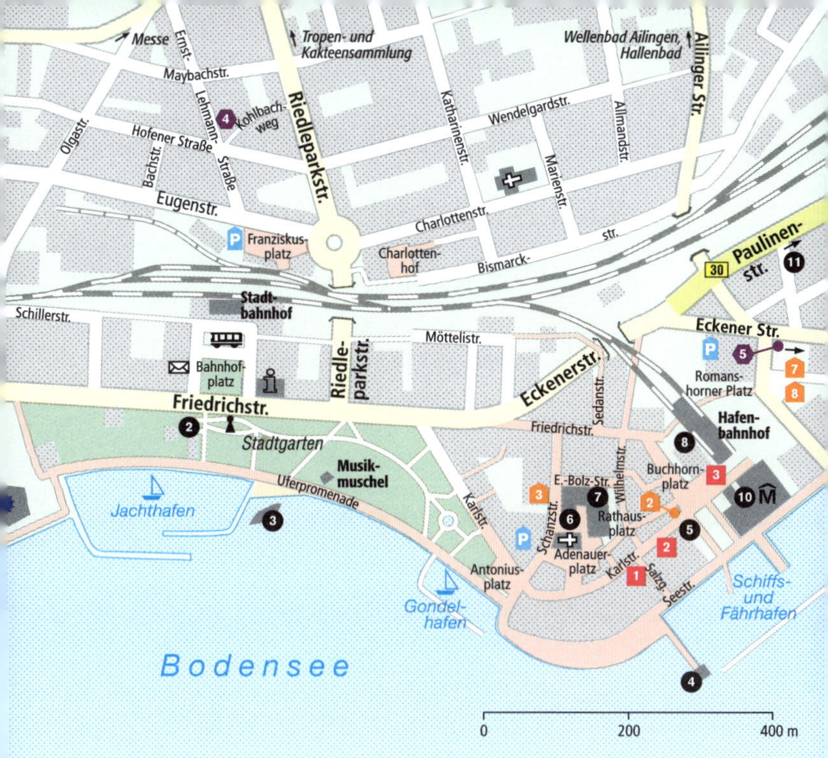

Chic, urban citylike

3 Hotel City Krone: Chices, zentral und ruhig gelegenes Hotel, modern, gut ausgestattet, mit Bistro und Bar, und einer sehr schönen meditativen Spalandschaft und großem Innenpool.

Schanzstr. 7, T 07541 70 50, www.hotel-city-krone.de, DZ ab 95 €, Hauptsaison ab 189 €

Geschmackvoll

4 Die Villa Bed & Breakfast: Die stattliche, am Stadtrand auf einem der höchsten Punkte Friedrichshafens gelegene Villa aus den 1930er-Jahren steht in einem großen Garten mit Liegewiesen und alten Bäumen. Sie bietet Seesicht, eine Bibliothek und verspielte, geschmackvoll und individuell ausgestattete 3 Zimmer mit Balkon.

Hochstr. 101, T 07541 599 11 79, http://dievilla-schmid.de, DZ 101–161 €

Ansprechend

5 Ferienwohnungen Fink: In zentraler Lage, nur wenige Gehminuten zur Promenade, ansprechend ausgestattetes Haus mit großem Balkon zum See und eigenem Badestrand.

Olgastr. 6, T 07542 214 04 (Whg. 1–4), 93 61 94 (Whg. 5), www.fewo-bodensee-fink.de. 5 Ferienwohnungen für 2–4 Personen zu 50–75 € pro Tag (ab 3 Übernachtungen)

Zwischen Wald und Wiesen

6 Haus Groll: Stattliches, strahlend weißes Haus, umgeben von Wiesen, Obstplantagen und Wald, mit gut ausgestatteten Wohnungen im 1. OG und im Dachgeschoss. Mit großer Terrasse und viel Platz für Kinder.

Raderach (ca. 7 km nordwestlich vom Zentrum), Einschlag 1, T 07544 718 82, www.

TOUR
Viel Natur und auch ein bisschen Kultur

Mit dem Fahrrad von Friedrichshafen nach Eriskirch

Infos

J 4/5

Start: Promenade (Zeppelin Museum) in Friedrichshafen

Länge: bis Freibad 8 km, bis Langenargen 15 km

Die leichte, ausgeschilderte Radtour führt durch das **Eriskircher Ried,** das größte und wertvollste Naturschutzgebiet am Nordufer des Bodensees mit Auwald, Streuobstwiesen und hohem Schilfgürtel, in den sich beispielsweise Haubentaucher und Singschwäne, Tafelenten und Kormorane zurückziehen. Im Ried gedeihen auch über 150 seltene Pflanzenarten. Besonders schön ist es hier ab Mitte Mai, wenn die Massenblüte Tausender Sibirischer Schwertlilien die feuchten Riedwiesen in ein blaues Blütenmeer verwandelt. Im Sommer lockt das Strandbad Eriskirch, das im Vergleich zu vielen anderen Strandbädern meist noch ein stilles Plätzchen bereithält.

Die Tour beginnt in **Friedrichshafen** an der **Promenade** beim **Zeppelin Museum,** wo wir den Wegweisern Bodensee-Radweg folgen. Richtung Lindau geht es durch Vorortstraßen und kleine Wäldchen. Ein großes Einkaufszentrum und die Seestraße markieren nach knapp 8 km den Rand von **Eriskirch,** ein beschaulicher Ort, eingebettet in Schilfuferlandschaft und ausgedehnte Obstbaukulturen.

Wenn Sie die Seestraße entlangfahren, zweigt die Bahnhofstraße zur Ortsmitte hin ab. Im alten Bahnhofsgebäude in der Ortsmitte bietet das **Naturschutzzentrum Eriskirch** vielerlei Informationen und Veranstaltungen zur Tier- und Pflanzenwelt im Ried. Hier befindet sich auch die **Tourist-Info.**

Ganz ehrlich: Verfahren kann man sich im Eriskircher Ried eigentlich nicht, es geht auch ohne Karte.

Einen Besuch lohnt die gotische **Liebfrauenkirche** mit Wandmalereien des frühen 15. Jh. Auf der Historischen Holzbrücke überqueren Sie die **Schussen.** Die Brückenstraße biegt links in den Röckenweg ab, der Sie zur Pfarrkirche bringt. Auf gleicher Strecke geht es zur Tourist-Info zurück.

Von der Tourist-Info führt die **Riedstraße** über einen beschrankten Durchgang wieder hinein in die Riedlandschaft: hohes Schilf, Feuchtwiesen, alte Bäume und Stille. Hier im Eriskircher Ried liegen Tausende Brutplätze seltener Vogelarten. Folgt man dem Hauptweg weiter, zweigt rechter Hand schließlich der Zugang zum **Strandbad** mit freiem Seezugang ab. Sehr gemütlich und idyllisch!

Naturschutzzentrum Eriskirch: Bahnhofstr. 24, T 07541 818 88, www.naz-eriskirch.de, April–Sept. Di–Do 14–17, Fr–So, Fei 10–13, 14–17, Okt.–März Di–Do 14–16, Fr 9–12, So, Fei 14–17 Uhr

Zurück auf dem Hauptweg biegen wir nach Süden ab und fahren weiter durch das Naturschutzgebiet, überqueren den Wasserlauf der **Schussen** und können nun auf dem **Bodensee-Radweg** wieder zurück nach Eriskirch und **Friedrichshafen** fahren.

Alternativ kann man weiter Richtung Montfort/Langenargen radeln. Auch das ist eine hübsche Strecke, und in **Langenargen** lässt sich wunderbar im **Restaurant Malereck** (s. S. 79) einkehren.

fewo-berghof.twebsite.info, 2 Ferienwohnungen für 2–4 Personen zu 50–70 €/Nacht (Vermietung ab 5 Übernachtungen)

Günstig

7 **DJH Graf Zeppelin:** Am östlichen Stadtrand gelegen, nahe dem Seeufer. Die 230 Betten sind im Sommer immer ausgebucht, daher besser frühzeitig reservieren.

Lindauer Str. 3, T 07541 724 04, http://friedrichshafen.jugendherberge-bw.de, ab 32,50 €/Person im Mehrbettzimmer

Camping

8 **CAP Rotach:** Der Campingplatz mit Gaststätte bietet direkte Seeuferlage an der Rotachmündung am Rand vom NSG Eriskircher Ried. Die Ausstattung ist behindertengerecht und wurde vom ADAC ausgezeichnet.

Lindauer Str. 2, T 07541 70 07 77 77, www.cap-rotach.de

Essen

An der Ufer- und Seestraße sowie um das Rathaus finden sich zahlreiche Restaurants, Bistros und Cafés für jeden Geschmack und jeden Geldbeutel.

Frisch am Wasser

1 **Restaurant Café Delphi:** Auf der Promenade überzeugt das schön schlicht eingerichtete Delphi mit mediterraner Küche zu moderaten Preisen. Mit Terrassenbewirtung.

Seestr. 20, T 07541 221 60, tgl. 11–22 Uhr (Nov.–Ende Jan. geschl.)

Kultig

2 **Brot Kaffee Wein:** Schön und qualitätvoll: Entspannte Clubatmosphäre, Kaffee aller Art, regionale Weine und ausgezeichnete Brotsorten mit kreativen Aufstrichen. Verlockend sind die sonnigen Plätze an der Promenade.

Karlstr. 38, T 07541 37 83 51, www.aika-cafe.de, Mo–Fr 8.30–20, Sa 9–20, So 9.30–20 Uhr

Schnell & preisgünstig

3 **Ristorante Pizzeria Centrale:** Gut, schnell, preisgünstig und mit zahlreichen Tagesgerichten; kleine Mittagsmenüs um 9,80 €.

Karlstr. 59, T 07541 37 77 55, www.centrale-fn.de

Regionale Küche

4 **Hotel-Restaurant Maier:** 300 m vom Bahnhof Fischbach entfernt wird bei Maier Slow-Food-Küche serviert.

Poststr. 1–3, Friedrichshafen-Fischbach, T 07541 40 40, www.hotel-maier.de, Restaurant Mo–Sa 18–22.30, Küche bis 21, Terrasse (je nach Witterung) Mo–Sa 7–22, So 7–11 Uhr

Einkaufen

Wochenmarkt

Freitagsmarkt: rund um Adenauerplatz und Kirchplatz, Fr 8–13 Uhr. Bunt und mediterran.

Bewegen

Baden

1 **Frei- und Seebad Fischbach:** Großzügiges Badeareal mit Natursandstrand und beheiztem Außenbecken, Liegewiese, Mutter-Kind-Bereich, Wärmehalle, Gastronomie.

Fischbach (ca. 6 km westlich, Strandbadstr. 11, T 07541 20 35 60 00, www.bäder.friedrichshafen.de, Mo–Fr 7–20, Sa, So, Fei 9–20 Uhr, Erw. 4,80 €, Kinder (4–18 Jahre) 2,40 €, ab 17 Uhr 2,80/1,40 €

2 **Strandbad Friedrichshafen:** Große, ruhige Anlage mit langem Badesteg, da das Ufer mit Beton eingefasst ist.

Königsweg 11 (1 km westlich vom Schloss),

T 07541 280 78, Mitte Mai–Mitte Sept. tgl. (bei gutem Wetter) 9–20 Uhr, Erw. 2,40 €, Kinder (4–18 Jahre) 1,20 €, ab 17 Uhr 1,40/0,70 €

Fahrradverleih

Hotel Gasthof Rebstock 3: Werastr. 35, T 07541 950 16 40, www.fahrradverleih-friedrichshafen.com, tgl. ab 9, Rückgabe bis 22 Uhr. **Zweirad Schmid** 4: Ernst-Lehmann-Str. 12, T 07541 218 70. **Radverleih Friedrichshafen.de** 5: Eckenerstr. 16, T 07541 224 65, Ausgabe tgl. 10–13, Rückgabe bis 19 Uhr.

Stadtführungen

Tourist-Info: s. Infos.

Ausgehen

Kulturzentrum

1 **Kultur- und Congress-Centrum Graf-Zeppelin-Haus:** Das moderne Kulturzentrum neben dem Jachthafen und bietet eine Vielzahl an kulturellen Veranstaltungen, Theater, Musik, Ausstellungen.

Olgastr. 20, T 07541 28 80, www.gzh.de

Jede Menge Kulturelles

2 **Bahnhof Fischbach:** Kultur im ehemaligen Bahnhof. Bespielt wird er mit Konzerten, Kabarett, Lesungen und Kleinkunst.

Fischbach (ca. 6 km westlich vom Zentrum), Eisenbahnstr. 15, T 07541 981 18 11, Kartenreservierung T 07551 638 72, www.bahnhof-fischbach.de

Feiern

- **Internationales Stadtfest:** 1. Juli-Wochenende. Tanz und Musik aus zahlreichen Ländern auf der Uferpromenade.
- **Seehasenfest:** Mitte Juli, www.seehasenfest.de. 5 Tage lang Heimat- und Kinderfest an der Promenade mit Seefeuerwerk.
- **Zeltfestival:** während der letzten 10 Tage der baden-württembergischen Schulferien. Mit Musik, Theater, Kleinkunst, Kabarett an der Promenade.

Z

ZEPPELINFLUG

Einzigartig ist ein Flug im neuen Zeppelin NT (Neue Technologie). Lautlos schwebt man in dem eleganten weißen Luftschiff in nur wenigen 100 m Höhe über der Bodenseeregion mit Voralpenland. Es ist so still, dass man die Schiffshörner oder Hundegebell hören kann. Der neue Zeppelin knüpft an die Luftschiffpioniere des letzten Jahrhunderts an, ist aber mit modernster Technologie ausgerüstet. Weltweit einmalig! Auch Werftführungen. **Deutsche Zeppelin-Reederei:** Messestr. 132, T 07541 590 00, www.zeppelinflug.de. **Flüge** ab 395 € (45-Min.-Flug), **Werftführung** im Zeppelin Hangar FN, April–Okt. Di, Fr 16 Uhr, Erw. 9,50 €, ermäßigt 5,50 €, **Restaurant** April–Okt. tgl. ab 10 Uhr.

Infos

- **Tourist-Information Friedrichshafen:** Bahnhofsplatz 2, T 07541 20 35 54 44, www.friedrichshafen.de/tourismus.
- **Flugzeug:** Der mit dem Zug Richtung Aulendorf erreichbare Flughafen (T 07541 28 40, www.bodensee-airport.eu) bietet Direktflüge zu nationalen und internationalen Zielen, auch Feriencharterflüge. Fluggesellschaften sind u. a. Lufthansa, Condor, Corendon Airlines und Wizz Air.
- **Bahn:** Der Stadtbahnhof, Stadtbahnhof 1, bietet stdl. Verbindungen Richtung

Singen, Radolfzell und Lindau, halbstdl. Verbindungen nach Aulendorf, Ulm. Der Hafenbahnhof ist weniger frequentiert. Informationen zu Verbindungen in die Schweiz und nach Österreich, s. S. 40.

- **Bus:** Auskünfte T 07541 361 41 41, www.bodo.de. Der zentrale Busbahnhof liegt beim Zeppelin Museum und Hafenbahnhof. Schnellbusse nach Meersburg, Konstanz; Seelinie nach Meersburg, Überlingen; nach Tettnang, nach Langenargen-Kressbronn.
- **Stadtbus:** T 07541 50 50, www.stadtverkehr-fn.de. Linien in alle Ortsteile, das Kundencenter befindet sich im Stadtbahnhof.
- **Schiff:** Verbindungen nach Konstanz und Bregenz; Autofähre nach Romanshorn tgl. im Stundentakt; zahlreiche Ausflugsfahrten. Bodensee Schiffsbetriebe BSB, T 07531 364 00, www.bsb.de. Der Katamaran nach Konstanz verkehrt tgl. im Stundentakt, T 07541 971 09 00, www.der-kata maran.de.

Ravensburg

K 2/3

Nordöstlich von Friedrichshafen, in Oberschwaben, erstreckt sich das weite Schussental. In seinem Zentrum wartet das geschäftige Ravensburg (50 000 Einwohner) als Wirtschafts-, Handels- und kulturelles Zentrum der Region mit seiner schönen Altstadt und einem großartigen Museumsquartier auf.

Die Wurzeln der Stadt reichen weit zurück in die Geschichte. Die Ravensburg, die heutige Veitsburg oberhalb der Stadt, war der einstige Stammsitz der Welfen; ihr zu Füßen entwickelte sich ab dem 11. Jh. eine Ortschaft, die schon bald das Marktrecht besaß. Sie lag günstig am Schnittpunkt zweier Fernhandelswege; Handel und Gewerbe nahmen einen mächtigen Aufschwung. 1276 wurde Ravensburg zur Freien Reichsstadt; im 14. Jh. war die Stadt eine der führenden Handelsknotenpunkte Süddeutschlands. Bis zum Beginn des Dreißigjährigen Krieges war das Gemeinwesen ausgeprägt, Handel und Handwerk ließen ein gutes Auskommen zu.

Altstadt

Die Altstadt von Ravensburg ist noch heute von dem ehemaligen, teilweise begrünten Befestigungsring und einem guten Dutzend Türmen und Stadttoren umgeben. Die meisten wurden im 14. und 15. Jh. errichtet. Wunderschön ist die Vielfalt ihrer Formen: kantig, halbrund oder rund, in strahlendem Weiß oder altersmürbem Stein. Sie alle wurden in der Zeit gebaut, als die Freie Reichsstadt Ravensburg eine der führenden süddeutschen Handelsstädte war und zahlreiche Patrizierclans die Handelskontore regierten.

Rund um den Marienplatz

Alle Wege führen auf den zentralen **Marienplatz** zu. Überraschend und ungewöhnlich sind seine Ausmaße: Der lang gestreckte, breite Platz zieht sich durch die gesamte Altstadt; außer für Busse und Taxen ist er komplett verkehrsberuhigt. Entlang dem Platz reihen sich Cafés an Restaurants und Bistros – die Wahl fällt da schwer.

Im Zentrum des Zentrums steht das stattliche **Waaghaus** ❶ (Marienplatz 28). Der repräsentative elegante Bau mit Treppengiebeln wurde kurz vor 1500 als städtisches Kaufhaus errichtet. Das heißt, er war die zentrale Warenbörse und Zollstätte für Waren aller Art. Der Schwörsaal mit seinen eindrucksvollen Holzstützen nimmt das gesamte Obergeschoss ein. Hier legten die Ratsherren einmal im Jahr ihren

Schwur auf die Stadtverfassung ab, und die Tuchhändler breiteten hier ihre Stoffe aus aller Welt aus. Immer auch war er Fest- und Veranstaltungssaal.

Daneben reckt sich der viereckige **Blaserturm** ❷ (Marienplatz 30, Turmbesteigung Mai–Sept. Mo–Sa 11–16, Okt. nur Sa 11–16 Uhr, Erw. 3,50 €, Kinder 12–18 Jahre 2 €) mit seinem feingliedrigen, oktogonalen Turmaufsatz 50 m in die Höhe: Er war der zentrale Feuerwach-, Uhren- und Spähturm der Stadt. Sein Name geht auf den Turmwächter, den Blaser, zurück.

Das angrenzende prachtvolle Gebäude in Rot mit kleinem, spitzem Turmaufsatz und Treppengiebeln ist das **Alte Rathaus** ❸ (Marienplatz 26). Es stammt aus dem Jahr 1386, wurde mehrfach umgebaut und besitzt zwei spätgotische Ratssäle. Am östlichen Eingang kann man noch die Ravensburger Elle sehen, das reichsstädtische Längenmaß von 61,59 cm.

Nach Westen hin zweigt die geschäftige Bachstraße mit ihrem plätschernden Wasserlauf vom Marienplatz ab. Am Straßeneingang liegen zwei stattliche Bauten: das **Lederhaus** ❹ (Marienplatz 35) und das **Seelhaus** ❺ (Bachstr. 1). Ersteres war das Markt- und Zunftgebäude der Schuhmacher, Gerber und Sattler. Erbaut um 1400, ist es ein Jahrhundert später vergrößert worden. Die Bemalung wurde um 1900 ergänzt. Heute ist es Post- und Verwaltungsbau. Das Seelhaus diente als Pilgerherberge.

Frauentor und Marktstraße

In nördliche Richtung läuft parallel zum Marienplatz die Kirchstraße auf das **Frauentor** ❻ (Kirchstr. 20, 14. Jh.) und den **Grünen Turm** ❼ (Marienplatz 56, 15. Jh.) mit seinem Spitzhelm und der glänzenden grünen Ziegeldeckung zu.

Neben der Bachstraße ist die beim Alten Rathaus abzweigende **Marktstraße** die Hauptschlagader der Altstadt. Sie wird gesäumt von schönen alten Patrizierbauten mit Laubengängen und vielfältigen Giebelvarianten, so z. B. von der **Brotlaube** ❽ (Marktstr. 13/Gespinstmarkt), dem 1625 erbauten Marktgebäude der Bäcker, Metzger und Kürschner mit großem Saal im Obergeschoss. Hier ist das schöne, nicht nur Kinder begeisternde **Figurentheater** (T 0751 210 62, www.figurentheater-ravensburg.de) zu Hause.

Im Südosten der Altstadt

Am südöstlichen Rand der Altstadt trifft man auf das **Wirtshaus Mohren** ❾ (Marktstr. 61). Das gibt es schon seit 1530; vorher war es das Haus der Großen Ravensburger Handelsgesellschaft, das Hauptkontor des Kaufmannclans der Humpis, die bis zum Beginn des 16. Jh. mit Luxuswaren aus Italien, Spanien und Polen Neid erregende Gewinne machten.

Direkt im Blickfeld liegt nun ein weiterer Turm, der **Mehlsack** ❿ (Mehlsackweg 10, Turmbesteigung Juni, Aug., Sept. So 11–16 Uhr). Der weiße, bezinnte Rundturm ist einem überdimensionierten Mehlsack ähnlich – daher sein Name. Er steht hier seit 1425 und ist zum Wahrzeichen Ravensburgs geworden. Gemeinsam mit dem Obertor und seinen schönen Treppengiebeln bildet er den südöstlichen Abschluss der Altstadt.

Die zahlreichen und überraschend vielfältigen Türme in Ravensburg verdienen beim Stadtspaziergang durch die Stadt besonderes Augenmerk und lohnen durchaus auch einen Extra-Rundgang!

Umgebung

Ravensburger Spieleland

Rafting, Paddeltouren, Käpt'n Blaubärs Abenteuerfahrten, Stranddünen, Eisenbahnen, Galaxy Racer, verrückte Labyrinthe, Duschtunnel, Hängematten, Tierkarussell und Bauernhofabenteuer, zudem Spiele, Spiele, Spiele – und für müde Zeitgenossen gibt es Bollerwagen. Der Erlebnispark **Ravensburger Spieleland** ⓫ bietet jede Menge Spaß und aufregende Beschäftigung für Menschen ab 3 Jahren. Besondere Übernachtungsangebote für Eltern mit Kindern gibt es über die Tourist-Info Ravensburg.

Meckenbeuren-Liebenau, Am Hangenwald 1, ausgeschildert (von der B 467 abzweigend), T 07542 40 00, www.spieleland.de, April–Okt. tgl. 10–17, während der Sommerferien bis 18 Uhr, Ruhetage s. Kalender auf Website, ab 15 Jahren 38,50 €, 3–14 Jahre 36,50 €

Museen

Wirtschaftswelten

⓬ **Wirtschaftsmuseum:** Sehr interessant ist dieses Museum, das auf eine Zeitreise in die letzten 200 Jahre der Region führt. Die sechs Themenkreise reichen von der Geldwirtschaft, über Handwerk und Industrie bis zu den Lebensläufen einzelner Bürger, sehr unterhaltsam, frisch und kurzweilig dargeboten.

Marktstr. 22, T 0751 35 50 57 77, www.wirtschaftsmuseum-ravensburg.de, Di–So 11–18 Uhr, Erw. 4 €, Kinder Eintritt frei

Lebenswelten

⓭ **Museum Humpis Quartier:** Ins Auge fällt das Bauensemble Humpis Quartier. Die sieben über einen Innenhof miteinander verbundenen Patrizierbauten (1503–1735) bildeten das Wohnquartier der reichen Fernhändlerfamilie Humpis. Die im Original erhaltenen gotischen Innenräume wurden traumhaft schön saniert; der Innenhof erhielt eine gläserne Überdachung und bildet nun das Herzstück des besuchenswerten **kultur- und stadthistorischen Museums.**

Das Bauensemble ist eines der größten und besterhaltenen in ganz Süddeutschland und bildet nun einen grandiosen Rahmen: Geschichte und Kultur sind darin authentisch in Szene gesetzt. Die einstigen Bewohner werden virtuell zum Leben erweckt, und jede der Personen mit ihrem Lebensumfeld wird mit der Stadtgeschichte verwoben. Ein Shop und Gastronomie vervollständigen die anregende Museumswelt.

Marktstr. 45, T 0751 828 20, www.museum-humpis-quartier.de, Di–So 11–18 Uhr, Erw. 5 €, Kinder bis 18 Jahre Eintritt frei

Spielwelten

⓮ **Museum Ravensburger:** Das Stadthaus der Ritter Schellenberg zu Kißlegg (1416 erbaut), seit 1883 Stammsitz des Buch- und Spieleverlags Otto Maier Ravensburger AG, bildet ein weiteres Highlight. Der Spieleverlag hat den Namen Ravensburg mitgeprägt. Im neuen Museum wird auf drei Etagen die Welt der Spiele- und Büchermacher lebendig: ein spannender Blick hinter die Kulissen tut sich auf!

Marktstr. 26, T 0751 86 13 77, www.museum-ravensburger.de, Di–So 10–17 Uhr, während der Schulferien in Baden-Württemberg auch Mo, Erw. 11 €, Kinder (3–14 Jahre) 8,50 €

Kunstwelten

⓯ **Kunstmuseum Ravensburg:** Das Kunstmuseum bietet hohen Genuss in außergewöhnlicher Architektur. Hier hat die hochkarätige Privatsammlung von Gudrun und Peter Selinka mit über 200 Werken des Expressionismus und verwandten, nachfolgenden Kunstströmungen ein Zuhause gefunden – in dem weltweit ersten musealen Passivhaus-Bau.

Zudem werden die Schätze der Städtischen Galerie sowie Wechselausstellungen gezeigt.

Burgstr. 9, T 0751 828 12, www.kunstmuseum-ravensburg.de, Di 14–18, Mi–So

11–18, Do bis 19 Uhr, Erw. 7 €, bis 18 Jahre Eintritt frei

Schlafen

Traditionsreich

1 **Hotel Residenz:** 34 moderne Zimmer und Appartements bietet dieses traditionsreiche Haus in zentraler Lage. Seit April 2022 gibt es einen kleinen Spabereich. An sonnigen Tagen kann man in Mukes Gärtle frühstücken oder den Abend dort mit einem Glas Wein ausklingen lassen.

Herrenstr.16, Tel. 0751 369 80, www.residenz-ravensburg.de, DZ ab 99 €

Behaglich

2 **Hotel Gasthof Obertor:** Das 3-Sterne-Hotel schmiegt sich im verkehrsberuhigten Zentrum an das weiße Obertor an; die Zimmer sind gepflegt und komfortabel, mit Gastterrasse; einen Saunabereich gibt es auch.

Marktstr. 67, T 0751 366 70, www.hotelobertor.de, DZ ab 136 €

Günstig und zentral

3 **Gasthof Ochsen:** Schönes, rotes Stadthaus im Zentrum mit angenehmen Zimmern.

Burgstr. 1, T 0751 254 80, http://ochsen-rv.de, DZ 112 €

Komfortabel

4 **Erlebnishof Gut Hügle:** Auf dem Erlebnisbauernhof mit schönem Neubau, in der zehnten Generation geführt, mehrere Ferienwohnungen im Haupthaus und Nebengebäude, geschmackvoll und komfortabel. Für Kinder gibt es eine Abenteuerscheune. Auch Maislabyrinth, Kirschgarten und Familienrestaurant (tgl. 8.30–21 Uhr).

Bottenreute 5–7 (ca. 9 km südlich von Ravensburg), T 0751 189 50 00, www.guthuegle.de, ab 75 €

Günstig

5 **Jugendherberge Veitsburg:** in der ehem. Veitsburg gelegen, 10 Min. Fußweg zum Zentrum.

Veitsburgstr. 1, T 0751 253 63, www.jugendherberge.de, 35,70 €/Person

Essen

Die Gastronomie in Ravensburg ist sehr vielfältig – vom kleinen Snack und einem Eisbecher bis zur gerühmten Sterneküche. Hier nur eine kleine Auswahl:

Cool

1 **Café Colours:** Frühstück, So Brunch, Mittag, Kaffee und Kuchen – Tages- und Abendcafé bis hin zum Absacker. Schwäbische und italienische Küche mit exotischen Abstechern. Lauschige Hofterrasse.

Bachstr. 25, T 0151 53 53 40 77, www.colours-ravensburg.de, Mo–Sa ab 9, So ab 15 Uhr. Hauptgerichte ab 12 €

Alleskönner

2 **Café Bar Central:** Quirlig im Zentrum, Frühstück gibt es bis 12 Uhr, Kaffee und Kuchen, Mittagstisch wie auch Tapas.

Marienplatz 26, T 0751 325 33, www.cafebar-central.de, Mo–Fr ab 10, Sa ab 9 Uhr

Qualitätvoll

9 **Wirtshaus, Lounge und Restaurant Mohren:** Die alte Mohren-Wirtschaft in neuem Gewand: Schönes, schlichtes Holzmobiliar. Mit Restaurantteil, Wirtsstube und Terrasse. Süddeutsche Küche, fein und frisch (Käsespätzle mit Salat 10,80 €), auch asiatisch geprägte Gerichte.

Marktstr. 61, T 0751 18 05 43 10, www.mohren-ravensburg.de, tgl. ab 11 Uhr

Echt italienisch

3 **Café L-Arte:** Espresso, Cappuccino und andere Kaffeespezialitäten, Snacks und v. a. Gelato – italienischer Flair in Oberschwaben.

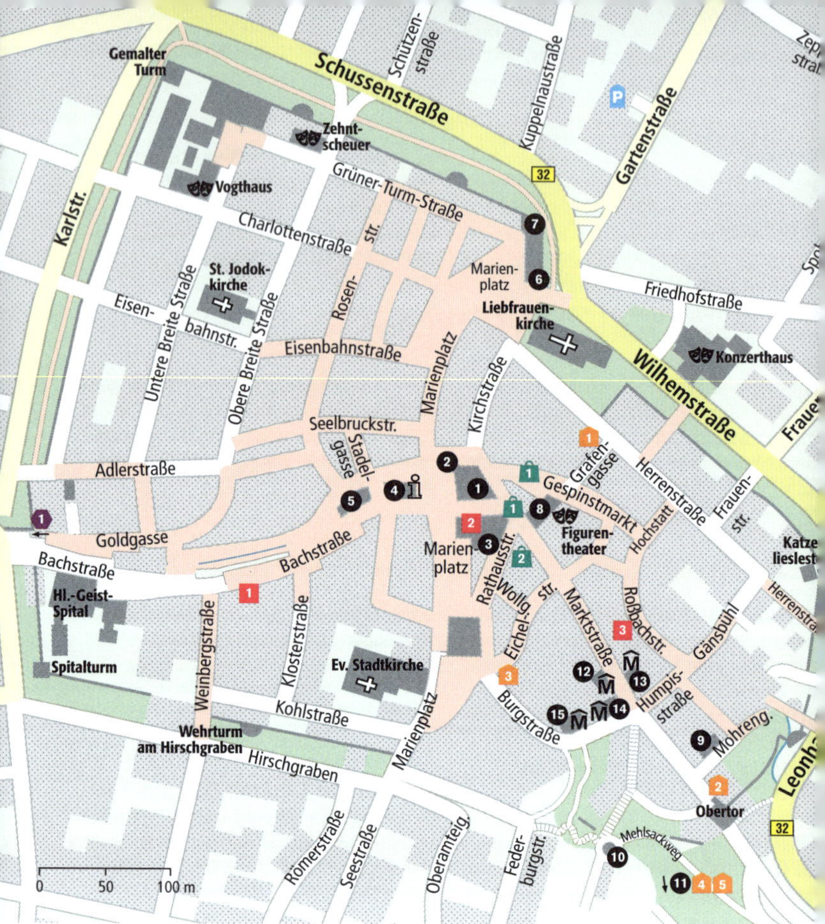

Roßbachstr. 10, T 0751 311 82, www.l-arte.de, Di–Fr 9.30–18.30, Sa 8.30–18 Uhr

Einkaufen

Wochenmarkt

1 Gespinstmarkt/Marktstraße: Wunderschön mit langer Tradition.

Sa 7.30–13 Uhr

Bauernmarkt

2 Markthalle: Produkte aus der Region direkt vom Erzeuger.

Marktstr. 6, www.bauernmarkt-ravensburg.de, Mo–Fr 9–18, Sa 8–13 Uhr

Ausgehen

Theater

1 Theater Ravensburg: Ein bunter anspruchsvoller Spielplan, der für jeden etwas bietet: Theater, Tanz, Kabarett Ernstes und Humorvolles. Mit Theatercafé und Bistro.

Zeppelinstr. 7, Kartenreservierung T 0751 233 64, www.theater-ravensburg.de

Ravensburg

Ansehen
1 Waaghaus
2 Blaserturm
3 Altes Rathaus
4 Lederhaus
5 Seelhaus
6 Frauentor
7 Grüner Turm
8 Brotlaube
9 Wirtshaus Mohren
10 Mehlsack
11 Ravensburger Spieleland
12 Wirtschaftsmuseum
13 Museum Humpis Quartier
14 Museum Ravensburger
15 Kunstmuseum Ravensburg

Schlafen
1 Hotel Residenz
2 Hotel Gasthof Obertor
3 Gasthof Ochsen
4 Erlebnishof Gut Hügle
5 Jugendherberge Veitsburg

Essen
1 Café Colours
2 Café Bar Central
3 Café L-Arte

Einkaufen
1 Wochenmarkt (Gespinstmarkt/Marktstraße)
2 Markthalle

Ausgehen
1 Theater Ravensburg

Feiern

- **Rathauskonzerte:** Mai–Sept. Do 19.30 Uhr. Konzerte unter freiem Himmel mit ansässigen Musikkapellen.
- **Jazztime:** ganzjährig, www.jazztime-ravensburg.de. Zahlreiche Veranstaltungen und Jazzkonzerte aller Richtungen an unterschiedlichen Orten.
- **Kunsthandwerkermarkt:** Wochenende im Juli, rund um die Kirche St. Jodok in der Unterstadt. Kunsthandwerk jedes Genres, handwerkliche Vorführungen und Mitmachangebote für Kinder.
- **Christkindlesmarkt:** Vom Freitag vor dem 1. Advent bis 22. Dez. tgl. 11–20 Uhr in der Innenstadt.

Infos

- **Tourist Information Ravensburg:** Marienplatz 35 (Lederhaus), T 0751 828 00, www.ravensburg.de, Mo–Fr 10–16, Sa 10–13 Uhr. Kinder (in Begleitung ihrer Eltern) übernachten in Kombination mit dem Besuch des Ravensburger Spielelands in ausgesuchten Hotels kostenlos (s. Website). Die Touristeninformation bietet eine Vielzahl von Führungen an, auch als Stadt-Schau-Spiel oder kulinarische Führungen (Details auf der Website); Kinderstadtführung Geheimnisvolle Türme – April–Okt. an ausgewählten Samstagen 14 Uhr (Start Katzenlieslesturm, Herrenstr. 45, 80 Min., 7 €).
- **Bahn:** www.bahn.de. Verbindungen mit Aulendorf, Ulm bzw. Friedrichshafen halbstdl.
- **Bus:** Mobilitätszentrale im Stadtbahnhof, T 0751 80 40. Regelmäßige Verbindungen ins Umland; mehrmals tgl. nach Meersburg.

Weingarten

K/L 2

In dem kleinen, unauffälligen Industriestädtchen Weingarten, 3 km von Ravensburg entfernt, ragt in Übergröße der ›schwäbische Petersdom‹, die

Stattliche Bürgerhäuser in der Ravensburger Altstadt: das Leder- und dahinter das Seelhaus

größte Barockbasilika Deutschlands, in den Himmel; sie ist auch Pfarrkirche. Auf der Anhöhe des Martinsberges bildet sie zu Ehren des Blutes Christi das alles beherrschende Zentrum der Stadt.

Berühmt ist der sogenannte **Blutritt:** Am Tag nach Christi Himmelfahrt, am Blutfreitag, versammeln sich Tausende von Menschen in den geschmückten Straßen Weingartens, um dem Blutritt beizuwohnen. Seit 1529 findet die prunkvolle Prozession statt, in der die Heilig-Blut-Reliquie aus der Basilika durch Weingarten und die Fluren ringsum getragen wird. Rund 3000 Pferde und Reiter in Frack und Zylinder, Musikkapellen, Pfarrherren und Ministranten aus Oberschwaben bilden den Zug und legen so ein jährliches Glaubensbekenntnis ab.

Geschichte

Im 10. Jh. gründete das Geschlecht der Welfen an diesem Ort, der damals noch Altdorf hieß, das Benediktinerkloster Weingarten, das im 12. und 13. Jh. ein bedeutendes Zentrum der Buchmalerei war.

Die Klosterkirche wurde auch Grablege der Welfen. Nach dem Neubau ihrer Konventanlage (1124–82) bildete die Blutreliquie den größten Schatz der Klosterkirche. Sie war 1094 durch die welfische Herzogin Judith von Flandern dem Kloster anvertraut und zunehmend verehrt worden.

Im 18. Jh. ließen die Reichsprälaten auf dem Martinsberg die neue Klosteranlage bauen, die von dem gewaltigen Münster beherrscht wird. Der Name der Abtei ist geblieben, das Kloster als Lebenseinrichtung nicht: Die letzten vier Mönche sind 2010 ausgezogen.

Benediktinerabtei St. Martin

Vom Münsterplatz steigt man hinauf: Überwältigend ist die Dominanz der himmelwärts strebenden, gewölbten Fassade mit den wuchtigen Ecktürmen und der 67 Meter hohen Kuppel. Die Architektur basiert auf den Ideen mehrerer Baumeister. Bruder Schreck verband dafür u. a. die Entwürfe von Christian Thumb, Caspar Moosbrugger und Franz Beer von Bleichten. Letzterer begann 1715 mit dem Bau, 1724 schloss der Italiener Donato Frisoni mit der Westfassade und den Westtürmen die Bauarbeiten ab.

Führungen: Architektur und Innenausstattung der Basilika sind Thema der der 55-minütigen Führung, die nach Anmeldung stattfindet, T 0751 56 12 70, www.st-martin-weingarten.de, Mo–Do 10, 11, 13, 14, 15, 16, 17, Fr 10, 11, 13, 16, 17, Sa 10, 11, 17 Uhr

Innenraum

Hell, weit, leicht wirkt der Raum, obwohl die Länge vom Portal bis zur Vierungskuppel über 100 m beträgt. Die großartigen Deckenfresken stammen von Cosmas Damian Asam; sie zeigen die hl. Dreifaltigkeit, die Anbetung des Lamms, Mariä Himmelfahrt, den Ordensgründer Benedikt, die Verherrlichung des hl. Blutes und über dem Westchor die Geburt Christi.

Die delikat zurückhaltenden Stuckarbeiten stammen von Franz Schmuzer. Das geschnitzte Chorgestühl ist das Werk von J. A. Feuchtmayer. Hinter dem herrlichen filigranen Chorgitter liegt der Hochaltar von Donato Frisoni; bedeutende Kunstwerke sind auch die Altargemälde von Giulio Benso und Carlo Carlone. Am Choreingang steht der Marmoraltar (1931) mit der Heilig-Blut-Reliquie. Sie ist das Ziel zahlloser Pilger und ganzer Pilgergruppen, die ganzjährig vor der verehrten Reliquie beten.

Orgel

Weltberühmt ist die gewaltige Orgel auf der Westempore von Joseph Gabler, der sie 1737–50 erbaute. Sie besitzt 66 Register und 6666 Pfeifen – eine Referenz an die sechs Schöpfungstage. Ihr Klangspektrum ist einzigartig: Sie verfügt über Paukenregister, Kuckucksruf, Nachtigallenschlag und Glockenspiel. Das Brausen dieser größten Barockorgel in Süddeutschland bei Gottesdiensten und Konzerten zu hören ist ein bewegendes Erlebnis.

Feiern

- **Blutritt:** Tag nach Christi Himmelfahrt (s. S. 72).
- **Orgelkonzerte:** Regelmäßig bei Gottesdiensten erklingt die Orgel, und an fast jedem Sa oder So finden nachmittags Orgelkonzerte statt. Konzertkarten: Kath. Pfarramt St. Martin, T 0751 56 12 70, www.st-martin-weingarten.de oder Amt für Kultur und Tourismus (s. o.).
- **Klosterfestspiele:** Juli/Aug. Tickets und Programm im Kulturamt.

Infos

- **Amt für Kultur und Tourismus:** Münsterplatz 1, 88250 Weingarten, T 0751 40 52 32, www.weingarten-online.de.

Östliches Nordufer und Umgebung

Vom Löwen bewacht — Lindau, der bayerische Ankerplatz am See, ist quirlig. Ruhe findet man eher in Wasserburg.

Eintauchen

Seite 86

Lindau

Höhepunkte der schönen, gepflegten Altstadt von Lindau auf der Halbinsel im See sind die Uferpromenade und die Hafeneinfahrt mit Leuchtturm und bayerischem Löwen. Einfach gucken und genießen!

Seite 82

Hausbrauerei Max & Moritz

Tettnang liefert den Hopfen für die eigenen Biere, auch die Zutaten fürs Essen kommen weitgehend aus der Region. Obendrein bietet das Gasthaus mit Biergarten in Kressbronn einen tollen Blick auf See und Berge.

Beachen fast wie am Meer, das geht in der Therme Lindau.

Seite 84

Wasserburg

Das Inselchen mit Kirche, Friedhof, Pfarrei, dem einstigen Kloster und dem kleinen Museum ist eine wahre Idylle und ein berühmtes Motiv für Maler.

Seite 84

Nordic Walking Park Bayerischer Bodensee

Von Nonnenhorn aus erschließen sich die abwechslungsreichen, schönen Routen des Nordic Walking Parks im bayerischen Hinterland. Die 17 ausgeschilderten Strecken zwischen Nonnenhorn und Lindau erstrecken sich über insgesamt 130 km.

Seite 95

Marionettenoper

Wunderschöne Marionetten hervorragend in Szene gesetzt – in Lindau gibt es eingespielte, professionelle Operninszenierungen im Puppenformat.

Seite 81

Sundowner-Segeln

Auch ohne jegliche Vorkenntnisse kann man vom Jachthafen Kressbronn aus einen kleinen Segeltörn bei Sonnenuntergang genießen.

Seite 77

Uferpromenade Langenargen

Mit einem Eis auf der Bank in der Sonne sitzen, im Blick die Segelschiffe und das maurische Schloss auf der Landzunge vor der Kulisse der Alpengipfel … die Uferpromenade von Langenargen ist zum Träumen!

Seite 84

Rädlewirtschaften

Nur wenige Male im Jahr haben sie geöffnet, dann hängt ein Rad vor der Türe. Zum Essen gibt's Deftiges, zum Trinken hauseigenen Wein oder Most, und eigentlich immer geht es hier ziemlich lustig und gemütlich zu.

Ein Abend in der Spielbank Lindau ist auf alle Fälle ein Gewinn. Niemand ist zum Spiel verpflichtet, Flanieren erlaubt.

t 2021 fährt die S 7 Lindau-Reutin
er Bregenz nach Romanshorn, und
ur alle zwei Stunden. Schneller
nen sie keine Drei-Länder-Tour am
densee unternehmen.

Unterwegs zur Inselstadt

N

Nördlich von Langenargen und Lindau erstreckt sich ein liebliches oberschwäbisches und bayerisches Hinterland, und vor der Kulisse der österreichischen und schweizerischen Alpen strahlt und glitzert der See. Langenargen besticht mit seinem maurischen Schlösschen, der schönen Promenade, dem eleganten Jachtzentrum und den rassigen hochkarätigen Segelregatten. Das winzige Inselchen Wasserburg ist ein überaus malerischer Flecken, und die geschichtsträchtige Altstadt von Lindau mit ihrer prachtvollen Hafenkulisse mit Leuchtturm und bayerischem Löwen, den Restaurants und Terrassencafés an der Promenade ist eines der meistbesuchten Ziele am Bodensee.

ORIENTIERUNG

O

Im Internet: www.bodensee.eu (Portal für den ganzen Bodensee). **Transport:** Die Strecke der **Bodenseegürtelbahn** (Singen–Friedrichshafen–Lindau–Bregenz) deckt das nördliche Bodenseeufer ab. Fernverkehr nach München sowie über St. Gallen nach Basel (SBB, T 041 848 44 66 88, www.sbb.ch); Verbindungen nach Bregenz (ÖBB, T 05 17 17, www.oebb.at). Mit dem **RAB-Regionalbus 192** geht es von Lindau nach Wangen (Allgäu); die **Linie 225** verbindet Langenargen, Kressbronn und Tettnang, die **Linie 7587** Friedrichshafen, Langenargen und Kressbronn. In Lindau gibt es **Stadtbuslinien. Kursschiffe** fahren auf den Strecken Konstanz–Meersburg–Lindau–Bregenz sowie Lindau–Rorschach–Friedrichshafen.

Langenargen

K 5

Ein maurisch anmutendes Schloss auf einer Landzunge, ein bisschen Côte d'Azur und eine wunderschöne, von Restaurants, Cafés und Hotels gesäumte Uferpromenade: Langenargen ist die Sonnenstube am See und bietet neben vielen Wassersportvergnügen, einer bedeutenden Segelregatta und weithin bekannten Hafenfesten auch einen netten Ortskern und ein interessantes Heimatmuseum, das sich dem Expressionisten Hans Purrmann widmet.

Das 7500-Einwohner-Städtchen zwischen Eriskirchner Ried und der Argen-Mündung hatte einst eine wichtige Position im Argengau inne. Es hieß damals Argen und war das regionale Machtzentrum. Vom 13. Jh. an beherrschten die Grafen von Montfort in ihrer Burg auf der vorgeschobenen Halbinsel das Land über Jahrhunderte.

Der württembergische König Wilhelm I. kaufte die Halbinsel und ließ 1866 ein orientalisch-maurisches Fantasieschloss als Sommerresidenz errichten. Über mehrere Ecken kam Schloss Montfort schließlich in den Besitz von Prinzessin Luise von Preußen, Nichte Kaiser Wilhelms I., die solch maskierte Architektur aus Potsdam kannte. Auch sie verbrachte hier 30 Jahre lang die Sommermonate.

Schloss Montfort

Der kapriziöse Blickfang mit maurisch-gotischen Anklängen aus braunen und honigfarbenen Ziegeln ist mit seinem achteckigen Turm das Wahrzeichen Langenargens. Das Schloss dient heute als Veranstaltungs- und Tagungsort. Der Blick auf See und Alpen ist traumhaft! Im prächtigen Saal im Obergeschoss finden Sommerkonzerte statt.

Untere Seestr. 3, Turmbesteigung April–Okt. tgl. 10–12, 13–17 Uhr (bei guter Witterung)

Uferpromenade und ›Städtle‹

Vom Schloss aus zieht sich die reizvoll angelegte Uferpromenade mit ihrem Gondelhafen und der Schiffsanlege bis hin zum großen Segelhafen, dem Jachtclub und der Malerecke an der Mündung der Argen. Hotels, Restaurants, Cafés und kleine Läden begleiten den Uferflaneur.

Auch der historische Ortskern, das sogenannte **Städtle** rund um den Marktplatz mit seinen vielen Häusern aus dem 17. und 18. Jh., ist hübsch und anmutig. Die **Pfarrkirche St. Martin** mit ihrer lichten Halle besitzt schöne szenische Darstellungen aus dem Neuen Testament (ab 1718) vom einheimischen

S

SEE- UND ALPEN-PANORAMA VON SCHLOSS MONTFORT AUS

Besteigt man den Turm von Schloss Montfort (s. links), bietet sich eine herrliche Aussicht auf den See, die gegenüberliegenden Schweizer Alpen und das hügelige Hinterland. Schön ist auch der Blick auf den historischen Ortskern Langenargens und den malerischen Gondelhafen.

Anton Maulbertsch. Das Schutzengelbild von 1724 am linken Pfeiler der Eingangshalle ist der größte Schatz. Es stammt wahrscheinlich von dem ebenfalls einheimischen Künstler Franz Joseph Spiegler – genau weiß man es nicht.

Museum Langenargen

Im Museum Langenargen, dem ehemaligen Pfarrhaus gegenüber der Kirche, gibt es von Anton Maulbertschs berühmtestem Sohn, Franz Anton Maulbertsch, nur ein einziges Werk zu sehen. Hier warten jedoch die Arbeiten des expressionistischen Malers Hans Purrmann (1880–1966) auf Entdeckung: Gemälde von außerordentlicher farblicher Brillanz. Purrmann, dessen Werk von den Nazis verboten wurde, war mit Henri Matisse befreundet und lebte hier von 1916 bis 1935; auf dem Friedhof in Langenargen ist er begraben.

Marktplatz 20, T 07543 34 10, http://museum-langenargen.de, Di–So 11–17 Uhr, Mi 15 Uhr Führung, an jedem 1. Mi auch 19 Uhr, Erw. 5 €, Kinder Eintritt frei

Schlafen

Chic und trendy

Seehotel Litz: Direkt am Gondelhafen liegt das 4-Sterne-Haus mit Design-

Maurisch-romantische Idylle – Schloss Montfort in Langenargen

zimmern, überwiegend mit Balkon. Highlight sind die noblen Zimmer in Weiß und Creme mit französischem Balkon oder Terrasse. Terrassenrestaurant und trendige Loungebar im Freien. Anspruchsvolle Küche, auch Kleinigkeiten (Restaurant tgl. 17–21, Bistro tgl. 11–22 Uhr).
Obere Seestr. 11, T 07543 931 10, www.hotel-litz.de, DZ ab 125 €

Sehr komfortabel

Hotel Restaurant Schwedi: Schönes und gepflegtes Feriendomizil außerhalb des Ortes am Eriskircher Ried; großer Garten mit Liegewiese bis zum See und bewirtschafteter Terrasse. Glasüberdachter Außenpool, Spabereich. Gute Küche, besonders Fisch aus eigener Fischerei.
Schwedi 1, T 07543 93 49 50, www.hotel-schwedi.de, DZ 119–216 €, Restaurant warme Küche Mi–So 11.30–13.45, 17.45–20.45 Uhr, Hauptgerichte ab 17 €

Zentral am See

Hotel-Restaurant Klett: Ein nettes Plätzchen zum Übernachten, direkt an der Promenade. Angenehme Zimmer, überwiegend mit Balkon. Restaurant mit Gartenterrasse.
Obere Seestr. 15, T 07543 22 10, www.hotel-klett.de, DZ 120–155 €

Mit Tradition

Hotel Krone: Auf den Grundmauern eines alten Wirtshauses wurde dieses familiengeführte Hotel 1996 wiedererrichtet. Zur Verfügung stehen 17 gemütliche Zimmer und 3 Ferienwohnungen. Gaststube und Biergarten.
Marktplatz 10, T 07543 934 30, www.hotel-krone-langenargen.de, DZ 108–128 €

Essen

Ein Traum

Restaurant Malereck: Im elegant-lässigen Landhaus mit weiten, baumbestandenen Rasenflächen bis zum Seeufer bietet die Familie Pusceddu Gaumenfreuden pur. Die Gartenterrasse ist ein Genuss, das Essen ebenso: Von schwäbischen Spezialitäten bis zu asiatisch angehauchten Gerichten ist alles aus frischesten, möglichst regionalen Produkten. Schweinebraten an Senfrahmsauce mit hausgemachten Spätzle 17 €, große amerikanische Steakauswahl.

Argenweg 60, T 07543 91 24 91, www.restaurantmalereck.de, Do–Mo 12–14, 18–21 Uhr

Cool

Restaurant Schuppen 13: Italienische Küche auf der großen Seeterrasse direkt am Jachthafen bietet das moderne, großzügige Restaurant.

Argenweg 60, T 07543 15 77, www.schuppen13.de. tgl. 12–13.30, 18–21.30 Uhr, Vorsaison Mo und Di Ruhetag, Hauptgerichte 10–35 €

Tolle Lage

Seevital Hotel Schiff: Direkt an der Uferpromenade mit Panoramarestaurant und großer Terrasse unter alten Bäumen. Regionale Gerichte, frischer Fisch und regionale Weine.

Marktplatz 1, T 07543 933 80, www.seevital.de, tgl. 15–22 Uhr, Hauptgerichte ab 20 €

Romantisch

Kavalierhaus: Im westlichen Teil des Schlossparks bietet das Kavalierhaus mit seiner Terrasse ein Refugium als Café, Restaurant und Bar mit Blick auf Schloss, See und Berge.

Untere Seestr. 7, T 07543 91 25 10, www.kavalier-haus.de, Di–Sa ab 16.30, So ab 11.30 Uhr, kleine Gerichte ab 10 €

Einkaufen

Wochenmarkt

an der Uferpromenade: Obere Seestraße, Do 8–13 Uhr.

Vom Bauernhof

Der Ortsteil **Oberdorf** ist von Langenargen rund 4 km entfernt. Ein ausgeschilderter Wander- und Radweg führt durch Obstplantagen und Wiesen ins Dorf. **Gierer's Bauernlädele:** Oberdorf, Tettnanger Str. 18, T 07543 38 84, www.gierers-bauern-laedele.de, Mo–Sa 10–12, Mo–Fr 15–18, Sa bis 17 Uhr; tgl. frisch gebackenes Brot, Kuchen, Dinnele, Obst, Most, Schnäpse, Dosenwurst und Rauchfleisch. **Obsthof Mülhaupt:** Oberdorf, Ortstr. 35, T 07543 12 00, www.obsthof-muelhaupt.de, Mo–Sa 8.30–12 Uhr, nachmittags Selbstbedienung; Obst und Gemüse aus kontrolliertem Anbau sowie Obstsäfte und Edelbrände.

Bewegen

Baden

Naturstrandbad Langenargen: Ruhiges Bad, beheiztes Becken, Kinderspaßbecken, Umkleiden, Gastronomie.

westlicher Ortsrand, Untere Seestr. 107, T 0800 078 67 86, Mai, Sept. tgl. 10–19, Juni, Aug. tgl. 9–20, Juli–Mitte Aug. Fr, Sa bis 21 Uhr, Erw. 2,50 €, Kinder 1,50 €

Freibadeplatz Malerecke: am Jachthafen am östlichen Ortsrand von Langenargen, frei zugänglich.

Fahrradverleih

Zweirad Filo: Kirchstr. 3, T 07543 91 29 10, www.zweirad-filo.de; **Gasthof Adler:** Oberdorf, Adlerstr. 3, T 07543 28 07, www.adler-oberdorf.de; **Hotel Löwen:** Obere Seestr. 4, T 07543 30 10, www.loewen-langenargen.de.

Feiern

- **Langenargener Sommerkonzerte:** Fr, Mitte Juni–Mitte Aug. Feine, kleine Konzerte im Schloss Montfort: Klassik, Gitarren-Quartette, Klavierabende.
- **Langenargener Hafenfest:** Juni–Aug. jeden 2. Do. Musik, Kultur und kulinarische Vielfalt am Gondelhafen.
- **Match Race Germany:** Pfingstwochenende von Do bis Mo. Die Weltelite der Segler im Wettkampf.

Infos

- **Tourist-Information:** Obere Seestr. 2/1 (an der Schiffslandestelle), T 07543 93 30 92, www.langenargen.de, März–Mai, Mitte Sept.–Okt. Mo–Do 9–12, 14–16, Fr 9–12, Sa, So, Fei 10–12, Juni Mo–Fr 9–12.30, 13.30–17, Sa, So, Fei 10–12, Juli–Mitte Sept. Mo–Fr 9–12.30, 13.30–18, Sa, So, Fei, 9–12.30, Nov.–Febr. Mo–Fr 9–12 Uhr.
- **Bahn:** stdl. Anschluss an die Bahnstrecke Friedrichshafen–Lindau.
- **Bus:** Verbindungen nach Friedrichshafen, Kressbronn und Lindau.
- **Schiff:** Linienverkehr besteht zu allen deutschen Uferorten, Querverbindungen nach Arbon und Rorschach. Informationen und Tickets in der Tourist-Info.

Kressbronn

K 5

Kressbronn ist gemeinsam mit Langenargen ein Dorado des Wassersports – beide teilen sich die größten Sportsegelhäfen am See und bringen mit der Marina Ultramarin in Gohren und dem BMK Yachthafen einen Hauch von Luxusfeeling hierher. Die Bodan-Werft im Ort existierte fast 100 Jahre, baute die meisten Bodenseeschiffe, so auch die Katamarane, die Friedrichshafen und Konstanz in hohem Tempo miteinander verbinden. 2011 ging die Werft überraschend in Konkurs. Auf dem denkmalgeschützten Gelände wird die Uferpromenade als Seepark neu gestaltet.

Kressbronn mit seinen 8500 Einwohnern, eingebettet in die grüne Drumlinlandschaft der Voralpen, ist umgeben von Obstplantagen, Wein- und Hopfenreben. Der aus zwei Dörfern entstandene Ort ist vom Durchgangsverkehr befreit und als familienfreundlicher Ferienort prämiert. Der neu gestaltete Ortskern mit dem Rathausmarkt ist verkehrsberuhigt. Die ruhige Uferpromenade und Schiffsanlege, mit alten schimmernden Silberweiden und viel Wiesengrün, ist herrlich entspannend.

In **Gohren,** ca. 3 km westlich vom Zentrum, an der alten Straße nach Langenargen, überspannt die älteste Hängebrücke Deutschlands den Fluss Argen. 1896–98 errichtet, ist sie mit ihren hohen gemauerten Ecktürmen ein markantes Industriedenkmal – ihr Vorbild war die Brooklyn Bridge in New York.

Museum im Schlössle

Das kleine Museum präsentiert eine interessante kunsthandwerkliche Ausstellung des heimischen Künstlers Ivan Trtanj, der in 35 Jahren zahlreiche historische Schiffsmodelle schuf – von den Prunkbarken und Lustschiffen des Barock und Rokoko bis zu den schweren Seglern wie der Bounty – alles nach Originalen und verblüffend detailgenau gearbeitet.

Seestr. 20, T 07543 54 74 60, www.historische-schiffsmodelle.com, April–Okt. Di–So 10–12, 15–18 Uhr, Erw. 3 €, ermäßigt 2 €

Museum in der Lände und Galerie in der Lände

Im einstigen Gesindehaus des Schlössles (s. o.) sind ein kleines Museum und auch

eine Galerie beheimatet, in der Künstler der Gemeinde und Wechselausstellungen zur Kunst in Süddeutschland präsentiert werden. Mit Café.
Seestr. 24, www.laende.kressbronn.info, Fr, Sa 15–17, So 14–17 Uhr, Café April–Mitte Dez. Fr, Sa 15–17, So 14–17 Uhr

Schlafen

Wunderschön

Pension am Bodensee: Große Loungeterrasse direkt am See, eigener Bootsanleger, überdachte Restaurantterrasse, schöne Zimmer, Spabereich und Strandsauna, Fahrrad-und Bootsverleih. Die Unterkunft lässt kaum einen Wunsch offen – etwas für Genießer.
Bodanstr. 7, T 07543 73 82, www.pension-am-bodensee.com, DZ 155–275 €

Für Wassersportler

Yachthotel Schattmaier: Großer moderner Hotelkomplex am Hafen Ultramarin; ideal für Wassersportler und Segler. Von der großen Sonnenterrasse blickt man direkt auf den Jachthafen.
Gohren, Im Wassersportzentrum 12, T 07543 605 40, www.schattmaier.com, DZ ab 153 €

Familiär

Gästehaus Rosenhof: Schönes, familiäres Haus mit 30 Betten, ca. 100 m vom See gelegen. Zimmer überwiegend mit Balkon, Liegewiese am Haus.
Bodanstr. 2, T 07543 67 87, www.gaestehaus-rosenhof.com, DZ 74–108 €

Ferienpark

Campingplatz Gohren: Sehr großer Platz im Parkgelände (der größte Platz direkt am Bodensee) mit weitläufigem Naturstrand, Restaurant, Kindererlebnisland, Streichelzoo, Fahrradverleih und allem Komfort. Viele Dauercamper.
Gohren, am Seglerhafen, T 07543 605 90, www.campingplatz-gohren.de

Camping

Campingplatz Iriswiese: Ruhiger, neben dem Kressbronner Strandbad gelegener Platz mit 4-Sterne-Komfort, viele Langzeitnutzer, mit eigenem Naturstrand. Mit Kinderland, Gastronomie und Laden.
T 07543 80 10, www.campingplatz-iriswiese.de

Einkaufen

Wochenmarkt

auf dem Rathausplatz: Do 8–13 Uhr.

Bewegen

Baden

Naturstrandbad: Steiniger Strand, beschattete Wiesen, mit Wasserspielplatz.
Bodanstr. 67, T 07543 50 06 99, wetterabhängig Mai, Sept. 9.30–19, Juni–Aug. 9.30–20 Uhr, Erw. 3 €, Kinder 2 €, ab 18 Uhr 2/1,50 €

Sundowner-Segeln & mehr

Wassersport Schattmaier: Auch Motorbootausfahrten und weitere Angebote, Segelschule etc.
Gohren, am Hafen Ultramarin, Im Wassersportzentrum 12, T 0800 724 28 86, 07543 605 40, www.schattmeier.com, Mitte April–Anf. Okt. Sa, So 18 Uhr (bis 21 Uhr) Sundowner-Segeln mit 3-Gänge-Menü 95 €/ Person

Fahrradverleih

Radsport Senger: Kirchstr. 19, T 07543 80 25, www.radsport-senger.de.

Radfahren

Kressbronn liegt am Schnittpunkt des **Bodensee-** und des **Donau-Bodensee-Radwegs,** ist also idealer Ausgangspunkt für Radtouren um den See und ins Hinterland. Geführte Radtouren s. Tourist-Info.

Kinder
Die Tourist-Info (s. Infos) bietet u. a. vielfältige, spannende Kinderprogramme für alle Altersgruppen an.

Ausgehen

Seeblick
Gasthaus-Brauerei Max & Moritz: Der Hopfen für die Biere der Hausbrauerei Max & Moritz kommt aus Tettnang. Das Gasthaus mit Biergarten bietet einen tollen Blick auf den See und die Berge. An Wochenenden auch Livekonzerte.
Weinbichl 6, T 07543 65 08, www.maxmoritz-bier.de, tgl. ab 11.30 Uhr

Feiern

- **Pfingstfest:** Der Musikverein spielt auf, dazu kulinarisches Angebot.
- **Kunst- und Töpfermarkt:** Ende Mai und Mitte Aug. Im Seegarten.
- **Hock am See:** Mitte Juli. Musik junger Ensembles am Landungssteg.
- **Weinfest:** 1. Augustwochenende. Weinfest im Seegarten mit Musikfeuerwerk.

Infos

- **Tourist-Information:** im Bahnhof, Kressbronn, T 07543 966 50, www.kressbronn.de, Mai–Sept. Mo–Fr 9–18, Sa, So 10–12, Okt.–April Mo–Fr 8–12, 14–17 Uhr. Hier starten auch geführte Radtouren: April–Okt.
- **Bahn:** stdl. Verbindungen nach Friedrichshafen, Radolfzell sowie nach Lindau, Bregenz.
- **Bus:** Mo–Fr stdl. nach Friedrichshafen.
- **Schiff:** Juli–Okt. **Linienverkehr** nach Lindau, Bregenz sowie Friedrichshafen, Konstanz; 1 x tgl. nach Rorschach. **Vergnügungsfahrten** mit dem Schaufelraddampfer Hohentwiel.

Nonnenhorn

K 5

Der charmante Luftkurort (1800 Einwohner) liegt im Bayerischen auf einer kleinen Halbinsel. Wandern, radeln, im beheizten Strandbad lümmeln: Nonnenhorn bietet Entspannung und Ruhe in schöner Umgebung, geprägt von Obst- und Weinbau. Im Frühling bezaubert das Blütenmeer der Obstbäume vor dem Panorama des Sees und der verschneiten Berggipfel.

Die beschauliche **Uferpromenade** mit Schiffslände ist von Kastanien und Linden gesäumt. Die kleine **St.-Jakobus-Kapelle** mit geschindeltem Türmchen mitten im Ort stammt aus dem 13. Jh. und war eine der Pilgerstationen auf dem Jakobsweg. Vor der Kapelle erinnert ein Findling an die Seegfrörnen, als der See komplett zugefroren war – 1573, 1830 und zuletzt im Jahr 1963.

Naturwanderweg Nonnenhorn
Ein schöner 3,5 km langer, ausgeschilderter Naturwanderweg mit herrlichen Aussichtspunkten führt durchs Ortszentrum, am See entlang zum Malerwinkel und durch das Obst- und Weinbaugebiet im Rücken von Nonnenhorn. Texttafeln informieren über Obst- und Weinbau, Naturschutz und Fischerei.

Schlafen, Essen

Ein Traum
Hotel Haus am See: Wunderhübsches, gepflegtes, familiengeführtes Haus mit Liegewiesen, Seezugang, sehr gutem Restaurant und komfortablen Zimmern.
Uferstr. 23, T 08382 98 85 10, www.hausamsee-nonnenhorn.de, DZ 124–257 €

Behaglich
Hotel Gasthof zur Kapelle: Am idyllischen Kapellenplatz liegt der schöne, weiß

Das nördliche Seeufer ist auch in Nonnenhorn vom Weinbau geprägt.

verputzte Gasthof mit seinen blau-grauen Fensterläden und dem rosafarbenen Blumenschmuck. Die Zimmer sind hell und komfortabel; behaglich sind auch das Restaurant und die große Gartenwirtschaft. Die Küche ist regional betont und vielseitig. Spezialitäten: Bodenseefisch und Wild.

Kapellenplatz 3, T 08382 82 74, www.witzigmann-kapelle.de, DZ ab 106–150 €, tgl. warme Küche 11.30–21 Uhr, Winter Fr–Di warme Küche 11.30–14, 18–21 Uhr, Hauptgerichte 19–27 €

Familiär

Landhaus Hornstein am See: Weingut, Brennerei und schönes Gästehaus in Familienbesitz: Das Hornstein liegt zwischen Nonnenhorn und Wasserburg in einem alten Obstbaumgarten, der auch Liegewiese ist. Durch die Weinreben schlendern Sie zum eigenen Badestrand am See. Sehr hübsch. Auch Ferienwohnungen auf dem Grundstück.

Conrad-Forster-Str. 50, T 08382 987 80, www.hornstein-am-see.de, DZ 58–71 €

Am See

Ferienwohnungen Haus Kuprella: Die Wohnungen sind komfortabel ausgestattet, mit Balkon.

Seestr. 24–26, www.kuprella.de. An der Promenade mit eigenem Seezugang: Zwei Häuser mit FeWos für 2–5 Pers., 35–85 m^2, 74–88 €/Tag

Camping

Campingplatz Schnell: Seestr. 32, T 08382 911 28 05, www.campingplatz-nonnenhorn.de.

Bewegen

Baden

Strandbad: Sehr schöne kompakte Anlage mit beheiztem Schwimmbecken, Kin-

R

RÄDLEWIRTSCHAFTEN

Das Rädle, in anderen Weinregionen auch ein Besen, wird von den Winzern im Sommer an die Tür gehängt: dann laden sie zum Weintrinken ins Haus oder in die Scheune ein. Neben Wein bieten Rädlewirtschaften auch hauseigenen Most und deftige Brotzeiten an. Die Seeweine, überwiegend Grauburgunder und Müller-Thurgau, wie der Sonnenbichl oder die Seehalde, sollte man unbedingt probieren – sie werden von sieben Winzern vor Ort angebaut und gekeltert. Da die Öffnungszeiten unregelmäßig sind, gibt die Tourist-Info Auskunft.

derpool mit Sonnensegel, Wärmehalle mit Schwimmkanal, Liegewiesen und Kiosk.
Seestr. 12, an der Schiffslände, T 08382 84 56, Mai–Mitte Sept. tgl. 9/9.30–18/19/19.30 Uhr, Erw. 4 €, Kinder (ab 6 Jahren) 2,50 €

Fahrradverleih

Firma Kugel: Seestr. 58, T 08382 81 10.

Nordic Walking

Nordic Walking Park Bayerischer Bodensee: Auf 17 ausgeschilderten Routen mit insges. 130 km zwischen Lindau, Bodolz, Wasserburg und Nonnenhorn kann man die schöne Gegend erkunden. Broschüren/Karten auf den Websites der bzw. in den Tourist-Infos Wasserburg, Nonnenhorn, Lindau.
www.nonnenhorn.eu

Feiern

- **Komm und See:** Sommer. Seefest mit Musik, Kleinkunst, Kulinarik und für das Publikum geöffneten Weingütern.
- **Kinderfest am See:** Juli.
- **Winzerfest am See:** Mitte Aug.

Infos

- **Tourist-Information Nonnenhorn:** Seehalde 2, T 08382 82 50, www.nonnenhorn.eu, Sommer: Mo–Fr 8–12, 14–17, So 9–12, Winter: Mo–Fr 9–12 Uhr. In den Sommermonaten regelmäßig Veranstaltungen wie Kurkonzerte, Konzerte in der Jakobus-Kapelle, Kinderferienprogramme oder geführte Radwanderungen.
- **Bahn:** stdl. Richtung Lindau/Bregenz und Friedrichshafen/Radolfzell, Auskunft T 0180 651 25 12.
- **Bus:** Mo–Fr stdl. nach Friedrichshafen.
- **Schiff:** Juli–Okt. mehrmals tgl. Linienverkehr Richtung Lindau, Bregenz sowie Friedrichshafen, Konstanz.

Wasserburg

K 5

Die denkmalgeschützte Halbinsel Wasserburg ist die ›Perle‹ des bayerischen Bodensees. Wunderschön ist das kleine historische Ensemble, das auf der Halbinsel neben der Mole und Schiffsanlege von alten Bäumen eingefasst ist.

Die **Aussicht** von der Halbinsel ist berückend: Im weiten Bogen sieht man Lindau, Bregenz und dahinter die Alpenkette vom Pfänder bis ins schweizerische Appenzell. Von der Halbinsel führen ruhige Wohnstraßen zum kleinen Ortszentrum hin; Hotels, Pensionen und Gastwirtschaften liegen auf dem Weg.

In diesem beschaulichen Ort ist der Schriftsteller Martin Walser geboren, und hier lebte auch der in den 1950er-/60er-Jahren sehr erfolgreiche Autor Horst Wolfram Geißler, der mit dem Roman »Der liebe Augustin« eine

Wasserburger Bürgeridylle verewigte. 1983 hat er auf dem Kirchhof seine letzte Ruhe gefunden.

Pfarrkirche St. Georg

Weithin sichtbar bildet der barocke Zwiebelturm der katholischen Pfarrkirche St. Georg den Mittelpunkt. Die Kirche wurde nach einem Brand 1815 im Wesentlichen neu gestaltet. Die Vorgängerbauten waren im Besitz der St. Galler Mönche, deren Anwesenheit seit 784 belegt ist.

Halbinselstr. 81

Museum im Malhaus

Im ehemaligen Gerichtsgebäude der Fugger sind Gerichtssaal und Gefängniszellen zu besichtigen sowie Ausgrabungsfunde aus der Steinzeit bis hin zu mittelalterlichen Münzen. Jährlich ist eine große Sonderausstellung zu Aspekten der Lokalgeschichte zu sehen. Schön sind die Dokumentationen zu den Schriftstellern Martin Walser und Horst Wolfram Geißler.

Halbinsel, www.museum-im-malhaus.de, April–Okt. Mi–So 10.30–12.30, So auch 14–16 Uhr, Erw. 2 €, ermäßigt 1 €, Kinder Eintritt frei

Schloss

Unmittelbar gegenüber liegt das Wasserburger Schloss aus dem 14. Jh. Heute beherbergt es ein Hotel. Dieses Idyll war früher einmal eine Insel mit einer Zugbrücke zum Festland. Die Kaufmannsfamilie Fugger ließ den Wassergraben zuschütten.

Halbinselstr. 78, www.schloss-hotel-wasserburg.de, mit Restaurant und Terrasse

Schlafen, Essen

Opulent

Hotel Restaurant Gierer: Das familiäre Landhotel liegt am Ortsrand, umgeben von Obstgärten und Wiesen. Das Angebot der rund 50 komfortablen, lichten Zimmer wird ergänzt durch einen neu gestalteten Wellnessbereich mit Hallenbad, Whirlpool, Saunen, Dampfbad. Die Weinstube ist sehr gemütlich, neben den Restauranträumen gibt es ein wundervolles Terrassendeck und eine Bar. Fahrradverleih im Haus.

Hege 9, T 08382 987 20, www.hotel-gierer.de, DZ 120–190 € (einfaches DZ ab 90 €), Restaurant tgl. 11–15, 17–23, warme Küche 11.30–14, 17.30–21.30 Uhr, Hauptgerichte ab 14 €

Komfortabel

Hotel Restaurant Walserhof: Das moderne, freundliche Haus wird vom Bruder des Schriftstellers Martin Walser geführt. Es liegt westlich vom Dorfzentrum, ca. 5 Gehminuten von der Halbinsel entfernt. Gemütliche, komfortable Zimmer und Appartements mit überdachten Balkonen. Hallenbad und Sauna. Das Restaurant-Café in gemütlichen Räumen und mit Gartenterrasse bietet internationale und regionale Küche.

Nonnenhorner Str. 15, T 08382 985 60, www.walserhof.de, DZ 102–138 €, Tagesgerichte 10–30 €

Behaglich

Baumann's Ferienhof am See: Die große Liegewiese des Ferienhofes geht direkt in den Kieselstrand über. Frisches Obst und Schnäpse gibt es aus eigener Produktion.

Reuten (östlich von Wasserburg), Reutener Str. 42, T 08382 58 88, www.baumanns-ferienhof-am-see.de, DZ 60–86 €, 3 Ferienwohnungen 64–110 €/Tag (ab 5 Tage)

Camping

Campingplatz Eschbach: Kleine Platzanlage am östlichen Dorfrand, nahe Seeufer.

Höhenstr. 16, T 08382 88 77 15, www.camping-eschbach.de

Bewegen

Baden

Freibad Aquamarin: Direkt am Bodensee-Radweg und am Seeufer gelegen. Gut ausgestattet mit großzügigen Becken, Wärmehalle, Liegewiesen, Kinder- und Jugendbecken und Kinderland Augustin.

Reutener Str. 12, T 08382 251 87, Mai, Anfang Sept. 10/10.30–19, Juni–Aug. 9/9.30–20 Uhr, Erw. 5,50 €, Kinder ab 5 Jahren 2 €, ab 17 Uhr 3 €

Fahrradverleih

Fahrrad Unger: gegenüber der Tourist-Info.

Halbinselstr. 49, T 08382 88 84 96, www.fahrrad-unger.de.

Radfahren

Geführte Radtouren: s. Tourist-Information (s. Infos).

Wandern

Zu Fuß nach Lindau: Zur Lindauer Insel führt eine Teilstrecke des Bodensee-Rundwanderwegs. Der von Wasserburg 7 km lange Weg ist ausgeschildert, führt meist am Seeufer entlang, über den Lindenhofpark und Bad Schachen bis auf die Insel.

Für die Kleinen

Juni–Sept. zahlreiche Kinderprogramme über die **Tourist-Info** (s. Infos).

Feiern

- **Kreativmarkt:** Am letzten Sonntag in den Monaten Juni–Aug. mit mehr als 70 Kreativen.
- **Wasserburger Skulpturenausstellung:** Mai–Nov. Kunstwerke an unterschiedlichen Punkten im Ort.
- **Fisch und Meer:** Juni. Kulinarisches Fischfest auf dem Lindenplatz
- **Uferfest des Musikvereins Wasserburg:** Juli.

Infos

- **Tourist-Information:** Lindenplatz 1, 88142 Wasserburg, T 08382 88 74 74, www.wasserburg-bodensee.de. Im Sommer (April–Sept.) wöchentlich geführte Radtouren ab Tourist-Info.
- **Bahn:** stdl. Verbindungen Richtung Lindau und Friedrichshafen, Radolfzell.
- **Bus:** Mo–Fr stdl. nach Lindau.
- **Schiff:** Mai–Okt. mehrmals tgl. Linienverkehr Richtung Lindau, Bregenz sowie Friedrichshafen, Konstanz.

Lindau

Die Hafeneinfahrt von Lindau ist die schönste des Bodensees, flankiert und beschützt von Leuchtturm und Löwenstatue, mit gastlicher Promenade vor der bezaubernden Altstadt, wohlsituiert und interessant – das alles auf einer denkmalgeschützten Insel vor dem Panorama schneebedeckter Alpengipfel. Eine Postkartenidylle mit reicher Geschichte und lebendiger Gegenwart. Auch das Grandhotel Bad Schachen, eine Bucht weiter, scheint dem Bilderbuch der Belle Époque zu entspringen. Kein Wunder, dass sich in Lindau die Nobelpreisträger gern jedes Jahr zu einem Treffen versammeln, auch bei Psychiatern und Psychotherapeuten sind die Tagungen in Lindau schon Tradition. Und weithin bekannt ist auch die diskrete Bodenseeklinik von Deutschlands berühmtestem Schönheitschirurgen, Professor Mang. Es gibt erstklassige Hotels, freundliche Wirtshäuser, eine gute, vielfältige Küche und jede Menge Shopping-Vergnügen. Es erstaunt daher nicht, dass Lindau im Hochsommer überquillt von Tagesgästen.

Stadtgeschichte

In der kleinen Fischersiedlung wurde im 9. Jh. ein Kloster für adelige Frauen gegründet, das spätere reichsfürstliche Damenstift. Das Kloster bestimmte die Entwicklung, und mit dem Markt und dem Hafenausbau im 11. Jh. wurde die ›linde Au‹ zum Drehpunkt des Warenverkehrs zwischen Bayern, Franken und Schwaben. Im 13. Jh., Lindau war Freie Reichsstadt geworden, nahmen Reichtum und Macht auf der Insel zu, besonders durch den Waren- und Geldverkehr mit Oberitalien. Im 16. Jh. lagen Stadt und Kloster im Streit. Die Stiftsäbtissin, derweil zur Fürstin aufgestiegen, machte alte Rechte geltend, die die Reichsstadt, inzwischen zur Reformation übergetreten, nicht gewähren wollte. Durch die Verlagerung der wichtigsten Handelsrouten geriet die Stadt mit der Zeit ins Abseits, aber die Handelsgesellschaft Lindau-Mailänder Bote beförderte bis ins 19. Jh. Waren, Briefpost und Personen mit Kutschen und Fuhrwerken über die Alpen. Das freie Schalten und Walten endete 1805, als Lindau mit ganz Ostschwaben an das neue Königreich Bayern fiel.

Mit der Dampfschifffahrt und der Eisenbahn, die durch einen neuen Damm die Insel mit dem Umland verband, begann Lindau als Sommerfrische entdeckt zu werden. Auf dem Festland wuchs Lindau weiter, die Dörfer wurden eingemeindet, schöne Villenviertel entstanden entlang den Buchten. Besonders imposant waren die Villen, Paläste und Parks in Bad Schachen entlang der Uferlinie, nachdem der bayerische Prinz Luitpold mit der Residenz Am See den Startschuss gegeben hatte. Nach dem Zweiten Weltkrieg boomte Lindau als Urlaubsregion weiter: um 1960 waren es über 600 000 Besucher jährlich, die in Lindau übernachteten; heute ist der Tourismus einer der wichtigsten Wirtschaftszweige. Auf der Insel leben allerdings nur noch 3000 von Lindaus 24 000 Einwohnern.

Ursprünglich Teil der mittelalterlichen Stadtbefestigung: der Mangturm am Hafen von Lindau

Altstadt

Der Stadtrundgang beginnt an der eleganten Promenade, deren Mittelpunkt mit der geschützten Hafeneinfahrt nur wenige Gehminuten vom Bahnhof entfernt ist. Hier steht der **Alte Leuchtturm** ❶ (Hafenplatz), der mit seiner spitzen Mütze aus bunten Schindeln sofort ins Auge fällt (geöffnet nur bei Veranstaltungen). Er wurde im 13. Jh. erbaut und war als Tuch- oder Mangenhaus, daher wird er auch Mangturm genannt, ein Teil der Stadtbefestigung. Am anderen

Farbenprächtige Malereien nach historischen Motiven am Alten Rathaus in Lindau

Seeufer sieht man Bregenz, die Landeshauptstadt Vorarlbergs; im Hintergrund die Berge des Bregenzerwaldes und das Rheintal in der Schweiz. Der **Neue Leuchtturm** ❷ (bei schönem Wetter tgl. 10–18 Uhr) – der einzige Bayerns – und der **Bayerische Löwe** ❸ fassen die Kaimauern an der Hafeneinfahrt ein. Beide sind nach dem Ausbau des Hafens 1856 errichtet und zu Wahrzeichen der Inselstadt geworden. Der Ausblick vom Leuchtturm ist grandios!

Flaniert man an den geschmückten Caféterrassen der Hotels vorbei in Richtung Osten und geht an der **Römerschanze** ❹ und dem kleinen Park vorbei hinein in die Altstadt, liegt der Reichsplatz mit dem barocken Lindavia-Brunnen bunt und heiter da: Das **Alte Rathaus** ❺ (Reichsplatz) ist der Blickfang. Der schöne, mehrfach umgestaltete Bau stammt aus dem frühen 15. Jh., die Fassaden wurden 1975 nach alten Motiven von dem Münchner Künstler Josef Widmann bemalt. Im großen gotischen Saal des Hauses wurde 1496 ein Reichstag abgehalten (nur bei Veranstaltungen geöffnet). In der abzweigenden Ludwigstraße und ihrer Verlängerung, der Fischergasse, zeugen die pittoresken alten Häuschen mit ihren vorkragenden Obergeschossen und Krangauben von mittelalterlichem Handel und der Fischerei.

An der Ludwigstraße öffnet sich der Barfüßerplatz mit dem **Stadttheater** ❻ (Fischergasse 7). Seit den 1950er-Jahren dienen Langhaus und Chor der **einstigen Klosterkirche der Minoriten** als Theater und Konzertsaal. Hier ist auch die **Lindauer Marionettenoper** zu Hause (s. S. 95).

Von der Fischergasse aus, vorbei an den Resten eines staufischen Wachturms, der Heidenmauer, sieht man den östlichen **Stadtpark** 7 mit dem **Spielcasino** 1 und den sogenannten **Kleinen See** mit seinen Bootsvermietungen. Dahinter führt die Seebrücke zum Festland.

Auf dem zentralen Marktplatz stehen Seite an Seite die evangelische dreischiffige Stadtpfarrkirche **St. Stephan** 8 (tgl. 10–18 Uhr) und das katholische **Münster Unserer Lieben Frau** 9 (tgl. 8–18 Uhr) des benachbarten einstigen reichsfürstlich-freiweltlichen Damenstiftes. Die lichtdurchflutete Hallenkirche im Rokokostil von Giovanni Gaspare Bagnato wurde auf den Grundmauern des Vorgängerbaus errichtet. Kostbar sind die Fresken und Stuckarbeiten.

Auf der Nordseite beherrscht das prächtige **Stadtpalais zum Baumgarten** 10 von Jakob Grubenmann aus Appenzell den Marktplatz.

Haus zum Cavazzen (Stadtmuseum)

Von Jakob Grubenmann stammt auch das **Haus zum Cavazzen** mit dem mächtigen Walmdach an der Westseite des Platzes. Mit seinen Fassadenmalereien in feinen Rot- und Grautönen ist es einer der schönsten bürgerlichen Barockbauten im Bodenseeraum. Die aufwendige Innengestaltung kann man bei einem Gang durch das **Stadtmuseum** 11 bewundern. Hier präsentiert sich die Lindauer Geschichte auch mit ihrer Wohnkultur. Reizvoll ist zudem die **Sammlung der mechanischen Musikinstrumente** mit Drehorgeln, Musikautomaten, mechanischen Klavieren und kleinsten Spieldosen.

Marktplatz 6, T 08382 94 40 73, www.kultur-lindau.de/museum, zurzeit wegen grundlegender Sanierung geschlossen

Maximilianstraße

Die Cramergasse führt vom Marktplatz zur Maximilianstraße, der **Flanier- und Shoppingmeile** Lindaus. Schon in den 1970er-Jahren wurde sie mit ihren umliegenden Gassen zur großzügigen Fußgängerzone umgestaltet. Mit ihren Patrizierhäusern, dem vielfältigen Auf und Ab hoher Giebel, den zart getönten Fassaden und Laubengängen bilden die Gebäude aus Gotik und Renaissance einen wunderbar stimulierenden Rahmen, der mit bayerischem Nobelflair verschmilzt. Geschäfte, Galerien, Cafés, schöne Wirtshäuser und Restaurants wechseln einander ab.

Um den Paradiesplatz

Als nördliche Parallelstraße zieht sich die Grub von Ost nach West. Dort öffnet sich auch der rechteckige, lang gezogene **Paradiesplatz** 12 – ein wirklich paradiesisches Fleckchen mit zahlreichen Terrassencafés und Restaurants. Einen Steinwurf entfernt steht auf dem zweigeteilten Schrannenplatz neben dem runden **Diebsturm,** der einst als Gefängnis diente, die kleine **Peterskirche** 13 (tgl. tagsüber geöffnet, Eintritt frei), die zu den ältesten Sakralbauten im Bodenseeraum zählt. Heute ist sie Kriegergedächtnisstätte. Hier ist der größte Schatz Lindauer Kunst zu sehen, die Wandmalereien von Hans Holbein d. Ä. In erdigen Tönen zeigt die Nordwand 18 Einzelbilder der Passion.

Hintere Insel

Eine Barriere zwischen Altstadt und Hinterer Insel bilden die Bahntrassen, die – vom Festland her über den Bahndamm kommend – am Hauptbahnhof Lindau direkt am Hafen enden. Die Trassenführung stammt aus der Mitte des 19. Jh. Die Zukunft des traditionsreichen Insel-Bahnhofs ist ungewiss, nachdem im Herbst 2020 auf dem Festland der Bahnhof Lindau-Reutin eröffnet wurde. Das Bahnhofsgebäude auf der Insel ist offensichtlich in die Jahre gekommen. Inselbewohner beklagen, dass zu wenig für den Erhalt des Gebäudes geschehe.

Lindau

Ansehen
1. Alter Leuchtturm
2. Neuer Leuchtturm
3. Bayerischer Löwe
4. Römerschanze
5. Altes Rathaus
6. Stadttheater (ehem. Klosterkirche der Minoriten)
7. Stadtpark
8. St. Stephan
9. Münster Unserer Lieben Frau
10. Stadtpalais zum Baumgarten
11. Haus zum Cavazzen (Stadtmuseum)
12. Paradiesplatz
13. Peterskirche

Schlafen
1. Hotel Helvetia
2. Hotel Bayerischer Hof, Hotel Reutemann, Hotel Seegarten
3. Hotel Lindauer Hof
4. Hotel Vis à Vis
5. Landhotel Montfort-Schlössle
6. Landhaus Hertnagel
7. Jugendherberge Lindau
8. Park-Camping am See

Essen
1. Thai House Restaurant
2. Weinstube Frey
3. Villino
4. Restaurants im Hotel Bad Schachen
5. Landgasthof Koechlin

Einkaufen
1. Wochenmarkt
2. Tutto d'Italia
3. Sabine Grix

Bewegen
1. Fahrrad Unger
2. Therme Lindau
3. Seebad Lindenhof
4. Aeschacher Bad

Ausgehen
1. Casino Lindau
2. Mojito Bar

Zwischen den Gleistrassen und der westlichen Inselspitze hat sich in den letzten Jahren ein modernes Quartier mit Verwaltungsbauten und einigen Kliniken entwickelt: schneeweiß und mit viel Glas in weitem Grün. Eine Promenade entlang der einstigen **Befestigungsmauern** führt von der Sternschanze im Norden über eine Skateranlage, einen Kinderspielplatz und alte Baumwiesen rund um die westliche Insel – mit weiten Ausblicken auf die Berge und die Kurven der Seeufer bis hin zum Ausgangspunkt des Hafens mit seinem Leuchtturm.

Schlafen

Mit seiner langen Tradition als vornehme Sommerfrische und als bekannter, feiner Tagungsort ist die Auswahl an Übernachtungsmöglichkeiten in Lindau und

Umgebung groß und vielfältig. So ist der Hafen eingefasst von mehreren sehr guten Hotels im 4-Sterne-plus-Bereich, die alle große Terrassen an der Promenade besitzen. Wer sehr still und sehr exklusiv urlauben möchte, ist im **Hotel Bad Schachen** 4 (s. S. 92) am rechten, verschwiegenen Fleck.

Meditative Eleganz

1 **Hotel Helvetia:** Herausragend ist das Spa- und Lifestylekonzept des eleganten Hotels mit exklusiver Dachgartenlounge für Hotelgäste, zahlreichen Verwöhnpaketen und feiner Bioküche.

Inselgraben 3, T 08382 91 30, www.hotel-helvetia.com, DZ 230–380 €

Tophotels an der Promenade

Hotel Bayerischer Hof 2 sowie **Hotel Reutemann/Seegarten** Gleich nebeneinanderliegende Hotels; das 5-Sterne-Haus Bayerischer Hof und die kleineren 4-Sterne-Villen Reutemann und Seegarten werden gemeinsam geführt: alle sehr gepflegt, innen und außen schön anzusehen, opulent und behaglich.

Seepromenade, T 08382 91 50, www.bayerischerhof-lindau.de, DZ ab 180–380 €

Auch sehr schön

3 **Hotel Lindauer Hof:** Das rote Patrizierhaus mit seinen schönen Treppengiebeln prangt an der Ostseite der Hafenpromenade.

Dammgasse 2, T 08382 40 64, www.lindauer-hof.de, DZ 120–270 €

Modern und zentral

4 **Hotel Vis à Vis:** Zentral am Bahnhof gelegen, mit Bistro, gut für den Zwischenstopp.

Bahnhofsplatz 4–6, T 08382 39 65, www.visavis-lindau.de, DZ 99–165 €

Romantisch mit Ausblick

5 **Landhotel Montfort-Schlössle:** Auf einer Anhöhe, mit Blick auf See und Alpen. Zwölf hübsche Zimmer, Gaststube mit Kamin, großer Garten mit Bewirtschaftung.

Streitelsfingen (ca. 4 km nordöstl. der Insel), Streitelsfinger Str. 38, T 08382 728 11, www.montfort-schloessle.de, März–Okt., DZ 155–165 €

Ländlich gepflegt

6 **Landhaus Hertnagel:** In schöner Lage befinden sich Landhaus Hertnagel und Ferienhaus Angela. 3 Ferienwohnungen (35 bis 80 m^2) mit allem Komfort. Tagespreis 50–75 €. Jede Wohnung mit Balkon oder Terrasse.

Aeschach (ca. 2 km nördlich der Insel), Oberreitnauer Str. 72, T 08382 62 16, 08382 238 24, www.landhaushertnagel-hausangela.de

Jugendherberge

7 **Jugendherberge Lindau:** Das große Haus liegt auf der Landseite im zentralen Ortsteil Reutin neben dem Hallenbad (10 Fußmin. zur Seebrücke). Ganzjährig geöffnet.

Herbergsweg 11, T 08382 967 10, www.jugendherberge.de

Camping

8 **Park-Camping am See:** Direkt am See mit Strand und altem Baumbestand; neue Sanitäranlagen.

Zech (4 km östlich der Insel, am Sporthafen, grenznah zu Österreich), Fraunhoferstr. 20, T 08382 889 99 99, www.park-camping.de, April–Okt., Busverbindung

Essen

Die Auswahl an Restaurants in Lindau ist groß – an der Promenade, in der Altstadt und der Umgebung. Hier eine kleine Auswahl:

Frisch und knusprig

1 **Thai House Restaurant:** Am Reichsplatz lädt das moderne, stilvolle Restaurant mit offener Wokküche zu leichten Asiagerichten ein. Elegante Sommerterrasse.

Reichsplatz 7, T 08382 27 53 45, www.thaihouse-lindau.de, tgl. 11–14.30, 17.30–23 Uhr, im Winter Mi geschl., Wochentag-Mittagsmenü ab 10 €, Hauptgerichte ab 8,30 €

Gemütlich

2 **Weinstube Frey:** Anheimelnde Wirtsräume im 1. OG, auch Straßenterrasse. Gute schwäbisch-bayerische Küche.

Maximilianstr. 15, T 08382 947 96 76, Sommer Do–Di 11.30–15, 17.30–22 Uhr

Exklusiv

3 **Villino:** In dem Hotel im italienischen Landhausstil besticht das vom Michelin ausgezeichnete Restaurant mit seiner »Küche der Sinne« mit Regionalem, Mediterranem und Asiatischem. Chef Reiner Fischer gibt auch Kochkurse. Reservierung erforderlich!

Mittenbuch 6, T 08382 934 50, www.villino.de, tgl. ab 18 Uhr, Sept. Mo Ruhetag, Okt.–Juni So/Mo Ruhetage, Hauptgang ab 25 €, 6-Gänge-Menü 162 €

Edel und entspannend

4 **Hotel Bad Schachen:** Das Grandhotel direkt am See wird seit 1752 als Familienhotel geführt. Der Blick geht über das Wasser nach Süden und damit zu den österreichischen und schweizeri-

schen Alpen. Externen Gästen werden am Nachmittag im Restaurant oder auf der Seeterrasse Kaffee und Kuchen serviert. Das Strandbad, eine architektonische Besonderheit aus der Zeit des Jugendstils, können auch externe Gäste nutzen.
Bad Schachen 1, T 08382 29 80, www.badschachen.de, Mitte April–Mitte Okt., DZ 200–350 €

Modernisiert

5 **Hotel Landgasthof Koechlin:** Der Gasthof, umfassend renoviert, hat sich seinen rustikalen Charakter bewahrt. Auf den Tisch kommt Regionales – und auch Veganes/Vegetarisches sowie Leckeres aus »Omas Rezeptbücherl«.
Kemptener Str. 41, T 08382 966 00, www.hotel-koechlin.de, DZ ab 112 €

Einkaufen

Shopping in Lindau ist ein Vergnügen. In der Maximilianstraße und den umliegenden Gassen regiert Münchener Flair: kleine Boutiquen, Galerien.

Wochenmarkt

1 **auf dem Lindauer Marktplatz:** während des Umbaus des Stadtmuseums auf dem Therese-von-Bayern-Platz, Sa 7–13, April–Okt. auch Mi 7–13 Uhr.

Italienisches

2 **Tutto d'Italia:** Direktimporte neuester Mode und Accessoires aus Italien. Reiche Auswahl.
Paradiesplatz 13, T 08382 50 19 00, Mo–Fr 10–18, Sa 10–16 Uhr

Schneiderkunst pur

3 **Sabine Grix:** Edle Stoffe, perfekte Schnitte: Die Mode von Sabine Grix besitzt das gewisse Etwas.
Oberer Schrannenplatz 9/Schafgasse, T 08382 94 63 91, Mo–Fr 10.30–12.30, 14–18, Sa 10.30–14.30 Uhr

GÄSTEKARTE

Übernachtungsgäste in Lindau zahlen Kurtaxe und erhalten im Gegenzug die Gästekarte »Echt Bodensee Card« – und damit die Möglichkeit, kostenfrei die Busse und Bahnen im Gebiet Bodensee-Oberschwaben (bodo) zu nutzen. Die Karte hält auch Vergünstigungen bei mehr als 185 Attraktionen und Ausflugszielen in der Vierländerregion Bodensee bereit, beispielsweise in Museen und Bädern sowie bei der Bergbahn. Sie ist bei der Tourist-Information, bei Hotels und Vermietern erhältlich (www.lindau.de/dossier/gaestekarte-kurbeitrag).

Bewegen

Fahrradverleih

1 **Fahrrad Unger:** Ausleihe und Rückgabe auch in Wasserburg.
Inselgraben 14, T 08382 94 36 88, www.fahrrad-unger.de, Mo–Fr 9–13, 15–18, Sa, So, Fei 9–13 Uhr

Baden

2 **Therme Lindau:** Das Eichwaldbad hat sich 2021 in die Therme Lindau verwandelt. Jetzt kann man dort das ganze Jahr über schwimmen und entspannen. Ein aufgeschütteter Sandstrand, ein 50-Meter-Außenbecken und ein 25-Meter-Sportbecken sowie Angebote für Kinder zeichnen die Therme als Sport- und Familienbad aus. Im Thermen- und Vitalbereich gibt es mehrere Innen- und Außenbecken mit unterschiedlichen Wassertemperaturen sowie je sechs Innen- und Außensaunen.
Eichwaldstr. 16–20, T 08382 91 11 50, www.therme-lindau.de, Sport- und Familienbad tgl. 9–20, Mi, Fr ab 6.30, Therme/Sauna tgl. 9–24, Fr, Sa bis 1 Uhr, Sport- und Famili-

Lieblingsort

Mit allen Sinnen genießen

Will ich hier noch mal weg? Eigentlich nicht. Die neue **Therme Lindau** 2 (s. S. 93) ist ein kleines Entspannungsparadies. Großflächig nach Süden hin verglast, reicht der Blick vom Pfänder über die Berge des Montafons bis zum Säntis – vorausgesetzt die Augen sind nicht gerade geschlossen. Saunieren und warmes Thermalwasser machen schließlich erst einmal müde, bevor die Erholung kommt. Jede Sauna hat ihren eigenen Charakter, von der Theatersauna mit Showeffekten bis zur Sauna, die nur von Kerzen beleuchtet wird.

enbad Tageskarte Erw. 9,50€/Wochenenende, Fei, Ferien 11 €, Kinder 7 €/Wochenende, Fei, Ferien 8,50 €, Therme (beinhaltet Sport- und Familienbad) Tageskarte 30 €/Wochenende, Fei, Ferien 32,50 €, Sauna jeweils 5 € Aufschlag

3 **Seebad Lindenhof:** Herrlich gelegenes Freibad im Lindenhofpark.
Bad Schachen (westlicher Stadtrand), Lindenhofweg 41, T 08382 911 13 86, April–Okt. ab 10 Uhr

4 **Aeschacher Bad:** Historisches, um 1900 in Pfahlbauweise errichtetes Bad in Vereinsbesitz, vor Besuch besser anrufen und Öffnungszeiten etc. erfragen.
am westlichen Ufer hinter dem Eisenbahndamm, Lotzbeckweg 3, T 08382 234 46, im Sommer Mo–Fr 10–19 Uhr

Nordic Walking

s. S. 84.

Ausgehen

Theater

6 **Stadttheater und Lindauer Marionettenoper:** Ein ungewöhnliches, berührendes Erlebnis – höchst professionell sind die Inszenierungen mit schönen Puppen und Operneinspielungen.
Fischergasse 37, Kartenvorverkauf T 08382 911 39 15, www.marionettenoper.de

Chic

1 **Casino Lindau:** Chelles-Allee 1, T 08382 27 70, www.spielbanken-bayern.de, So–Do 12–2, Fr/Sa 12–3 Uhr. Im gläsernen Rundbau im Stadtgarten ist das **Restaurant Cantinetta** einen Besuch wert: T 08382 942 60 79, Küche tgl. 11.30–14, 17–22 Uhr, Hauptgerichte ab 15 €.

Für Salsa-Fans

2 **Mojito Bar:** Salsa und gute Drinks gibt es in der Mojito Bar. Und immer wieder coole Events.
In der Grub 32, T 0171 315 23 26, Fr, Sa 21–3, So–Di 21–2 Uhr

Feiern

- **Bodensee-Festival:** Mai, www.bodenseefestival.de. Theater, Kleinkunst, Konzerte.
- **Hafenfest:** Mitte Juni. Mit nächtlicher Segelregatta und Feuerwerk.
- **Stadtfest:** Sa, Mitte Juli, www.stadtfest-lindau.de. Mit Musik und Theater, Kulinaria.
- **Festival Umsonst & Draußen:** Ende Juli. Musik, Kleinkunst, Kinder-Events.
- **Lindauer Oktoberfest:** 1. Septemberwochenende, www.lindauer-oktoberfest.de. Wie die Münchner Wiesn, nur kleiner und feiner.

Infos

- **Touristinformation Lindau:** Alfred-Nobel-Platz 1 (gegenüber vom Hauptbahnhof), T 08382 889 99 00, www.lindau.de, Mitte April–Mitte Okt. Mo–So 9-12.30, Mo, Di, Do, Fr 13.30–17.30, Mitte Okt.–Mitte April Mo–Fr 10–12, 14–17 Uhr, Mi nur vormittags.
- **Bahn:** Zugauskunft www.fahrplan-busbahn.de. Verbindungen nach München, Bregenz, St. Gallen; stdl. Verbindungen mit der Bodenseelinie Richtung Friedrichshafen, Radolfzell, Singen. Seit 2021 fahren S-Bahnen im 2-Std.-Takt von Lindau-Reutin am See entlang über Österreich nach Romanshorn in der Schweiz.
- **Bus:** Busbahnhof am Hauptbahnhof. Regionalverkehr in die umliegenden Ortschaften, auch nach Bregenz.
- **Stadtbus:** Guter Stadtbusverkehr auf vier Linien, halbstdl., Auskunft: www.sw-lindau.de.
- **Schiff:** Richtung Rorschach (mit Anschluss nach Konstanz), Bregenz, Friedrichshafen, Meersburg.

Österreichisches Ufer und Hinterland

Für sofortige Urlaubsstimmung sorgen — die Uferpromenade in Bregenz genauso wie das bergige Hinterland.

Seite 113

Rheindelta

Zwei Rheinmündungen, Dämme, von Weiden gefasste Wasserarme, Schilfgürtel und Sumpfzonen, in denen Hunderte Vogelarten leben: Das Naturschutzgebiet Rheindelta ist eine ungewöhnliche amphibische Landschaft.

Seite 103

Auf den Pfänder

Atemberaubend ist der Ausblick vom Bregenzer Hausberg – unter einem der ganze Bodensee und als Kulisse das Alpenpanorama mit über 200 Gipfeln. Mit der Seilbahn ist der Aussichtspunkt schnell und einfach erreicht.

Spiel auf dem See in Bregenz – Arien vor einzigartiger Kulisse

Seite 110

KäseStrasse Bregenzerwald

In den Dorfgemeinschaften im Bregenzerwald wird natürliche Milchwirtschaft gepflegt – das Produkt: ca. 40 verschiedene Käsesorten. Bei einer Tour kann man nicht nur genießen und kaufen, sondern Käse auch selbst herstellen.

Seite 101

Kunsthaus Bregenz

Das Kunsthaus Bregenz ein auffällig unauffälliger Kubus mit Milchglasfassaden, hat sich zu einem bedeutenden Zentrum der Gegenwartskunst entwickelt.

Seite 106

Museum Inatura

In einem der modernsten Museen Europas, dem Inatura in Dornbirn, sind Phänomene der Natur – von der alpinen Tierwelt bis zur Unterwasserwelt des Bodensees – mit allen Sinnen zu erleben.

Seite 112

Helmingenalpe

Herrliche kleine Wanderung durch die grüne Berglandschaft des Bregenzerwaldes bei Hittisau.

Seite 107

Panorama-Restaurant auf dem Karren

Dornbirns 976 m hoher Hausberg hat etwas ganz Besonderes: ein gläsernes Panorama-Restaurant. Hier kann man bis Mitternacht die Lichterketten tief unten im Rheintal bewundern.

Seite 109

Angelika Kauffmann Museum

In einem alten Wälderhaus mit modernem Holzanbau erinnert dieses Museum in Schwarzenberg an die berühmte Schweizer Malerin.

Das »Viva« ist der angesagteste Treff in Bregenz. Mit Freiluftbar unter Palmen, mexikanischen Speisen und Supersound bis 3 Uhr morgens (s. S. 105).

…m Traditionsbewusstsein stehen …Vorarlberger ganz weit oben im …king der österreichischen Bun…länder, zusammen mit den Tirolern … Kärntnern.

Alpenregion zwischen Tradition und Avantgarde

Österreichs Anteil am Bodensee ist mit 28 Uferkilometern der kleinste – aber die sind komplett öffentlich zugänglich. Das Bundesland am See ist Vorarlberg, das westlichste und das zweitkleinste Österreichs, seine Wirtschaftskraft ist jedoch beträchtlich. Bregenz als Hauptstadt und Knotenpunkt ist mit seinen Seefestspielen, dem Kunsthaus und dem spektakulären Bau des Voralberg Museums eine international renommierte Kulturhochburg, und im Sommer schieben sich die Gästescharen durch die Stadt.

Im Gegensatz dazu ist das Hinterland des Bregenzerwaldes eine in sich abgeschlossene, idyllische Oase. 22 Dörfer und Gemeinden liegen in der wild gewellten Hügellandschaft, zwischen Alpwiesen, Wäldern, Bachläufen und Gipfelpanoramen. Auf zahllosen Alpen wird hervorragender Käse gemacht, und die schöne Bauweise der traditionellen Wälderhäuser wird ergänzt von den zeitgenössischen, minimalistischen Gebäuden der »Vorarlberger Schule«: eine tolle Mischung in alpiner Landschaft. Völlig anders dagegen zeigt sich die Region des Rheindeltas: ein Naturschutzbereich mit seltenen Pflanzen- und Tierarten,

ORIENTIERUNG **O**

Infos: Bodensee-Vorarlberg Tourismus GmbH, Römerstr. 2, 6900 Bregenz, T 05574 43 44 30, www.bodensee-vorarlberg.com (Bregenz und die südlich anschließende Region); **Bregenzerwald Tourismus GmbH,** Gerbe 1135, 6863 Egg, T 05512 23 65, www.bregenzerwald.at; **Zentrale Tourist Information Rheindelta,** Marktstr. 18, 6971 Hard, T 05574 697-0, www.hard.at; **Vorarlberg Tourismus GmbH,** Poststr. 11, 6850 Dornbirn, T 05572 37 70 33-0, www.vorarlberg.travel.
Transport: Fernzüge fahren von Bregenz über Innsbruck nach Wien sowie Richtung Lindau, Rorschach und St. Gallen, **Regionalzüge** nach Dornbirn und St. Margrethen. Die **Landbusse** (www.vmobil.at) im Bereich Unterland oder Bregenzerwald sind dicht vernetzt; mit ihnen erreicht man nahezu jeden Ort, z. B. von Bregenz mit Linie **11** Dornbirn, mit **14/15** das Rheindelta (Hard, Fußach, Höchst). Die **Linie 40** verbindet Dornbirn, Egg und Schwarzenberg, die **41** Dornbirn, Lingenau und Hittisau. **Linienschiffe** pendeln zwischen Bregenz, Lindau, Meersburg und Konstanz.

seichten Stränden, schilfbestandenen Ufern, romantischen Wasserarmen und viel Campingkultur.

Bregenz

L/M 6/7

Bregenz mit seinen 29 300 Einwohnern ist die Landeshauptstadt von Vorarlberg. Eingefasst wird die weite Bregenzer Bucht von den Bergen des Bregenzerwaldes; die beiden Hausberge, der Gebhardsberg und der Pfänder, sind lohnende Ziele. Die Seeanlagen ziehen sich von Lochau mit dem neuen Seehotel am Kaiserstrand entlang der Bucht nach Westen bis zum Naturschutzgebiet rund um die Mündung der Bregenzerach. Wie auch andernorts ist die Seeseite durch Bahntrassen und eine stark befahrene Hauptverkehrsschneise von der Stadt und dem Hinterland getrennt. Um Innenstadt und See zu verknüpfen, wurde das Hafenareal umgestaltet.

ACHTUNG

In diesem Kapitel muss allen Rufnummern bei Anrufen von außerhalb Österreichs die 0043 vorangestellt werden, die 0 der Ortsvorwahl entfällt!

Stadtgeschichte

Im Jahr 50 n. Chr. erteilte Kaiser Claudius dem römischen Hafen Brigantium, dem späteren Bregenz, das Stadtrecht.

Auf Stelzen im Wasser steht ein Pavillon an der Uferpromenade von Bregenz – ein trefflicher Ort, um den Sonnenuntergang zu genießen.

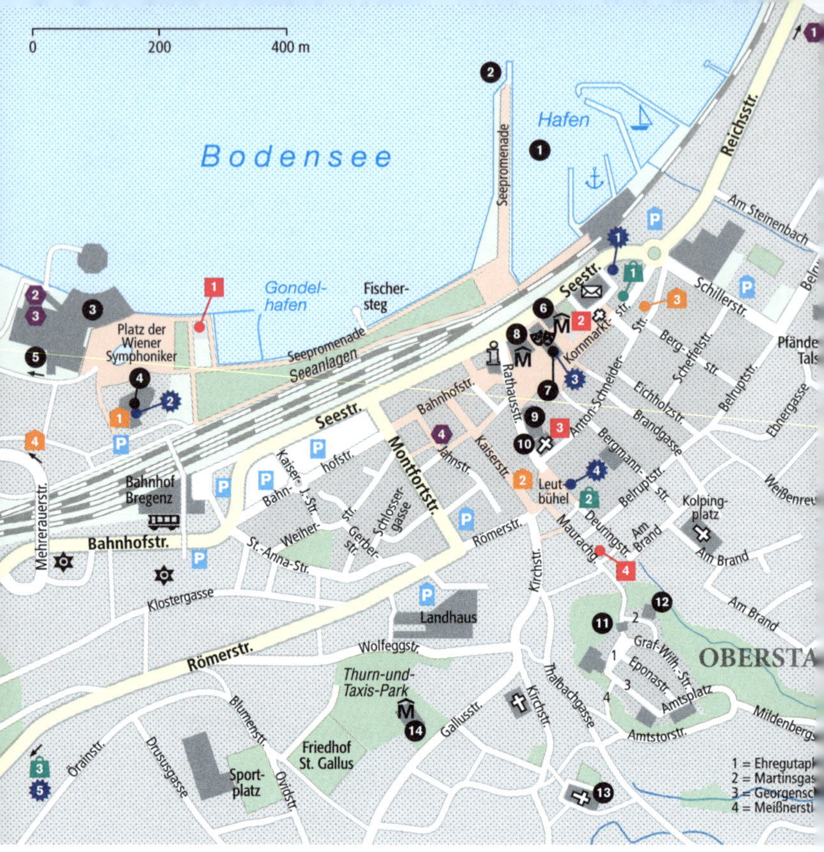

Nach seiner Zerstörung durch die Alemannen im 3. Jh. wurde die von Natur aus besser geschützte Oberstadt kastellartig befestigt. Der mittelalterliche Altstadtkern mit der barocken Zwiebelhaube des Martinsturms thront noch heute über der unteren ›Vorstadt‹. Um 1150 fiel Bregenz an Hugo von Montfort; er ließ den Ort zur Stadt ausbauen. 1523 erwarben die Habsburger die Grafschaft und machten Bregenz zum strategischen Mittelpunkt und zur Hauptstadt des Landes. Unter Maria Theresia wurde es zur Handelsmetropole.

Im 19. Jh. erlebte die Region zwischen Lindau und dem Rheindelta einen ersten Aufschwung als Sommerfrische. Ab 1861 tagte in Bregenz der Landtag Vorarlbergs, seit 1918 ist es Landeshauptstadt. 1919, nach dem Zerfall der Donaumonarchie, stellte sich Vorarlberg die Frage, ob man sich nicht als Kanton der kriegsverschonten Schweiz anschließen solle. Über 80 % von 40 000 Stimmberechtigten waren damals dafür! Daraus wurde dann aus vielerlei politischem Kalkül nichts.

Mit dem ›Anschluss‹ Österreichs an das nationalsozialistische Deutschland im Jahr 1938 war die Landesverfassung praktisch ausgehebelt, Krieg, Verfolgung und Deportation bestimmten auch in Bregenz den Alltag. Über 10(Innenstadtbauten wurden zerstört. An-

Bregenz

Ansehen
1 Hafen
2 Mole
3 Festspielhaus
4 Casino
5 Naturschutzgebiet Bregenzerachmündung
6 Kunsthaus KUB
7 Landestheater
8 vorarlberg museum
9 Rathaus
10 Seekapelle
11 Unteres Tor
12 Martinsturm
13 Pfarrkirche St. Gallus
14 Künstlerhaus Palais Thurn & Taxis

Schlafen
1 Grand Hotel Bregenz
2 Hotel Garni Kaiser
3 Hotel Garni Bodensee
4 Seecamping Bregenz

Essen
1 Wirtshaus am See
2 Kornmesser
3 Weiss
4 Maurachbund

Einkaufen
1 Pro Cycle
2 Fredi's Käslädele
3 Wolford Boutique

Bewegen
1 Mili
2 Strandbad Bregenz
3 Seehallenbad und Vitalium
4 Radverleih

Ausgehen
1 Viva Cantina Mexicana Bar
2 Spielcasino
3 Theater am Kornmarkt
4 Café Bar Neptun
5 TheaterKosmos

strengungen zur Beseitigung der Nachkriegsbausünden und zur Harmonisierung des Stadtbildes werden vermehrt unternommen.

Innenstadt

Am See

Am Ostrand von Bregenz liegt der **Hafen** 1 mit Abfertigungsgebäude und Bahnstation; er wird von der weit in den See ragenden **Mole** 2, das Molo genannt, eingefasst. Hier beginnt die blumengeschmückte **Seepromenade,** die sich weit nach Westen hinzieht.

Am Platz der Wiener Symphoniker locken das hochmoderne **Festspielhaus** 3 (Hausnr. 1) und die **Bühnenanlage auf dem See** (s. S. 271). Auch außerhalb der Festspielzeiten finden hier Konzerte, Theaterveranstaltungen und Tagungen statt. Am Platzrondell liegt zudem das **Casino** 4 (Hausnr. 3).

Der Strandweg gen Westen, ideal für Radfahrer, Jogger oder Spaziergänger, führt vorbei am **Strandbad** 2 und **Seehallenbad** 3, an kleinen Jachthäfen und Buchten bis zum **Naturschutzgebiet Bregenzerachmündung** 5.

Kunsthaus KUB

Gegenüber der Hafenmole fällt ein großer, milchigweißer Baukubus ins Auge, das **Kunsthaus** 6, hinter dem sich die Unterstadt mit ihren verkehrsberuhigten Straßen, Gassen und Plätzen ausbreitet. Das KUB mit seinem stadtseitigen Verwaltungsbau entwarf der 2009 mit dem Pritzker-Preis, dem ›Oscar‹ der Architektur, ausgezeichnete Schweizer Architekt Peter Zumthor. Hinter der Außenhaut aus geätzten Glaspaneelen, die das Licht aufnehmen und nach innen werfen, verbirgt sich ein Raumwürfel mit streng gegliederten Geschossebenen, weißen, hohen Räumen, in denen Wechselausstellungen und Installationen zeitgenössischer Künstler präsentiert werden.

Karl-Tizian-Platz, T 05574 48 59 40, www.kunsthaus-bregenz.at, Di–So 10–18, Do 10–20 Uhr, Erw. 11 €, bis 19 Jahre Eintritt frei

Unter- und Oberstadt

Neben dem **Landestheater** ❼ (Seestr. 2, http://landestheater.org) lockt der spektakuläre Neubau des **vorarlberg museums** ❽ (Kornmarktplatz 1, T 05574 460 50, www.vorarlbergmuseum.at, Di–So 10–18, Do 10–20 Uhr, Juli–Aug. tgl. 10–18, Do bis 20 Uhr, Erw. 9 €, bis 19 Jahre 7 €). Die ›Betonblüten‹ des modernen Fassadenteils – abgeformte Böden von PET-Flaschen – verknüpfen moderne Gebrauchsobjekte mit antiken (römische Gefäße im Museum). Ferner finden sich im Museum u. a. Zeugnisse zu Kunst und Kultur Vorarlbergs sowie Gemälde der Goethe-Freundin Angelika Kauffmann (s. S. 109).

Am **Rathaus** ❾ (Rathausstr. 4) im Neorenaissancestil prangen Medaillons mit Porträts österreichischer Würdenträger. Die dem hl. Georg geweihte **Seekapelle** ❿ (Rathausstr./Anton-Schneider-Str.) mit ihrer Zwiebelhaube geht auf das 15. Jh. zurück und wurde 1698 von dem berühmten Vorarlberger Baumeister Christian Thumb (s. S. 286) neu errichtet. Der Name weist darauf hin, dass die Bodenseewellen früher bis in die ›Vorstadt‹ schwappten.

Rund um Kornmarkt- und Rathausstraße und in den umliegenden Gassen herrscht lebhaftes Treiben: viele Cafés, Kneipen, Restaurants, zahllose Geschäfte, kleine Galerien und Designläden.

Steigt man die Maurachgasse hinauf, gelangt man über das **Untere Tor** ⓫ in die **Oberstadt:** Die Reste der Stadtmauer stammen aus dem 13. Jh., der dicke **Martinsturm** ⓬ von 1602 (Martinsgasse 3b, www.martinsturm.at, Mai–Okt. Di–So 10–18 Uhr, Erw. 4 €, ermäßigt 3 €, Kinder bis 15 Jahre 1,50 €) mit Kapelle ist von einer Zwiebelhaube aus Holzschindeln gekrönt – sie soll die größte Europas sein und ist das Wahrzeichen der Stadt.

In die Stadtmauer geschoben ist das barocke **Deuring Schlössle** mit seinem achteckigen Turm. Das stille, idyllische Viertel zwischen Ehregutaplatz und Amtsplatz mit italianisierendem Palazzo – jetzt Bundesdenkmalamt – ist immer noch von einer weitgehend erhaltenen **Ringmauer** umfasst. Dazwischen liegen drei parallel geführte Straßen mit verwinkelten Wohnhäusern, Kastanienbäumen und kleinen, bunten Gärtchen: kaum Verkehr, keine Geschäfte, keine Wirtshäuser, wie aus der Zeit gefallen.

Auf der anderen Seite des Thalbachs ragt die imposante **Pfarrkirche St. Gallus** ⓭ (Kirchplatz, www.sanktgallus.at, tagsüber geöffnet) über die Hügel hinaus. Der irische Mönch Gallus soll die Kirche im 7. Jh. gegründet haben; die ersten Urkunden stammen aber von 1097. Der gotische Baukörper aus dem 14. Jh. wurde im frühen 18. Jh. von dem barocken Baumeister Franz Anton Beer (aus der Vorarlberger Baumeister-Familie Beer, s. S. 286) erweitert und umgestaltet. Sehr schön sind die Stuckarbeiten, das Deckengemälde und der Altar.

Der Weg hinunter führt über die romantische Meißnersteige mit hübschen Ausblicken. Das **Künstlerhaus Palais Thurn & Taxis** ⓮ (Gallusstr. 10, T 05574 427 51, www.kuenstlerhaus-bregenz.at, Mi–Sa 14–18, So, Fei 11–17 Uhr) liegt eingebettet in die schönsten Parkanlagen der Stadt. Das Jugendstilpalais zeigt monatlich wechselnde Ausstellungen und bietet anregende Programme; im Sommer stellt hier der Bregenzer Kunstverein aus.

Der 1064 m hohe Pfänder bietet einen herrlichen Blick über Bregenz und den Bodensee.

Pfänder

M 6

1064 m hoch ist der Pfänder, der höchste Gipfel am Bodensee und viel besuchter Aussichtspunkt, bietet er doch bei guter Sicht ein fantastisches 360°-Panorama über den See, die Alpengipfel Österreichs, der Schweiz, Liechtensteins und des deutschen Alpenvorlandes.

Mit der Schwebebahn ist man in 6 Minuten auf der Bergstation. Hier herrscht Trubel: Es gibt einen Alpenwildpark, ein Freigelände mit Steinböcken, Bergziegen, Muffelwild und Murmeltieren (ganzjährig geöffnet, Eintritt frei), und im Berghaus Pfänder lädt die Aussichtsterrasse zu einer zünftigen Rast ein (Mai–Sept. tgl. 9.30–18.30 Uhr). Für kleine und größere Wanderungen ist der Pfänder ein idealer Ausgangspunkt mit einem gut beschilderten Wegenetz. Ein kleiner Rundgang dauert 30 Minuten; zurück nach Bregenz führt die direkte Strecke über Hintermoos zur Talstation (5 km, 1¼ Std.).

Pfänderbahn-Talstation (mit Parkhaus), Steinbruchgasse, www.pfaenderbahn.at, tgl. 8–19 Uhr, halbstdl., Nov. geschl., Berg- und Talfahrt 14,20 €, Jugendliche (16–19 Jahre) 12,10 €, Kinder (6–15 Jahre) 7,10 €

Schlafen

Hotels, Pensionen und Privatzimmer in Bregenz sind auf das Festspieltreiben zugeschnitten; sie sind recht teuer. Für die Festspielzeit muss unbedingt vorab gebucht werden, es gelten dann auch höhere Tarife. Als Ferien- und Urlaubsstandorte mit hohem Erholungswert bieten sich die Dörfer und Gemeinden im Bregenzerwald und Vorarlberg an.

Topmodern

1 **Grand Hotel Bregenz:** Komfortabel, schick und in guter Lage.

Platz der Wiener Symphoniker 2, T 05574 46 10 00, www.all.accor.com, DZ ab 111 €

Zweckmäßig

2 **Hotel Garni Kaiser:** In dem Altstadtbau mitten in der Fußgängerzone sind 6 gut ausgestattete Doppelzimmer mit Whirlpoolbad untergebracht. Angeschlossen sind Cafébar und italienisches Restaurant.

Kaiserstr. 2, T 0676 603 93 29, www.kaiser-hotel.at, DZ 105–152 € (Festspielzeit 229 €)

Zentrale Lage

3 **Hotel Garni Bodensee:** Zentral gelegenes, familiengeführtes Haus der 3-Sterne-Kategorie.

Kornmarktstraße 22, T 05574 423 00, www.hotel-bodensee. at, Jan.–Mitte Febr. geschl., Nebensaison ab 121,50 €, Hauptsaison ab 152 €

Camping

4 **Seecamping Bregenz:** Großes, komfortables Areal, am Naturschutzgebiet seenah gelegen, familiengeführt.

Hechtweg, T 05574 718 95, www.seecamping.at, 15. Mai–15. Sept.

Essen

Am Wasser

1 **Wirtshaus am See:** Mit großen Terrassen direkt am See. Vom Frühstück bis zum Absacker. Regionale Küche, Fisch.

Seepromenade 2, T 05574 422 10, www.wirtshausamsee.at, tgl. 9–1 Uhr, Hauptgerichte 15–36 €

Schönster Gastgarten

2 **Kornmesser:** Im restaurierten Barockbau bietet die ›neue Wirtshauskultur‹ österreichische Küche vom Hacklaible über Wiener Schnitzel bis Rinderfilet, auch Kaiserschmarren oder Bregenzerwälder Käseplatte. Großer Garten unter Kastanien.

Kornmarktstr. 5, T 05574 548 54, www.kornmesser.at, Di–So, Juli/Aug. tgl. 9–24 Uhr, Hauptgerichte 15–42 €

Alles weiß

3 **Weiss:** Das Gebäude in der Anton-Schneider-Str. 5 war schon immer ein gastfreundliches Haus, ob als Kaffee- oder als Wirtshaus. Milena Broger, Theresa Feurstein und Erik Pedersen führen es nun als Restaurant, Bar und Café mit höchstem Qualitätsanspruch und gleichzeitig Einfachheit.

Anton-Schneider-Str. 5, T 05574 49 08 59, www.weiss-bregenz.at, Fr, Sa, Mo ab 17, Küche bis 23 Uhr, So Frühstück 9–14 Uhr, Menü 48 €

Wirtshaus modern

4 **Maurachbund:** Schön restauriertes Haus mit frischem Wind in Küche und Keller: schnörkellose österreichische Küche in Café, Bar und Restaurant.

Maurachgasse 11, T 05574 444 46, www.maurachbund.com, Di–Do ab 15, Fr, Sa ab 10 Uhr, Hauptgerichte 14–29 €

Einkaufen

Biker-Paradies

1 **Pro Cycle:** s. Kasten S. 105.

Alles Käse

Mitten im Zentrum liegt **Fredi's Kaslädele** 2: Hochdekoriertes Spezialgeschäft. Riesensortiment, auch mit Käse aus dem Bregenzerwald.

Deuringstr. 9, T 0664 73 51 08 28, www.kaesefredi.eu, Di, Fr 8.30–13, 14–18, Mi, Do 9.30–13, 14–18, Sa 8–13 Uhr

Luxus

3 **Wolford Boutique:** In moderner Vorarlberger Holzarchitektur präsentiert sich

auf 600 m^2 die Boutique des Bregenzer Unternehmens. Bodys, Strumpfwaren, Dessous, Bademode sowie Oberbekleidung der weltbekannten österreichischen Luxusmarke werden in einem stilvollen Rahmen angeboten. Für den Zwischenstopp gibt es eine Bar und ein Restaurant. Dazu gehört auch das **Wolford Outlet Center** mit Preisnachlässen bis zu 50 %.
Wolfordstr. 1, Abzweig von der Rheinstr., T 05574 690 14 58, www.wolfordshop.at, Mo–Fr 9–18, Sa 9–17 Uhr

Bewegen

Baden & mehr

Im Ostteil der Bregenzer Bucht liegt die geliebte **Mili** 1, die ehemalige Militärbadeanstalt mit hölzernen Pfahlbauten. Mai, Sept. tgl. 11–18, Juni tgl. 10–19, Juli/Aug. tgl. 10–20 Uhr, Erw. 5,70 €, Kinder/Jugendliche 2,90/4 €.

Das zentrale **Strandbad Bregenz** 2 liegt an der Seepromenade westlich der Seebühne. Großzügige Anlagen mit Strand, mehreren Becken und allem Service-Komfort. Mitte Mai–Anfang Sept. tgl. 9–20 Uhr, Erw. 5,70 €, Kinder/Jugendliche 2,90/4 €.

Unmittelbar daneben liegt das gut ausgestattete **Seehallenbad** 3, Strandweg 1, T 05574 44 24 20, Anf. Sept. bis zum Beginn der Freibadsaison geöffnet bzw. bei Schlechtwetter, Di–Fr 9–21, Sa 9–19, So, Fei 10–20 Uhr, Erw. 7 €, Kinder/Jugendliche 3,50/4,90 €, Kombiticket mit Vitalium 22,50 €.

Das dem Hallenbad angegliederte **Vitalium** 3 (Di–Fr 12–22, Sa 9–21, So, Fei 10–20 Uhr, 20 €, Kombi s. o., Abendticket 3 Std. vor Schließung 14 €) bietet Sauna (eigener Bereich für Frauen), Dampfbad, Sanarien, Whirlpool.

B

BIKER-PARADIES

Ein Erlebnis für ernsthafte Biker ist das Geschäft Pro Cycle von Christian Pauger: Hier werden Räder nach individuellen Anforderungen handgefertigt. Hinzu kommt außergewöhnliches Zubehör wie ein Sattel in Rahmenfarbe oder Schutzbleche z. B. in Schlangenleder- oder Carbonoptik – für die anstehende Bodenseerundfahrt!
Pro Cycle 1: Kornmarktstr. 9, T 05574 424 77, www.pro-cycle.at.

Fahrräder zum Ausleihen

4 **Radverleih:** April–Okt.
Jahnstr. 9, T 0681 81 87 57 35, www.radverleih-bregenz.at

Angeln

Angelscheine für Bodensee, die Bregenzerach und Weissach bei **Bregenz-Tourismus** (s. Infos).

Ausgehen

In Bregenz geht es auch abends und nachts rege zu; die Theater, die Kneipen-, Club- und Barszene haben sich in der Region einen Namen gemacht.

Beliebter Treffpunkt

1 **Viva Cantina Mexicana Bar:** Mexikanische Speisen, Cocktailbar, Supersound. Im Sommer Freiluftbar unter Palmen mit Seeblick.
Seestr. 7, T 05574 422 88, www.cantina.at, Mi–So, Juli/Aug. tgl. 17–3 Uhr

Nur mit Krawatte

2 **Spielcasino:** Platz der Wiener Symphoniker 3, T 05574 451 27, www.casinos.at, So–Do 15–4, Fr/Sa bis 5 Uhr (Jackpot ab 10 Uhr). Wie James Bond

am Roulette brillieren und zwischendurch im Restaurant Falstaff speisen: T 05574 45 12 71 25 00, www.casinos.at (Link »Restaurants«), ab 18 Uhr, Hauptgerichte ab 20 €.

Klassisches und Modernes

3 Theater am Kornmarkt: Das Vorarlberger Landestheater zeigt interessante Inszenierungen.

Kornmarktplatz, T 05574 428 70, http://landestheater.org

Urig mit Musik

4 Café Bar Neptun: Alteingesessen, zum Verhocken. Tagsüber auch im Garten, mit Kaffee und Kuchen, abends beim Wein.

Deuringstr. 3, T 0664 533 45 53, Mo–Mi 10–24, Do bis 1, Fr, Sa bis 2 Uhr

Experimentierfreudig

5 TheaterKosmos: Junges Theater, Foyer-Events, Konzerte.

Mariahilfstr. 29, T 05574 440 34 13, www.theaterkosmos.at

Feiern

- **Bregenzer Festspiele:** 2. Juliwoche bis Ende Aug., http://bregenzerfestspiele.com (s. S. 271).
- **Tanzfestival Bregenzer Frühling:** Mitte März–Mai, www.events-vorarlberg.at. Internationale Ballettgastspiele.
- **Bregenzer Hafenfest:** letztes Augustwochenende. Volksfest in den Seeanlagen mit Feuerwerk und Kübelregatta.

Infos

- **Bregenz Tourismus und Stadtmarketing:** Rathausstr. 35 a, 6900 Bregenz, T 05574 495 90, www.visitbregenz.com, Mo–Fr 9–18, Sa 9–12, während der Festspiele Mo–Sa 9–12 Uhr. Kartenvorverkauf online unter www.events-vorarlberg.at.
- **Bahn:** Stdl. Verbindungen nach Lindau und Richtung Dornbirn, Feldkirch.
- **Bus:** Stadtbusverkehr sowie stdl. nach Lindau, Hard, Höchst, Rheineck und Bregenzerwald.
- **Kundenbüro Bus und Bahn im Bahnhof Bregenz:** T 05572 323 00, www.landbusunterland.at, www.vmobil.at.
- **Schiff:** www.vorarlberg-lines.at. Die Vorarlberg Lines fahren von Mitte April bis Anfang Okt. mehrmals tgl. alle wichtigen Häfen zwischen Bregenz und Konstanz an.

Ausflug nach Dornbirn und Umgebung

L/M 7/8

In der Rheintalebene liegen die Städte Dornbirn und Hohenems. **Dornbirn** ist mit 50 300 Einwohnern die größte Stadt Vorarlbergs. Mit ihrer Messe und Fachhochschule ist sie das wirtschaftliche und industrielle Zentrum der Region.

Die Textilbarone des 19. Jh. haben mit prächtigen **Villen und Parkanlagen** die neuere Stadtgeschichte architektonisch geprägt. Sehenswert ist auf dem kunterbunten, trubeligen Marktplatz das berühmte **Rote Haus** mit seiner ochsenblutroten, reich geschmückten Holzfassade. Es stammt aus dem 17. Jh. und ist eines der seltenen noch erhaltenen Zeugnisse des Rheintaler Bauernhauses.

Museum Inatura

In dem hervorragend umgestalteten Areal einer einstigen Maschinenfabrik präsentiert sich eines der modernsten Naturmuseen Europas: Hier lernt man die Wunder der Natur in spektakulären Inszenierungen kennen. Der Rundgang führt durch die Lebensräume Gebirge, Wald, Wasser und Stadt; dabei wechseln

Wasserfälle, Zeittunnel, Astroshow, Forschungsgalerie und 3-D-Erlebnisse mit interaktiven Spielen ab – ganz toll!

Jahngasse 9, Dornbirn, T 05572 23 23 50, www.inatura.at, tgl. 10–18 Uhr, Erw. 11,50 €, Jugendliche (16–18 Jahre) 9,70 €, Kinder (6–15 Jahre) 5,70 €

Rolls-Royce Museum M 8

Das weltweit größte Museum für die britischen Luxusschlitten liegt in einem umgestalteten Fabrikareal im Ortsteil Gütle: Im Spinnereigebäude von 1862 breiten sich die Autos auf mehreren Geschossen aus.

Die alte Ursprungswerkstatt kann man anschauen, in der Hall of Fame glänzen die schönsten individuell gefertigten Luxuskarossen, und in der Werkstatt werden die Wagen restauriert.

Gütle 10 (ca. 3 km südöstlich), T 05572 526 52, www.rolls-royce-museum.at, März–Nov. Di–So, Fei 10–18, Winterpause Dez.–Febr., Erw. 6 €, Kinder (6–16 Jahre) 3 €

Rappenlochschlucht M 8

Unmittelbar am Dornbirner **Gasthof Gütle** (Gütle 11, T 05572 20 15 40, www.guetle-gasthof.at, Mitte März–Jan. Mi–Fr 17–22, Sa, So 11–14, 17–22 Uhr) liegt der Eingang in die **Rappenlochschlucht.** Die wilde Dornbirner Ache hat hier eine über 60 m tiefe Klamm in den Fels gegraben – eine der größten in den Westalpen. Über Stufen, Stege und Felsdurchbrüche begleitet man die tosenden Wasser bis zu ihrem Scheitelpunkt.

Nach dem Staufensee mit Kraftwerk folgt die zweite enge Klamm, das **Alploch.**

www.rappenloch.at, Ende April–Mitte Nov., Eintritt frei, Mitte Juni–Mitte Sept. jeweils Do 10.30 Uhr Führung, Erw. 9 €

Hohenems L 8

Sehr hübsch ist die von Dornbirn nur 7 km entfernte Kleinstadt Hohenems. Sie ist die jüngste Stadt der Region und ist durch die **Schubertiade,** das internationale Konzertfestival, europaweit ein Begriff (s. S. 112). Im Zentrum der Stadt steht in voller Pracht der **Renaissance-Palast,** ab 1603 von dem italienischen Architekten Martino Longo für die Grafen von Ems/Hohenems erbaut. Hier wurde 1755 die Originalhandschrift C des Nibelungenliedes gefunden, und hier finden Konzerte und Veranstaltungen statt (ansonsten ist das Schloss nicht zugänglich).

Die landjüdische Gemeinde von Hohenems hatte Jahrhunderte lang bedeutenden Anteil an Kultur und Wirtschaft der Region. Mit dem Anschluss Österreichs 1938 an das nationalsozialistische Deutsche Reich kam für die Hohenemser Juden das Ende. Diese Geschichte erzählt das interessant gestaltete **Jüdische Museum** in der **Villa Heimann-Rosenthal** (Schweizer Str. 5, T 05576 73 98 90, www.jm-hohenems.at, Di–So, Fei 10–17 Uhr, Erw. 8 €, ermäßigt 5 €, Kinder bis 12 Jahre Eintritt frei; mit Café).

NACHTS IM GEBIRG

Der Karren (M 8) ist der Hausberg von Dornbirn. Etwas Besonderes ist das in 976 m Höhe gelegene Panorama-Restaurant: In der vorkragenden, gläsernen Schachtel thront man über dem Abgrund. Die Seilbahn ist auch abends in Betrieb, sodass sich vom Restaurant aus ganz ungewohnte nächtliche Ausblicke auf die Lichterschlangen des Rheintals, Berge, Täler und Ortschaften bieten.

Seilbahn und Restaurant auf dem Karren: www.karren.at, Mo–Sa 9–23, So bis 21 Uhr, Restaurant: T 05572 547 11. Die Talstation liegt in der Gütlestraße, Dornbirn Richtung Gütle.

Lieblingsort

Reizvoller Ortskern

Der **Dorfplatz in Schwarzenberg** (📍 M 8) ist eine denkmalgeschützte Postkartenidylle: Hier laufen die Straßen des Dorfes zusammen, und hier stehen die weiß verputzte Kirche, der Kirchhof, das Gasthaus, die Bushaltestelle, alte Wälderhäuser aus braun schattiertem Holz mit schönen Holzläden und Bauerngärten – alles umringt von grünen Hügeln und Bergspitzen. Mittendrin eine Bank zum Sitzen und Schauen. Totale Entspannung und Wohlgefühl im Herzen eines kleinen Kosmos!

Bregenzerwald

Der Bregenzerwald bietet sanfte, bewaldete Berge, Wiesen, Weiden und kleine Dörfer. Textilindustrie, Holzwirtschaft und sanfter Tourismus sind hier seit Langem verwurzelt. Besonders ausgeprägt sind die architektonischen Kontraste: Schon die Vorarlberger Bauschule des Barock mit den berühmten Familien Thumb aus Bezau und Beer aus Au hat herausragende barocke Bauwerke rund um den Bodensee geschaffen (s. S. 286); heute ist die neue Vorarlberger Architektur mit ihrer innovativen Verwendung von Holz und Glas international ein Begriff (s. S. 268).

Auf der Reise durch die Region begegnen uns immer wieder in die Landschaft, in Dörfer und Gemeinden gesetzte eigenwillige Objekt- und Wohnbauten.

Schwarzenberg M 8

In diesem wunderschönen Wälderdorf mit sehr guter Gastronomie findet im Sommer die internationale **Schubertiade** statt (s. S. 112).

Unbedingt einen Besuch wert ist das liebevoll gestaltete **Angelika Kauffmann Museum** (Brand 34, http://angelika-kauffmann.com, Mitte März–Mitte April Fr–So 14–17, Mai–Okt. Di–So 10–17 Uhr, Erw. 9 €, bis 19 Jahre Eintritt frei): eine Verquickung von altem Wälderhaus und neuer Baukunst; mit zahlreichen Werken der Künstlerin. Im alten Teil des Gebäudes wird die Wohnkultur des Bregenzerwaldes im 19. Jh. gezeigt.

Der Vater der Künstlerin stammt aus Schwarzenberg; auch er war Maler. In der festlich-heiteren **Dorfkirche** sind Gemälde von beiden zu sehen. Die Apostelmedaillons hat Angelika Kauffmann als Sechzehnjährige gemalt, das Hochaltarbild ist ein Alterswerk von ihr.

G

GÄSTE-CARD BREGENZERWALD

Ab drei Übernachtungen im Bregenzerwald bietet die Gäste-Card Freifahrten mit dem gut ausgebauten öffentlichen Busnetz, Fahrten mit Bergbahnen, Eintritt in Schwimmbäder und Museen; in jeder Tourist-Information erhältlich.

Schlafen, Essen

Behaglicher Luxus

Romantikhotel Hirschen: Stattliches historisches Haus mit mehrfach ausgezeichneter Küche mitten im Dorf, großer Weinkeller und individuell gestaltete Zimmer. Schöne holzgetäfelte Wirtsstuben, Kaminzimmer mit Bibliothek.

Hof 14, T 05512 29 44, www.hotel-hirschen-bregenzerwald.at, DZ ab 262 €, Restaurant Di–Sa 18–21, Bar bis 23, Sa auch 12–14, Daytime Bistro Di–Sa 13–17 Uhr

Tolle Lage

Panoramahotel Sonnhalde: Am sonnigen Hang oberhalb des Dorfes gelegen, bietet das minimalistisch-schlichte Haus eine herrliche Lage, helle, zurückhaltend gestaltete Zimmer, überwiegend mit Balkon, sowie einen Panoramagarten.

Oberbuchen 590, T 05512 29 90, www.sonnhalde.at, DZ ab 110 €, Tagesgerichte ab 10 €

Einkaufen

Weithin bekannt

Käsladen Maria Vögel: Der Laden in einem traditionellen Wälderhaus wurde

TOUR
Alles Käse hier?

Auf der Spur des Käses durch den Bregenzerwald

Infos

N 7

Start/Ziel: Lingenau, ca. 3,5 km westlich von Hittisau

Länge: hin und zurück ca. 20 km Fahrt (Pkw)
Dauer: 1 Tag

Infos: KäseStrasse Bregenzerwald, www.kaesestrasse.at

In den Dorfgemeinschaften im Bregenzerwald wird natürliche Milchwirtschaft gepflegt – das Produkt: ca. 40 verschiedene Käsesorten. Bei einer Tour kann man nicht nur genießen und kaufen, sondern Käse auch selbst herstellen.

In der einst bitterarmen Region Bregenzerwald fußt die zeitgenössische Landwirtschaft auf traditionellen Methoden, die sich neu fokussieren konnten, nachdem Österreich EU-Fördermittel für die strukturschwache Region bekam. Ökologisch und nachhaltig wird nun Vieh- und Milchwirtschaft, und damit auch Landschaftspflege, betrieben – das Konzept ist ein großer wirtschaftlicher Erfolg. Das Käsen ist heute noch Grundlage der Landwirtschaft. Gearbeitet wird in drei Stufen: Im Sommer weidet das Vieh auf den hochgelegenen Alpen (= Almen), im Frühjahr und Herbst grast es auf den tiefer liegenden Vorsässen, und im Winter frisst es im Tal das Heu, das sommers gemäht wurde. Auf einer Tour kann man sich einen Überblick über die Käseherstellung im Bregenzerwald verschaffen und dabei die Spezialitäten gleich verkosten.

Von Robotern gepflegt

Los geht es in **Lingenau,** und zwar im dortigen **Käsekeller.** Wer sich einen rustikal-alpinen Traditionsbau vorstellt, wird überrascht sein: In dem schlichten Kubus aus Sichtbeton können die Besucher hinter einer Glaswand in das riesige Lager wie in eine Schatzkammer hineinschauen, in der rund 33 000 Alp- und Bergkäse reifen und von Robotern sorgfältig mit Salzwasser gebürstet und gedreht werden.

Die Alp- und Bergkäse des Bregenzerwaldes werden in 17 Tal- und 90 Alpensennereien hergestellt. Jährlich knapp

45 Mio. Liter silofreier Milch verarbeitet man hier zu Butter, Sahne – und eben zu 4500 t Käse. Insgesamt sind ca. 40 Käsesorten heimisch, wobei der Alpkäse ausschließlich auf den Alpen handgeschöpft wird. Neben Infos und einer Filmvorführung gibt es im Käsekeller auch Verkostungen von Käsespezialitäten und Weinen (ab 6,90 €/Person ab 12 Pers., nach Voranm.) sowie einen Käseladen. Im **Gasthof Löwen** (Hof 30, www.loewen-lingenau.com, Do–Di 9–14, 17–22.30, Küche 11.30–14, 17.30–20 Uhr) kann man sich mit traditionellen Käseknöpfle stärken.

Käseherstellung live

Sennen lernen

Von Lingenau geht es über Großdorf nach **Egg**. Am Ortsrand liegt der Hof des innovationsfreudigen Landwirts **Ingo Metzler:** Er hat die erste Sennschule Vorarlbergs (nur mit Anmeldung) gegründet. Hier können Sie in etwa 4 Stunden selbst einen essfertigen Käse herstellen! Ingo Metzler ist auf Molkegetränke und -kosmetik spezialisiert und damit sehr erfolgreich. Außergewöhnlich ist auch der Neubau, den er in die freie Wiesenlandschaft gestellt hat.

Käse zum Mitnehmen

2 km weiter südlich liegt das **Käsehaus Andelsbuch**. Es bietet die komplette Bandbreite an Bregenzerwälder Käsesorten. Auch andere regionale Produkte werden hier angeboten: Rauchwurstwaren, Trockenobst, edle Brände etc. Jeden Sonntag um 16 Uhr findet ein Schaukäsen statt. Im Restaurant gibt es Käserahmsuppe, Käsespätzle oder eine Bauernjause.

KäseStrasse Bregenzerwald

Wenn Sie jetzt Lust auf mehr bekommen haben: Zahlreiche Anbieter regionaler Produkte haben sich zur **KäseStrasse** zusammengeschlossen, das ›K‹ weist den Weg zu weiteren interessanten Stationen. In den Mitgliedsbetrieben finden auch immer wieder Veranstaltungen statt.

Bregenzerwälder Käsekeller: Zeihenbühel 423, Lingenau, T 05513 428 70, www.kaesestrasse.at, April–Okt. Mo–Fr 10–18, Sa 9–17, Nov.–März Di–Fr 10–17, Sa 10–16 Uhr.

Hof Ingo Metzler: Bruggan 1025, Egg, T 05512 30 44, www.molkeprodukte.com, Mo–Fr 8.30–12, 14–18, Sa 8.30–12 Uhr.

Käsehaus Andelsbuch: Hof 144, Andelsbuch, T 05512 263 46, www.kaesehaus.com, Mo–Sa 9–18, So, Fei 10–18 Uhr.

G

GASTHÖFE IM BREGENZERWALD

In allen Dörfern und Gemeinden des Bregenzerwaldes gibt es schöne Gasthöfe mit guter Küche; das Angebot ist reichhaltig und qualitätvoll. Also: herumschlendern und die Speisekarten anschauen.
MundArt ist ein Zusammenschluss von Gastronomen, die – kreativ und sorgsam – überwiegend heimische Produkte verwenden. Dazu gehören: der Hirschen in Schwarzenberg, das Hotel Das Schiff und der Gasthof Krone in Hittisau, das Hotel Post in Bezau, das Hotel Krone in Au, der Wälderhof in Lingenau und das Hotel Sonne in Mellau. Infos und Adressen unter www.kaesestrasse.at.

1947 von Maria Vögels Eltern eröffnet. Mit Käsekeller zum Probieren, auch Weindegustationen.

Schwarzenberg, Hof 18, T 05512 29 60, www.kaesladen.com, Mo–Fr 8–12, 14.30–18, Sa 7.30–12 Uhr

Kultig

Werkstatt Anton Devich Nachfolge: Hier wird traditionelles Schuhwerk gefertigt – Clogs, auch Stiefel und Sandalen, aus Ahorn-, Pappel- und Weidenholz oder mit Ziegenfell.

Hittisau, Basen 591, T 05513 311 01, www.holzschuhe.at, Mo–Sa 9–17 Uhr

Feiern

- **Schubertiade:** Mai–Sept, T 05576 720 91, www.schubertiade.at. Schwarzenberg wie auch Hohenems sind Veranstaltungsorte der Schubertiade. Die hochkarätigen, international besetzten Konzerte finden in Schwarzenberg im modernen Angelika-Kauffmann-Saal vor alpinem Panorama zwischen Wiesengrün statt. In Hohenems wird der schöne Markus-Sittikus-Saal für die entsprechenden Veranstaltungen genutzt.
- **Alpabtrieb:** Mitte Sept. findet der zentrale Alpabtrieb statt (genauer Termin über die Touristen-Informationen in allen Orten). Milchkühe, Jungvieh, Schafe und Ziegen werden zurück in die Ställe gebracht, ein faszinierendes Schauspiel für Einheimische und Gäste. Am Tag darauf werden im Angelika-Kauffmann-Saal Käselaibe präsentiert und prämiert. Das Publikum darf probieren.
- **Bregenzerwälder Käseherbst:** Anf. Sept.–Ende Okt. Überall wird der Käseherbst gefeiert. Auftakt sind der Alpabtrieb und der Käsemarkt in Schwarzenberg. Veranstaltungen für Genussfreudige, Bauernmärkte, geführte Alpwanderungen, Vorträge, Kochkurse, Musik, Dorffeste.

Hittisau

N/O 7

Auch Hittisau ist ein schöner, traditionsbewusster österreichischer Ort mit ausgezeichneter Gastronomie, mehreren interessanten modernen Bauten, einer kleinen Dorfsennerei und dem schönen, großzügig-lichten **Frauenmuseum** (Platz 501, T 05513 205 37, www.frauenmuseum.at, März–Okt. Di–So 10–17 Uhr, Erw. 9,50 €, bis 19 Jahre Eintritt frei). Der kleine, hochmoderne Bau mit doppelgeschossiger Glasfassade und grauer Holzverschalung widmet sich dem Leben der österreichischen Frauen mit unterschiedlichen Ausstellungen. Im gleichen Bau ist die Feuerwehr des Ortes untergebracht.

Wanderung zur Helmingenalpe

Hittisau ist der Ort mit den meisten Alpen in Österreich. Auf einer gemütlichen Wanderung – bei der man fast ausschließlich auf einem geteerten Wirtschaftsweg geht – kommt man zur kleinen Helmingenalpe.

Am Wanderparkplatz Lecknersee lässt man das Auto stehen und läuft rund 50 Minuten gemütlich zu Fuß. Am Ziel kann man sich draußen hinsetzen, eine kühle Milch trinken und einen Ziegenkäse essen, während im rußgeschwärzten Inneren die Sennerin mit Kupferkessel und Mulltüchern hantiert.

Schlafen, Essen

Behagliche 4-Sterne-Eleganz

Hotel Das Schiff: Der Landgasthof – mit neuen Anbauten – wird bereits in der 5. Generation geführt, er gibt sich schlicht und luxuriös, ist mit Charme und Stil gestaltet. Außenpool, schöner Gartenpark, sehr gute, haubengekrönte Küche.

Heideggen 311, T 05513 622 00, www.schiff-hittisau.com, DZ 315–340 € inkl. Halbpension, Restaurant Di–Sa 18–24 Uhr

Liebevoll ausgestattet

Hotel/Gasthof Krone: Gastfreundliches altes Wälderhaus mit Holzschindelfassaden auf dem Dorfplatz, einige Zimmer sind von Bregenzerwälder Kunsttischlern ausgestattet. Sonnenterrasse und Hotelgarten. Sehr gute, regionale Küche, mit heimischen Kräutern kreativ interpretiert.

Am Platz 185, T 05513 62 01, www.krone-hittisau.at, DZ 210 €/inkl. Halbpension, Restaurant Mo, Di, Fr 17–22 (Küche 18–20.45), Sa 9–14, 17–22 (Küche 11.45–13.45, 18–20.45), So 9–14 Uhr (Küche 11.45–13.45 Uhr), Hauptgerichte ab 23 €

Idyllisch

Bauernhof Lipburger Sonne: Idyllisch am Ortsrand gelegener blumengeschmückter Dreikanthof mit netten Zimmern, Garten und eigener Alpe.

Sippersegg 270, T 0170 213 70 02, www.urlaubambauernhof.at, Ferienwohnungen 1–6 Personen ab 79 €/Nacht

Riefensberg

O 6

Zwei blumengeschmückte Häuserzeilen mit Kirche, Laden und Gasthof entlang der Hauptstraße – das ist das winzige Riefensberg in traumhaft schöner Landschaft.

Hier sollte man sich die **Juppenwerkstatt** (T 05513 83 56 15, www.juppenwerkstatt.at, auch mit angemeldeten Führungen, Mai–Okt. Di 10–12, Fr 10–12, 14–16 Uhr, Erw. 5 €, 15–18 Jahre 1 €, darunter Eintritt frei) nicht entgehen lassen. Juppe ist die Bezeichnung für die Tracht bzw. das Trachtenoberkleid der Bregenzerwälderin. Neben der Dorfkirche wurde ein alter Gasthof zur Werkstatt umgebaut und mit einer voll verglasten Ostfassade transparent gestaltet. Das alte Handwerk der individuellen Trachtenschneiderei mit Farbkessel und Fältelmaschine wurde hier wieder aufgegriffen. Im Frühjahr und Herbst werden u. a. die eleganten schwarzen, plissierten Röcke aus gelackter Baumwolle oder Wolle gearbeitet. Vielleicht geben Sie hier ein maßgeschneidertes Wams in Auftrag?

Rheindelta

K/L 6/7

Eine amphibische Landschaft mit tiefen Horizonten, Wasserarmen, Buchten, raschelndem Schilf, Kanälen, Auwäldern, Trampelpfaden und Holzstegen. Flache Umrisse, Wasser und Land gehen ineinander über: Das Rheindelta zwischen

Lebensraum seltener Pflanzen und Tiere – Naturschutzgebiet Rheindelta

Bregenz und Rorschach ist mit 2000 ha Fläche das größte Naturschutzgebiet in der Bodenseeregion und, abgesehen von dem der Donau, das größte Süßwasserdelta Europas.

Die Anreise ist übrigens gar nicht so einfach: Der Verkehr auf den Straßen zwischen Bregenz und Rorschach bzw. St. Gallen ist dicht; es gibt viele Industrie- und Gewerbegebiete, bevor sich die eigenwillige Deltaregion erschließt.

Zwei Gemeinden mit weitläufigen Wohngebieten, Landwirtschaft, Gärten und Weiden, nämlich Hard und Höchst, sowie das winzige Fußach liegen im Deltabereich; sie sind mit dem Pkw zu erreichen. Zwischen den Orten und den Ufern liegt eine Landwirtschaftszone als Pufferregion, die nur auf Stichstraßen per Pkw zu durchqueren ist. Ansonsten haben ausschließlich die Bootskapitäne, Fahrradfahrer und Fußgänger das Sagen, und diese wiederum müssen sich der Natur und den strengen Vorschriften des Naturschutzes anpassen.

Flora und Fauna seltenster Art sind hier zu Hause, darunter vieles, was andernorts bedroht oder nicht mehr vorhanden ist. So krallt sich hier die Wasserhade, eine fleischfressende Wasserpflanze, ihr Futter. Das Bodensee-Vergissmeinnicht und der weidenblättrige Alant blühen in den Streuwiesen, und es gibt Schwertlilien sowie außergewöhnliche Farne. Unterschiedlichste Froscharten hüpfen durch das Grün. Eidechsen, Molche und sogar Gelbwangenschildkröten aus Nordamerika sind gesichtet worden, die im Rheindelta überwintern. Rund 500 Arten von Schmetterlingen sind hier zu Hause, und für die Vogelwelt mit über 300 Arten (etwa Schwarzhalstaucher, Flussseeschwalben, Enten, Bartmeisen, Haubentaucher, Graureiher und Kormorane) ist das Rheindelta ein paradiesischer Lebensraum. Hier können sie in Ruhe brüten, und die Zugvögel sammeln sich im Herbst zu Tausenden, bevor sie den langen Flug in die Wärme antreten. Doch auch dieser geschützte Lebensraum muss gepflegt werden. Entbuschungen, Baumentnahmen und die Entfernung eingewanderter Pflanzen stehen jedes Jahr auf dem Programm.

Das Gebiet wird südlich begrenzt von dem Ort St. Margrethen. Dort teilt sich der Rhein: Der östliche Arm, seit 1900 streng eingedämmt von einem hochwandigen Betonbett, wird zwischen Hard und Fußach tief und weit in den See geleitet.

Hard L 6

Hard, nahe Bregenz gelegen, ist mit seinen fast 14 000 Einwohnern das Zentrum des Rheindeltas. Ringsum zersiedelt, ist der Ortskern doch kompakt und nett; das große Binnenbecken mit **Gondel- und Sporthafen** 1 wird von Landzungen umschlossen; sehr hübsch und schläfrig liegen viele kleine Buchten in den Uferbereichen. Hier liegt auch das mit 40 000 m^2 größte **Strandbad** 1 am Bodensee auf einer Landzunge zwischen Binnenbecken und Bodensee.

Fußach und Höchst K/L 7

Auf der gegenüberliegenden Seite des eingedämmten Rheins befindet sich das kleine, komplett vom Naturschutzgebiet umschlossene **Fußach.** Von hier aus ist die **Halbinsel Rohrspitz** mit ihrer **Camping- und Freizeitanlage** 1 entlang der Fußacher Bucht in 4 km zu erreichen.

Auf einem vorgelagerten Sandinselchen im Ried liegt der größte naturbelassene **FKK-Strandpark** 2 am Bodensee. Hier befindet sich auch sehr versteckt das **Rheindeltahaus** 2 (Im Böschen 25, T 05578 744 78, www.rheindelta.org, April–Okt. Sa, So 11–17 Uhr), die Servicestelle des Naturschutzgebietes. Hier wie in der Tourist-Info können geführte Exkursionen gebucht werden.

Dem Alten Rhein am nächsten gelegen ist das weit auseinandergezogene Straßendorf **Höchst** (8200 Einwohner). Es ist Ausgangspunkt zahlreicher Spazier- und Schleichwege durch den Deltadschungel und entlang der Auwälder. Vom Grenzbahnhof St. Margrethen (Schweiz) sind es 10 Fußminuten ins Zentrum von Höchst.

S

UNTERWEGS MIT DEM SCHAUFELRADDAMPFER

Hard ist der Heimathafen des prächtigen Schaufelraddampfers **Hohentwiel,** der 1913 für den letzten württembergischen König gebaut und 1964 ausgemustert wurde. Er rostete dann vor sich hin, bis er in den 1980er-Jahren von einem Sponsorenverein und einigen Bodensee-Gemeinden komplett restauriert und instandgesetzt wurde. Seit 1990 schaufelt er zu aller Freude wieder über den See. Allerdings gibt es nur Sonderfahrten, keinen regelmäßigen Fahrbetrieb, und weil es viele auch abendliche Veranstaltungsfahrten gibt, ist er wohl eher auf dem See zu sehen als im Hafen von Hard. Es ist ein Erlebnis, die messingblitzenden Maschinenteile beim Arbeiten zu betrachten und in den plüschigen Salons zu sitzen.
Hohentwiel: T 05574 635 60, www.hs-bodensee.eu.

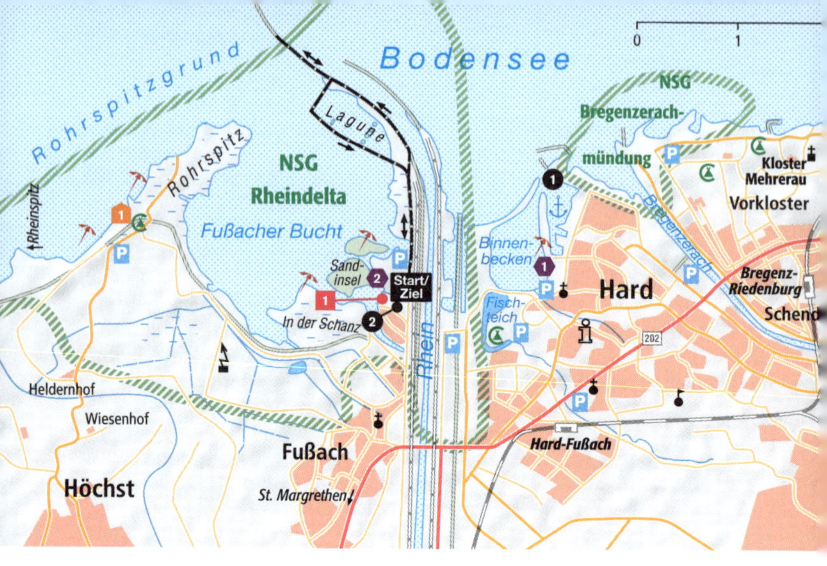

Rheindelta

Ansehen

1. Gondel- und Sporthafen Hard
2. Rheindeltahaus Fußach

Schlafen

1. Campingplatz Rohrspitz

Essen

1. Schwedenschanze

Bewegen

1. Strandbad Hard
2. FKK-Strandpark

Wanderung im Rheindelta

Ein Spaziergang auf dem linksrheinischen Hochwasserschutzdamm bei Fußach führt bis hinein in den See! Trockenen Fußes scheint man auf dem See zu wandeln. Die Ausblicke auf die glitzernde Wasserfläche, die nahen Berge und das Dreiländereck sind sehr schön – das hat man ansonsten nur vom Schiff aus. Auf dem Weg zurück führt ein kleiner Abstecher entlang einer künstlich angelegten Lagune mit Inselchen, die Möwen als Brutplätze nutzen. In dieser von Schilf umstandenen Flachwasserzone hat man die seltene Tier- und Pflanzenwelt des gesamten Rheindeltas im Miniformat vor Augen. Start und Ziel ist die Seestraße in Fußach.

Halbinsel Rohrspitz und Rheinspitz

K/L 6

Dem Delta vorgelagert ist die Halbinsel **Rohrspitz** mit ihren Hafen- und Freizeitanlagen (s. Bewegen). Der dortige Campingplatz wird ökologisch geführt und nachhaltig bewirtschaftet, und er liegt traumhaft schön zwischen Deltanatur und See (s. S. 117).

Der **Alte Rhein,** umgeben von ausgedehnten Pfeifengraswiesen, Kopfweiden und Schilfröhricht, fließt beim **westlichen Rheinspitz** in den Bodensee. Er bildet auch die Landesgrenze zwischen Österreich und der Schweiz; der Rheinspitz ist noch österreichisch;

die gegenüberliegenden Uferseiten sind es nicht mehr.

Schlafen, Essen

In schönster Lage

1 **Campingplatz Rohrspitz:** Der Platz ist Teil der Freizeitanlage Rohrspitz (s. Bewegen).

Halbinsel Rohrspitz, Anfahrt nur über Höchst, T 05578 757 08, www.salzmann.at, 1. April–15. Okt.

Ausflugslokal

1 **Gasthaus Schwedenschanze:** Unweit vom Rheindeltahaus an einem Hafenbecken mit Slipanlage und einem schilfbestandenen Wasserarm gelegen, bietet das Restaurant mit großer Terrasse weite Blicke auf das Treiben im Jachthafen.

Hard, Im Böschen 35, T 05578 756 38, www.ristorante-schwedenschanze.at, Mitte Mai–Mitte Sept. tgl. 11.30–22 warme Küche, sonst Di–Sa 11.30–14, Fr, Sa auch 17.30–22, So 11.30–21 Uhr, Hauptgerichte ab 15 €

Am See

Seerestaurant: in der Freizeitanlage Rohrspitz (s. Bewegen).

Bewegen

Baden

1 **Strandbad Hard:** Eines der größten Erlebnisbäder am Bodensee mit vielen Sportmöglichkeiten, Selbstbedienungsrestaurant, Kiosk.

Kohlplatzstr. 15, T 05574 836 82 20, www.hard-sport-freizeit.at, Mai tgl. 10–19, Juni 10–20, Juli–Mitte Sept. 9–20 Uhr, Erw. 5,40 €, Kinder bis 6 Jahre Eintritt frei, bis 15 Jahre 2,80 €, bis 17 Jahre 4,10 €

FKK

2 **FKK-Strand:** Mehr als 20 000 m² Liegewiese in 40 000 m² großem, vollständig eingezäuntem Naturschutzgebiet. Tischtennis, Beachvolleyball, Boccia, Spielplatz, Restaurant, Grillplätze.

Im Böschen 43, T 05574 836 82 30, www.hard-sport-freizeit.at, April/Mai, Sept. tgl. 9–19, Juni–Aug. 9–20 Uhr, Eintritt wie Strandbad

Wassersport

1 **Freizeitanlage Rohrspitz:** Im Natur- und Erholungsgebiet Rohrspitz sind Badeanstalt, Seerestaurant mit großer Terrasse, Campingplatz (s. Übernachten) und Jachthafen angesiedelt, verschiedene Wassersportmöglichkeiten stehen hier zur Verfügung.

T 05578 757 08, www.salzmann.at

Infos

- **Zentrale Tourist Information Rheindelta:** Hard Tourismus, im Rathaus, Marktstr. 18, Hard, T 05574 69 70, www.hard.at.
- **Rheindelta-Bodensee Tourismus:** Hauptstr. 15, 6973 Höchst, T 05578 79 07, www.rheindelta-bodensee.at.
- **Naturschutzbund:** www.rheindelta.org.
- **Bus:** www.vorarlberg.travel/aktivitaet/bus-und-bahn.

B

BITTE BEACHTEN!

Zwei Dinge sind im Rheindelta ein Muss: erstens **Mückenschutz**, denn wie allen Insekten geht es auch den Stechmücken hier gut. Zum anderen ist eine ordentliche **Landkarte** hilfreich. In der Tourist-Info in Hard gibt es einen detaillierten Ortsplan mit Umgebungskarte. Sehr gut ist die **»Wanderkarte Bregenzerwald«**, Nr. 364 (1 : 50 000) von Freytag & Berndt (an Tankstellen und Tourist-Infos; Buchhandlungen in Österreich führen keine Landkarten).

Östliches Schweizer Ufer und Hinterland

Vom See bis zum Säntis — Schweiz pur. Ein Stück Appenzeller Käse und ein Besuch in St. Gallen gehören dazu.

Seite 126

St. Gallen

Im wunderschönen, wohlhabenden St. Gallen mit seinen geschäftigen Altstadtstraßen und prächtigen Jugendstilbauten hat die Textilindustrie die jüngere Geschichte geprägt. Weltberühmt ist der Stiftsbezirk.

Seite 123

Altes Rheindelta

Das Naturschutzgebiet lässt sich am besten auf einer Bootsfahrt erleben. Vorbei an Sumpf- und Riedlandschaften des Deltas geht die gemächliche Fahrt von Rorschach bis Altenrhein/Rheineck und zurück.

Wenn's kräftig riecht, ist eine Käserei nicht weit.

Seite 134

St. Galler Textilmuseum

Spitzen und Bordüren im Überfluss – lernen Sie die textile Tradition St. Gallens kennen.

Seite 143

Kunst in Appenzell

Gegenwartskunst und das Werk der Liners sind im Kunstmuseum Appenzell und der Kunsthalle Ziegelhütte in Appenzell zu sehen.

Seite 124

Auf dem Witzweg

Einen herrlichen Ausflug bildet diese Wanderung im Appenzellerland.

Seite 140

Konzil-Radweg

Die ausgeschilderte Strecke führt von St. Gallen durch das schöne Obstbaugebiet des Thurgau hinunter nach Konstanz.

Seite 138

Confiserie Roggwiller

Die altmodisch-charmante Confiserie in einer der Hauptgeschäftsstraßen von St. Gallen bietet köstliche Kuchen und traditionelle Spezialitäten.

Seite 132

Stiftsbibliothek St. Gallen

Sie ist nicht nur ein herausragendes Werk des Spätbarock, hier lagern auch kostbare Handschriften und Inkunabeln, die deutlich machen, dass die Geschichte des Buches eng mit der Entwicklung der Klöster verbunden ist.

Seite 143

Stein

Der Ort bei Appenzell liegt zauberhaft inmitten grüner Alphügel, und die Atmosphäre im Dorf mit dem Volkskunstmuseum und der Schaukäserei ist alpenländisch-gemütlich.

Mit dem Kopf im Nacken durch St. Gallen: Wer alle 111 Prunk-Erker sehen will, braucht Kondition – und eine aufmerksame Begleitung.

Schweizer sprechen Deutsch? Ja, on. Aber eben Schwyzerdütsch. muss man sich reinhören, bei-lsweise in einer ›Beiz‹, in der auch heimische sitzen.

Ostschweizerische Gastlichkeit

D

Die Schweiz beginnt westlich der Mündung des Alten Rheins mit dem Rheintal als Grenze zu Österreich. Zwischen dem Bodensee und den Hügeln und Bergen des Appenzellerlandes liegt, ca. 30 km vom See entfernt, in ein Hochtal eingebettet, St. Gallen, Hauptstadt des gleichnamigen Kantons. Mit ihrer reichen Geschichte, einer weltläufigen, lebhaften Altstadt und dem UNESCO-Welterbe des Klosterareals mit Kathedrale und der weltberühmten Stiftsbibliothek ist diese schweizerische Stadt ein faszinierendes Reiseziel.

Landeinwärts im Appenzellerland taucht man ein in eine Schweizer Bilderbuchlandschaft mit welligen Wiesenteppichen, Kuhgebimmel und kleinen traditionsreichen Dörfern. Die Alpstein-Gebirgskette mit dem Säntis (2503 m) als höchstem Gipfel bildet den grandiosen Hintergrund. Ein herrliches Wander- und Klettergebiet; in den Dörfern und Städtchen lockt die Schweizer Gastfreundschaft.

Unten am See reihen sich die Ortschaften mit ihren Häfen und Promenaden dicht aneinander. Das Hinterland Thurgau bietet eine sanft gewellte Landschaft der Wiesen und Obstplantagen.

ORIENTIERUNG

O

Im Internet: www.st.gallen-bodensee.ch (Portal des St. Gallen-Bodensee Tourismus), **www.appenzell.ch** (Portal des Kantons Appenzell und des Appenzellerland Tourismus), **www.thurgau-bodensee.ch** (Portal des Thurgau Tourismus), **www.thurbo.ch** (Portal der Regionalbahn mit Ausflugstipps).

Transport: Auskünfte zu **Zügen** gibt es bei Rail Service, T 0848 44 66 88 (in der Schweiz), sowie auf www.sbb.ch, www.thurbo.ch und www.appenzellerbahnen.ch. Bahnknotenpunkte der Region sind St. Gallen, St. Margrethen und Romanshorn. Fast alle Züge in der Schweiz verkehren stdl., Thurbo verbindet die Bodenseeorte aller drei Länder im Halbstundentakt. Mit dem gut ausgebauten Netz der Schweizer **Postbusse** (www.postauto.ch) geht es von jedem Ort in die nahe Umgebung, auch weiterführende Anschlüsse. **Schiffsverbindungen** (T 071 466 78 88, www.sbsag.ch) von Rorschach über Romanshorn, Arbon, Kreuzlingen zur Insel Mainau/nach Meersburg und zurück sowie durch das Rheindelta über Altenrhein nach Rheineck und zurück.

Rorschach ist Verkehrsknotenpunkt, Arbon eine hübsche, gepflegte Sommerfrische. Im einstigen Fischerdorf Romanshorn konzentriert sich der Schifffahrtsverkehr des südlichen Bodenseeufers. Kreuzlingen dann wird geprägt vom Grenzverkehr: Der Ort ist mit dem deutschen Konstanz verwachsen. Der herrliche Seepark von Kreuzlingen zählt zu den schönsten Uferanlagen am Bodensee.

Altenrhein

K 6

Fliegermuseum

Auf der Schweizer Seite des Alten Rheins liegt der wenig genutzte **Flughafen St. Gallen-Altenrhein.** Dort ist auch das Fliegermuseum zu Hause, das die Geschichte der schweizerischen Luftwaffe, des Flughafens und der Dornier-Werke erzählt. Hier lag die Fabrik von Claude Dornier, wo ab 1927 das damals größte Flugboot Do-X in Serienproduktion ging. Der geniale Konstrukteur Dornier war zuvor aus Friedrichshafen in die Schweiz geflohen, da Deutschland laut Versailler Vertrag keine Flugzeuge mehr bauen durfte. In Altenrhein schlossen sich die Tore erst in den 1990er-Jahren.

Flughafenstrasse, T 071 850 90 40, www.ffa-museum.ch, Mi, Sa, So 10–18 Uhr, Erw. 12 SFr, Kinder 6 SFr, bis 7 Jahre Eintritt frei

Markthalle

Für Hundertwasser-Fans lohnt sich ein Besuch der Markthalle. Sie ist der letzte Bau von Friedensreich Hundertwasser (1928–2000), wurde posthum vollendet und ist wie all seine Arbeiten von hohem Wiedererkennungswert: weiche Formen ohne Geraden, farbige Keramik, goldene Zwiebeltürmchen. Eine Ausstellung erläutert die Baugeschichte sowie

ACHTUNG

In diesem Kapitel muss allen Rufnummern bei Anrufen von außerhalb der Schweiz die 0041 vorangestellt werden, die 0 der Ortsvorwahl entfällt!

Leben und Werk Hundertwassers. Mit Bistro-Restaurant.

Knotternstr. 2, Staad am Bodensee, www.markthalle-altenrhein.ch, Mai, Juni tgl. 12–16, Juli–Mitte Okt. tgl. 10–12, 13.30–17, Mitte Okt.–April Sa, So 13–17 Uhr, Eintritt frei

Rorschach

J 7

Rorschach mit seinen 9000 Einwohnern war über Jahrhunderte Hafen und Warenumschlagplatz des Klosters St. Gallen. Der Handel mit Italien stand im Vordergrund. Auch heute ist Rorschach Verkehrsknotenpunkt. Der **Ortskern** mit seiner Einkaufszone, einigen Barockhäusern und hübsch bemalten Erkerfassaden ist durch Bahn und Straße vom Seeufer getrennt.

Nett sind die ausgedehnte Uferpromenade und das Jachthafenareal. Dort zeugt das barocke **Kornhaus** (1746–49 von Giovanni Gaspare Bagnato erbaut) von der einstigen wirtschaftlichen Bedeutung. Das aufwendig sanierte Haus birgt heute das **Museum im Kornhaus** (Hauptstr. 58, T 071841 40 62, www.museum-rorschach.ch, April–Okt. tgl. 13–17 Uhr, Erw. 11 SFr/7 SFr, Kinder 2–12 Jahre 6 SFr, Schüler (Ausweis) etc. 7 SFr). Sehr schönes, medial attraktives Regionalmuseum mit thematischen Erlebniswelten, Shop und Café.

Die Neugestaltung des Seeareals am Hauptbahnhof ist ein großer Gewinn für die Stadt: Hier bildet das **Forum Würth**

Am Abend, wenn die Sonne untergeht, hat man das Rheindelta praktisch für sich allein.

(Churer Str. 10, T 07122 510 70, www.wuerth-haus-rorschach. ch, April–Sept. tgl. 10–18, Okt.–März Di–So 11–17 Uhr, Eintritt frei) einen neuen Anziehungspunkt. Der lichte, großzügige Bau ist sowohl Verwaltungszentrum der Firma als auch eine Kunsthalle für die Sammlung Würth. Hier ist die klassische Moderne und besonders Schweizer Kunst der Gegenwart wunderbar versammelt.

Die Mischung aus Arbeit und Kunst ist überzeugend gelöst mit Büroflügeln, einem Handwerkershop, Café/Kantine, einem Kunstshop und den Workshops für Besuchergruppen. Sehr schön auch der im Wachstum befindliche Skulpturengarten, u. a. mit den bunten Arbeiten von Niki de Saint Phalle direkt am See.

Auf dem **Rorschacherberg,** oberhalb der Stadt, liegen die gepflegten Wohnbezirke.

Schlafen, Essen

Direkt am Hafen

Hotel Mozart: Freundliches 3-Sterne-Haus am Hafen mit 35 charmanten Zimmern. Einen Besuch wert sind Jugendstil-Café und Sommerterrasse.

Hafenzentrum, T 071 844 47 47, www.mozart-rorschach.ch, DZ 160–205 SFr

Für jeden etwas

Seerestaurant Rorschach: Ein weißer Kasten auf Stelzen am Seesteg, hier sind Restaurant, Lounge und Braustube mit großem Biergarten vereint. Toll: bei Sonnenuntergang feine Küche genießen.

Churer Str. 28, T 071 858 39 80, www.seerestaurantrorschach.com, Do–Sa, Mo 10–14, 17.30–24, So 10–23 Uhr, Hauptgerichte um 37 SFr

Günstige Unterkunft

Jugendherberge Rorschach: Die Jugendherberge mit 60 Betten liegt direkt an der Bodensee-Radwanderstrecke und am Strandbad. 2-, 4- und 6-Bett-Zimmer.
Churer Str. 4, T 071 844 97 12, www.herberge-rorschach.ch, Mai–Mitte Sept.

Bewegen

Baden im See

Badhütte: Ein seltenes, nostalgisches Exemplar aus den 1920er-Jahren ist die hölzerne Anlage der Badhütte mit ihren Pfahlhäuschen und hölzernen Stegen im See. Eine ähnliche Architektur findet man nur in Bregenz – die Mili (s. S. 105).
Thurgauer Str. 1476, T 071 841 16 84, www.badhuette.ch, Mitte Mai–Mitte Sept.

Strandbad Rorschach: Direkt neben der Jugendherberge am See gelegen bietet das Bad Seezugang, Rutschbahn, Sprungturm und andere Attraktionen.
Churer Str. 4, T 071 844 97 10, Ende Mai–Mitte Sept. 7–21 Uhr

Fahrradverleih

Fahrradverleih im Hauptbahnhof: T 071 841 18 36.

Feiern

- **Internationales Sandskulpturenfestival:** 2. Augustwoche, www.sandskulpturen.ch, www.strandfestwochen.ch. Künstlerteams aus 10 Ländern wühlen im Sand am Rorschacher Bodenseeufer und schaffen tonnenschwere Kunstwerke, die bis Mitte September zu sehen sind.

Infos

- **Tourist Information:** Hafenpavillon, T 071 841 61 41, www.st.gallen-bodense.ch, Mo–Fr 10.30–12, 13–16, Sa, So, Fei 10.30–15.30 Uhr.
- **Bahn:** www.sbb.ch. Der **Hafenbahnhof** liegt zentral am Seeufer, der **Hauptbahnhof** im Osten außerhalb des Stadtkerns. Alle Züge halten auch am Hafen. Halbstdl. geht es in alle Richtungen: nach St. Gallen, über St. Margrethen nach Bregenz, über Romanshorn, Kreuzlingen bis Schaffhausen.
- **Bus:** www.postauto.ch. Die **Postbusse** fahren von Rorschach in die nähere Umgebung; es gibt auch weiterführende Anschlüsse.
- **Schiff:** 1. Mai–Mitte Okt. über Romanshorn, Arbon, Kreuzlingen zur Insel Mainau/nach Meersburg und zurück, T 071 466 78 88 (in Romanshorn), www.bodensee-schiffe.ch, u. a. auch durch das Rheindelta über Altenrhein nach Rheineck und zurück; nach Lindau und Bregenz, www.bodenseeschifffahrt.de sowie www.vorarlberg-lines.at.

Die Umgebung von Rorschach

Per Schiff durchs Alte Rheindelta

Eine wunderschöne Schiffsroute führt von Rorschach (Schiffsanlege) durch die unberührten Naturschutzgebiete von Altenrhein nach Rheineck und

TOLLE TICKETS

Ostwind: www.ostwind.ch. Tageskarte; freie Fahrt in den Kantonen St. Gallen, Appenzell und Thurgau mit Bahn, Bus, Schiff. Unkompliziert und flexibel.
Euregio Bodensee: www.euregiokarte.com. Tageskarte mit verschiedenen Zonen für die Bodenseeregion.

TOUR
Die Schweizer Ostfriesen

Auf dem Witzweg von Walzenhausen nach Heiden

Infos

L/K 7

Start: Waizenhausen

Ziel: Heiden

Länge/Dauer der Wanderung: 8 km/ 2,5–3 Std., ca. 350 m Anstieg

Entlang des Witz(wander)wegs im Appenzellerland sind rund 80 dem Humor der Einheimischen gewidmete Tafeln aufgestellt. Dazu muss man wissen, dass den Appenzellern bzw. den Witzen von ihnen und über sie in der Schweiz ein ähnlicher Stellenwert zukommt wie in Deutschland den Ostfriesen.

Die recht einfache Wanderung führt durch Felder, Wiesen und Wäldchen. Der Wegverlauf ist leicht hügelig mit großartigen Ausblicken auf das Alpenrheintal und den Bodensee. An dem überwiegend geteerten oder geschotterten Weg gibt es zahlreiche Einkehrmöglichkeiten und immer auch Haltestellen des Postbusses. Aufgrund der geringen Höhenunterschiede kann der Ausflug auch in umgekehrter Richtung unternommen werden.

Walzenhausen, Start und Ziel der roten Bergbahn von und nach Rheineck, liegt hoch über dem Bo-

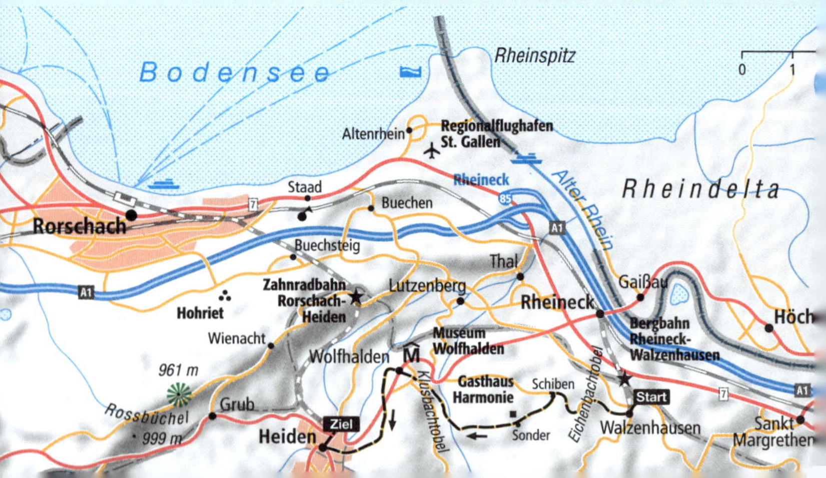

In Walzenhausen endet die Zahnradbahn.

densee und dem Alpenrheintal, eingebettet in Wiesengrün und kleine Wäldchen. Seit Beginn des 20. Jh. hat sich der kleine Ort ein vornehmes Kurhotel als Ortsmittelpunkt geleistet, das heute als Swiss Dreams Hotel geführt wird und wie ein weißes klassizistisches Schloss zwischen der alten und neuen Wohnbebauung sitzt.

Der **Witzweg** mit deutlich blauer Ausschilderung, nimmt direkt an der **Bergstation** seinen Ausgangspunkt, führt anfangs Richtung Lachen (!) und zweigt dann auf einen Forstweg ab. Ein kleiner **Weiher** liegt am Wegrand, über Treppen kommt man zum Dörfchen Hostet, dann geht es über Weideland weiter zum bewaldeten **Eichenbachtobel.**

Ab **Schiben** führt der Wanderweg leicht bergauf bis zum **Gasthaus Harmonie in Sonder** (T 071 888 14 27, www.chistenpass.ch, nur auf Reservierung geöffnet). Hier sind wir am höchsten Punkt der Tour. Weiter geht es durch das schattige **Klusbachtobel** bis nach **Wolfhalden.** Das **Museum Wolfhalden** (www.museen-im-appenzellerland.ch, Mai–Okt. So 10–12 Uhr) liegt am Wanderweg mitten im Dorf oberhalb der Kirche. Es ist in einem urtümlichen alten Wohnhaus aus dem 17. Jh. zu Hause und dem Leben der Bauern und Seidenweber gewidmet.

Dann gelangt man zum Biedermeierdorf **Heiden** mit seinem architektonisch grandiosen Dorfplatz (s. S. 126). Von hier fährt die Zahnradbahn hinunter nach Rorschach, oder Sie nehmen einen der Postbusse zum See.

Infos

An-/Abfahrt: Schiff ab Rorschach Hafen (1. Mai–15. Sept. tgl., Mitte Sept.–Mitte Okt. nur Sa, So 9.30, 11.50, 14.30 Uhr, 65 Min. bis Rheineck), dann Bergbahn Rheineck–Walzenhausen (ganzjährig, tgl. ab 7.35 Uhr stdl.). Retour mit Zahnradbahn Heiden–Rorschach (ganzjährig, tgl. ab 9.05 Uhr stdl.).

zurück. So kann man während der einstündigen Fahrt einen beschaulichen Überblick über die Deltaregion des Rheins gewinnen – ein Paradies für selten gewordene Flora und Fauna, für Schmetterlinge, Insekten und zahllose Vogelarten, die hier rasten und brüten (s. S. 266). Im Deltagebiet kann man sich je nach gewählten Abfahrtszeiten ein paar Stunden auf die Tier- und Pflanzenwelt einlassen, dann geht es wieder zurück.

Schweizerische Bodensee-Schifffahrt, T 071 466 7888 (in Romanshorn), www.bodensee-schiffe.ch, 1. Mai–Mitte Sept. tgl. Hinfahrt 9.30, 11.50, 14.30 Uhr, Rückfahrt 10.40, 13.10, 15.50 Uhr, Mitte Sept.–Mitte Okt. nur Sa, So, Fei, Fahrtdauer: 2 x 1 Std.

Mit dem Bergbähnle nach Heiden

Eine knappe halbe Stunde braucht die feuerrote Zahnradbahn vom Hafen Rorschach bis hinauf nach Heiden. Der 800 m hoch gelegene Ort ist ein verstecktes architektonisches Juwel und kann auf eine über 150-jährige Geschichte als sehr nobler, sehr modischer, europaweit bekannter Kurort zurückblicken. Nach einem Großbrand 1838, der den gesamten Dorfkern zerstörte, wurde Heiden völlig neu wiederaufgebaut: als eine in geometrischem Raster angelegte Ministadt mit Villen und baumbestandenen Hauszeilen in italienisch-klassizistischem Stil. Zwischenzeitlich arg in die Jahre gekommen hat nun ein umfassendes Sanierungsprogramm den Ortskern mit Panoramaaussicht auf den See, der imposanten klassizistischen Kirche im Mittelpunkt und der heiter-festlichen Architektur belebt.

Die **Wanderung zurück nach Rorschach,** eine wunderschöne Strecke von rund 10 km, ist gut ausgeschildert und führt über das Dörfchen **Grub** zum herrlichen **Fünfländerblick** (961 m). Von hier geht es steil bergab zum **St.-Anna-Schloss,** dann über **Sulzberg** und **Mariaberg** hinunter bis zum Kornhaus am Hafen in **Rorschach.**

www.appenzellerbahnen.ch, Zahnradbahn: T 071 891 18 52, 1. Mai– Mitte Sept. tgl., Mitte Sept.–Ende Okt. Sa, So, Fei ab Rorschach Hafen und ab Heiden ab 8.15 Uhr stdl., letzte Fahrt: 14.15 Uhr. Rückfahrten von Heiden: ca. 25 Min. später

Infos

• **Tourist Information Heiden:** Bahnhof Heiden, T 071 898 33 01, www.appenzellerland.ch, Mo–Fr 9–12.35, 13.25–16 Uhr.

St. Gallen

St. Gallen (80 000 Einwohner) mit Bischofssitz und Universität ist Hauptstadt des gleichnamigen Kantons sowie wirtschaftliches und kulturelles Zentrum der Ostschweiz. Die Stadt liegt eingebettet zwischen rund 700 m hohen grünen Hügeln im Tal der Steinach mit Blick auf den 2503 m hohen Säntis. St. Gallen ist eine sehr schöne Stadt, die selbst in der Schweiz noch als Geheimtipp gilt. Der alte Stadtkern ist großzügig und doch kompakt; Charme und Vitalität prägen die Atmosphäre. Die Tradition als wohlhabendes Zentrum der Textilindustrie zeigt sich in reich geschmückten Wohn- und Geschäftshäusern: ein buntes Miteinander von Fachwerk, Renaissancefassaden, barocken Stadtpalais und Jugendstilbauten. Von einzigartiger kulturhistorischer Bedeutung ist der Klosterbezirk mit der imposanten Kathedrale, den Klosterbauten und der weltberühmten Stiftsbibliothek. Das gesamte Areal ist heute UNESCO-Welterbe.

Im verkehrsberuhigten Stadtkern lässt es sich wunderbar flanieren, in schicken Restaurants, Cafés und urigen Wirtshäusern kann man sich vom Shoppen ausruhen; Museen und Galerien bieten reiche kulturelle Nahrung.

Stadtgeschichte

Name und Ursprung der Stadt gehen auf die Einsiedelei des irischen Mönches Gallus zurück, der gemeinsam mit Columban durch die Bodenseeregion gezogen war. Der Legende nach blieb Gallus im Jahr 610 im Steinachtal zurück; ein Bär half ihm beim Aufbau seiner Holzhütte. Gallus begann daraufhin mit seinem Missionswerk; der Bär wurde das Wappentier des Klosters und später der Stadt.

Rund 100 Jahre später wurde das Gallus-Kloster gegründet, ab 747 galten die Benediktinerregeln. Das Kloster wurde reich und machtvoll: Zwischen dem 9. und 11. Jh. gehörten 4000 Güter und 54 Pfarreien zum Besitz der Abtei, die weit ausstrahlender kultureller Mittelpunkt war.

Aus der Ansiedlung rund um das Kloster erwuchs eine Marktstadt, und ab 1170 begann die Emanzipation der Stadt, die im 14. und 15. Jh. durch Handel und Leinwandindustrie eine erste Blüte erreichte und zur führenden Textilstadt im Bodenseegebiet aufstieg. 1529 machte sich die Stadt auch religiös vom Einfluss des Klosters frei. Die Bürger schlossen sich unter Joachim von Watt, genannt Vadianus, Lutherschüler und Bürgermeister von St. Gallen, der Reformationsbewegung an.

Die religiösen und machtpolitischen Auseinandersetzungen gingen so weit, dass eine Schiedmauer zwischen Kloster und Stadt gebaut wurde, deren Reste heute noch vorhanden sind. Der Einfluss des Klosters konnte sich erst im 18. Jh. wieder festigen; Stiftskirche und Stiftsbibliothek wurden in barockem Gewand neu erbaut. 1803 wurde St. Gallen Hauptstadt des neu gegründeten, gleichnamigen Kantons und 1847 Bischofssitz.

Textilzentrum

Vom Mittelalter bis ins 20. Jh. hinein blieb St. Gallen ein wohlhabendes, weltoffenes Handels- und Fabrikationszentrum mit Schwerpunkt Textilindustrie. Von 1860 bis zum Ersten Weltkrieg erlebte besonders die Stickereiindustrie eine Hochblüte: 50 % der Weltproduktion von Spitzen und Stickereien kamen aus St. Gallen. In den 1920er- und 1930er-Jahren musste St. Gallen eine Wirtschaftskrise mit hoher Arbeitslosigkeit durchstehen. Erst nach dem Zweiten Weltkrieg konnte sich die Region erholen; in der städtischen Wirtschaft überwiegt nun der Dienstleistungs- und Bildungssektor. Heute knüpfen noch einige bedeutende Textilunternehmen an die alte Tradition an (www.textilland.ch).

Innenstadt

Vom Bahnhof zur Stadtlounge

Der Rundgang beginnt am **Bahnhofsplatz ❶**: Das Platzgefüge mit seinen Bauten ist um 1910 in Anlehnung an die Piazza d'Erbe in Verona konzipiert worden: an der Stirnseite der gewaltige Repräsentationsbau des **Bahnhofs** und gegenüberliegend das imposante **Postgebäude** mit der Weltkugel, beide zwischen 1911 und 1915 errichtet. Der von modernen Objektbauten umringte Bahnhofsplatz wurde aufwendig rückgebaut und ist nun wieder ein offener Ort der Begegnung.

Biegt man in die breite **St.-Leonhard-Strasse** Richtung Altstadt ein, fallen ringsum die interessanten Fassaden der mehrstöckigen eleganten Geschäftsbauten im Jugendstil auf: beispielsweise

Öffentliche ›Wohnstube‹ als Kunstprojekt – Stadtlounge im Bleicheli-Quartier

Haus Oceanic ❷ (Hausnr. 20), das als Geschäftshaus eines reichen Stickereiunternehmers 1904 errichtet wurde, ein Prachtbau mit wellenartig geschwungener Fassade und Arkadengang. Ornamentiert in zartem, zurückhaltendem Jugendstil mit kunstvollem Flachrelief, das die griechischen Schicksalsgöttinnen von der Jugend bis ins hohe Alter darstellt, die den Faden des Lebens aufnehmen, ihn verweben und schließlich fallenlassen. Da hebt sich doch gleich die Bedeutung eines Textilfabrikanten in antike Höhen.

Gleich um die Ecke, im **Bleicheli-Quartier**, wo früher Stoffe zur Bleiche auslagen, ist bis 2005 ein neues Bankenzentrum entstanden: mehrere Bauten im Geviert, denen kleinräumige Wohnhäuser und Werkstätten weichen mussten. Um die kalte Atmosphäre mit Leben und Flair zu erfüllen, wurde ein Wettbewerb ausgeschrieben, den die Künstlerin Pippilotti Rist und der Architekt Carlos Martinez gewannen. Aus dem langweiligen Stadtraum hat sich nun ein öffentliches Wohnzimmer gepellt, die rote **Stadtlounge** ❸. Ein knallroter Bodenbelag aus Gummigranulat und gefärbtem Teer ist das öffentliche Kunstwerk, das den Bauten, Straßen und Ecken Halt gibt und sie zusammenbindet. Der rote Teppich zieht sich über Riesensofas, Tische, Stühle, gar ein Auto. Der ›Wohnraum‹ ist in Zonen aufgeteilt, der Autoverkehr zum Schleichen verdonnert; Ginkgobäume wurden gepflanzt, und große, eiförmige Lichtblasen schweben zwischen den Gebäuden und werfen abends mildes Licht in die neue Wohnstube. Teil des Ensembles ist die älteste erhaltene **Synagoge** ❹ (Frongartenstr. 16) im Bodenseeraum, 1880/81 erbaut, mit maurischer Fassade.

Durchs Multertor zum Bärenplatz

Nach der Überquerung des Oberen Grabens, der einstigen Stadtmauer, geht es durch das **Multertor** ins Herz der Altstadt. Multergasse und Neugasse besitzen noch einige schöne, aufwendige Geschäftsbauten im Jugendstil, sorgsam restauriert wie das **Haus zur Waage** ❺ an der Ecke zur Neugasse. Die fünf Menschenköpfe symbolisieren die fünf Kontinente; der Europäer ist (natürlich) ein St. Galler Kaufmann.

Am zentralen **Bärenplatz** ❻ kreuzen sich Multergasse, Marktgasse und Spisergasse. Hier ringsum in der Fußgängerzone herrscht lebhaftes Treiben: Schöne, elegante Geschäfte, zahlreiche Cafés, Restaurants und die urigen Erststock-Beizen, Gaststätten im Obergeschoss, machen das Bummeln und Schauen zu einem Genuss.

111 Prunk-Erker

Auch mit zurückgelegtem Kopf, den Blick nach oben gewandt, ist die Altstadt ein Vergnügen: Eine Besonderheit St. Gallens bilden die Erker; 111 von ihnen sind denkmalgeschützt. Einfach oder prunkvoll, einfarbig oder bunt, bezeugen sie die Lust am Ornament, die Freude am Prunk und die liebenswürdige Neckerei zwischen Nachbarn, die sich gegenseitig übertrumpfen wollten. Die Erker – 1650–1720 ein wahrer Bauboom – waren Statussymbole wohlhabender Bürger. Üppig ornamentiert sind beispielsweise die Erker in der **Kugelgasse** ❼, wie der reich geschnitzte Erker aus Eichenholz vom **Haus zum Schwanen** (Haus Hausnr. 17): Schwäne und Wasserwesen aus der antiken Mythologie tummeln sich um den Meeresgott Poseidon.

Benachbart ist das **Haus zur Kugel** (Haus Nr. 18), das der Straße auch ihren Namen gab: Sein Besitzer sah sich als weltumspannender Kaufmann, dessen Besitz von Herakles und zwei Sklaven getragen wurde. Wunderbar an beiden Fassaden sind die Engelsköpfe, Fratzen und Fruchtgehänge.

Die **Spisergasse** ❽ war bis zum 18. Jh. die Wohnstraße der reichen Leinwandhersteller. Sie besitzt die meisten Erker und hat ihren spätgotischen, lebhaften Charakter erhalten: mit unterschiedlichen Dachhöhen, traufständig zur Straße mit meist nachträglich angefügten Prunkerkern. Der **Kamelerker** (Haus Nr. 22) geht auf das Jahr 1720 zurück; er wurde 1986 wegen Umbauten aus der Marktgasse hierher versetzt.

Schiedmauer und Karlstor

Von der Spisergasse 28 führt ein Durchgang in die Zeughausgasse zum Stiftsareal. Die Reste der **Schiedmauer** ❾ zeigen die gewaltsame Trennung zwischen reformierter Stadt und katholischem Benediktinerkloster an, nachdem 1527 die gesamte Stadt zum reformierten Glauben überging: Die Beziehungen zum Kloster waren so schwer gestört, dass 1567 eine Trennmauer gebaut wurde. Sie bestand über 200 Jahre.

Durch das **Karlstor** ❿ konnte der Abt das Klosterareal auf direktem Weg betreten oder verlassen, ohne den widerspenstigen Städtern zu begegnen.

Kathedrale (Stiftskirche)

Die **Kathedrale** ⓫ sowie der umliegende Klosterbezirk wurden 1983 zum UNESCO-Welterbe erklärt. Das gesamte Bauensemble ist ein herausragendes Werk des Spätbarock und zählt zu den großen Schätzen europäischer Kultur.

Auf dem weiten meditativen **Klosterplatz** mit seinen Rasenflächen ragt dominierend und imposant die **Doppelturmfassade** der Stiftskirche in den Himmel. Sie ist Kathedrale und Bischofssitz. An der Stelle der vor fast 1200 Jahren erbauten romanischen Klosterkirche steht heute der von 1755 bis 1767 errichtete spätbarocke Bau – eine der letzten

monumentalen Klosterkirchen in Europa. Ihre prächtigen Doppeltürme wurden zum Wahrzeichen von St. Gallen. Neben den Vorarlbergern Peter Thumb und Johann Michael Beer waren auch Caspar Moosbrugger, Giovanni Gaspare Bagnato und ein St. Galler Laienbruder am Bau beteiligt.

Die Kirche besitzt zwei Eigenwilligkeiten: Erstens sind das dreischiffige Langhaus und der Chor, verbunden durch eine Rotunde, gleich lang. Zweitens ist die prächtige **Fassade** mit dem Haupteingang – im Kathedralbau üblicherweise die Westseite – hier im Osten gelegen und nicht der Stadt zugewandt. Das war den konfliktreichen St. Galler Verhältnissen geschuldet, den Streitereien zwischen Stadt und Kloster, die ja sogar die Schiedmauer notwendig machten.

Der **Innenraum** ist überwältigend schön, lichtdurchflutet und elegant. Die **Deckenmalereien** in der Rotunde sind, dem Himmel nah, in leuchtenden Farben gehalten und zeigen in konzentrischen Kreisen biblische Gestalten und die Dreifaltigkeit. Sie stammen von dem Breisgauer Künstler Christian Wenzinger. Ein großes Kunstwerk ist auch das **Chorgestühl** aus Nussbaum und Lindenholz mit Szenen aus dem Leben des hl. Benedikt von Joseph Anton Feuchtmayer. Auch die beiden historischen

St. Gallen

Ansehen

1 Bahnhofsplatz
2 Haus Oceanic
3 Stadtlounge
4 Synagoge
5 Haus zur Waage
6 Bärenplatz
7 Kugelgasse
8 Spisergasse
9 Schiedmauer
10 Karlstor
11 Kathedrale (Stiftskirche)
12 Stiftsbibliothek
13 Gallusplatz
14 Laurenzenkirche
15 Textilmuseum
16 Kunstmuseum
17 Naturmuseum
18 Historisches und Völkerkundemuseum
19 Museum im Lagerhaus
20 Kunst Halle Sankt Gallen

Schlafen

1 Hotel Einstein
2 Hotel Metropol
3 Hotel Vadian Garni
4 Hotel Am Spisertor
5 Jugendherberge

Essen

1 Zum Goldenen Leuen
2 Weinstube zum Bäumli
3 Wirtschaft zur alten Post
4 Fondue Beizli Neueck
5 Restaurant Zum Goldenen Schäfli
6 Netts Schützengarten
7 Jägerhof

Einkaufen

1 Confiserie Roggwiller
2 Sutter-Michel
3 Chocolaterie am Klosterplatz
4 Couture Akris
5 Jakob Schlaepfer

Bewegen

1 Freizeit- und Einkaufszentrum Säntispark

Ausgehen

1 La Vigna Enoteca
2 Kellerbühne
3 Grand Casino

Orgeln sind bedeutende Kunstwerke; ihre Pfeifen sind unterirdisch miteinander verbunden. Die neue Hauptorgel stammt aus den 1970er-Jahren. Für die drei Orgeln sind eigens Werke komponiert worden, und die Orgelkonzerte sind herausragend.

Unter dem Ostchor befindet sich die **Galluskrypta,** die in ihrer jetzigen Form auf das Jahr 1767 zurückgeht.

Klosterhof, www.stiftsbezirk.ch, Mo–Mi 6–18.30 (Sommer bis 19), Do–Sa 7–18.30 (Sommer bis 19), So 7.30–20.30 Uhr (außer zu Gottesdienstzeiten), Eintritt frei

Klosterareal

Rings um die Stiftskirche stehen spätbarocke lichte Flügelbauten. Das Ensemble wurde zwischen 1755 und 1767 von den Baumeistern Peter Thumb und Michael Beer, dem Vater Franz Beer von Bleichtens, aus dem Bregenzerwald erbaut (s. S. 286). Der Mittelbau auf der Ostseite des Klosterplatzes, die **Neue Pfalz,** war die ehemalige fürstäbtliche Residenz und wurde später zum Sitz der Regierung des neuen Kantons St. Gallen. Prachtvoll ist der ehemalige Thron-, Prunk- und Festsaal des Abtes, der zum Sitzungssaal des kantonalen Parlaments umgestaltet wurde. Die mächtigen **Keller** hat der spanische Stararchitekt Santiago Calatrava 1998/99 zu großzügigen Tagungs- und Versammlungsräumen umgestaltet. Nach dem Abriss der Schiedmauer wurde der **Zeughausflügel** in spätbarocker Anmutung (1840) erbaut. Hier sind das Kantonsgericht, Kantonsverwaltung und Kulturinstitute beheimatet. Der Hofflügel entstand

TOUR
Kloster und Buch

Die Stiftsbibliothek in St. Gallen

Infos

Cityplan: s. S. 131

Planung: Stiftsbibliothek ⓬, Klosterhof 6 D, T 071 227 34 16, www.stiftsbezirk.ch, tgl. 10–17 Uhr, Erw. 18 SFr, Kinder Eintritt frei

Führungen: tgl. 14 Uhr

Die Bibliothek im Stiftsbezirk von St. Gallen ist nicht nur ein herausragendes Werk des Spätbarock, hier lagern auch kostbare Handschriften und Inkunabeln, die Forscher aus aller Welt anziehen – und die deutlich machen, dass die Geschichte des Buches sehr eng mit der Entwicklung der Klöster verbunden ist.

Der warme, heitere Raumeindruck ist betörend: die Harmonie zwischen den unterschiedlichen Farbschattierungen der Hölzer, die deckenhohen Bücherschränke, die die Pfeiler zwischen den Fenstern umgeben, die vorkragenden Kurven und Schwünge der Galerie, der große, freie Raum, die Deckengemälde, deren Umrisse sich in den Intarsien des Fußbodens spiegeln. Die Stiftsbibliothek von St. Gallen ist wahrlich einer der großen kulturellen Schätze des Abendlandes. Ihr Bestand an (illuminierten) Handschriften, Inkunabeln und Büchern ist einzigartig, ihre Architektur ebenso. Sie zählt zu den schönsten säkularen Rokokosälen Europas, ist komplett erhalten und noch heute eine Studienbibliothek, die Wissenschaftler aus aller Welt anzieht. Auch Umberto Eco hat hier drei Monate zugebracht, um für »Der Name der Rose« – schon als Buch ein Welterfolg und mit Sean Connery verfilmt – zu recherchieren.

Perfekter Raum für alte Bücher

Es waren Vater und Sohn Peter Thumb (1758/59), die die St. Galler Stiftsbibliothek errichteten. Joseph Wannenmacher aus Tomerdingen schuf die Deckenbilder, die Brüder Johann Georg und Matthias Gigl aus Wessobrunn waren für die Stuckarbeiten, der aus Wasserburg stämmige Klosterbruder Gabriel Loser für sämtliche Holzarbeiten verantwortlich (1774–76). Überwältigend ist aber nicht nur die Ästhetik des Bauwerks, sondern auch die hier zur Anwendung gekommenen technischen Lösungen: Bis heute ist keine künstliche Beleuchtung notwendig; bei Einbruch der

Dämmerung wurde der Raum geschlossen, tagsüber erreicht das Tageslicht jeden Winkel. Die Raumtemperatur ist ideal; es braucht keine Heizung, keine Kühlung. Zusätzliche Dämmung ist nicht nötig; auch die Fenster kommen ohne Isoliermaßnahmen aus.

Bibliophile Kostbarkeiten

In den Bücherschränken befinden sich rund 160 000 Bände. Besonders kostbar sind die Handschriften und 1650 Inkunabeln oder Frühdrucke, darunter die »Handschrift B« des Nibelungenliedes, die Klosterchronik des Mönches Ekkehard IV. aus dem 11. Jh., das »Evangelium longum« mit Elfenbeindeckel von Mönch Tutilo aus dem 9. Jh. und seltene irische Miniaturen. In der weithin bekannten Klosterschule wurde das Wissen weitergegeben. Hier entstand die erste Übersetzung des »Pater Noster«, des »Vater Unser« auf Althochdeutsch. Die schönsten Exemplare des Bestandes werden heute im Barocksaal in den Vitrinen präsentiert und täglich umgeblättert.

Pergament und Klosterleben

Besonders interessant und kostbar ist der Idealplan eines karolingischen Klosters, der in Reichenau im Auftrag des Klosters St. Gallen konzipiert und gezeichnet worden war: Er stammt aus dem Jahr 819 und ist der weltweit einzige seiner Art. Er zeigt den Musterplan einer benediktinischen Klosteranlage mit 50 Gebäuden. Neben den verschiedensten Bauten gab es weite Obst- und Gemüsegärten zur Eigenversorgung, außerdem Handwerkerräume, u. a. auch Gerbereien, und ausgedehnte Stallungen. Die Tiere wurden primär der Häute wegen gehalten: Aus diesen wurde das Pergament gefertigt, das die Skriptoren benötigten. So ergab z. B. die Haut eines Schafes nur vier Pergamentblätter – und allein ein Bibelexemplar kam auf gut 800 Seiten!

Die Handschriften aus den Schreibstuben der Mönche von St. Gallen, die nur dank einer so komplexen Klosterorganisation entstehen konnten, zählen noch heute zu den wichtigsten Zeugnissen mittelalterlicher Kultur. Sie bilden den Kernbestand der Stiftsbibliothek und des Archivs. Einen geeigneteren Ort, um für seinen historischen ›Kloster-Bücher-Krimi‹ zu recherchieren, hätte Umberto Eco wahrlich nicht finden können …

schon 1666/67 unter Abt Gallus. Im Gebäude neben der Turmfassade der Kathedrale befindet sich die Residenz des Bischofs von St. Gallen, im Sockelgeschoss die Galluskapelle. In dem an die Kathedrale angrenzenden Karrée des Westflügels befinden sich die einzigartige **Stiftsbibliothek** ⓬ (s. S. 132) sowie das Stifts- und Staatsarchiv.

Die Benediktiner hatten mit ihrem monumentalen Kirchen- und Klosterbau an nichts gespart – dann kam die Französische Revolution, und die Stiftskirche wurde protestantisch. 1803 wurde mit der Gründung des Kantons St. Gallen auch die Aufhebung des Klosters beschlossen: Die 77 Mönche mussten gehen. Erst 1847 ist die katholische Kirche wieder in den Stiftsbezirk eingesetzt worden, und St. Gallen wurde Bischofssitz.

Gallusplatz

Die Kathedrale liegt zur Stadtseite hin am **Gallusplatz** ⓭, der von einem hübschen Sammelsurium unterschiedlichster Häuser eingefasst ist. Riegelhäuser, wie Fachwerkbauten hier heißen, wechseln ab mit Massivbauten; überall Erker, Giebel, Gauben, freundliche Farben, Sonnenschirme unter Schatten spendenden Bäumen. Hier, unmittelbar vor den Klostermauern, hatten sich ab dem 10. Jh. Handwerker und Krämer niedergelassen, die nicht zur Klostergemeinschaft gehörten, und von hier aus ist die städtische Gemeinschaft dann nach Norden gewachsen. In der Mitte des Platzes, auf der Brunnensäule, steht Gallus, der Stadtpatron.

Laurenzenkirche

Die ebenfalls liebevoll gepflegte Gallusstrasse führt auf die **Laurenzenkirche** ⓮ zu, die evangelisch-reformierte Stadtkirche. In ihrer heutigen neogotischen Gestalt löste sie ihre unbefriedigenden Vorgängerbauten in der Mitte des 19. Jh. ab. Größe und Turmhöhe zeigen das Selbstvertrauen der St. Galler reformierten Gemeinde – der Bau ist als direkte Konkurrenz zur Stiftskirche konzipiert. Von der Turmplattform hat man einen herrlichen Blick über die Stadt.

Marktgasse 25, im Sommer Mo–Sa 9.30–18, sonst bis 16 Uhr, Turmbesteigung März–Nov. 9.30–11.30, 14–16 Uhr

Museen

Neben den Museen im Stadtpark hat sich das mehrere einstige, clever restaurierte Speicherbauten umfassende Kulturzentrum Lagerhaus, u. a. mit dem Museum im Lagerhaus und der Kunst Halle St. Gallen, zu einer regen Plattform für die Kulturszene entwickelt.

Edle Stoffe

⓯ **Textilmuseum:** Das Museum ist in einem 1886 errichteten, roséfarbenen Palazzo im Neorenaissancegewand untergebracht und zieht die Blicke auf sich. Hier präsentiert sich die schweizerische Textilindustrie. Wechselausstellungen widmen sich den handwerklichen Künsten, mit denen feinste Textilien geschaffen und veredelt werden. International anerkannt sind die Modesammlung und das Archiv. Feinste Dessous und Stoffe, Hunderte unterschiedlicher Spitzenbordüren: Das Haus ist eine wahre Freude!

Vadianstr. 2, T 071 228 00 10, www.textilmuseum.ch, tgl. 10–17 Uhr, Erw. 12 SFr, Kinder (bis 18 Jahre) Eintritt frei, Studenten/Lehrlinge (bis 26 Jahre) 5 SFr

Gemälde und Skulpturen

⓰ **Kunstmuseum:** Am westlichen Rand des Stadtparks liegt das prächtige im Stil der Neorenaissance gestaltete Palais des Kunstmuseums. Es ist die Schatzkammer der Ostschweiz und bie-

B

BRATWURST OHNE SENF!

Ohne ihre geliebte Kalbsbratwurst können die St. Galler nicht leben. Mit feinsten Zutaten und geheimen Würzrezepturen ist sie der Stolz einer jeden Metzgerei. So wird sie in alteingesessenen Restaurants, im Beizli, an Imbissständen und in Metzgereien angeboten, meistens als ›Olma-Bratwurst‹. Dann ist sie 160 g schwer. Ihr Name leitet sich ab von der Ostschweizerischen Land- und Milchwirtschaftlichen Ausstellung, die in jedem Herbst stattfindet und eine größere Wurst verlangt als die übliche mit 115 g Gewicht! Wichtig: Die Bratwurst ist immer so gut, dass sie von Einheimischen niemals und unter keinen Umständen mit Senf gegessen wird. Wer Senf verlangt, outet sich als Fremdling.

tet eine reiche Sammlung an Gemälden und Skulpturen vom Spätmittelalter bis zur Gegenwart. Klassik und Avantgarde sind kontrastreich präsentiert. Hier finden häufig finden Wechselausstellungen zur internationalen Gegenwartskunst statt.

Museumsstr. 32, T 071 242 06 71, www.kunstmuseumsg.ch, Di–So 10–17, Mi bis 20 Uhr, Erw. 12 SFr, ermäßigt 6 SFr

Geschichte des Lebens

17 Naturmuseum: In einem lichtdurchfluteten Neubau mit markanter Fassade aus gewelltem Beton zeigt das Naturmuseum in begehbaren Raumbildern die Entwicklungsgeschichte des Lebens auf der Erde. Auf den 2000 m² Ausstellungsfläche sind nur besonders wertvolle Objekte hinter Glas verborgen.

Rorschacher Str. 263, T 071 243 40 40, www.naturmuseumsg.ch, Di–So 10–17, Mi bis 20 Uhr, Erw. 12 SFr, ermäßigt 6 SFr

Historisches Erbe

18 Historisches und Völkerkundemuseum: Besonders interessant sind die historischen Räume vom 16. bis 18. Jh. aus der Stadt und der Region. Großes Stadtmodell, Sakral- und Volkskunst. In der völkerkundlichen Abteilung sind u. a. Objekte aus Ägypten, West- und Zentralafrika, China sowie Mittel- und Südamerika ausgestellt – Zeugnisse der weitgereisten Kaufleute St. Gallens.

Museumsstr. 50, T 071 242 06 42, www.hvmsg.ch, Di–So 10–17 Uhr, Erw. 12 SFr, ermäßigt 6 SFr, bei Vorlage einer Eintrittskarte des Kunstmuseums vom selben Tag Erw. 6 SFr

Naive Kunst

19 Museum im Lagerhaus: Das Museum bildet das Zentrum der renommierten Stiftung für schweizerische Naive Kunst und Art Brut. Die *outsider art* besticht durch vielseitige und außergewöhnliche Arbeiten, die oft auch voller Lebensgeschichten stecken.

Davidstr. 44, T 071 223 58 57, www.museumimlagerhaus.ch, Di–Fr 14–18, Sa, So, Fei 12–17 Uhr, Erw. 9 SFr, ermäßigt 6 SFr

Gegenwartskunst

20 Kunst Halle Sankt Gallen: Das Museum ist ein Labor der Gegenwartskunst mit Wechselausstellungen schweizerischer und internationaler Künstler und interessanten Rahmenprogrammen.

Davidstr. 40, T 071 222 10 14, www.kunsthallesanktgallen.ch, Di–Fr 12–18, Sa, So, Fei 11–17 Uhr, Erw. 7 SFr, Kinder Eintritt frei

Schlafen

Luxuriös und stylish

1 Hotel Einstein: Die Nummer eins in St. Gallen: das ›kleine Grandhotel‹, westlich des Stiftsbezirks schön und ruhig gelegen, in der klassizistischen ehe-

Lieblingsort

Gemütlich und mit Charme

In zahlreichen der alten Häuser St. Gallens sind es die Gasträume in den ersten Stockwerken, die ›Erststock-Beizli‹, die einen unwiderstehlichen Reiz ausüben: In den Wohnstuben der einstigen Geschäfts- oder Zunfthäuser sitzt man sehr gemütlich, und Essen und Trinken sind eine wahre Wonne, denn hier schmecken die traditionellen Gerichte aus der berühmten Metzgerküche der Stadt – Kutteln, Kalbsleber, Kalbskopf, Zunge – ausgezeichnet, auch andere regionale Gerichte wie Hackbraten, Geschnetzeltes oder die Bratwurst. Das in St. Gallen gebraute Bier oder die reiche Weinauswahl passen bestens dazu. Über knarrende Stufen geht es hinauf; die Decken sind niedrig, mancherorts steht noch ein Kachelofen. Die Atmosphäre ist ruhig, klassisch-schlicht oder urig. Besonders schön: die über 500 Jahre alte Weinstube zum Bäumli.
Weinstube zum Bäumli 2: Schmiedgasse 18, T 071 222 11 74, www.weinstube-baeumli.ch, Di–Sa 11–14, 17–23 Uhr, Hauptgerichte ab 23 SFr

maligen Textilfabrik des Isaac Einstein. Besonders feine Textilien und traumhafte Bettausstattung in 120 Zimmern und Suiten. Wellnesspark, edles Spa- und Fitnessareal.

Berneggstr. 2, T 071 227 55 55, www.einstein.ch, DZ ab 240 SFr

Zentral

2 **Hotel Metropol:** Das kleine komfortable Haus mit 30 Zimmern bietet ein gutes, stadtbekanntes Restaurant, das **O'Premier** (Mo–Sa 11.30–14, 17.30–21.30 Uhr) mit moderner japanischer Küche.

Bahnhofsplatz 3, T 071 228 32 32, www.hotel-metropol.ch, DZ 170–300 SFr

Angenehm

3 **Hotel Vadian Garni:** Mitten in der Altstadt, gepflegtes Stadthotel mit christlichem Hintergrund. 20 behagliche Zimmer.

Gallusstr. 36, T 071 228 18 78, www.hotel-vadian.com, DZ ab 135 SFr

Zeitgemäß

4 **Hotel Am Spisertor:** Hotel im modernen Stadtquartier nahe dem Stiftsbezirk. Ruhiger Innenhof mit Terrasse. Die Zimmer sind bequem und funktional.

Moosbruggstr. 1, T 071 288 82 83, www.spisertor.ch, DZ 145–170 SFr

Günstig

5 **Jugendherberge St. Gallen:** Rund 2 km südöstlich der Altstadt, modernes Haus in Hanglage mit 140 Betten; Garten.

Jüchstr. 25, T 071 245 47 77, www.youthhostel.ch/st.gallen, geöffnet März–Okt., Bett ab 46 SFr

Essen

An Restaurants, Weinstuben und Wirtschaften herrscht kein Mangel, und von fein-elegant bis gemütlich-rustikal, von französischer oder mediterraner bis hin zu indischer Küche ist alles zu finden: sehr gute Metzgerwaren, Käse- und Milchprodukte aus dem Appenzellerland, gepflegte heimische Biere und Weine. Besonders empfehlenswert sind die traditionellen Lokale mit regionalen Produkten.

Historisch

1 **Zum Goldenen Leuen:** Historisches schönes Brauhaus mit eigenem Bier. Sehr gemütlich, auch tgl. wechselnder Mittagstisch.

Schmiedgasse 30, T 071 222 02 62, Mo–Mi ab 16.30, Do–Sa ab 11 Uhr, Hauptgerichte ab 15 SFr

Erststock-Beizli

2 **Weinstube zum Bäumli:** s. Lieblingsort S. 136.

Haubenküche

3 **Wirtschaft zur alten Post:** Die Post befindet sich in einem 400 Jahre alten Fachwerkbau im Klosterviertel. Italienisch-mediterraner Schwerpunkt, aber auch heimische Gerichte. Mittagsmenüs.

Gallusstr. 4, T 071 222 66 01, www.apost.ch, Mi–Sa 11.30–14, ab 17.30, So 11.30–14, 16.30–21 Uhr, Hauptgerichte ab 26 SFr

Schweizerisch

4 **Fondue Beizli Neueck:** Rösti, Spätzli und verschiedendste Käsefondues, dazu werden passende Schweizer Weine serviert.

Brühlgasse 26, T 071 222 43 44, www.fonduebeizli.ch, Mo–Fr 11–14, 17–24, Sa 11–24 Uhr, Hauptgerichte ab 20 SFr, Käsefondue ab 23 SFr, Raclette um 30 SFr

›Zünftig‹

5 **Restaurant Zum Goldenen Schäfli:** Erststock-Beizli im ehemaligen Zunfthaus der Metzger.

Metzgergasse 5, T 071 223 37 37, www.zumgoldenenschaeflisg.ch, Mo–Sa 11–14, 18–24 Uhr, Mittagsteller ab 21 SFr

Vielseitig, inklusive Haubenküche

6 **Netts Schützengarten:** Gaststätte mit Brauerei, Brasserie und Gourmettempel. Hier gibt es Schwartenmagen oder Thunfischsashimi, Kalbsbratwurst mit Rösti oder auch mit Trüffelpolenta, alles auf hohem Niveau und in modernem Ambiente.

St.-Jakob-Str. 35, T 071 242 66 77, www.netts.ch, Mo–Do 11.30–23, Fr bis 24, Sa 17–24 Uhr, Hauptgerichte ab 20 SFr

Küche mit Stern

7 **Jägerhof:** Agron Lieshi hat im Jägerhof seine Ausbildung zum Koch gemacht und war dann auf Wanderschaft durch andere Küchen, bevor er als Küchenchef zurückkehrte und schließlich das Haus übernommen hat. In kurzer Zeit führte er das Restaurant zum Michelin-Stern. Seine Philosophie: mit ›einfachen‹ Zutaten fantastische Gerichte zu kreieren.

Brühlbleichestr. 11, T 071 245 50 22, www.jaegerhof.ch, Hauptgerichte ab 32 SFr

Einkaufen

St. Gallen ist das Einkaufszentrum der Ostschweiz, und die Vielfalt der Geschäfte ist daher so groß, dass im Folgenden nur ganz spezielle Adressen genannt sind.

Bircher Müsli und feine Trüffel

1 **Confiserie Roggwiller:** Jeder kennt sie, die altmodisch-charmante Confiserie Roggwiller und ihren Tea Room. Hier werden köstliche Kuchen und Gebäcke serviert, zum Frühstück gibt's natürlich auch ein Bircher Müsli. Heimische traditionelle Spezialitäten sind die St. Galler Biber (ein Honig-Dinkel-Mandelteig) in schönen Formen, St. Galler Spitzen, St. Galler Klostersiegel, handgeschöpfte Pralinen und Trüffel.

Multergasse 17, T 071 222 50 92, www.roggwiller.ch, Mo 9.30–18, Di–Fr 9–18, Sa 9–17 Uhr

Alpenländisch trendig

2 **Sutter-Michel:** Schicke und trendige Mode, nicht nur für Youngster. Alpenländische Avantgarde und kleinere, in Deutschland wenig bekannte Label. Wunderbare Strickwaren, Walkware, Sportmode, Accessoires.

Spisergasse 11, T 071 222 20 16, www.sutter-michel.ch, Di–Fr 10–18.30, Sa bis 17 Uhr

Für Süßmäuler

3 **Chocolaterie am Klosterplatz:** Kein Besuch in der Schweiz ohne Schoggi. Im blauen Haus gegenüber dem Eingang zur Kathedrale gibt es ein vielfältiges Angebot süßer exklusiver Köstlichkeiten in schönen Verpackungen; im Café sind es besonders die Trinkschokoladen, die man probieren muss.

Gallusstr. 20, T 071 222 57 70, www.chocolaterie-koelbener.ch, Mo–Fr 8–18, Sa 8.30–17 Uhr

Edel-Outlet

4 **Couture Akris:** Akris ist ein kleines, sehr feines Schweizer Couture- und Modelabel und hat inzwischen Anhängerinnen in der ganzen Welt. Kreiert wird schnörkellose, tragbare Mode mit dem gewissen Etwas. In der Felsenstrasse (Firmenhauptsitz) befindet sich ein Outlet mit reduzierter Ware.

Felsenstr. 36, T 071 227 78 85, www.akris.ch, Di–Fr 12–18, Sa 10–16 Uhr

Stoffe aus St. Gallen

5 **Jakob Schlaepfer:** Der Name Schlaepfer steht für exquisite Couture- und Prêt-à-porter-Stoffe, Seide, Leinen, Crèpe de Chine, Tweed, Stickereien, Ausbrenner, Laser-Cut. Traditionsreiche Firma aus St. Gallen, heute international als Trendsetter auf höchstem Niveau bekannt.

Fürstenlandstr. 99 (ca. 2 km westlich vom Bahnhof), T 071 278 14 84, www.jakobschlaepfer.com, Di–Fr 9–12, 13–18.30, Sa 9–12.30 Uhr

Bewegen

Stadtführungen

Mai–Okt. Mo, Do, Sa ab Tourist-Information, 25 SFR, www.st.gallen-bodensee.ch, s. Infos.

Erlebnispark

❶ **Freizeit- und Einkaufszentrum Säntispark:** Badespaß, Spiel, Sport, Fitness und Einkauf an einem Ort. Herzstück ist die Plansch- und Bäderlandschaft. Wildwassercanyon, Naturweiher mit Pfahlbausauna.

Abtwil (Stadtbus 7 Abtwil, Säntispark), T 058 712 55 00, www.saentispark.ch, Bad und Sauna Mo–Fr 9–22, Sa, So ab 8 Uhr

Ausgehen

St. Gallen ist nicht Las Vegas, doch die Stadt hat neben Theater und Konzert einiges zu bieten für Nachtschwärmer, Junge und Junggebliebene: Kneipen, In-Lokale, Bars und Discos.

Verlässlich gut

❶ **La Vigna Enoteca:** Wenn's mal wieder italienisch sein soll: sehr gute Küche; auch tolle Tapas sind im Angebot (Tapas-Auswahl 12 SFr). Die Weinkarte ist großartig!

Engelgasse 12, T 071 245 00 88, www.lavigna.ch, Di–Sa 11–14, 17–24 Uhr

Super Entertainment

❷ **Kellerbühne:** Chanson, Cabaret, Kammerspiel stehen auf dem Programm und – nicht zu verachten: gehobenes Laientheater im stimmungsvollen Tonnengewölbe eines alten Mostkellers.

St.-Georgen-Str. 3, T 071 223 39 59, www.kellerbuehne.ch

Glücksspiel

❸ **Grand Casino:** Die Dichte der Spielcasinos rund um den Bodensee ist schon erstaunlich. Hier also die Schweizer Variante, beheimatet im modernen

S

MIT DER SEILBAHN NACH GANZ OBEN

Sie wollen das absolute Highlight auf der Schweizer Seeseite erleben? Dann muss es eine Seilbahnfahrt auf den **Säntis** (2502 m, H 10) im Alpsteinmassiv mit berauschender Panoramasicht sein. Die Talstation auf der Schwägalp liegt in 1350 m Höhe. Mit Gasthöfen, Hotel, Alpschaukäserei und Naturerlebnispark ist die Alp touristisch voll erschlossen; aber nach ein paar Schritten in diesem Wanderparadies ist man mit der Bergwelt fast allein. Von hier aus geht es mit der Gondelbahn in 10-minütiger Fahrt bis unter den Gipfel des Säntis. Das Panorama mit schneebedeckten Bergmassiven umfasst Zugspitze, Arlberg, das Ötztal, Chesaplana, Ortler, Eiger, Mönch und Jungfrau. Fünf Länder und auch den Bodensee kann man spielzeugklein in der Tiefe sehen. Ein großes Erlebnis sind die Sonnenaufgangsfahrten oder eine Vollmondfahrt.

Talstation Schwägalp: T 071 365 65 65, www.saentisbahn.ch, tgl. halbstdl. Mitte Mai–Okt. Mo–Fr 7.30–18, Sa, So bis 18.30, Nov.–Mitte Jan. Mo–So 8.30–17, Febr.–Mitte Mai Mo–Fr 8.30–17, Sa, So 8–17 Uhr, einfache Fahrt/Berg-/und Talfahrt Erw. 38/54 SFr, Kinder (6–16 Jahre) 19/27 SFr, bis 6 Jahre Eintritt frei. Die Schwägalp ist mit dem Postbus von Urnäsch oder mit dem Pkw ganzjährig zu erreichen.

TOUR
Von Stadt zu Stadt durch grüne Wiesen radeln

Auf dem Konzil-Radweg von St. Gallen nach Konstanz

Der **Schweizer Radweg 55** verläuft außerhalb von St. Gallen weitgehend auf der alten Konstanzer Straße, abseits der Autostraßen. Die Strecke ist leicht abschüssig und daher einfach zu fahren. Entlang der Route gibt es ausreichend Einkehrmöglichkeiten.

Erinnert wird mit diesem Radweg an die enge Verbindung der Klöster St. Gallen und Reichenau sowie an das Konkurrenzverhältnis zwischen dem St. Galler Fürstabt und dem Bischof von Konstanz. Während des Konzils gab es einen starken Verkehr zwischen den Städten, und die Konstanzer Tuchmacher wichen mit ihrer Produktion ins ›Billigland‹ St. Gallen aus. Von dort wurde die Konzil-Stadt beliefert.

Wir starten an St. Gallens **Vadian-Denkmal** in der Marktgasse und folgen der Ausschilderung (Zeichen: ein rundes Kirchenfenster) durch die Innenstadt. Ziel ist, zu Ihrer Groborientierung, die Überquerung der Bahnhofsgleise, um dann in nordöstlicher Richtung über die Kolumbanstraße in den Vorort Heiligkreuz zu gelangen.

Hat man die Stadtgrenze St. Gallens verlassen, radelt man allmählich in eine grüne Landschaft hinein. Bis **Wittenbach** ist noch recht viel Betrieb, doch dann er-

Von Wasser umgeben: Schloss Hagenwil

streckt sich die Hügelkette zwischen Bodensee und dem engen Tal der Sitter. Die Tour führt vorbei am weißen **Schlösschen Dottenwil** (Ortsmuseum, Restaurant und Galerie für Gegenwartskunst) und an zotteligen Hochlandrindern nach **Hagenwil** (ca. 11 km). Das dortige **Schloss** (mit Restaurant) ist eine sehr gut erhaltene Wasserburg mit Zugbrücke aus dem 18. Jh., deren Bergfried noch aus dem 13. Jh. stammt. Weiter geht es über **Amriswil,** das einst mehrere blühende Textilfabriken besaß.

Im Dorf **Sommeri** (ab Start ca. 24 km) bildet die Kirche mit ihren farbigen Turmziegeln (15. Jh.) und dem hübschen Sternengewölbe einen netten Zwischenstopp. Seit dem 16. Jh. wird die Kirche sowohl von Katholiken als auch von Protestanten genutzt. Hier bietet sich auch eine schöne Aussicht über das Aachtal.

Wer mehr über die Bäume erfahren will, die rechts und links des Weges im obstreichen Thurgau wachsen, kann in **Altnau** auf den 9 km langen **Obstlehrpfad** rund um das Dorf gehen. Von Altnau geht es weiter via **Bottighofen** nach **Kreuzlingen** (s. S. 151). Nun radelt man durch den schönen Seeburgpark und weiter am Bodensee bis zum **Hafen von Konstanz** (S. 159): Dort erinnern die Imperia-Statue und das Konzil-Gebäude unmittelbar an die Konzil-Jahre.

Infos

H 7–F 4

Start: Vadian-Denkmal in St. Gallen (s. Cityplan S. 131)

Ziel: Hafen von Konstanz
Länge: 39,5 km

Dauer: ca. 3 Std.

Infos: www.veloland.ch

Radisson SAS Hotel und mit allen üblichen Spielen.

St.-Jakob-Str. 55, T 071 394 30 30, www.swisscasinos.ch, So–Do 11–3, Fr, Sa bis 4 Uhr

Feiern

- **Frühjahrs- und Trendmesse:** April. Beliebte Verbrauchermesse, bei der man auch Sportarten testen kann.
- **Kulturfestival:** Ende Juni–Ende Juli, www.kulturfestival.ch. Im Innenhof des Historischen und Völkerkundemuseums. Festival mit Indie, Rock- und Popmusik.
- **Open Air St. Gallen:** letztes Juniwochenende, www.openairsg.ch. Die Musikbegeisterten in Sittertobel drängen sich zum ältesten Open-Air-Festival der Schweiz. Es gibt namhafte Bands, Essen und Trinken sowie ein Zelt zum Ausruhen.
- **St. Galler Festspiele auf dem Klosterplatz:** letzte Juni- und erste Juliwoche, www.stgaller-festspiele.ch. Auf dem Klosterplatz wird die Neuinszenierung einer weniger bekannten Oper in großer Besetzung gegeben, 2022 war es zum Beispiel »Giovanna d'Arco« von Giuseppe Verdi.
- **St. Gallerfest:** Wochenende Mitte Aug., www.sgfest.ch. Großes jährliches Stadtfest.
- **OLMA:** Mitte Okt., www.olma-messen.ch. Die Schweizer Messe für Landwirtschaft und Ernährung zieht Tausende Besucher aus der ganzen Region an und bietet einen schönen Überblick über die Tierhaltung und Nahrungsmittel der Ostschweiz.

Infos

- **Tourist Information St. Gallen:** Bankgasse 9, St. Gallen, T 071 227 37 37, www.st.gallen-bodensee.ch, Mo–Fr 9–18, Sa 9–12, So, Fei 10–15 Uhr.
- **Auto:** Kommt man mit dem Auto, muss man, unterstützt vom Parkhausleitsystem, in eines der zahlreichen Parkhäuser fahren, da die Innenstadt verkehrsberuhigt ist.
- **Bahn:** www.sbb.ch. Die Bahnverbindungen sind sowohl beim Nah- als auch beim Fernverkehr aufeinander abgestimmt und sehr gut. Halbstdl. oder stdl. Verbindungen in alle Richtungen.
- **Bus:** Das Netz des Stadtbusverkehrs ist ebenfalls sehr gut. Informationen: VBSG im Pavillon am Bahnhofsplatz von St Gallen.

Appenzellerland

Der Kanton St. Gallen-Bodensee wird im Osten vom flachen Rheintal, im Westen vom hügeligen Thurgau und im Süden vom Appenzellerland eingefasst, das bis zu den Bergspitzen des Alpsteins hinaufsteigt. Eine herrliche, großartige Landschaft, als Kanton nur rund 400 km² groß: Alles liegt nah beieinander.

Grüne Hügelwellen, Einzelhöfe als Farbtupfer, Weiden und Alpen (Almen), Schluchten, Bachgemurmel und Waldschatten, karge Felsen, je höher man steigt. Immer im Blick: der Säntis, mit 2502 m höchster Gipfel des Alpsteins. Dank des dichten Netzes an Wanderwegen kann man vom Bodensee über die sanften Hügel hinweg bis hinauf zu den Bergpfaden und Kletterwänden im Alpstein gehen – Lichtjahre entfernt vom Alltag.

Im Appenzellerland werden die alten Traditionen und überkommenen Bräuche gepflegt, Trachten getragen; die Landstädtchen sind wohlhabend und beglücken durch die schönen Schweifgiebelhäuser, Dorfplätze und Brunnen. Appenzell ist das Zentrum des katholischen Halbkantons Innerrhoden, wo die Landsgemeinde noch heute öffentlich abstimmt (in dieser konservativen Hochburg der Schweiz wurde erst im Jahr 1991 per Bundesgesetz das Frauenwahlrecht durchgesetzt). Im protestantischen Außerrhoden wird nicht mehr öffentlich abgestimmt.

Berühmt ist der Appenzeller Käse mit seinem geschmacklichen Reichtum. Er wird in den Alpkäsereien und in kleinen Sennereien geschöpft.

Stein H 8

Von St. Gallen sind es nur 17 km bis Appenzell. Auf dem Weg lohnt es sich, in dem Dorf Stein mit seinem Volkskunde-Museum und seiner Schaukäserei eine Pause einzulegen.

Appenzeller Volkskunde-Museum

Das Museum zeigt prächtig bemalte Möbelstücke, Webstühle und Gebrauchsgegenstände, die von der Mühsal des Lebens erzählen. Besonders wertvoll ist die Sammlung Schweizer Bauernmmalerei, die älteste Kollektion des Landes.

Dorf, T 071 368 50 56, www.appenzeller-museum.ch, Di–So 10–17 Uhr, Erw. 7 SFr, Kinder 3,50 SFr, Kombiticket mit Schaukäserei Erw. 15 SFr, Kinder 8,50 SFr

Schaukäserei Stein

In der Schaukäserei mit Shop und Restaurant wird täglich bis 17 Uhr Käse produziert. Dabei kann man zuschauen, und die Tonbildschau erläutert all das, was man nicht sieht und über die Käseherstellung wissen sollte. Bei einer iPad-Führung nimmt sich jeder individuell Zeit für den Rundgang.

Dorf 711, T 071 368 50 70, www.schaukaeserei.ch, Mai–Ende Okt. tgl. 9–17.30 Uhr, Käseherstellung bis 15 Uhr, Erw. 12 SFR, Kinder 7 SFr, Kombiticket mit Volkskunde-Museum (s. oben)

Appenzell H 9

Der Hauptort des Kantons liegt 780 m hoch in einer sonnigen Talmulde. Brauchtum und Kunstgewerbe, alt und neu, verdichten sich in den Geschäftsauslagen der Hauptgasse: Käsespezialitäten und Molkereiprodukte, Kuhherden und Glocken in den Souvenirläden, Stoffe und Spitzen, die berühmte Appenzeller Torte, Trachtenmode und deftige Outdoor-Bekleidung zwischen reich bemalten Fassaden, üppigem Blumenschmuck und behäbigen Holzbauten. Und wer einen Kontrast zum Alpenländischen möchte, kann moderne ›Nervennahrung‹ an zwei Orten zu sich nehmen:

Kunstmuseum Appenzell

Das Kunstmuseum mit seiner silberfarbenen Haut und den Sheddächern (1998) bietet Wechselausstellungen zur Gegenwartskunst sowie Arbeiten des Appenzeller Malers Carl-August Liner (1871–1946) und seines Sohnes Carl-Walter Liner (1914–77). Ein sehr interessantes Haus!

Unterrainstr. 5, T 071 788 18 00, www.h-gebertka.ch, April–Okt. Di–Fr 10–12, 14–17, Sa, So 11–17 Uhr, Nov.–März Di–Sa 14–17, So 11–17 Uhr, Kombiticket mit Kunsthalle Ziegelhütte Erw. 15 SFr, Kinder ab 11 Jahren 10 SFr

Kunsthalle Ziegelhütte

Ebenfalls eindrücklich ist die Kunsthalle Ziegelhütte, die wie das Kunstmuseum von den Nachkommen der Maler gestiftet wurde. Der Bau ist eine harmonische Verquickung vereinzelter Überreste einer alten Ziegelei aus dem 16. Jh. mit großem Brennofen und neuen, kühnen Bauteilen aus Beton, Holz und Glas. Auch hier werden Werke der Liners gezeigt und wechselnde Ausstellungen zur Kunst des 20./21. Jh.

Ziegeleistr. 14, T 071 788 18 60, www.h-gebertka.ch, Öffnungzeiten/Preise wie Kunstmuseum Appenzell

Schlafen, Essen

Stilvoll und gemütlich

Hotel Café Adler: Das behutsam modernisierte Haus ist im Kern rund 400 Jahre alt. Die Zimmer sind mit viel Liebe zum Detail sehr behaglich ausgestattet. Dazu gehören zwei Lokale: das Restaurant Little Italy (Mi–So 10.30–14, 17–22 Uhr) mit Gartenterrasse und der Adlerkeller (Okt.–März Do–Sa 17–22 Uhr, Käsefondue ab 27 SFr).

Weissbadstr. 2, T 071 787 13 89, www.adlerhotel.ch, DZ 170–220 SFr

In schönster Umgebung

Gasthaus Bären: Zwischen Wiesen und Wäldern auf dem sonnigen Hügel Schlatt hat man von allen 4 Zimmern eine großartige Aussicht auf das Säntismassiv und Appenzell. Gartenrestaurant, gute Küche (Restaurant Di/Mi geschl.).

Schlatt (ca. 4 km westlich), T 071 787 14 13, www.baeren-schlatt.ch, DZ 160 SFr

Feiern

- **Silvester:** Im Kanton Appenzell wird nicht nur am 31. Dez., sondern auch nach römisch-julianischem Kalender am 13. Jan. Silvester mit Chläuse-Umzügen (besonders in Urnäsch) in prächtigen Kostümen gefeiert.
- **Fasnacht:** Die Fasnachtsbräuche der Karnevalszeit mit bizarren, teils furchterregenden Masken, Kostümen und Bräuchen ziehen immer mehr Besucher an.
- **Landsgemeinde:** letzter So im April. Um 12 Uhr versammeln sich die rund 3000 wahlberechtigten Appenzeller zur Abstimmung auf dem Landsgemeindeplatz unter der Linde.
- **Alpfahrt/Alpabfahrt:** Für alle Gemeinden im Appenzellerland sind die Alpfahrt (Ende Mai) und Alpabfahrt (Anfang Sept.) Höhepunkte im Jahreslauf. Die Sennen in ihrer Tracht ziehen mit Ziegen, geschmückten Kuhherden und Hunden auf die Alp hinauf oder nach Sommerende wieder ins Dorf hinunter.

Infos

- **Fremdenverkehrsamt Appenzell:** Hauptgasse 4, T 071 788 96 41, www.appenzell.ch.
- **Bahn:** Bahnhof Appenzell, T 071 788 50 50, www.appenzellerbahnen.ch. Züge nach Urnäsch, Waldstatt, Herisau, Gossau; Richtung Gais und St. Gallen; nach Altstätten, Heiden, Rorschach.
- **Bus:** www.postauto.ch.
- **PubliCar:** Tür-zu-Tür-Service, T 0848 55 30 60.

Kanton Thurgau

Der Kanton Thurgau erstreckt sich von Arbon bis nach Schaffhausen. Die Landschaft ist leicht hügelig mit Obstplantagen, Wiesen und Feldern. Im Frühjahr versinkt das Land im Blütenmeer der Obstbäume, und im Herbst wird Wein gekeltert. Durch Mostindien, wie der Landstrich auch genannt wird, führen zahlreiche Wanderwege, markierte Fahrrad- und Skaterstrecken mit schönen Ausblicken auf den See.

Arbon H/J 6

Arbon, auf einer Landzunge gelegen, ist ein malerisches Hafenstädtchen mit 15 000 Einwohnern. Die liebevoll gepflegte Altstadt mit wunderbar erhaltenen Bauten aus unterschiedlichsten Epochen, mit buntem Fachwerk und zierlichen Rokokofassaden, ist ebenso schön wie das 3 km lange Seeufer mit Hafen, Promenade, Parkanlagen, Strandbad, Restaurants und Gartenterrassen.

Besiedelt war die Arboner Bucht schon vor 5000 Jahren; umfangreiche Funde aus der Jungsteinzeit mit ihren Pfahlbauten bezeugen eine der ältesten bekannten Siedlungsstätten im Bodenseeraum.

Schloss und Historisches Museum

Schon die Römer hatten an dem Ort ein Kastell errichtet (Arbor felix). Schloss Arbon, das vom 13. bis zum Ende des 18. Jh. zum Grundbesitz der Konstanzer Bischöfe gehörte, steht auf den römischen Ruinen und wurde Anfang des 16. Jh. erweitert. Heute ist hier das Historische Museum beheimatet. Markant ist der 33 m hohe Turm, den man vom Museum aus besteigen kann.

http://museum-arbon.ch, Mitte Juni–Mitte Sept. tgl. 14–17, Dez., Jan. So 14–17 Uhr, Erw. 6 SFr, Schüler Eintritt frei

Altstadt

Direkt neben dem Schloss liegen die spätgotische Kirche **St. Martin** und die romanische **Galluskapelle** mit sehr schönen Fresken aus dem 14. Jh.

Die Altstadt ist im Bogen um das Schloss ›gewachsen‹. Die stattlichen Häuser stammen aus den Zeiten der vorindustriellen Blüte, als Arbon mit dem Tuchgewerbe zu Wohlstand kam. Am Storchenplatz mit dem modernen Brunnen ist das **Bohlenständerhaus** neben den Häusern **Ochsen, Storchen** und dem Renaissancebau **Haus zur Straußenfeder** ein besonders prägnantes historisches Zeugnis. Auch der restaurierte **Fischmarktplatz** gibt den Blick frei auf hübsche Fachwerkbauten.

MUSEUM, HOTEL UND BISTRO

Besonders interessant und charaktervoll ist das Duo aus **Saurer-Museum** sowie **Hotel und Bistro Wunderbar** im Gebäude der einstigen Saurer-Werkskantine in Arbon. Die Firma Saurer stellte Motoren und Stickmaschinen her: Im Museum sind nun schöne farbenfrohe alte Nutzfahrzeuge ausgestellt. Im einstigen Kantinenbau bietet das Hotel und Bistro Wunderbar neun klar gestylte Zimmer, einen Garten bis an den See und gute Bistroküche. Der Clou: zwei winzige Zimmer in umgebauten Betonröhren im Garten!

Saurer-Museum: Weite Gasse 8, T 071 440 13 80, www.saurermuseum.ch, tgl. 10–18 Uhr, Erw. 8 SFr, **Hotel und Bistro Wunderbar:** Weite Gasse 8, T 071 440 05 05, www.hotel-wunderbar.ch, DZ 200 SFr, Röhren 140 SFr, Bistro tgl. 7–24 Uhr.

Die Altstadt zielt direkt auf den Hafen und die **Seepromenade.** An der Steinacher Bucht bietet die alte Kastanienallee Schatten. Schöne Parkanlagen, Skater- und Fahrradwege, leuchtende Blumenrabatten, ein Konzertpavillon, Schiffslände und Jachthafen, ein Strandbad, Restaurantterrassen und Gartenwirtschaft – alles ist da und strahlt und glitzert vor dem Seespiegel.

Schlafen

Am Hafen

Hotel Rotes Kreuz: Freundlich geführtes Haus mit 19 komfortablen Zimmern. Im Hafenstübli und in der Bündnerstube sitzt es sich gemütlich (Tagesgerichte ab

25 SFr); im Sommer lockt die Gartenwirtschaft unter Kastanien. Besonders gut ist die Fischküche. Die Lage am Hafen und der Strandpromenade ist super.
Hafenstr. 3, T 071 446 19 18, www.hotelroteskreuz.ch, DZ 170 SFr (Etagendusche/-WC 140 SFr)

In historischen Mauern

Hotel de Charme Römerhof: Charme hat dieses kleine Hotel mit elf Zimmern in der Tat. Das historische Gebäude liegt im Zentrum von Arbon, fünf Gehminuten vom Bodensee entfernt. Mit Gourmetrestaurant (Di–Fr 12–14, 18–22, Sa ab 17.30 Uhr).
Freiheitsgasse 3, T 071 447 30 30, www.roemerhof-arbon.ch, DZ ab 220 €

Camping

Campingplatz Buchhorn-Arbon: Direkt am Seeradweg; gut ausgestatteter Platz mit Gartenwirtschaft in schöner Lage unter alten Bäumen. Freier Eintritt zum Strandbad, ca. 10 Min. Fußweg nach Arbon.
Philosophenweg 17 (neben dem Strandbad), T 071 446 65 45, www.camping-arbon.ch

S

ERLESEN SPEISEN UND LOGIEREN

Genuss und Gastlichkeit auf höchstem Niveau bietet das denkmalgeschützte Landhaus **Mammertsberg** mit herrlichen Ausblicken, Panoramagarten, luxuriöser Lounge, gläsernem Lift und herausragendem Restaurant. Der hochdekorierte Chef August Minikus bietet regional verfeinerte Küche ohne ›Firlefanz‹ an. So serviert er mittags z. B. ein traditionell basiertes 3-Gänge-Menü (64 SFr), das abendliche Gourmetmenü kostet ab 120 SFr. Wunderschöner Panorama-Garten, außergewöhnlich reich bestückter Weinkeller.
Mammertsberg: Bahnhofstr. 28, Freidorf bei Roggwil (H 7), T 071 455 28 28, www.mammertsberg.ch, DZ 360 SFr, Restaurant Mi–So 11.30–14.30, 18–24 Uhr. Abends Reservierung erwünscht.

Essen

Fein

Restaurant Michela's Ilge: Gutbürgerliche Küche, Mittagstisch. Hauptgerichte wie Kalbsgeschnetzeltes mit Rösti um 30 SFr.
Kapellgasse 6, T 071 440 47 48, www.michelasilge.ch, Di–Sa 9.30–14.30, 17.30–23.30 Uhr

Eifach guet

Hotel Brauerei Frohsinn: Eine der kleinsten und ältesten Brauereien der Schweiz. Im rustikalen Braukeller gibt es die Biere, dazu wird Schweizer Hausmannskost wie Gerstensuppe oder Chässpätzli serviert. Im **Enoteca** dagegen wird italienisch gekocht. Schöner Biergarten unter Kastanien mit Seeblick.
Romanshornerstr. 15, T 071 447 84 84, www.frohsinn-arbon.ch, Mo–Fr 11–14, 17–23, Sa 17–23 Uhr, Tellergerichte ab 17,50 SFr, Hauptgerichte bis 27 SFr

Beste Schoggi

Konditorei und Confiserie Schwarz: Alteingesessenes Café mit handgeschöpften Schoggi-Produkten.
Bahnhofstr. 36, T 071 446 11 33, Mi–Fr 8–18.30, Sa 8–16, So 8.30–16 Uhr

Einkaufen

Most und Säfte

Mosterei Möhl: Die Mosterei ist landesweit bekannt für ihre traditionellen Produkte wie Säfte vom Fass oder auch Apfelweine mit und ohne Alkohol

Im Haus ist das Mosterei-Museum einen Besuch wert.

St. Galler Str. 213, T 071 447 40 74, www.moehl.ch, Museum Mi–Fr 9–18.30, Sa, So 9–17 Uhr

Bewegen

Baden

Strandbad Arbon: Schönes Strandbad mit Wiesen unter alten Bäumen, einer Badi aus den 1930er-Jahren, Café-Bistro mit großer Terrasse und Kinderspielplatz. Auszeichnung als eines der schönsten Schweizer Bäder. Als Alternative gibt es noch das **Schwimmbad** (Wassergasse, direkt am See, T 071 446 16 40, www.schwimmbad-arbon.ch, Mai–Mitte Juni tgl. 8.30–19, Mitte Juni–bis Mitte Aug. 8–20, Mitte Aug.–Mitte Sept. 8.30–19 Uhr, Erw. 8 SFr, Kinder 4 SFr, ab 17 Uhr 50 %,) mit 2 großen Pools, Liegewiesen, 10-m-Turm, Grillplatz und Riesenrutsche im Kinderbereich.

Philosophenweg 11 (Richtung Romanshorn), T 071 446 13 33, Mitte Mai–Mitte Juni, Mitte Aug.–Mitte Sept. tgl. 10–19, Mitte Juni–Mitte Aug. tgl. 9–20 Uhr, Erw. 6 SFr, Kinder 3 SFr, ab 17 Uhr 50 %

Skaten

Auf der Schweizer Bodenseeseite und bis hinein ins Hinterland ist Skaten sehr beliebt. Die Strecken sind extra ausgewiesen. Von Arbon aus führen Routen am See entlang und durch den Thurgau. Streckenkarten bekommt man beim Infocenter, s. Infos.

Fahrradverleih

Bike Action: Bahnhofstr. 57, T 071 446 02 20, www.bikeaction.ch.

Stadtführungen

Mitte Juni–Mitte Sept. geführte Stadtrundgänge ab **Infocenter Arbon,** Schmiedgasse 5, Di 10, So 10.30 Uhr (1,5 Std.).

Feiern

- **Seenachtsfest:** Wochenende im Juni. Mit Jahrmarkt, Kinderfest, Musik und großem Feuerwerk (Sa).
- **Open-Air-Kino:** Juli/Aug., an der Seepromenade.

Infos

- **Infocenter Arbon:** Schmiedgasse 5, 9320 Arbon, T 071 531 01 75, www.thurgau-bodensee.ch, Mo–Fr 9–11.30, 14–18, Mitte Juni–Aug. auch Sa 9–11.30 Uhr.
- **Bahn:** zahlreiche Verbindungen mit der Seelinie (Rorschach, Arbon, Romanshorn bis Schaffhausen).
- **Postauto:** viele Verbindungen in die Umgebung und nach St. Gallen.
- **Schiff:** Mitte Mai–Mitte Okt. Romanshorn, Kreuzlingen/Insel Mainau; Verbindungen nach Rorschach sowie über den See nach Langenargen.

Bischofszell G 6

Im Hinterland zwischen Arbon und Romanshorn liegt das kleine, von einem Stadtmauerring eingefasste Bischofszell. Das Städtchen ist sehr lebendig, besitzt einen wunderschönen, gepflegten Altstadtkern mit einem bunten Gemisch aus Barockbauten, Rokoko, Fachwerk und offenen Stadtgärten.

Im Juni findet hier die größte Rosenschau der Schweiz statt: Alle Gärten und Parkanlagen schwelgen dann in der Blumenpracht, private oder städtische Initiativen wetteifern miteinander. Gärtnereien, Rosenzüchter, Kunsthandwerk und musikalische Events sowie zahllose Gastronomiebetriebe stehen im Zeichen der Rose. Betörend!

Schlafen

Urbaner Chic

Hotel Le Lion: Sorgsam restauriert und modernisiert liegt das 4-Sterne-Haus mit 17 Zimmern im Zentrum des Geschehens: Einmal über die Straße, und man ist im Altstadtkern. Schöne, klare Zimmer, manche mit freistehender Wanne im Bad. Italienisches Restaurant, Bar, Terrasse.

Grubplatz 2, T 071 424 60 00, www.hotel-lelion.ch, DZ 185–255 SFr

Schöne Lage

B & B Entetswil: Ca. 8 km von Bischofszell entfernt bietet das Haus in freier Lage eine 2,5-Zimmer-Ferienwohnung an. Herrliche Aussicht.

Entetswilerstr. 27, 9223 Schweizerholz, T 071 947 10 14, www.bnb-entetswil.ch, 2 Pers. 100 SFr/Nacht

Essen

Gemütlich

Hotel Rotisserie Zur Linde: Behagliches Restaurant mit Gartenwirtschaft, in dem hervorragende Steaks serviert werden.

Grubplatz 6, T 071 422 16 10, www.hotel-zur-linde.ch, warme Küche Di–So 11.30–13.30, 18–21.30 Uhr, Hauptgerichte ab 28 SFr

Köstlich Süßes

Konditorei Jordi: Köstliche Tartes und Torten, natürlich auch Bircher Müsli am Morgen. Tortenstück um 4 SFr.

Marktgasse 15, T 071 420 90 10, www.cafe-jordi.ch, Di–Fr 7.30–17, Sa 7.30–16 Uhr

Infos

- **Verkehrsbüro Bischofszell:** Rathaus, Marktgasse 11, T 071 424 24 24, www.bischofszell.ch, Mo–Do 8.30–11.30, 14–16.30, Fr 7–14 Uhr.
- **Bahnhof Bischofszell Stadt:** Poststr., T 0848 44 66 88. Züge nach St. Gallen und Weinfelden verkehren im Stundentakt (www.thurbo.ch). Postbusse in alle Richtungen (www.postauto.ch).
- **Rosenwoche:** letzte Juniwoche, www.bischofszellerrosenwoche.ch.

Romanshorn H 5

Romanshorn ist der größte Hafen am Bodensee. Von hier aus, an der breitesten Stelle des Obersees, führt die Autofähre über 16 km hinüber nach Friedrichshafen ans Nordufer. Die ganze Stadt ist Drehscheibe des Bahn- und Seeverkehrs mit regem Einschiffen und Anlanden, und das war schon im 19. Jh. so.

Im einstigen Fischerdorf, das über Jahrhunderte zu St. Gallen gehörte, gab es immer wieder Brände, sodass vom alten Romanshorn nurmehr die **Kirche St. Maria, Petrus und Gallus** als sehenswertes Gebäude geblieben ist. Sie geht auf das 8. Jh. zurück, wurde mehrfach umgebaut und besitzt eindrucksvolle Fresken, die erst vor einigen Jahrzehnten entdeckt wurden. Die Kirche überblickt von einer kleinen Anhöhe aus nicht nur das Hafenareal, sondern bietet auch ein herrliches Panorama des See-Nordufers sowie der schneebedeckten Alpengipfel.

Ab 1850 wurden große **Bahnhofs- und Hafenanlagen** mit Speichern und Lagerhäusern gebaut, um u. a. von hier aus Güterwaggons über den Bodensee zu verschiffen – ein wichtiges Unternehmen, das erst in den 1970er-Jahren unrentabel und von den Schweizerischen Bundesbahnen eingestellt wurde. Noch heute sind es die Hafenanlagen, die Atmosphäre, Ortsbild und Tempo bestimmen.

Der **Fährhafen** am Bahnhof ist Heimat der Schweizerischen Boden-

Romanshorn ist das Zentrum der Schweizerischen Bodenseeschifffahrt.

seeschifffahrt (SBS). Daneben existieren der **Jachthafen** mit knapp 400 Liegeplätzen, ein privater **Sportboothafen** und der **Inselihafen** der Sportfischer. Der blumengeschmückte neuere **Seepark** verleiht dem Hafen- und Verkehrstrubel eine ruhige, erholsame Note.

Schlafen

B & B

Haus Erika am Weg: 3 km nördlich von Romanshorn im Weiler Kesswill 2 schöne Zimmer in modernem Privathaus; mit Gartennutzung.
Wasserwerkstr. 1, 8593 Kesswill, T 071 461 28 22. DZ 90 SFr

Günstig

Jugendherberge Romanshorn: In nüchternem, modernem Zweckbau, 120 Betten, 500 m vom Bahnhof entfernt.
Gottfried-Keller-Str. 6 (Abzweig von der Bahnhofstr.), T 058 346 84 00, www.youthhostel.ch, März–Okt., ab 32 SFr/Person im Mehrbettzimmer

Camping

Campingplatz Ruderbaum: Der mehrfach ausgezeichnete Platz ist ökologisch geführt, verfügt über komfortable Einrichtungen und liegt direkt am See.
Altnau (zwischen Romanshorn und Kreuzlingen), Ruderbaum 3, T 071 695 29 65, www.ruderbaum.ch, April–Okt.

Bewegen

Baden

Seebad Romanshorn: Rund um den See sind die Freibadanlagen oder Seebadeanstalten fast immer sehr schön – so ist auch in Romanshorn das Schwimmbad erholsam und abseits vom Verkehr ge-

E

MIT DEM E-BIKE NACH ST. GALLEN

Toll ist die Möglichkeit, mit E-Bikes die Gegend zu erkunden. Sie können u. a. in Romanshorn gemietet werden. Eine schöne Tour führt nach St. Gallen (rund 50 km). Zunächst geht es von Romanshorn nach Rorschach. Vom Hafen dort kann man die Bergbahn nach Heiden nehmen und dann mit dem Flyer nach Oberegg zum Aussichtsrestaurant St. Anton weiterfahren. Durch grüne, heitere Hügellandschaft erreicht man schließlich St. Gallen. Dort kann das Bike abgegeben werden, und man fährt mit der Bahn zurück.
Rent a bike: Romanshorn, T 051 228 33 55, www.rentabike.ch.

legen – mit großzügigen Becken, weiter Liegewiese unter Bäumen und Café. Im See ist das Baden wegen des Schiffsaufkommens hier nicht günstig.

Badstr. 50, T 058 346 84 20, Mai, Sept. Mo–Sa 9–19, So, Fei bis 18, Juni–Aug. Mo–Fr 8–20, So, Fei bis 19 Uhr, Erw. 8 SFr (ab 17 Uhr 4 SFr), Kinder (ab 6 Jahre) 4/2 SFr

Inlineskaten und Radfahren

Radfahr- und Skatestrecken: Der Bahnhof Romanshorn ist auch für Radfahrer und Inlineskater eine zentrale Drehscheibe: Der Kanton Thurgau verfügt über 900 km Bike- und Skating-Strecken. Alle Tourist-Infos haben Kartenmaterial mit detaillierter Streckenübersicht. Im Internet bietet www.schweizmobil.ch ausführliche Informationen. **Fahradverleihnetz:** www.rentabike.ch. In Romanshorn ist die Fahrradverleihstelle am Bahnhof, T 041 921 05 75. Im Folgenden seien Streckenbeispiele genannt. **Lake Skate:** 63 Uferkilometer sind es von Arbon bis Schaffhausen, alle Teilstrecken zwischen Rorschach, Arbon, Romanshorn und Kreuzlingen sind leicht bis mittelschwer. Die Tour von Romanshorn-Hafen bis Kreuzlingen-Hafen (37 km) ist schon ein Klassiker. Auf der seenahen Strecke mit meist perfekten Belägen zwischen Ufer und Bahngleisen kann man zwischendurch in Strandbädern oder in Cafés und Seerestaurants eine Pause einlegen. Oder auch schnell und spontan in die Bahn einsteigen, um sich ein Teilstück fahren zu lassen und die müden Glieder auszuruhen – ein abwechslungsreiches Vergnügen für die ganze Familie!

Die etwas höher gelegene sogenannte **Seerücken-Route** durchquert sonnige Weiler, Streuobstwiesen, Apfeldörfer und Weinbaulandschaft. Die **Skate-Route 3** (52 km) führt von Romanshorn über Weinfelden mit dem überdachten Inlinedrome und seinen Skate-Bahnen. Das Skaten ist noch möglich, die Halle jedoch ist als Mehrzweck-Sportbau umfunktioniert. Es geht nach Frauenfeld, wo weitere Strecken abzweigen. In beiden Orten gibt es zahlreiche Einkehrmöglichkeiten. Eine anspruchsvolle Strecke, die man sich leichter machen kann: bis Frauenfeld mit der Bahn fahren und nur den Rückweg skaten, allerhöchster Rollgenuss in der Thurgauer Obst-und Weinbaulandschaft.

Infos

- **Tourist Information:** in der Empfangshalle der Bodensee-Schifffahrt, Friedrichshafenerstr. 55, T 071 531 01 31, www.thurgau-bodensee.ch, Mo–Fr 8–12, 13–17 Uhr.
- **Bahn:** halbstdl. Verbindungen in beide Seeuferrichtungen, nach Kreuzlingen, Schaffhausen, Rorschach und St. Gallen; auch stdl. über Frauenfeld, Winterthur nach Zürich.
- **Postauto:** Verbindungen nach Amriswil und Arbon.
- **Schiff:** Autofähre nach Friedrichshafen, stdl. 5.30–21.30 Uhr, SBS Romanshorn,

T 071 463 34 35. Schiffe nach Rorschach und Kreuzlingen.

Kreuzlingen

F 4

Mitten auf der südlichen Bodenseeseite liegt die urbane Konglomeration von Konstanz und Kreuzlingen. An diesem Knotenpunkt zwischen der Schweiz und Deutschland spreizen sich drei See-›Finger‹ in Richtung Nordwesten.

Aus mehreren Dörfern und Weilern entstanden, hat sich Kreuzlingen mit rund 22 000 Einwohnern zur größten Stadt auf der Schweizer Bodenseeseite und zur zweitgrößten des Kantons Thurgau entwickelt. Sie ist sowohl Banken- und Handelszentrum als auch Verkehrsknotenpunkt zwischen den einzelnen Abschnitten des Bodensees. Vor einiger Zeit gab es drei Grenzübergänge nach Konstanz mit langen Autoschlangen. Das ist vorbei, und statt Grenzzäunen gibt es jetzt eine offene, weltweit einmalige ›Kunstgrenze‹ am Seeufer entlang (s. S. 166).

Uferareal

Kreuzlingen lag immer im Schatten des übermächtigen Bischofssitzes Konstanz; auch heute noch tut die Stadt sich schwer neben dem benachbarten Touristenmagneten. Kreuzlingen besitzt keinen deutlichen Stadtkern, und die Bahnlinie hat die Ortsteile zerrissen. Aber das weitgehend naturbelassene Uferareal mit der Seepromenade und dem Landschaftspark ist traumhaft schön; die Seeuferanlagen bilden den größten öffentlichen Erholungs- und Erlebnispark am Bodensee.

Zwischen dem Jachthafen und der Postkartenidylle der Schiffsanlege Kreuzlingen breitet sich der **Seeburgpark** (s. S. 168) aus – mit wunderbaren alten Bäumen und Alleen, mit naturnaher Weiheranlage, einem Tierpark, Kräutergarten, Restaurants und Spielplatz. Malerisch ist das **Schlösschen Seeburg,** das als ehemalige Sommerresidenz der Kreuzlinger Äbte begann und heute mit Restaurant und schöner Seeterrasse die Gäste anlockt.

Kornschütte (Seemuseum)

Im ehemaligen wunderschönen Kornhaus der Residenz, der **Kornschütte** (1598) mit den markanten Treppengiebeln, ist das Seemuseum untergebracht. Es bietet Einblicke in die Geschichte der Fischerei und der Schifffahrt am Bodensee mit Dampfermodellen und Segelschiffen. Schön ist die Sammlung mit Bodenseelandschaftsbildern.

Seeweg 3, T 071 688 52 42, www.seemuseum.ch, Juli–Sept. Di–So 11–17, Okt. Di–So 14–17, Nov.–Juni Mi, Sa, So, 14–17 Uhr, Erw. 8 SFr, Kinder (ab 10 Jahre) 5 SFr, mit Café

Schlafen

Ganz modern

Bodensee-Arena: Modernes, auf Großveranstaltungen ausgerichtetes Haus, das daher wochentags günstigere Zimmerpreise anbietet; nahe am Konstanzer Sealife Center und den Sportanlagen am See.

Seestr. 11, T 071 677 15 30, www.bodensee-arena.com, DZ 140–160 SFr

Günstig und im Park

Jugendherberge Kreuzlingen: Im Seepark liegt die prächtige Jugendstilvilla Hörnliberg mit historischen Räumen und moderner Ausstattung. Es gibt auch eine Freiluftbar.

Promenadenstr. 7, T 071 688 26 63, www.youthhostel.ch, ab 45 SFr/Person im Mehrbettzimmer

Camping

Camping Fischerhaus: Wunderschön gelegener Platz nahe Jachthafen und Uf-

S

SOLANGE DIE SONNE SCHEINT

Mit der **Solarfähre** geräuschlos und wie schwerelos über die Wellen gleiten: Das hat etwas Besonderes! Eine einstündige Rundfahrt mit der kleinen Solarfähre (mit Sonnendach) vom Kreuzlingen Hafen über das Fischerhaus zum Hafen Konstanz und zurück ist besonders hübsch. **Infos:** T (+49) (0)7531 69 43 47, www.sole-mio.info, nur bei gutem Wetter 1. Mai–20. Juni, Sept. Mo–Fr stdl. 13–16, Sa, So, Fei stdl. 13–17, 21. Juni–31. Aug. tgl. stdl. 13–17 Uhr, 1 Std. 10 €/Person.

erwiesen; freier Eintritt zur angrenzenden Badeanstalt Hörnli.

Promenadenstr. 52, T 071 688 49 03, www.camping-fischerhaus.ch, April–Okt.

Essen

Toplage

Schloss Seeburg: Romantisch, wunderbare Lage. Im Seeburgpark im anmutigen Schlössli mit Giebeln und Türmchen warten Restaurant und eine herrliche Gartenterrasse auf Genießer. Die Küche ist bürgerlich-gehoben.

Seeweg 5 (im Park), T 071 688 40 40, www.schloss-seeburg.ch, Juni, Sept. Mi–So ab 11, Juli, Aug. Di–So ab 11, Okt.–März So ab 17 Uhr geschlossen,, Hauptgerichte ab 39 SFr

Für Ausflügler und Seegucker

Restaurant und Biergarten Fischerhaus: Neben dem Campingplatz liegen der Restaurantpavillon und der herrliche große Biergarten am Seeufer. Kaffee und Kuchen, Salate; Eglifilet im Bierteig oder hausgemachte Pasta. Alles da!

Promenadenstr. (nahe Jachthafen), T 071 688 18 77, www.fischerhaus.ch, Restaurant tgl. 11.30–14, ab 18 Uhr, Hauptgerichte ab 35,90 SFr (Pasta ab 26,90 SFr), Biergarten Mai–Aug. ab 10 Uhr, warme Speisen ab 17,90 SFr

Bewegen

Frei- und Strandbad

Hörnli Schwimmbad: Große Liegewiese, Erlebnisbecken, Rutsche und Bistro.

Schwimmbadstr. 2, östlich des Jachthafens, T 071 688 18 58, www.schwimmbadhoernli.ch, Mai, Sept. tgl. 8–19, Juni–Aug. tgl. 8–20 Uhr, Erw. 7 SFr, Jugendliche 6 SFr, Kinder 3,50 SFr (ab 17 Uhr 3,50/3/2 SFr)

Fahrradverleih

Rent a bike: Vom Citybike über das Kinder- zum Komfortvelo und E-Bike.

im Bahnhof, T 041 921 05 75, www.rentabike.ch

Dem Himmel so nah

Planetarium und Sternwarte: Familienprogramm. Auf einer Anhöhe nahe dem Bahnhof Bernrain im Südwesten der Stadt liegt – mit Blick auf den Bodensee – dieses Ensemble für Himmelsgucker.

Breitenrainstr. 21, T 044 860 84 48, www.sag-sas.ch, Mi 19 Uhr, Erw. 7 SFr, Jugendliche (bis 18 Jahre) 5 SFr, Kinder (6–10 Jahre) Eintritt frei

Auch bei schlechtem Wetter

Bodensee-Familienpark Conny-Land: Größter Fun- und Eventpark der Schweiz – Spaßbahnen, Dinopark, Delfin- und Seelöwenshows, Kleinzirkus, Varieté und Restaurant. 80 % der Attraktionen sind überdacht.

Lipperswil (12 km Richtung Frauenfeld), T 052 762 72 72, 5. April–Mitte Okt. tgl. 10–18 (letzter Einlass 17) Uhr, www.connyland.ch, Erw. 31 SFr, Kinder (4–14 Jahre) 27 SFr

Feiern

- **Riesenflohmarkt:** In Kreuzlingen und Konstanz findet an einem Juniwochenende der größte Flohmarkt Europas statt, mit über 1000 Ständen und einer Gesamtlänge von 12 km; Beginn ist am Samstagabend, Dauer des Markts 24 Std.; www.flohmarkt-konstanz.de.
- **Seenachtsfest Fantastical:** Augustwochenende (Fr–So), www.fantastical.ch. Großes Seefest mit Musik, Festzelten und Gastronomie. Höhepunkt ist das Riesenfeuerwerk, das gemeinsam mit Konstanz den See beleuchtet.
- **Freilichttheater:** Anfang/Mitte Juli–Anfang/Mitte Aug. auf der Seebühne im Seeburgpark, www.see-burgtheater.ch. Im Sommer 2022 stand »Lysistrate« von Aristophanes auf dem Programm.
- **Apfelwochen Altnau:** Anfang–Mitte Sept., www.apfelwochen.ch. In Altnau. Rahmenprogramm mit kunsthandwerklichen und kulinarischen Workshops. Den Abschluss macht ein Herbstmarkt.

Infos

- **Kreuzlingen Tourismus:** Hauptstr. 39, T 071 531 01 60, www.thurgau-bodensee.ch, Mo–Fr 9–18, Sa, So, Fei 9–15 Uhr.
- **Bahn:** www.ssb.ch und www.thurbo. ch. Es gibt 2 Bahnhöfe, den Hauptbahnhof Kreuzlingen und den Bahnhof Kreuzlingen-Hafen. Von beiden fährt der Thurbo halbstdl. nach Konstanz und Weinfelden (mit Anschluss nach Zürich); Züge vom Hauptbahnhof nach Schaffhausen und Romanshorn, Rorschach, St. Gallen.
- **Bus:** Die Busse des Stadtbusnetzes verkehren jede Viertelstunde (www.regio-öv.ch). Die Buslinie 908 fährt ab Bärenplatz nach Konstanz; nächste Bushaltestelle zum Seepark ist Wasenstraße, Linie 902.
- **Schiff:** www.bodensee-schiffe.ch, www.bsb.de, www.urh.ch, Mai–Okt. Linienverkehr tgl. von Rorschach und Romanshorn über Kreuzlingen, Insel Mainau nach Meersburg. Ebenso tgl. Schaffhausen, Stein am Rhein, Steckborn, Insel Reichenau, Konstanz, Kreuzlingen.

Romantisch im Park gelegen – Schlösschen Seeburg in Kreuzlingen

Konstanz und die Insel Mainau

Spuren aus vielen Epochen — findet man in Konstanz. Und Blumen in Hülle und Fülle auf der Insel Mainau.

Seite 156

Konstanz 

Die quirlige, schöne Stadt mit reicher Geschichte ist eine deutsche Enklave am Schweizer Seeufer und das Zentrum der Bodenseeschifffahrt. Die heimliche Hauptstadt des Seegebiets lohnt unbedingt einen Besuch.

Seite 173

Insel Mainau 

Wohin das Auge auch blickt: eine überwältigende Blumen- und Blütenpracht. Außerdem ein barockes Schloss, Palmengärten, Wasserkaskaden, ein Schmetterlingshaus und ein ›Kinderland‹ – all das mitten im See.

Wenn die Sterne tanzen, ist Seenachtsfest in Konstanz.

Seite 160

Auf den Spuren des Konzils zu Konstanz

Das größte historische Ereignis in Konstanz war das Konzil, das die Freie Reichsstadt im 15. Jh. zum Mittelpunkt der damals bekannten Welt machte. Die rund 7000 Einwohner wurden von 50 000 Gästen überrannt.

Seite 171

Therme Konstanz

Die größte und schönste Wohlfühloase am See überzeugt mit toller Architektur, luxuriöser Schwimm- und Saunalandschaft, Innen- und Außenbecken und direktem Seezugang.

Seite 164

Münsterplatz in Konstanz

Hier geht's hoch her: Neun Häuser sind im lebendigen Kulturzentrum zusammengefasst: mit Museum, Galerien, Bibliothek, Kunstverein und Kneipen.

Seite 172

Stadttheater Konstanz

Seit dem 17. Jh. finden hier Aufführungen statt, damit ist dies das älteste bespielte Theater Deutschlands.

Seite 171

Wochenmärkte in Konstanz

Üppig, reichhaltig und bunt sind die Wochenmärkte in Konstanz. Meditarrane Düfte mischen sich mit Obstpyramiden und einer Riesenauswahl bester regionaler Feinkost-, Fisch-, Fleisch- und Gemüseprodukte.

Seite 166

Sea Life Center

In dem Riesenaquarium am Hafen in Konstanz taucht man in die Welt der Meere und Flüsse ein. Die Rheinreise führt von der Quelle bis zur Mündung in Rotterdam, in einem gläsernen Tunnel bewegt man sich zwischen Haien am Meeresgrund.

Tatort-Kommissarin Klara Blum ermittelt zwar nicht mehr am Bodensee, aber die spannende Stadtführung auf ihren Spuren gibt es noch immer.

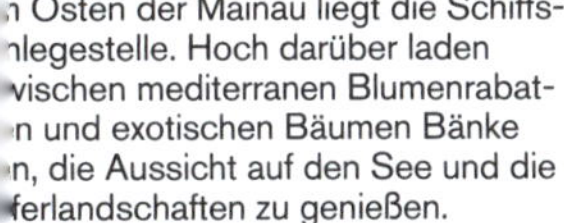
n Osten der Mainau liegt die Schiffsnlegestelle. Hoch darüber laden wischen mediterranen Blumenrabatn und exotischen Bäumen Bänke n, die Aussicht auf den See und die ferlandschaften zu genießen.

Die Bodenseemetropole

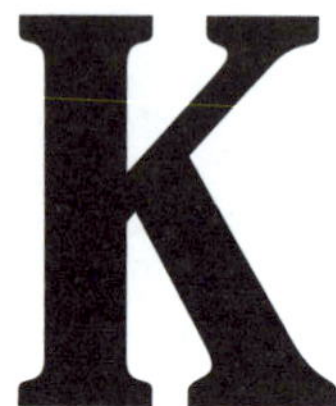

Konstanz ist die wirtschaftliche, kulturelle und touristische Drehscheibe des Bodensees. Am Konstanzer Trichter beginnt offiziell auch die Kilometerangabe des Rheins: Hier ist Kilometer 0. Konstanz war einmal Freie Reichsstadt und von großer historischer Bedeutung. Heute ist sie eine pulsierende Universitätsstadt mit mediterranem Flair, einer unzerstörten, schönen Altstadt und einem geschäftigen, reizvollen Hafen. Die Blumeninsel Mainau, von Konstanz aus auf kürzestem Weg zu erreichen, mit ihrem tropischen Ambiente, herrlichen Pflanzen und bunten Blütenkaskaden ist eine der Hauptattraktionen der Bodenseeregion.

Konstanz

Konstanz ist mit 86 000 Einwohnern die größte Stadt am Bodensee. Sie wird als einzige deutsche Stadt am Südufer auf drei Seiten von schweizerischem Gebiet umschlossen. Als wirtschaftliches und kulturelles Zentrum der Region ist sie die inoffizielle Hauptstadt des Bodensees. Weltgeschichtliche Bedeutung erhielt Konstanz durch das Konzil und die Papstwahl im 15. Jh. Heute fasziniert die Stadt durch ein gelassenes Miteinander von Alt und Neu; in den Altstadtstraßen lässt es sich wunderbar bummeln, shoppen, essen und trinken. Mit seiner gewaltigen Statue der Imperia ist der geschäftige Hafen, Zentrum der Bodenseeschifffahrt, zum Wahrzeichen der Region geworden, und er ist beliebtester Treffpunkt der Konstanzer und ihrer zahllosen Gäste.

O

ORIENTIERUNG

Im Internet: www.konstanz-info.com (Portal der Stadt Konstanz), **www.mainau.de** (offizielles Portal der Mainau GmbH).

Transport: Zu den Verbindungen mit Bahn, Bus und Schiff sowie zu den Stadtbussen s. S. 173. Für die gesamte Bodenseeregion gibt es eine Tageskarte mit verschiedenen Zonen, Infos auf www.bodensee-ticket.com.

Stadtgeschichte

Eine Besiedlung der Bucht im Bodensee gab es schon in der Stein- und Bronzezeit. Auch die Römer errichteten am heutigen Münsterplatz ein Kastell. Um 600, als die Alemannen den Bodenseeraum erobert hatten, wurde Konstanz Bischofssitz, um 900 erhielt die Stadt der Kaufleute das Marktrecht: Damit gab es für die nächsten Jahrhunderte zwei konkurrierende Mächte. 1237 wurde Konstanz zur Freien Reichsstadt und befand sich nun auf dem Höhepunkt seiner Macht: Die Lage am Bodensee begünstigte den Handel mit Italien, es gab Kaiserbesuche und Reichstage. Die Klöster und Bischöfe jedoch betrachteten sich als die Herren: Die geistliche Stadt um das Münster mit geschlossenem Lebensbereich des Klerus war im Mittelalter Sitz des größten Bistums im Heiligen Römischen Reich. Erst im Jahr 1372 konnten die Streitigkeiten beendet werden.

Ein bedeutendes Ereignis der europäischen und das wichtigste in der Konstanzer Geschichte war das Konzil, als von 1414 bis 1418 die Stadt zum Schauplatz weitreichender Kirchenreformen wurde, und man hier einen Papst wählte (s. S. 160). Mit dem Ausgang des 15. Jh. begann der Niedergang: Die Schweizer Eidgenossen bildeten 1499 ihren Bund der Unabhängigkeit, und die Stadt verlor die Schweizer Gebiete – 1548 außerdem die Privilegien als Freie Reichsstadt. Fortan war Konstanz eine einfache österreichisch-katholische Stadt. Die Situation änderte sich auch nicht mit der napoleonischen Neuordnung nach 1815. Das Bistum wurde geteilt; die Stadt ohne Hinterland fiel an Baden. Erst der Eisenbahnanschluss im Jahr 1863 brachte wieder einen Aufschwung: Konstanz wurde zum Verkehrsknotenpunkt, von dem aus eidgenössische Güter auf die deutsche Seeseite und den Schienenverkehr ge-

Quirliges Zentrum – in Konstanz kann man wunderbar ausgehen, bummeln, shoppen.

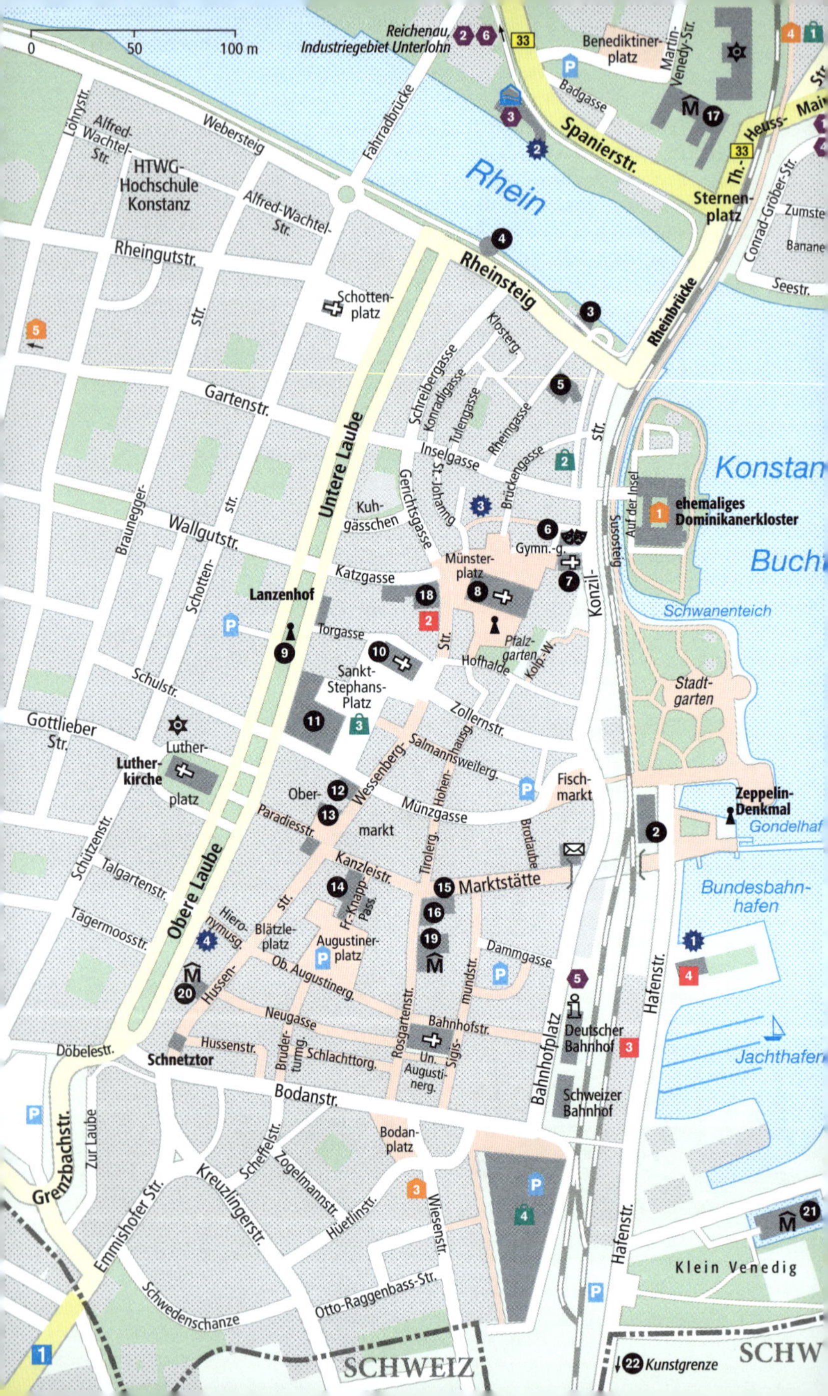
0
50
100 m
Reichenau, Industriegebiet Unterlohn
Rhein
Konstanz
Bucht
Benediktinerplatz
Spanierstr.
Rheinsteig
Rheinbrücke
Sternenplatz
HTWG-Hochschule Konstanz
Untere Laube
Obere Laube
Münsterplatz
Lanzenhof
Sankt-Stephans-Platz
Oberer markt
Marktstätte
Fischmarkt
ehemaliges Dominikanerkloster
Stadtgarten
Zeppelin-Denkmal
Bundesbahnhafen
Jachthafen
Deutscher Bahnhof
Schweizer Bahnhof
Bahnhofplatz
Lutherkirche
Lutherplatz
Schnetztor
Bodanstr.
Bodanplatz
Klein Venedig
Kunstgrenze
SCHWEIZ

Konstanz

Ansehen
1. Imperia
2. Konzil
3. Rheintortum
4. Pulverturm
5. Dompropstei
6. Stadttheater
7. Alt-Katholische Christuskirche/frühere Jesuitenkirche St. Konrad
8. Münster Unserer Lieben Frau
9. Lenk-Brunnen
10. Stephanskirche
11. Triptychon aus Keramik
12. Haus zum hohen Hafen
13. Hotel Barbarossa
14. Neues Rathaus
15. Kaiserbrunnen
16. Haus zum Wolf
17. Archäologisches Landesmuseum Baden-Württemberg
18. Kulturzentrum am Münster
19. Rosgartenmuseum
20. Hus Museum
21. Sea Life Center
22. Kunstgrenze

Schlafen
1. Steigenberger Inselhotel
2. Hotel Schiff am See
3. Hotel Hirschen
4. Apartment Hotel Konstanz
5. Boardinghouse Home
6. Otto-Moericke-Turm
7. Campingplatz Klausenhorn

Essen
1. Ophelia
2. Wessenberg
3. Hafenhalle
4. Hafenmeisterei
5. Staader Fährhaus

Einkaufen
1. Wochenmarkt St.-Gebhard-Platz
2. Spitalkellerei Konstanz
3. Wochenmarkt St.-Stephans-Platz
4. Shopping Center LAGO

Bewegen
1. Bodensee-Therme
2. Schwaketenbad
3. Rheinstrandbad
4. ›Hörnle‹
5. Kultur-Rädle
6. Kanu-Zentrum La Canoa

Ausgehen
1. Das Boot
2. Rheinterrasse
3. Blauer Engel
4. Kulturzentrum K9
5. Casino Konstanz

---

bracht wurden. Seit 1966 ist Konstanz außerdem Universitätsstadt mit einem kunterbunten Campus.

Innenstadt

Vom Hafen zum Rhein

Vom Hauptbahnhof führt eine Unterführung auf die Hafen- und Promenadenseite, und sofort fällt die große Statue auf der Mole ins Auge: die **Imperia** ❶ von Peter Lenk. Sie ist zum Wahrzeichen der Stadt geworden und stellt die schönste und bekannteste Edelhure zur Zeit des Konstanzer Konzils dar (s. S. 160).

Am Denkmal des in Konstanz geborenen Grafen Ferdinand von Zeppelin (1838–1917) vorbei stößt man auf das **Konzil** ❷ (s. S. 160). genannte einstige Lager- und Warenhaus der Tuchhändler. Der Bau mit dem gaubenverzierten Walmdach stammt von 1388. Während des Konzils tagte hier das Konklave zur Papstwahl; seither trägt es seinen Namen. In den oberen

TOUR
Eine Frage der Macht

Das Konzil zu Konstanz – ein thematischer Stadtrundgang

Infos

Cityplan: S. 159

Start: Hafen, an der **Imperia** ❶
Ziel: Hus-Museum ⓴

Dauer: 2 Std.
Länge: ca. 3 km

Planung:
Münster Unserer Lieben Frau ❽, s. S. 163;
Konzil ❷, Hafenstr. 2, s. S. 159;
Hus Museum ⓴, Hussenstr. 64, April–Sept. Di–So 11–17, Okt.–März Di–So 11–16 Uhr

Das größte historische Ereignis in Konstanz war das Konzil von 1414 bis 1418, das Kirchengeschichte schrieb und die Freie Reichsstadt zum Mittelpunkt der damals bekannten Welt machte.

Es war höchste Zeit für die römisch-katholische Kirchenwelt, denn mit dem Heraufziehen der Neuzeit nahm die Verweltlichung zu, Schwarmgeister, Reformatoren und die Spaltung der Kirche sorgten für anarchische Zustände: Die Kirche musste ihre Macht wieder stärken. So kam es zu dem einzigen Konzil auf deutschem Boden. König Sigismund war der Initiator; er kam und blieb mit seinem gesamten Hofstaat.

Konstanzer Chaos

Schlendert man durch die Konstanzer Altstadt, um zum Hafen zu gelangen, wo der eigentliche Rundgang beginnt, fallen in den alten Gassen die dicht gedrängten schiefen Häuser und Höfe auf. Zur Zeit des Konzils wurde Konstanz mit seinen 7000 Einwohnern von rund 20 000 Besuchern überflutet, vier Jahre lang. Und bei besonders wichtigen Ereignissen tummelten sich 70 000 (!) Personen innerhalb der Stadtmauern: Sie alle wollten wohnen, essen, trinken und sich vergnügen. Könige, Fürsten, Kirchenoberhäupter, Kurfürsten, Hofleute, aber auch Händler, Bäcker, Handwerker, Gauner und Spielleute aus aller Herren Ländern drängten sich in der Stadt; es gab fahrbare Backöfen, deren Betreiber das Geschäft ihres Lebens machten. Die Stadt heuerte zusätzlich 73 Geldwechsler, 70 Gastwirte, 225 Schneider und 300 Barbiere an.

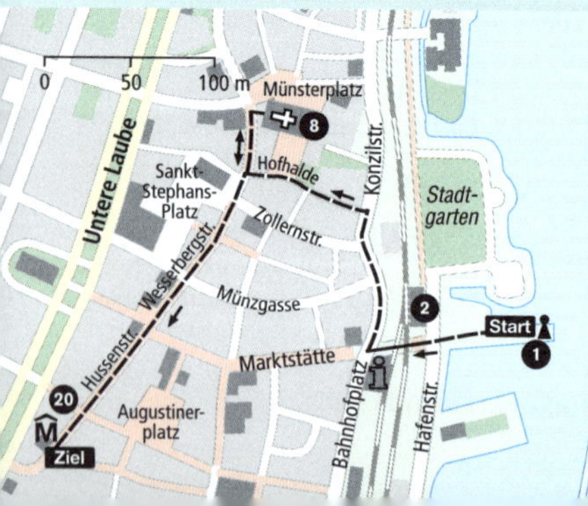

Kurtisanen …

Mit von der Partie waren rund 700 Huren, und es entstand eine beträchtliche Anzahl von sogenannten Conci-

liums-Kindern. An der Hafenmole prunkt heute, weithin sichtbar und sehr weltlich, die berühmteste aller Kurtisanen, die das Konzil zu Konstanz für ihre Geschäfte nutzte: **Imperia** ❶. Sie dreht sich seit 1993 auf dem alten Leuchtturmsockel. In ihren erhobenen Händen hocken klein, alt und unscheinbar ein mickriger Kaiser und der Papst – Imperias üppige Schönheit und überwältigende Kraft dominieren. Die über 9 m hohe ›despektierliche‹ Riesenskulptur von Peter Lenk (s. S. 226) hatte heftigste Opposition vonseiten der Stadt und der Kirche ausgelöst – heute sind alle stolz auf sie. Balzac hat eine kleine Erzählung mit dem Titel »Imperia« geschrieben, in der ein fesches junges Mönchlein den Reizen der Edelhure erliegt.

Imperia mit Kaiser und Papst

… und Kirchenmänner

Gleich gegenüber liegt das **Konzil** ❷ (Hafenstr. 2) ein – wie der Name schon sagt – für das Konstanzer Konzil zentraler Bau. Mit seinem schützenden Walmdach war er Kaufhalle, Kornhaus und Warenlager für den Italienhandel. Heute ist das größte mittelalterliche Profangebäude nördlich der Alpen ein prächtig restaurierter Gastronomiebetrieb.

Zwei dreischiffige Hallen liegen übereinander und bilden die Hauptgeschosse. Und während im unteren Saal noch die Waren lagerten, ließ man im oberen Wahlzellen einbauen und die Fenster vermauern, denn hier kam an vier Tagen im November 1417 das Konklave zur Papstwahl zusammen. 23 Kardinäle wählten Kardinal Otto von Colonna zum Papst Martin V. Seither trägt der Bau den Namen Konzil. Über die alte Holztreppe betritt man den Saal, der heute für Tagungen und Konzerte genutzt wird: Eindrucksvoll sind die schöne Holzdecke und die gewaltigen hölzernen Stützpfeiler.

Mit der Papstwahl von 1417 wurde die absurde Herrschaft von gleichzeitig drei Päpsten und die 40-jährige Zersplitterung der Kirche schließlich beendet.

Die Geistlichkeit und Jan Hus

Überquert man die Konzilstraße, kommt man durch enge Altstadtgassen zum geistlichen Zentrum des Konzils, dem **Münster Unserer Lieben Frau** ❽. In die romanische Säulenbasilika zogen die Kirchenfürsten zu Versammlungen ein; glanzvolle Messen, die Bischöfe und Kardinäle in Rot und Gold gewandet, wurden zelebriert. Die Wahl des neuen Papstes wurde hier verkündet, und vor dieser großartigen, einschüchternden Kulisse musste Jan Hus seine Lehre verteidigen.

Der Professor aus Prag war einer der großen Reformatoren, um seiner Lehre willen wurden später die europaweiten, blutigen Hussitenkriege geführt, und noch heute wird der Böhme als Reformator verehrt. Er kam den Mittelgang hinauf und sollte, auf den Boden ausgestreckt, wiederrufen. Das tat er nicht und wurde in der Folge mit dem Kirchenbann belegt und in Gewahrsam genommen, sprich gefangen gesetzt, teilweise im alten Inselkloster, obwohl ihm vom König freies Geleit zugesichert worden war. Schließlich wurde er vor den Stadttoren zur allgemeinen Abschreckung auf dem Scheiterhaufen verbrannt.

Das Konstanzer Münster war zentraler Schauplatz des Konzils zu Beginn des 15. Jh.

Vom Münsterplatz läuft die Wessenbergstraße in südöstlicher Richtung direkt auf die Hussenstraße zu. Dort liegt das schmale Fachwerkgebäude mit dem **Hus Museum** ⓴ (Hussenstr. 64). Es ist Jan Hus und seinem Wirken gewidmet, gewohnt hat er dort allerdings nicht. Im kleinen Museum sind auf zwei Geschossen zeitgenössische Exponate versammelt, seine Büste ist zu sehen, einige Möbelstücke der Epoche, Stiche und Dokumente, die sein Wirken und die weitere Geschichte der Hussiten in Europa dokumentieren.

Die Wogen der kirchlichen Auseinandersetzungen sind längst geglättet: Die Hussitenstadt Tabor ist heute Partnerstadt von Konstanz.

Geschossen finden Veranstaltungen statt; im Erdgeschoss befindet sich ein Restaurant mit großer Terrasse.

Nördlich des Stadtgartens steht auf der kleinen Insel das **einstige Dominikanerkloster,** heute das **Steigenberger Inselhotel** 1, weiß verputzt und mit blauen Läden. Es lohnt sich, sich in der Bar, in einem der Restaurants oder auf der traumhaften Terrasse eine kleine luxuriöse Auszeit zu gönnen! Besonders schön ist der noch erhaltene frühgotische Kreuzgang als Teil der öffentlichen Räumlichkeiten.

Knapp hinter der Rheinbrücke erinnern der **Rheintorturm** 3 (Rheinsteig 2) und der **Pulverturm** 4 (Rheinsteig 6) an die mittelalterliche Stadtbefestigung.

Die Uferbebauung auf der gegenüberliegenden Rheinseite stammt überwiegend aus dem 19. Jh. Westlich, entlang des Rheins und an der **Spanierstraße,** liegen zwei große Terrassencafés und das **Rheinstrandbad** 3. In östlicher Richtung bildet die **Seestraße** mit ihren Villen die Uferpromenade an der Konstanzer Bucht.

Niederburg

Auf dem Rückweg über die Rheinbrücke in die Altstadt markiert das barocke Bauensemble der **Dompropstei** 5 (Rheingasse 20), von 1609 und der **Spitalkellerei** 2 (Brückengasse 16) am Rand der viel befahrenen Konzilstraße den in seinem Rücken liegenden ältesten Konstanzer Stadtteil, die Niederburg, die sich vom Münster bis zum Rhein erstreckt. In den schmalbrüstigen Sträßchen, Gassen, Winkeln und Höfen lebten Fischer, Handwerker und Hörige des Bistums; bis heute ist der Charakter dieses mittelalterlichen Quartiers erhalten. Nun sind hier viele Studenten zu Hause; Weinstuben, Kneipen und kleine Geschäfte bestimmen das Viertel und ziehen die Besucher an.

Auf dem Weg zum Münster lohnt das **Stadttheater** 6 (Konzilstr. 11) einen Blick: Der in zarten Farben leuchtende Barockbau war ursprünglich ein Schulgebäude des Jesuitenkollegs; aber schon im 17. Jh. fanden hier Theateraufführungen statt. Das Kolleg der Societas Jesu, zur Gegenreformation gegründet, besaß mit seiner Kirche **St. Konrad,** heute die **Alt-Katholische Christuskirche** 7 (Münsterplatz 8) ein Musterbeispiel der Baukunst der Spätrenaissance.

Münster Unserer Lieben Frau

Weit über die Dächerlandschaft ragt der 76 m hohe Turm des **Münsters Unserer Lieben Frau** 8. Jahrhundertelang ist am Münster gebaut worden; der Turm bildete im 19. Jh. den Abschluss. Hier fand die Kirchenvollversammlung während des Konstanzer Konzils (1414–18) statt; hier ist ein neuer Papst, Martin V., ausgerufen worden.

In den Ruinen eines römischen Kastells entstand im 7. Jh. eine erste Kathedralkirche. Die nachfolgenden Neu- und Umbauten prägen das heutige Erscheinungsbild. Im 11. Jh. wurde die romanische Basilika errichtet; aus dieser Zeit ist das **Mittelschiff** mit seinen wuchtigen romanischen Säulen erhalten. Die gotischen **Seitenkapellen** und **Seitenschiffe** wurden im 14./15. Jh. hinzugefügt, das flache Deckengewölbe um 1650. Sehenswert ist das spätgotische **Chorgestühl** aus Eiche mit alttestamentarischen Szenerien, ein großes Schnitzwerk von Simon Haider (um 1550), der auch die reich geschmückten Portaltüren geschaffen hat. Großartig sind zudem der silberne Hochaltar sowie die schöne Renaissanceorgel.

Der älteste erhaltene Teil des Münsters ist die **Hallenkrypta** aus dem 9./10. Jh. Einzigartig sind die vier originalen **Goldscheiben,** die einst die Außenwände des Chors schmückten. Heute zieren Repliken den Chorgiebel.

Das größte Stück, die Majestasscheibe, wurde von Mönchen der Reichenau um 1000 gearbeitet.

Im Kreuzgang ist die **Mauritiusrotunde** eine Besonderheit: Sie wurde als Nachbildung der Jerusalemer Grabeskirche vom Konstanzer Bischof Konrad um 940 errichtet. In seiner Mitte liegt das 1260 erneuerte Heilige Grab. Es war Ziel oder Ausgangspunkt großer mittelalterlicher Wallfahrten, die bis nach Santiago de Compostela führten.

Erst 1853 waren mit dem neugotischen **Turm** die Baumaßnahmen am Münster endgültig fertiggestellt. Belohnt wird die mühsame Treppensteigerei mit einer tollen Rundsicht über Konstanz und den Bodensee.

Münsterplatz 1, tgl. 10–17.30 Uhr, Turm April–Okt. Di–So 12.30–16 Uhr, Erw. 2 €, Kinder 1 €, s. S. 160

Münsterplatz

Ein Höhepunkt der archäologischen Forschungen in Konstanz war die Freilegung der Ruinen des oben erwähnten römischen Kastells auf bzw. unter dem Münsterplatz: Eine kleine Glaspyramide weist den Weg in einen unterirdischen Raum, den man im Rahmen einer Stadtführung erkunden kann.

In den Geschäften und Straßencafés auf dem Münsterplatz herrscht ordentlich Betrieb. Sehen und gesehen werden ist hier die Devise. Im Sommer macht das Theater Konstanz den Münsterplatz zur Freilichtbühne.

Lenk-Brunnen

Ein Abstecher zur Verkehrsschneise Untere Laube und man sieht ein weiteres skurriles Werk Peter Lenks: Der Konstanzer »Triumphbogen« oder auch **Lenk-Brunnen und -Wasserspiel** ❾ zeigt über 30 hyperrealistische oder groteske Figuren und Wesen, die Autowahn und Freizeitverhalten karikieren sollen (s. S. 226).

St.-Stephans-Platz und Obermarkt

Am St.-Stephans-Platz bietet der **Wochenmarkt** 3 dienstags und freitags ein buntes Gewusel. Die **Stephanskirche** ❿ mit ihrem spätgotischen Erscheinungsbild, einer Holzdecke aus dem 20. Jh. und Rokokochor besitzt schöne Passionsreliefs des Konstanzer Bildhauers Hans Morinck (1560–1616), der neben Joseph Anton Feuchtmayer und der Zürn-Familie zu den bedeutendsten Kunsthandwerkern der Bodenseeregion zählt.

Farbenfroh ist das moderne **Triptychon aus Keramik** ⓫, das von der Wand des **ehemaligen Franziskanerklosters,** dem heutigen **Bürgersaal** (Hausnr. 15), leuchtet: Hier rief Friedrich Hecker am 12. April 1848 vom Balkon – vergeblich – die erste deutsche Republik aus. Johannes Grützke hat Hecker und seine Revolutionäre in Szene gesetzt.

Am romantischen Obermarkt dominieren das reich bemalte **Haus zum hohen Hafen** ⓬ (Wessenbergstr. 1/ Obermarkt), daneben das **Hotel Barbarossa** ⓭ (Obermarkt 8–12) mit seinen Fassadenbildern und einige Schritte weiter das **Neue Rathaus** ⓮ (Kanzleistr. 15), dessen Malereien mit Szenen der Stadtgeschichte aus dem 19. Jh. stammen. Im stillen Innenhof zeigt sich noch die Baukunst der Renaissance.

Marktstätte

Schlendert man die Kanzleistraße weiter nach Osten, öffnet sie sich in die breite Haupteinkaufsstraße, die Marktstätte. Hier laufen alle Fäden zusammen, Einwohner und Besucher finden sich gemeinsam ein: Schöne alte Stadthäuser mit langer Geschichte und Fassaden aus allen Stilepochen, neue Geschäfte, Eiscafés und Gasthäuser wechseln einander ab. Geliebt von allen Konstanzern ist der **Kaiserbrunnen** ⓯.

An jedem ersten Freitag im Monat findet von Mai bis Oktober der Gassenfreitag in der Niederburg statt – Bewohner des ältesten Stadtteils von Konstanz organisieren Tischflohmärkte, es spielen Musiker und die Weinstuben haben einen Ausschank im Freien.

Er wurde kurz vor 1900 geschaffen; der Figurenschmuck war nach dem Zweiten Weltkrieg verloren. 1993 wurde die Anlage von dem Künstlerehepaar Gernot und Barbara Rumpf aus Kaiserslautern neu gestaltet. Zahlreiche Anspielungen verweisen auf die Stadtgeschichte; Lieblinge der Kinder sind das Pferd Friedrichs II. und das Fabelwesen des Seehasen, halb Hase, halb Fisch (Seehas ist auch der Name des Nahverkehrszuges). In unmittelbarer Nachbarschaft steht das 1774 erbaute **Haus zum Wolf** ⑯ mit seiner zauberhaften Rokokofassade.

Auch in den umliegenden Straßen und Gassen, von der **Hussenstraße** bis zum **Schnetztor** aus dem 14. Jh., bezaubern Vielfalt und Individualität der Fassaden, das harmonische Miteinander von Geschichte und Gegenwart.

Museen

Ausgegrabene Geschichte

⑰ Archäologisches Landesmuseum Baden-Württemberg: In dem schön gestalteten einstigen Konventgebäude des Klosters Petershausen auf der nördlichen Rheinseite ist dieses lebendige Museum zu Hause, das von den Pfahlbauten über keltische Gräber bis zum römischen Stadtleben einen Überblick über die archäologischen Highlights aus Baden-Württemberg bietet. Mit Multivisionsschau, Aktionen und Museumsfesten.

Benediktinerplatz 5, T 07531 980 40, www.konstanz.alm-bw.de, Di–So 10–18 Uhr, Erw. 6 €, Kinder (6–18 Jahre) 1 €, jeden ersten Sa im Monat Eintritt frei

Kunst des Bodenseeraums

⑱ Kulturzentrum am Münster: Viel Kommen und Gehen bestimmt auch das architektonisch hochinteressante, 1998 eröffnete Kulturzentrum am Münster. Neun verschiedene Häuser mit unterschiedlichster Geschichte wurden zusammengefasst und miteinander verbunden. Die blutrote moderne Fassade zwischen der Wessenbergstraße und der Katzgasse bildet den Mittelpunkt des lebhaften Kulturzentrums mit Stadtbücherei, Volkshochschule, Kunstverein sowie alten und neuen Veranstaltungsräumen.

Eingegliedert ist auch die **Städtische Wessenberg-Galerie** (T 07531 900 29 21, www.konstanz.de, Di–Fr 10–18, Sa, So, Fei 10–17 Uhr, 3 €), die ihren Namen Freiherr Ignaz Heinrich von Wessenberg (1774–1860) verdankt, einem der wichtigsten Aufklärer der Stadt und letzter Bistumsverweser, der reiche, weiter ergänzte Kunstsammlungen und seine Bibliothek der Stadt vermachte. Im 2. Obergeschoss seines eleganten Wohnhauses werden Leben und Sammlung Wessenbergs vorgestellt. Heute besitzt die Wessenberg-Galerie rund 6000 Kunstwerke. Schwerpunkte sind Malerei und Grafik des Bodenseegebiets und des deutschen Südwestens bis zur Gegenwart.

Das hochherrschaftliche **Haus zur Katz,** ebenfalls Teil des Kulturzentrums, zeigt als Gesellschaftshaus der Konstanzer Patrizier mit seinen repräsentativen Sälen und Wandmalereien eindrücklich den Reichtum der ›Stadtfürsten‹ der Renaissance.

Wessenbergstr. 39

Konstanzer Geschichte

⑲ Rosgartenmuseum: Im Zunfthaus der Metzger erzählt das Rosgartenmuseum die Geschichte von Konstanz (inkl. Konzil) und der Region.

Rosgartenstr. 5, T 07531 900 22 45, www.rosgartenmuseum.de, Di–Fr 10–18, Sa, So 10–17 Uhr, 3 €

Vordenker der Reformation

⑳ Hus Museum: Zur Geschichte des Konzils gehört auch dieses Museum (s. S. 160).

Meere und Flüsse

㉑ Sea Life Center: Direkt am See, an der Grenze zu Kreuzlingen, liegt ein Meerwasser-Großaquarium. Es bietet eine tolle Reise in die Welt der Meere und Flüsse. Von der Quelle des Rheins begleitet man den Flusslauf mit Aquarien und Stadtpanoramen bis zum Rotterdamer Hafen des 16. Jh. Höhepunkt: ein langer Glastunnel, in dem man sich zwischen Haien auf dem Meeresgrund bewegt. Angeschlossen ist eine Ausstellung über den Raubbau am Meer. Das integrierte **Bodensee-Naturmuseum** widmet sich Geologie und Ökologie der Seeregion. Nett ist das **Restaurant** mit Seeterrasse, Shop und Kinderspielbereich.

Hafenstr. 9, Klein Venedig, T 0180 666 69 01 01, www.visitsealife.com, tgl. 10–17, Juli/Aug. bis 18 Uhr, 19,50 €

Klein Venedig

㉒ Kunstgrenze: Gleich hinter dem Großaquarium bildet die Kunstgrenze mit Skulpturen von Johannes Dörflinger auf dem Klein Venedig genannten ehemaligen Niemandsland den Übergang zu Kreuzlingen und der Schweiz (s. S. 168).

Schlafen

Berühmt

1 Steigenberger Inselhotel: Im einstigen Kloster auf eigener Insel ist nun das luxuriöse First-Class-Hotel zu Hause. Klosterkirche und Kreuzgang sind erhalten und integriert. Zimmer und Suiten in opulentem Landhausstil. Traumhaft schön die Seeterrasse.

Auf der Insel 1, T 07531 12 50, www.steigenberger.com, DZ ab 216 €

Reizvolle Lage, beste Küche

2 **Hotel Schiff am See:** Reizvoll am Jachthafen und der Fähre Konstanz–Meersburg gelegen, 34 Zimmer, teils mit Seeblick und Balkon. Stadtbus vor dem Haus. Günstig zur Mainau, zur Altstadt und zur Bodensee-Therme. Sehr gute, haubengekrönte Küche.

Staad (3,5 km nordöstlich der Altstadt), William-Graf-Platz 2, T 07531 310 41, www.ringhotel-schiff.de, DZ ab 140 €, Restaurant: Fr–Di 12–14, 18–21 Uhr. Hauptgerichte ab 18 €

Mittendrin

3 **Hotel Hirschen:** Das renovierte, rot verputzte Stadthotel liegt zentral am Rand der Altstadt am geschäftigen Bodanplatz. Separater Restaurantbetrieb im Erdgeschoss.

Bodanplatz 9, T 07531 12 82 60, www.hirschen-konstanz.de, DZ 110–180 €

Gut

4 **Apartment Hotel Konstanz:** Im Wohngebiet Petershausen (nördlich des Rheins) liegt das stattliche ehemalige Garnisonsgebäude, das in helle, luftige Zimmer und Appartements mit Parkettböden und voll eingerichteten Küchenzeilen umgebaut wurde. Auch schön für einen längeren Aufenthalt. Frühstücksräume, Terrasse, Garagen und Fahrradbereich.

Steinstr. 21 a, T 07531 980 60, www.apartment-hotel-konstanz.de, DZ ab 100 €

Paradiesisch

5 **Hotel Boardinghouse Home:** Im Stadtteil Paradies knapp nordwestlich der Altstadt liegt das schöne neue Haus mit luftigen Zimmern, auch Appartements für »Wohnen auf Zeit« (engl.: boarding).

Fürstengutweg 4–6, T 07531 36 85 50, www.boardinghouse-home.de, DZ ab 65 €

Jugendherberge

6 **Otto-Moericke-Turm:** Hochmodern in altem Rundturm und Neubauten.

Allmannsdorf (ca. 3 km nördlich der Altstadt), Zur Allmannshöhe 16, T 07531 322 60, www.jugendherberge.de, ganzjährig geöffnet, 2–6-Bett-Zimmer, ab 33,70 €/Pers. im Mehrbettzimmer

Camping

7 **Campingplatz Klausenhorn:** In herrlicher Lage direkt am See bietet der Platz beste Ausstattung, Mietwohnwagen, Spielplatz, Markttage. Er wurde vom ADAC ausgezeichnet und erhielt die Auszeichnungen »Ecocamping Umweltmanagement« sowie das EU-Ecolabel.

Dingelsdorf, Bodanrück (12 km nördl. der Altstadt), Hornwiesenstr. 40/42, T 07533 63 72, www.camping-klausenhorn.de

Essen

Hochgenuss

1 **Gourmetrestaurant Ophelia:** Das stilvolle Restaurant hat seinen Platz in einer schönen Jugendstilvilla. Gourmetküche mit 2 Michelin-Sternen. 4-Gänge-Menü, auch vegetarisch, 105 €.

Seestraße 25, T 07531 36 30 90, www.hotel-riva.de, Do–Mo ab 19 Uhr

Traditionsreich

❷ **Konzil:** Drei Fischexperten haben das Sagen in der Küche; die Gemüse sind vielfältig und gut. Schon legendär: Fischmaultaschen mit Gemüse und Safransauce. Große Terrasse mit Hafen- und Seeblick.

Hafenstr. 2, T 07531 212 21, http://konzil-konstanz.de, tgl. 12–22 Uhr, Hauptgerichte 16–36 €, s. S. 160

Angesagt

2 **Wessenberg:** Café, Bar und Restaurant am Münsterplatz; minimalistisch gestylt, elegant und trendig. Der Innenhof ist mediterran gestaltet. After-Work-Grillpartys oder Funky Club Grooves finden an festgelegten Abenden statt.

TOUR
Fast zwei Welten

Spaziergang vom Konstanzer zum Kreuzlinger Seeufer

Infos

F/G 4

Start: Hafen Konstanz

Ziel: Seeburgpark Kreuzlingen

Länge/Dauer: 4 km (Hinweg), ca. 1,5 Std. Gehzeit (Radfahren im Seeburgpark nur auf einem Weg erlaubt)

Planung: ab Wasenstrasse mit Bus 902 zurück nach Konstanz

Nicht vergessen: Personalausweis!

Im Hafen von Konstanz herrscht ständig Trubel, in der schweizerischen Nachbarstadt Kreuzlingen dagegen ist das gesamte Uferareal mit dem Seepark eine verträumte, romantische Idylle. Auf dem Spazierweg über die neu gestaltete Kunstgrenze werden die starken Kontraste zum Erlebnis. Geht man vom Konstanzer Ufer hinüber nach Kreuzlingen in den dortigen **Seeburgpark,** durchstreift man sehr unterschiedliche Hafen- und Promenadenanlagen, was typisch ist für den Bodensee.

Ufergestaltung am Bodensee

Konstanz und Kreuzlingen bilden die Extreme der Hafen- und Ufergestaltung, die rund um den See anzutreffen sind. Bahnhof und Gleisstraßen reißen in Konstanz wie in Radolfzell, Rorschach oder Bregenz Stadt und See auseinander. In kleineren Ferienorten und Hafenstädtchen finden sich dagegen friedliche, vor sich hindösende Uferregionen mit Wiesenstreifen, Baumalleen und freien Ufern, z. B. in Hagnau, auf der Höri oder in Arbon. Und dann gibt es wieder urbane, dicht bebaute Flanierpromenaden wie in Überlingen, Meersburg oder Friedrichshafen. Es macht Spaß, die Vielfalt zu entdecken!

Betriebsam: Konstanzer Hafen

In Stadtnähe rund um die Konstanzer Bucht ist viel los: Auf der nördlichen Rheinseite schließt die Wohnbebauung bis zu dem begrünten Uferstreifen auf – ein schönes **Panorama** überwiegend aus dem 19. Jh., das dasjenige der Altstadt mit Inselhotel, Konzil und Münsterturm fortsetzt. Die **Hafeneinfahrt** liegt verkehrsgünstig; gleich dahinter befinden sich Bundesbahn- und Schweizer Bahnhof mit ihrem Gleisgewirr. So ist hier alles urban: Die Wege sind breit und gepflastert, der lang gezogene **Eisenbah-**

nerschuppen wurde zu einem trendigen Gastronomie- und Ladenkomplex umgebaut. Schlendert man am See auf Kreuzlingen zu, so trifft man auch hier auf Gleisanlagen, Schalterhäuschen, Reisegetümmel – und auf das vielbesuchte **Sea Life Center** ㉑ (s. S. 166).

22 Stahlplastiken von Johannes Dörflinger bilden die Kunstgrenze.

Verbindende Kunstgrenze

Dann eine überraschende Zone des Übergangs: Statt des Grenzzauns zur Schweiz zieht sich auf Klein Venedig heute die weltweit erste **Kunstgrenze** ㉒ hin: 22 abstrakte, 8 m hohe, rote Edelstahlskulpturen des renommierten Bildhauers Johannes Dörflinger ragen in den Himmel. Thema ist das Geheimnis der Tarotkarten: Der Magier schreitet voran, mit dem Narren endet die Prozession. Die Skulpturen sind von filigraner Leichtigkeit. Sie bilden eine schöne offene Linie, die bis in den See hinausreicht und keine Abgrenzungen, sondern Rahmungen und Verbindungen schafft.

Romantik pur: Kreuzlinger Ufer

Große Sportanlagen mit der Bodenseearena bilden den Übergang zur nächsten Bucht. Und plötzlich ist man in einer Märchenszenerie: Landzungen mit Weiden und Pappeln, Schilf, Entenscharen, Seerosen um den naturbelassenen Ufergürtel, der sich zum kleinen **Hafen Kreuzlingen** mit Schiffslände ausweitet: Hier manövrieren sich die Ausflugsdampfer wie in einen romantischen Bilderrahmen hinein. Nach Osten hin zieht sich der **Seeburgpark,** der größte öffentliche Park am Bodensee. Mit weiten Wiesenflächen, riesigen alten Bäumen, Eichen, Buchen, stillen Platanen- und Pappelalleen. Irgendwo im Grünen versteckt: eine **Pagode,** ein kleiner **Tierpark.** Die Ufer sind naturbelassen; auf die Kieselsteine schwappen die Wellen. Ins Wasser gehen kann und darf man hier überall. Wunderschön liegt auch der einstige Sommersitz der Kreuzlinger Äbte, die **Seeburg** mit ihren Türmchen und Giebeln, umgeben von einem Rosenpark. Heute ist sie ein Restaurant mit Sommerterrasse. Daneben liegt das idyllische **Seemuseum** (s. S. 151).

Wellness vom Feinsten – in der schicken Bodensee-Therme kann man herrlich relaxen!

Wessenbergstr. 41, T 07531 91 96 64, www.wessenberg.de, Mo–Sa 11.30–22.30, So Brunch 11–15 Uhr, Hauptgerichte ab 9,50 €

Vielfältig

3 Hafenhalle: Ein Großunternehmen in allerbester Lage; mit vielfältigem Angebot und guter Leistung. Mit Bistro-Restaurant, bayerischem Biergarten, überdachtem Bistrodeck und Café für den Morgen-Cappuccino bis zum Absacker.

Hafenstr. 10, T 07531 211 26, www.hafenhalle.com, Mo–Fr 17–1, Sa, So, Fei 10–1 Uhr, Tagesgerichte ab 10 €

Super

4 Hafenmeisterei: Sehr chic, asiatisch gestyltes, denkmalgeschütztes Haus mit großem umlaufenden Terrassendeck, Lounge, Weinbar, Café und Restaurant. Pasta, Wokgemüse und Suppen, Fischgerichte, Saisonküche, tgl. wechselnde Karte, sehr guter Service.

Hafenstr. 3, T 07531 369 72 12, www.hafenmeisterei-konstanz.de, Mi–So ab 10 Uhr, Hauptgerichte ca. 17–36 €

Ausgezeichnet

5 Staader Fährhaus: Hier auf der herrlichen Seeterrasse zu sitzen und die regionalen, tagesfrischen Kreationen mit französischem Akzent und asiatischem Touch zu essen ist ein himmlisches Vergnügen, z. B. gebratene Lachsforelle mit Spargel-Mango-Ragout und süßen Kartoffeln. Seegenuss mit feinsten Produkten. Vom Feinschmecker ausgezeichnet.

Staad (3 km nördlich der Altstadt), Fischerstr. 30, T 07531 361 67 63, www.staaderfaehrhaus.de, Fr–Mo 12–22, Di 12–15 Uhr (warme Küche bis 14.30, 17.30–21 Uhr), Hauptgerichte 17–29 €, Menü ab 31 €

Einkaufen

Die verkehrsberuhigte **Altstadt** bietet vielseitige Shoppingmöglichkeiten: von Kaufhäusern bis zu kleinsten und feinsten Boutiquen und Fachgeschäften. Für Wohnaccessoires, Einrichtungen und Antiquitäten empfiehlt sich die elegante Zollernstraße – hier sind auch einige Goldschmiede zu Hause.

Wochenmärkte

Mi, Sa auf dem **St.-Gebhard-Platz** 1, Di, Fr auf dem **St.-Stephans-Platz** 3; jeweils 8–13 Uhr.

Weine zum Mitbringen

2 **Spitalkellerei Konstanz:** Die traditionsreiche Spitalkellerei bietet Führungen, Weinproben und Verkauf von Qualitätsweinen, gekeltert aus Trauben von den Konstanzer Weingütern, sowie Sekt und Edelbrände.

Brückengasse 16, gegenüber Steigenberger Inselhotel, T 07531 12 87 60, www.spitalkellerei-konstanz.de, Mo–Fr 10–18, Sa bis 14 Uhr

Einkaufszentrum

4 **Shopping Center LAGO:** Zwischen Bahnhof und Sea Life Center, größtes Shoppingcenter am Bodensee mit 15 000 m^2 überdachter Einkaufsfläche, mit 65 Läden, Restaurants, Eisdielen und Cafés.

Bodanstr. 1, T 07531 69 13 36 17, www.lago-konstanz.de, tgl. 7.30–1.30, Läden Mo–Sa 9.30–20, Do bis 22 Uhr

Bewegen

Baden

1 **Bodensee-Therme Konstanz:** Direkt am See mit Alpenblick liegt das hochmoderne, architektonisch anspruchsvolle, größte Thermalbad. Eine Wellnessoase mit Saunalandschaft, Freibad- und Thermenbereich. Badehalle, außen gelegenes Thermalbecken, 50-m-Becken, Kindererlebniswelt, Großrutsche. Restaurant.

Wilhelm-von-Scholz-Weg 2 (Stadtbus Linie 5), T 07531 36 30 70, www.therme-konstanz.de, tgl. 9 (Sauna ab 10)–22 Uhr, Thermal-/Freibad Erw./ermäßigt ab 15/11,50 €, Thermal-/Freibad Sauna 29 €, Freibad 6/4,60 €, abends ab 20 (Sauna ab 19) Uhr günstiger

2 **Schwaketenbad:** 2022 wurde das Spaß-, Familien- und Sportbad neu eröffnet. Sechs verschiedene Becken, Wasserrutschen und ein Entspannungsbereich erwarten die Besucher.

Schwaketenstr. 35, T 07531 803 26 00, www.schwaketenbad.de, Mo, Fr, Sa 9–21, Di–Do 7–21, So, Fei 9–20 Uhr, Erw. 9,50 €, Kinder 7 €

3 **Rheinstrandbad:** Gegenüber der Altstadt liegt das charmante Strandbad aus den 1930er-Jahren: mit Liegewiese und Sonnenterrasse und einer flotten Strömung, die bei Hitze sehr schön abkühlt. Eingegrenzte Badezone und Naturschwimmbad für Kinder.

Spanierstr. 7, Mitte Mai–Sept. tgl. 12–18 Uhr, Erw. 3,60 €, Kinder (6–18 Jahre) 2,70 €, Baden nur bei gehisster Flagge erlaubt

4 **Horn oder ›Hörnle‹:** An der Südspitze des Bodanrück, nahe der Bodensee-Therme, liegt das Hörnle-Bad mit Kiesstrand und weitläufigen, baumbestandenen Wiesen.

Eichhornstr. 100, T 07531 36 78 93, Stadtbus Linie 5, ab Mitte Mai–ca. Sept., witterungsabhängig, Eintritt frei

Weitere Strandbäder ringsum

Auch die übrigen Strandbäder in Konstanz (außer Rheinstrandbad) und den umliegenden Gemeinden Litzelstetten, Wallhausen und Dingelsdorf besitzen Liegewiesen, Bewirtschaftung, Spielplätze und sanitäre Einrichtungen. Sie sind von

Mitte Mai bis Mitte Sept. (witterungsabhängig) geöffnet, Eintritt frei.

Fahrradverleih

5 **Kultur-Rädle:** Fahrräder, Anhänger, Kinderräder – auch geführte Touren.

Bahnhofplatz, T 07531 273 10, www.kultur-raedle.de

Kanu

6 **Kanu-Zentrum La Canoa:** Eines der größten Kanu-Fachgeschäfte Deutschlands, mit Mietstationen in fast allen Orten am See. Geführte Touren und Kurse, tgl. Kanuwanderungen, Kinderausfahrten.

Industriegebiet Unterlohn (rechte Rheinseite), Robert-Bosch-Str. 4, T 07531 95 95 97, www.lacanoa.com, Kajak 3 Std./Tag/Person 20/30.€, Kanu 3 Std./Tag/Person 15/25 €

Stadtführungen und Ausflüge

Informationen zu den Angeboten und Buchung über die **Tourist-Information Konstanz** (s. Infos).

Ausgehen

Tanzen

1 **Das Boot:** Fr/Sa ab 22 Uhr geht auf dem Schiff, das tagsüber die Ausflügler herumschippert, die Szene ab. Mit Dancefloors und Bar. Chic und in.

im Hafen, www.dasboot.de

Theater

6 **Stadttheater Konstanz:** Das Stadttheater an der Konzilstraße ist der älteste bespielte Theaterbau Deutschlands. Reines Spieltheater, in der Werkstatt und der Spiegelhalle am Hafen auch Opernaufführungen, Experimentelles und Kleinkunst.

Konzilstr. 11, Theaterkasse im Kulturkiosk, Wessenbergstr. 41, Di–Fr 10–18.30, Sa 10–13 Uhr, T 07531 900 21 50, www.theaterkonstanz.de

Szenetreff

2 **Rheinterrasse:** Szenetreff am rechten Rheinufer mit herrlichem Blick über das Wasser auf die Dächer der Altstadt. Ab Sonnenuntergang geht's los. Clubsounds, House.

Spanierstr. 5, T 07531 560 93, www.rheinterrasse-kn.de, Mo–Sa ab 17 Uhr

Drinks

3 **Blauer Engel:** Cocktails satt für alle Altersgruppen.

St. Johanngasse 4, T 07531 23 63 82 74, www.blauer-engel.com, Di–Do 19–1, Fr, Sa bis 3 Uhr

Kabarett, Lesungen, Jazz

4 **Kulturzentrum K9:** Im kommunalen Kunst- und Kulturzentrum in einer ehemaligen Kirche ist viel los: Kabarett, Lesungen, Jazz etc., mit Gartencafé.

Hieronymusgasse/Ecke Laube, T 07531 167 13, www.k9-kulturzentrum.de

Glücksspiel

5 **Casino Konstanz:** In bester Lage kann man in noblem Rahmen die Nacht durchzocken und mit Stil sein Geld verlieren. Krawattenzwang. Empfehlenswert ist die Lounge/ Bar mit Bistrokarte.

Seestr. 21, T 07531 815 70, www.spielbank-konstanz.de, tgl. 17–1, Fr, Sa bis 3, Automatenspiel ab 11 Uhr

Feiern

- **Internationale Bodenseewoche:** Anfang Juni, www.bodenseewoche.com. Segelregatta, viele Veranstaltungen.
- **Flohmarkt Konstanz/Kreuzlingen:** Ende Juni, www.konstanz-info.com. Am ersten Wochenende nach den Pfingstferien in Baden-Württemberg findet der größte Flohmarkt des Bodensees mit rund 1000 Ständen statt – rund um die Uhr! Ein 24-Stunden-Marathon entlang der ausgebreiteten Schätze.

• **Seenachtfest:** Anfang Aug., www.seenachtfest.de. Konstanzer Sommernächte, am Sa Seenachtfest. Seit 1949 das größte Sommerfest am See mit Zehntausenden von Besuchern. Programm an der Uferpromenade, Höhepunkt: das Seefeuerwerk – das größte Europas.

Infos

• **Tourist-Information Konstanz:** im Bahnhof, T 07531 13 30 32, www.konstanz-info.com, April–Okt. Mo–Fr 9–18.30, Sa 9-16, So, Fei 10–16, Nov.–März Mo–Fr 9.30–18 Uhr. Die Tourist-Information bietet auch Stadtführungen (Jan.–März, Nov. Di, Fr, Sa 14.30, April, Okt. tgl. 11.15, 14.30, Mai–Sept. Mo–Sa 10, 11.15, 14.30, So 11.15, 14.30 Uhr), themenspezifische Rundgänge, Kinderführungen sowie geführte Natur- und Kulturwanderungen an.
• **REGIO Konstanz-Bodensee-Hegau e.V.:** Obere Laube 71, T 07531 13 30 40, www.bodenseewest.eu. Für die Region Konstanz-Bodensee-Hegau.
• **Bahn:** Vom DB-Bahnhof Hafen Konstanz nach Singen, Anschluss nach Stuttgart und Basel; nach Karlsruhe; mit dem Seehas alle 30 Min. nach Engen. Vom Schweizer Bahnhof (T 07531 91 51 09) halbstdl. nach Kreuzlingen, Anschluss nach Zürich, Schaffhausen, Romanshorn, St. Gallen.
• **Bus:** Regionalbuslinie nach Friedrichshafen und Meersburg/Ravensburg.
• **Stadtbus:** Fahrpläne findet man unter www.stadtwerke-konstanz.de oder bei der Touristeninformation.
• **Schiff:** BSB, Bodensee-Schiffsbetriebe, Hafenschalter, T 07531 364 0-0, www.bsb.de. Mehrmals tgl. Verbindungen über Meersburg und Lindau nach Bregenz; nach Radolfzell über Insel Reichenau; nach Meersburg, Mainau, Überlingen sowie Vergnügungsfahrten. Fähre Konstanz–Meersburg, 24 Std., ganzjährig; Autofähre, Fährhafen Staad, www.stadtwerke-konstanz.de. Katamaran Konstanz–Friedrichshafen, T 07531 363 93 20, www.der-katamaran.de, Mo–So stdl. 6–19 Uhr, knapp 50 Min.

WALDWANDERUNG VON DINGELSDORF ZUM ERLEBNISWALD MAINAU

Wer mag, kann auch eine Wanderung von Dingelsdorf zum Erlebnispark Mainau unternehmen, der mit Kletterabenteuern aufwartet (s. S. 216).

Insel Mainau 

F 3

Die Insel Mainau ist ein exotischer Garten Eden, eine überbordende Pflanzen- und Blütenpracht mitten im Bodensee. Und wie in den grandiosen englischen Gärten und Landschaftsparks kommt auch hier ein nobles Schloss mit adeligen Besitzern hinzu – eine hochattraktive Mischung, die Tausenden von Tagesbesuchern Freude macht. Die Mainau ist eine der größten Touristenattraktionen im Land. Auf die 45 ha große Blumeninsel mit barockem Schloss und Kirche, mit riesigem Palmenhaus und Schmetterlingshaus kommen über 1 Mio. Besucher pro Jahr, und in den Sommermonaten ist es gnadenlos voll. Am besten, man kommt also so früh wie möglich im Jahr und am Tag.

www.mainau.de, Sonnenauf- bis Sonnenuntergang, Mitte/Ende März–Mitte Okt. Erw. 26 €, Kinder (bis 12 Jahre) Eintritt frei, Schüler/Studenten (mit Ausweis) 16 €, online gebuchte Tickets günstiger, Inselplan an jedem Eingang und bei der Insel-Info nahe dem Schloss

Geschichte

Schon vor 5000 Jahren war das Ufer der Mainau besiedelt, und die Römer unterhielten hier einen Flottenstützpunkt. Später wurde die Insel alemannisches Herzogs-, dann fränkisches Königsgut. 724 ging sie in den Besitz des Klosters Reichenau über. 1272 bis 1806 gehörte sie dem Deutschen Ritterorden.

Die schwedische Belagerung am Ende des Dreißigjährigen Kriegs und der Bau von Schloss und Kirche (1731–46) waren die herausragenden Ereignisse ihrer Zeit. Den Grundstein zum heutigen ›Unternehmen Mainau‹ legte 1853 der mit den Bernadottes verwandte Großherzog Friedrich I. von Baden, der die Insel zu seinem Sommersitz erkor und seiner Leidenschaft des Gärtnerns frönte, von seinen Reisen exotische Bäume und Pflanzen mitbrachte und einen Park anlegte. So wuchsen Atlas- und Libanonzedern, diverse Magnolienarten und zahlreiche Mammutbäume auf der Insel heran. Sie bilden das Herzstück des Arboretums, der großen Baumwiesen im Zentrum der Mainau. Über die Schwester des Großherzogs, Königin Victoria von Schweden, fiel die Mainau an das schwedische Königshaus. Der Urenkel Friedrichs I., Graf Lennart Bernadotte, erbte die Insel 1932.

›Unternehmen Mainau‹

Lennart Bernadotte beschloss, künftig auf der Mainau zu leben. 1946 zog er mit seiner Familie im ramponierten Schloss ein. Damals waren sämtliche Mauern überwachsen, und nur aus einem der Fenster konnte man auf den Bodensee schauen. Aus dem völlig verwilderten Dschungelareal begann er ein Blumen- und Pflanzenparadies zu kreieren. Die Finanzmittel waren knapp: Die Händler, die die Blumenzwiebeln brachten, mussten sich mit dem Zahlungsziel »nächstes Frühjahr« zufriedengeben. Die gesamte Insel wurde nach dem ersten großen Aufräumen und Pflanzen der Öffentlichkeit zugänglich gemacht. Mit diesem damals in Deutschland völlig ungewöhnlichen und unkonventionellen Unternehmen konnte Lennart Bernadotte den Besitz wahren und, wie er sagte, »eine Oase der Naturschönheit schaffen«.

Nach seinem Tod 2004 führte Gräfin Sonja Bernadotte die Mainau GmbH, deren Hauptanteilseigner die gemeinnützige Lennart-Bernadotte-Stiftung ist, im Sinne ihres Mannes weiter. Sonja Bernadotte starb 2008. Ihre Tochter Bettina und ihr Sohn Björn haben die Geschäftsführung der Mainau GmbH inne. Die Geschwister bilden nach Graf Lennart die fünfte Bernadotte-Generation.

Der Betrieb läuft nun seit vielen Jahrzehnten; heute sind während der Saison 400 Angestellte beschäftigt, darunter über 50 Gärtner, für das sich selbst tragende privatwirtschaftliche Inselunternehmen mit Öko-Management tätig. Neben Tagungen finden die Trauungen in der Schlosskirche großen Zuspruch. Ferner wird Wein gekeltert sowie Obst- und Gemüseanbau betrieben. Der Pflanzenverkauf ist ebenso erfolgreich wie die gemeinnützigen, mit Schulen und Heimen in der Region verknüpften Gartenbauprojekte.

Jedes Besucherjahr steht unter einem bestimmten Motto: 2022 war es »Schlossjuwel und Gartenrausch«.

Inselspaziergang

Vom Eingang zum Arboretum

An der **Fußgängerbrücke** mit dem Eingangsbereich zur Insel fällt als Erstes das Schwedenkreuz ins Auge: Die

Blumenmeer – die Insel Mainau bietet zu (fast) jeder Jahreszeit die passende Blütenpracht.

1577 geschaffene **Kreuzigungsgruppe** aus Bronze ragt aus dem Wasser empor. Als die Schweden nach dreijähriger Besetzung 1649 die Insel verließen, führten sie auch das Kreuz als Kriegsbeute mit sich – es war aber so schwer und unhandlich, dass es im flachen Wasser zwischen Festland und Insel ›abgelegt‹ wurde. Von hier aus kann man den **Inselbus** bis zur Schwedenschenke nehmen; viel schöner allerdings ist der **Spazierweg.** Er führt durch die einzigartige **Metasequoia-Allee,** das sind die überaus seltenen chinesischen Rotholzbäume, die hier seit 1950 aus einem einzigen Steckling gezogen und gepflanzt wurden. Nach Süden hin erstreckt sich das **Kinderland** mit Spielplätzen, Streichelzoo, einer Märklin-Garteneisenbahn, Ponyreitbahn und großen, kunterbunten Blumentieren – aus Blüten gesteckten Riesenfiguren.

Eine der Hauptsehenswürdigkeiten ist das **Schmetterlingshaus** von 1996. In der tropischen Landschaft mit 26 °C Raumtemperatur und 90 % Luftfeuchtigkeit sind mehr als 25 Arten farbenprächtiger Schmetterlinge zu Hause. Von der südlich davon gelegenen **Großherzog-Friedrich-Terrasse** bietet sich ein traumhafter See- und Alpenblick. Östlich davon, im Zentrum der Mainau, breitet sich das **Arboretum** aus, die grüne Ruheoase mit riesigen Mammutbäumen, Zedern, Tulpenbäumen, Magnolien oder Linden, Buchen und Platanen.

Schloss, Kirche und Umgebung

Am südöstlichen Ende der Insel mit herrlichen Ausblicken liegen Schloss und Kirche heiter und beschwingt nebeneinander. Die dreiflügelige **Schlossanlage** mit großem Ehrenhof (1732–39) in barockem Stil stammt wie auch die Kirche von Giovanni Gaspare Bagnato. Im Mittelrisalit prangt noch das Deutschordenswappen. Im Erdgeschoss liegt der **Wappensaal,** in dem Wechselausstellungen stattfinden. Der festliche **Weiße Saal** im Obergeschoss steht für Veranstaltungen zur Verfügung.

Zusammen mit dem Schloss bildet die **Kirche St. Marien** ein bedeutendes Barockensemble. Die prächtige Innenraumgestaltung – Hochaltar, Seitenaltäre, Kanzel und Skulpturen – schuf Joseph Anton Feuchtmayer, dem man rund um den See so oft begegnet. Deckengemälde und Hochaltarbild stammen von Franz Joseph Spiegler: Er widmete sie dem Leben Marias. Die Stuckarbeiten von Francesco Pozzi lenken den Blick zum Chorraum und Hochaltar. Mit dieser Kirche begann der Siegeszug des oberschwäbischen Hochbarock (s. S. 286).

Von der **Schlossterrasse** mit ihren Palmen, Zitronen- und Orangenbäumen, die im riesigen Palmenhaus Schutz finden, das zum Winterhalbjahr an den Kirchen- und Schlosswänden aufgebaut wird, führt die barocke Treppenanlage hinunter in den herrlichen italienischen **Rosengarten.** Er ist streng geometrisch; allein hier blühen 9000 Rosenpflanzen und betören mit ihrer duftenden Schönheit.

Vom Hafen zurück zum Eingang

Spaziert man hinter der Schlossanlage die Pfade hinunter, stößt man auf weitere Rundwege, immer mit dem glitzernden Bodensee und den Schiffen im Blick. Hier liegen auch der **Hafen Mainau** und die **Comturey** mit Ter-

Um die 50 Gärtner sind während der Saison auf der Insel Mainau damit beschäftigt, das Blumenparadies zu pflegen.

rassencafé. Weiter im Uhrzeigersinn schließen sich mediterrane Blumengärten an, der Tessiner Platz, Brunnen und Skulpturen, bis man auf den Eyecatcher der **Italienischen Blumen-Wassertreppe** stößt: Auf Goldmosaiken fällt das Wasser als Kaskade schnurgerade die Treppen hinunter, eingefasst von Säulenzypressen und saisonal gepflanzten Blumenteppichen – ein beeindruckendes Kunstwerk, das Natur und Kultur spielerisch miteinander verbindet. Auf gewundenen Promenaden durch weitere vielfältige Themenanlagen wie Magnolien- und Rhododendronhaine und Ufergärten erreicht man schließlich das Kinderland und die Brückenanlage mit Ein- und Ausgangsbereich.

Essen

Das gastronomische Angebot ist vielfältig und über die ganze Insel verteilt: vom **Eiswagen** über den **Schnellimbiss** und die **Grillstation** bis zum feinen **Restaurant.** Alle sind ganzjährig geöffnet, die Öffnungszeiten variieren aber je nach Saison.

Feiern

- **Beginn der Blumensaison:** Ab Ende März beginnt die Blumensaison auf der Mainau mit einer großen, wertvollen Orchideenschau im Palmenhaus.
- **Große Garten- und Blumenverkaufsausstellung:** Ostern, im Schloss.
- **Frühling:** Die Frühlingsbepflanzung mit rund 1 Mio. (!) Tulpen und Narzissen ist eine Augenweide; ab Mai stehen die Rhododendrenhaine und Azaleen in Blüte; danach beginnt die Rosenzeit, für die die Mainau berühmt ist. Mehr als 1300 Sorten, darunter sehr alte, bezaubern mit ihrer Pracht.
- **Sommer:** Ab Juni explodieren die bunten Sommerblumen in den Beeten und Rabatten, und im Juli sind die exotischen Bäume, Stauden und Früchte wie Orangen- und Zitronenbäume, Palmen und Bananen zu bewundern.
- **Herbst:** Ab September blühen über 12 000 Dahlienpflanzen, und im Oktober wird die Dahlienkönigin gewählt.
- **Veranstaltungen:** Übers ganze Jahr zahlreiche Veranstaltungen in Schloss und Park. Infos im Servicezentrum (s. o.) und unter www.mainau.de.

KOMBITICKETS, ANFAHRT UND BESUCH

Die Deutsche Bahn und die Bodenseeschiffsbetriebe bieten aus allen Orten am Nordbogen des Bodensees von Überlingen bis einschließlich Bregenz Kombitickets mit Bahn, Schiffsfahrt und Eintritt auf die Mainau an. Infos und Tickets sind an den Bahn- und Hafenschaltern erhältlich.

Infos

- **Mainau GmbH:** T 07531 30 30, www.mainau.de.
- **Servicezentrum:** Vorverkauf Konzerte/Veranstaltungen: T 07531 30 30.
- **Organisierte Touren:** Von zahlreichen Orten am Bodensee gibt es Tagestouren mit Bus und Schiff zur Mainau; s. auch Tipp rechts.
- **Auto:** Mit Reisebus oder Privat-Pkw auf dem Bodanrück bis Egg, dann auf die Parkplätze und von dort über die Fußgängerbrücke mit Eingangsbereich am Nordwestrand der Insel.
- **Regionalbus:** Vom Bahnhof Konstanz fährt die Buslinie 4 alle 30 Min. zur Mainau und zurück.
- **Schiff:** Mit dem Schiff bis Mainau Hafen im Südosten der Insel.

Schweizer Untersee und Hochrhein

Wer es ruhiger mag — findet am Untersee sein Plätzchen. Für ohrenbetäubendes Getöse sorgt dagegen der Rheinfall.

Seite 194

Rheinfall ✪

Hauptattraktion der hübschen alten Grenzstadt Schaffhausen ist der Rheinfall: Er ist der größte Wasserfall Europas und bietet ein eindrucksvolles Naturschauspiel: Einmal im Leben muss man ihn gesehen haben.

Seite 189

Klosterinsel Werd

Mitten im Rhein liegt, über eine Holzbrücke von Eschenz aus zu erreichen, das Inselchen Werd mit einer uralten Klosterkapelle. Die Klostergemeinschaft gehörte einst zu St. Gallen.

Im Schlauchboot den Rhein hinuntertreiben, das ist Sommer!

Eintauchen

Seite 181

Fachwerk und Fisch in Gottlieben

In dem Ort liegen direkt am Rheinufer schöne Fachwerkbauten, in denen eine ausgezeichnete Gastronomie gepflegt wird. Herrlich: auf der Terrasse Fisch essen, einen Wein trinken und die Aussicht genießen.

Seite 182

In See stechen

Eine wunderschöne Bootstour zur Erkundung von Untersee und Hochrhein im deutsch-schweizerischen Grenzland führt von Kreuzlingen über Stein am Rhein nach Schaffhausen.

Seite 186

Schloss Arenenberg

Hoch über dem Untersee liegt das wundervoll erhaltene Schloss Arenenberg, in dem Kaiser Napoleon III. mit seiner Mutter gelebt hat. Ein Traum ist der vollständig rekonstruierte Park.

Seite 184

Vinorama

In diesem Museum in Ermatingen erfahren Sie alles über den hiesigen Weinanbau und seine lange Geschichte.

Seite 196

Winterthur

17 Museen besitzt die Stadt, darunter das weltweit renommierte Fotomuseum, die zauberhafte Villa Flora mit ihrer kostbaren Sammlung an Nachimpressionisten sowie das Kunstmuseum Winterthur mit seinen Beständen an Kunst der Jahre 1945–65.

Seite 186

Groppenfasnacht

In Ermatingen findet die Fasnacht erst drei Wochen vor Ostern statt und der Umzug wird von einem Fisch angeführt. Statt Bonbons und Fasnachtsküchle gibt es Fischbrötchen.

Wer in St. Gallen noch nicht genügend Erker gesehen hat, sollte unbedingt durch Schaffhausen bummeln, eine der malerischsten Altstädte der Schweiz.

ibt es nur am See und dort nur in ottlieben: Hüppen. Was das ist? n röhrenförmiges Gebäck, gefüllt it zartester Schoggimasse – zum einbeißen gut!

& erleben

Zwischen Geruhsamkeit und Getöse

D

Das Schweizer Südufer des Untersees hat einen ganz eigenen Charakter. Der Seerhein mit seinen schilfbewachsenen und baumbestandenen Ufern fließt träge dahin, die winzigen Dörfer und Fischerorte zwischen Kreuzlingen und Stein am Rhein sind anmutig und voller Charme. Eine altmodische Behaglichkeit prägt die Stimmung, die Zeit scheint stillzustehen. Hier lässt es sich herrlich wandern, am Ufer spazieren, Fahrrad fahren – der Thurweg führt über 50 km immer am Wasser entlang. Zwischendurch dann in eines der Gasthäuser einkehren und auf der Seeterrasse tafeln – wunderbar!

Im hügeligen Hinterland des Thurgaus werden ausgedehnte Gemüse- und Obstkulturen gepflegt, und ein wichtiger Wirtschaftsfaktor der Region sind biologische Frucht- und Gemüsesäfte. Wein wächst auch, allen Rebsorten voran der Müller-Thurgau, dessen Anbau auf Herrn Müller aus dem Thurgau zurückgeht.

Ein schöner Ausflug führt nach Salenstein ins Schloss Arenenberg, heute Napoleon Museum. Die hoch gelegenen Gartenanlagen zählen zu den schönsten im Bodenseebereich. Fährt man landeinwärts, bietet die weitläufige ›Dorflandschaft‹ der Kartause Ittingen ein wunderbares Ausflugsziel, entschleunigend und höchst anregend zugleich. Wunderschön ist auch das Städtchen Stein am Rhein mit seinen bunt bemalten Fachwerkfas-

ORIENTIERUNG

O

Im Internet: www.bodenseewest.eu (Portal für die Region Konstanz-Bodensee-Hegau), **www.thurgau-tourismus.ch** (Website des Thurgau Tourismus), **www.schaffhauserland.ch** (Website für das Schaffhauserland).

Transport: Die **Regionalbahn** Thurbo (www.thurbo.ch) verbindet die drei Länder am Bodensee und verkehrt im Halbstundentakt zwischen den Orten an der Seelinie. Mit dem sehr gut ausgebauten Netz der Schweizer **Postbusse** (www.postauto.ch) kann man von jedem Ort in die nahe Umgebung mit weiterführenden Anschlüssen fahren. **Schiffsverbindungen** (www.bsb.de, www.sbsag.ch, www.bodensee-schiffe.ch, www.urh.ch) bestehen zwischen Kreuzlingen und Schaffhausen: über Konstanz, Gottlieben, Ermatingen, Reichenau, Berlingen, Gaienhofen, Steckborn, Hemmenhofen, Wangen, Mammern, Öhnlingen, Stein am Rhein und Diessenhofen.

saden – und ein Schiffsausflug auf dem Rhein von oder nach Schaffhausen zählt zu den schönsten Flussfahrten Europas.

Gottlieben

F 4

Gottlieben mit seinen 300 Einwohnern ist die kleinste Gemeinde der Schweiz. Sie liegt an der engen Mündung des Seerheins, der hier in den Untersee eintaucht. Am gegenüberliegenden Ufer erstreckt sich die Schilflandschaft des naturgeschützten Wollmatinger Rieds. Gottlieben ist ein bezauberndes Fleckchen mit einer Handvoll prächtiger Riegelbauten; blumengeschmückte Fassaden und urtümliche Bauerngärten sind um den Dorfplatz gruppiert. Die **Drachenburg** ist ein besonders stattliches Fachwerkhaus, eines der schönsten am Bodensee, mit zwei haubengekrönten Erkern und den Drachenwasserspeichern, die dem Bau seinen Namen gaben. Der Drachenburg zur Seite stehen das **Grüne Haus** und das **Waaghaus** von 1687.

Bodman-Haus

Das Haus ist zum exklusiven literarischen Treffpunkt der Euregio Bodensee geworden. Der Schweizer Schriftsteller und Dichter Emanuel von Bodman (1874–1946) hat hier gelebt. Von Bodman war mit Künstlern befreundet, besonders mit Hermann Hesse, der ihn oft besucht hat. Neben den Ausstellungsräumen gibt es eine Gästewohnung für Schriftsteller, ein Lädchen und eine Buchbinderei.

Am Dorfplatz 1, T 071 669 3480, www.literaturhausthurgau.ch, geöffnet während Veranstaltungen und nach Vereinbarung

Schloss Gottlieben

Die trutzige ehemalige Wasserburg wurde 1251 von Bischof Eberhard II. erbaut, der ehrgeizige Pläne hatte, Konstanz den Rang abzulaufen und Gottlieben zu einem großen Markt- und Handelsplatz zu machen – das ist gründlich gescheitert: Gottlieben blieb ein Fischerdorf. In der Burg allerdings wurden zur Zeit des Konstanzer Konzils der abgesetzte Papst und der Reformator Jan Hus gefangen gehalten. Ein gründlicher Umbau erfolgte 1838/39 durch Napoleon III., der auf Arenenberg lebte. Über Jahrzehnte hat die Wasserburg der berühmten Schweizer Opernsängerin Lisa della Casa gehört, die hier bis zu ihrem Tod 2012 lebte; auch heute ist das Schloss in Privatbesitz.

nicht zugänglich

ACHTUNG

In diesem Kapitel muss, wenn nicht anders angegeben, allen Rufnummern bei Anrufen von außerhalb der Schweiz die 0041 vorangestellt werden, die 0 der Ortsvorwahl entfällt!

Schlafen, Essen

Opulent

Hotel Drachenburg & Waaghaus: Opulente und elegant-rustikale Zimmer in historischen Bauten. Die beliebten Res-

(FAST) FREIE FAHRT

Ostwind: Tageskarte; freie Fahrt in den Kantonen St. Gallen, Appenzell und Thurgau mit Bahn, Bus und Schiff. Unkompliziert und flexibel; www.ostwind.ch.

Euregio Bodensee: Tageskarte mit verschiedenen Zonen für die Bodenseeregion; www.euregiokarte.com.

TOUR
Eine Seefahrt, die ist lustig

Auf Untersee und Hochrhein nach Schaffhausen

Infos

F 4–A 4

Dauer: 1 Tag, reine Fahrzeit mit dem Schiff ca. 4 Std.

Planung: Schiff ab Kreuzlingen (www.urh.ch, April–Okt. 9, 11, 14.20 Uhr, Erw. 49,50 SFr); in Schaffhausen mit der Stadtbuslinie 1 zum Bahnhof; per Bahn (Erw. 16 SFr) über Singen in 1,5 Std. zurück nach Konstanz/Kreuzlingen

Nicht vergessen: Personalausweis (!), Fernglas, Sonnenschutz

Auf dem Oberdeck sitzen und zwischen den Ufern im Zickzackkurs fahren: Auf dieser Schiffsfahrt geht es entspannt zu. Die Orte an den Ufern von Untersee und Rhein lohnen einen Zwischenaufenthalt, am Ende winkt der Besuch des Rheinfalls.

Um 9 Uhr startet das sommerliche Schiff mit großem, sonnengeschützten Oberdeck im stillen, naturbelassenen Hafen von **Kreuzlingen** zu einer der schönsten Stromfahrten Europas – einer Fahrt, die zwischen schweizerischem und deutschem Ufer ständig hin- und herpendelt und in Schaffhausen mit dem Besuch des Rheinfalls ihren Höhepunkt findet. Zwischen Weiden, Schilf und winzigen Buchten fährt das Boot los, dann taucht schon die Silhouette von **Konstanz** auf: große Kaianlagen, die mächtige Imperia-Skulptur vor dem Dächerwirrwarr der Altstadt. Ein starker Kontrast!

Dann wird es geruhsam: Der Bodensee verengt sich zum Seerhein. Hier liegt das reizende **Gottlieben**, **Ermatingen** folgt: zwei idyllische kleine Orte mit stattlichen Fachwerkbauten direkt am Ufer. Gleich hinter Gottlieben weitet sich der Rhein zum Untersee; das Panorama der Insel **Reichenau** kommt ins Blickfeld. Von der Schiffslände ist man nach 1 km zu Fuß am romanischen Münster in **Mittelzell** – UNESCO-Welterbe und ein lohnener Besuch! Doch Vorsicht: Das nächste Schiff – und das gilt es zu kriegen – fährt schon in zwei Stunden!

Von der Reichenau geht's wieder ans schweizerische Ufer mit hügeliger Landschaft und den Alpen im Hintergrund. Nächster Halt ist **Mannenbach-Salen-**

Start und Ziel der Schiffstour: der Naturhafen von Kreuzlingen

stein. Dort versteckt sich auf einer Anhöhe das wunderschöne **Schloss Arenenberg** mit seinen restaurierten Parkanlagen. Von der nächsten Station, Berlingen, aus steuert man dann die deutsche **Halbinsel Höri** und den Hafen **Gaienhofen** an. Hier liegen das Hermann-Hesse-Höri-Museum und das Hesse-Wohnhaus.

Im Hin und Her zwischen den Ufern gleitet man vorbei an den kleinen Häfen und Uferanlagen von **Steckborn, Hemmenhofen** (zwischen Gaienhofen und Wangen), **Wangen, Mammern** und **Öhningen.** Es ist friedlich; wenig Schiffsverkehr, ein paar Paddelboote, Enten und Schwäne an den Ufern; in den Badeanstalten und an freien Badestellen ziehen die Schwimmer ihre Bahnen.

Jetzt rücken die gegenüberliegenden Ufer nah aneinander; aus dem See wird der Strom mit bewaldeten Ufern, Naturschutzzonen und grünen Wiesenhängen. Man passiert die winzige **Insel Werd** mit ihrem Franziskanerkloster, die über eine Holzbrücke mit Eschenz am Südufer verbunden ist, dann geht's nach **Stein am Rhein,** das eine bezaubernde Ufersilhouette vor der hoch oben gelegenen Burg Hohenklingen bietet. In der Schweizer Enklave am Nordufer lohnt sich ein Bummel durch die attraktive, charaktervolle Altstadt – sofern man auf die Reichenau verzichtet und die zwei Stunden bis zum nächsten Schiff noch zur Verfügung hat. Anschließend fährt man flussaufwärts Richtung **Diessenhofen** mit seinem anmutigen mittelalterlichen Stadtbild. Eine knapp 200 Jahre alte überdachte Holzbrücke führt hier über den Rhein ins deutsche **Gailingen.**

Auf dem **Hochrhein** gelangt man schließlich nach **Schaffhausen,** dem Ziel der Schiffsfahrt, wo das Finale wartet: ein Besuch des **Rheinfalls.** Von der Schiffslände fährt ein Anschlussbus direkt zu dem gewaltigen Naturschauspiel.

F

ERMATINGER FISCHSALAT

Einen Ermatinger Fischsalat sollten Sie sich nicht entgehen lassen: Er besteht aus Filets von Felchen, Seeforelle, Zander und Egli. Egli ist der Schweizer Name für Kretzer oder Barsch. Felchen, auch Renken genannt, gehören zur Familie der Lachsfische. Sehr schön dazu ist ein frischer, heimischer Müller-Thurgau.

taurants im Waaghaus der Drachenburg (Fischerstube mit Seeterrassen sowie ›1. Stock‹) bieten unterschiedliche Küchen, von deftig-regional bis fein.

Am Schlosspark, www.stiftung-drachenburg-waaghaus.ch, das Haus wird zur Zeit grundlegend saniert und modernisiert

Schöne Terrasse

Boutique Hotel Porto Sofie: Das 2021 komplett renovierte Hotel liegt direkt am Seeufer und bietet individuell eingerichtete Zimmer. Im Bistro wird vorwiegend mit Produkten aus der Region gekocht, im Café werden vielfältige Kaffeespezialitäten serviert. Guter Platz für einen Drink am Abend ist die Bar im »Sofie«.

Am Schlosspark 9, T 071 544 66 00, www.portosofie.ch, Café, Bistro, Bar April–Okt. So–Do 9–23, Fr, Sa bis 24 (warme Küche 12–21), Nov.–März Do–Sa, Mo 10–21.30 (warme Küche 12–14, 18–20.30), So 10–18 Uhr (warme Küche 12–17 Uhr). DZ ab 184 SFr

Spezialität Hüppen

Gottlieber Seecafé: Traditionsreiches Café am See mit Terrasse. Die Gottlieber Hüppen, knusprige, hauchdünne Gebäckröllchen, sind Spezialität und schönes Mitbringsel.

Espenstr. 9, T 071 667 01 77, www.gottlieber.ch, Mo–Fr. 9–17, Sa, So 10–18 Uhr

Ausgehen

Seeleben live

Bar am Seerhein: Einen »Porto Sofie«, einen »Gottlieber Daiquiri«, einen »Thurgau Mule« oder einer Empfehlung des Bartenders folgen? Die Barkeeper hier mixen klassische und ausgefallene Drinks.

Im Hotel Porto Sofie, s. links

Infos

- **Gottlieben Tourismus:** Am Dorfplatz 5, im Dorfladen, T 071 667 07 30, April–Okt. Di–So 8–18 Uhr.
- **Bahn:** stdl. mit der Seelinie in westlicher und östlicher Richtung.
- **Bus:** mit dem Postautobus in alle Orte der Umgebung.

Ermatingen ⚲E 4

Auch das größere Ermatingen mit seinen rund 3500 Einwohnern ist ein bezaubernder Weiler mit hübschen Fachwerkhäusern und charakteristischen Fischerhäuschen am Seeufer. Die Insel Reichenau liegt direkt gegenüber; der Einfluss der Klosterinsel reichte über Ermatingen bis in den Thurgau. Heute wird hier viel Wert auf die Fischerei gelegt. Der Gropp, ein bedrohter Fisch des Untersees, wird hier geräuchert, und er ist Mittelpunkt der außergewöhnlichen Groppenfasnacht (s. S. 186).

Vinorama Museum Ermatingen

Der Tradition des Thurgauer Weinbaus widmet sich das Vinorama. Bei den Verkostungen lernt man die feinen Unterschiede der Lagen kennen. Jährlich wird eine Sonderausstellung

Lieblingsort

Picknick im Grünen

Paradiesische Freuden: ein Picknick auf einer blühenden Wiese, unter blauem Himmel und mit dem Bodensee vor Augen. Brot, Käse, Obst und vielleicht eine Flasche Wein kauft man in **Ermatingen** (E 4), breitet sich im Grünen aus und schaut auf die nahe gelegene Klosterinsel Reichenau mit ihren wunderbaren romanischen Kirchen.

gezeigt, die historische und kulturelle Themen zum Inhalt hat.

Hauptstr. 62, T 071 660 01 01, www.vinorama-ermatingen.ch, Sa, So 14–17 Uhr, Eintritt frei

Schlafen, Essen

Üppig schön

Hotel Ermatingerhof: Sehr schöne, individuelle Zimmer und eine Tauschbibliothek zum Schmökern.

Hauptstr. 82, T 071 663 20 20, www.ermatingerhof.ch, DZ ab 150 SFr

Reizend

Café Restaurant Haus zum Schiff: Café mit Gartenterrasse und direktem Blick ins Wasser. Kuchen, Torten, reichhaltige Bistrokarte.

Schiffsgasse 21, T 071 66 430 27, Do–Sa 14–23, So 13–20 Uhr

Bewegen

Baden

Naturstrandbad Ermatingen: Ein gemütliches Bad mit Liegewiesen, Kinderspielplatz und Kiosk.

am Seerhein Richtung Westen, T 071 660 04 39, bei gutem Wetter Mitte Mai–Mitte/Ende Aug. tgl. 10–20, Ende Aug.–Mitte Sept. Mo–Fr 12–18.30, Sa, So 10–18.30 Uhr

Feiern

- **Groppenfasnacht:** 3 Wochen vor Ostern, www.groppenfasnacht.ch. Wenn anderswo keine Fasnacht mehr ist, wird hier alle drei Jahre die Groppenfasnacht gefeiert (wegen der Corona-Pandemie verschoben soll vom 15. bis 19. März 2023 der nächste Termin sein). Der Fisch Gropp führt den Umzug an, bei dem rund 1000 Mitwirkende in traditionellen Kostümen durch die Gassen ziehen. Mit Musik und Fischimbiss.

Infos

- **Infostelle epoint:** im Bahnhof, T 071 664 18 12, www.thurgau-bodensee.ch, Mo–Fr 7–19, Sa, So, Fei 8–18 Uhr.
- **Bahn:** stdl. mit der **Seelinie** in westlicher und östlicher Richtung.
- **Bus:** mit dem **Postautobus** in alle Orte der Umgebung.
- **Schiff:** Mai–Okt. 4 x tgl. zur Insel Reichenau, nach Stein am Rhein, Schaffhausen sowie Konstanz.

Schloss und Park Arenenberg

E 4

Etwa 2 km westlich von Ermatingen liegt hoch über dem Bodensee das wunderschöne Schloss Arenenberg im restaurierten Landschaftspark, der Arenenberger Gartenwelt, und bietet grandiose Ausblicke. Unter 8 m Erdaushub lag die ursprüngliche Struktur verborgen, mit Wasserkaskaden, Brunnen und Wegenetz. Hier verbrachte Napoleon III., letzter Kaiser der Franzosen, zusammen mit seiner Mutter Hortense de Beauharnais, der Schwägerin Napoleons I., die prägenden Kindheits- und Jugendjahre seines Lebens (1815–38). Seine Frau, Kaiserin Eugénie, schenkte das imperiale Schlösschen 1906 dem Kanton Thurgau.

Die Dauerausstellung führt durch die wunderbar erhaltenen, sehr charmanten Räume mit kostbarem Mobiliar und wertvollen Gemälden, in denen berühmte Vertreter aus Politik, Kunst, Literatur und Musik zu Gast waren. Die Parkanlagen in Renaissanceanmutung sind Teil der neuen **Arenenberger Gartenwelt,** die auch neue Obstplantagen einschließt. Herrliche Ausblicke, frei zugänglich.

Napoleonmuseum Thurgau, Salenstein, T 058 345 74 10, www.napoleonmuseum.tg.ch, Mitte April–Sept. tgl. 10–17 Uhr, Okt.–Mitte April Mo geschl., letzter Einlass 30 Min. vor Schließung, Erw. 15 SFr, Kinder (6–16 Jahre) 5 SFr (mit Park); Arenenberger Gartenwelt: Infozentrum, Shop tgl. 10–17 Uhr

Berlingen

E 4

An der breitesten Stelle des Untersees mit freiem Blick auf Zeller- und Gnadensee liegt das hübsche alte Dörfchen Berlingen zwischen den grünen Hügeln des steil ansteigenden Seerückens. Es besitzt eine attraktive Promenade am See. Unübersehbar ist das Seehotel Kronenhof, ein überregional bekanntes Tagungs- und Bildungszentrum, und das Kurhaus Seeblick.

Adolf-Dietrich-Haus

Das Museum widmet sich dem bekannten Schweizer Maler Adolf Dietrich (1877–1957), der in Berlingen aufwuchs, lebte und arbeitete. Sein Haus ist komplett erhalten. Seine Malerei, eine Mischung aus Naiver Kunst und Neuer Sachlichkeit mit Sujets seiner Heimat, fand internationale Beachtung und ist auch im Kunstmuseum Thurgau in der Kartause Ittingen vertreten.

Seestr. 31, T 058 345 10 60, www.kunstgesellschaft-tg.ch, Anfang Mai–Ende Sept. Sa, So 14–18 Uhr, Spende erwünscht

Steckborn

D 4

Steckborn, auf einer kleinen Halbinsel im See liegend, ist mit seinen rund 4000 Einwohnern ein altes Landstädtchen mit schönem Ortskern und einer reizenden Seepromenade. Neben dem **Fachwerk-Rathaus** mit Treppenturm (1669) lohnt auch die reformierte **Stadtkirche** am Obertor einen Blick: Sie wurde 1768 von Franz Anton Bagnato errichtet und besticht durch ihren hell-luftigen Innenraum mit feinen Stuckarbeiten.

Durch einen Großbrand im Dezember 2015 sind historische Häuser in der Altstadt (Kirchgasse, Seestrasse) zerstört; die Wiederherstellung wird Jahre brauchen.

Turmhof (Heimatmuseum)

Der fünf Stockwerke hohe Turmhof mit Türmchen und Zwiebelhaube ist zum Wahrzeichen des Untersees geworden. Der burgartige Wohnturm wurde 1320 als Außenstelle des Klosters von den Reichenauer Äbten errichtet. Seine heutige Gestalt stammt aus der Mitte des 17. Jh. Hier ist das **Museum im Turmhof** zu Hause, das sich der Heimatkunde widmet, Funde aus der Pfahlbauzeit sowie der Römer und Alemannen zeigt und auch Austellungen von regionalen Künstlern. Im 18. Jh. waren die Steckborner Fayeneöfen, prachtvoll bemalt, weithin bekannt.

Seestr. 84, T 052 761 30 28, www.turmhof-museum.ch, April–Mitte Okt. Mi, Sa, So 14–17 Uhr, Erw. 3 SFr, Kinder 1 SFr

Schlafen, Essen

Trendsetter

See- und Parkhotel Feldbach: Farbenfroh, sehr schick und luxuriös ist das Haus in den alten Fachwerkmauern eines Klosters mit modernen Anbauten. Toll die Lage, der Park, die Wiesen zum See hin, die große Gartenterrasse mit Loungemobiliar, Sonnensegeln und Restaurant. Feine mediterrane Küche und regionale Spezialitäten.

Im Feldbach 10, T 052 762 21 21, www.hotel-feldbach.ch, DZ 195–275 SFr, Hauptgerichte ab 29 SFr

Lieblingsort

Dem Panorama verfallen

Wunderschön ist es, sich auf der kleinen **Klosterinsel Werd** (C4) an der westlichen Spitze des Untersees auf einer Wiese niederzulassen und in sonniger Stille über den Rhein hinweg die Uferpanoramen zu betrachten (s. S. 189).

Bauernhofferien

Eichhof: Zwei schöne Ferienwohnungen unter einem Dach. 3,5-Zimmer-Wohnung für 2–5 Personen im Erd-, 2-Zimmer-Galeriewohnung für 2 im Dachgeschoss. Beide mit traumhaftem Seeblick, modernster Ausstattung, Gartenterrasse. Je rund 100 SFr pro Nacht (ab 3 Übernachtungen).
Familie Hegglin, T 052 770 27 66, www.eich-hof.ch

Am Bach

Bachperle: Direkt am rauschenden Bach und nicht weit vom Bodensee liegt diese schöne Ferienwohnung. Mind. 5 Nächte.
Obertorstr. 11, www.bedandbreakfast.eu, 135 €/Nacht

Bewegen

Baden

Strandbad: Liegewiese, Sandstrand, Kinderbecken, Blick auf die Halbinsel Höri.
Seestr. 188, 1 km Richtung Stein am Rhein, T 058 346 20 87, www.strandbad-steckborn.ch, Mai/Juni, Sept. tgl. 8.30–20, Juli/Aug. tgl. 8.30–21 Uhr (je nach Wetter auch frühere Schließung), Eintritt frei

Wandern

Steckborner Rundwanderweg: Hier sieht man viel von Ort und Landschaft. Der rund 13 km lange Weg kann in zwei kleinere Ost- und Westrunden geteilt werden.

Infos

- **Steckborntourismus:** Seestr. 98, in der Drogerie Brunnschweiler, www.bodenseewest.eu, Mo–Fr 8.30–12, 13.30–18.30, Sa 8–16 Uhr.
- **Bahn:** Seelinie Thurbo Schaffhausen–Romanshorn.
- **Schiff:** Richtung Konstanz sowie Reichenau und Schaffhausen, Mai/Juni So, Fei, Juli–Mitte Sept. Di, Do, So Personenfähre nach Gaienhofen, Höri.

Insel Werd

C 4

Mitten im Seerhein liegt das Inselchen Werd (s. Lieblingsort S. 188). Der Rheinuferweg führt über eine Holzbrücke von **Eschenz** aus auf die **Insel Werd** (1,8 km). Auf ihr siedelten schon Pfahlbauer, größere Bedeutung erlangte die Insel durch den Mönch St. Otmar, der 759 in Gefangenschaft auf der Insel starb. Er hatte sich für die Ablösung des St. Galler Klosters von der Konstanzer Herrschaft eingesetzt. Die romanische Kapelle (10. Jh.) wurde über seinem Grab errichtet. Heute sind in dem reizenden Klostergebäude fünf Franziskanermönche zu Hause, die auch die Gärten bewirtschaften.

Stein am Rhein

C 4

Stein am Rhein liegt am Übergang des Untersees in den Rhein und am Schnittpunkt zwischen der Schweiz und Deutschland. Der Ort mit einigen Nachbargemeinden liegt rechtsrheinisch in einem Schweizer Zipfel, umgeben vom deutschen Hegau. Die wirtschaftliche und kulturelle Ausrichtung jedoch ist zur Schweiz hin orientiert. Stein am Rhein mit seinen gut 3000 Einwohnern zählt zu den schönsten und besterhaltenen Kleinstädten der Schweiz. Der Charme des mittelalterlichen Stadtbilds zieht die Besucher in Scharen an! Der Bahnhof und der Stadtteil Burg liegen am linken Rheinufer.

Stein am Rhein war schon zu Römerzeiten besiedelt. Im 11. Jh. wurde das Benediktinerkloster St. Georgen unmittelbar am Rheinufer gegründet, auf der anderen Flussseite das Benediktinerstift Wagenhausen. Die 130 m hoch gelegene Burg Hohenklingen, die erst den Zähringern, dann den Hohenklingern gehörte, sollte die Klostereinrichtungen und den Fischerort schützen. Im Jahr 1457 wurde Stein zur Freien Reichsstadt, erwarb den Klosterbesitz, musste sich deswegen in Zürich hoch verschulden und handelte sich damit im Gegenzug die Reformation ein. Das Kloster selbst ist erhalten, die Klosterkirche St. Georgen ist reformierte Stadtkirche. Handel und Handwerk blühten. Besonders als Umladeplatz von den Lastseglern des Bodensees auf die Rheinkähne hatte Stein eine wichtige Position inne, die im 19. Jh. durch den Bahnverkehr gefestigt wurde. Seit 1803 gehört Stein zum Kanton Schaffhausen.

Altstadt

Rathausplatz

Im Ort mit der Hauptstraße zwischen den beiden Stadttoren, mit Kloster, Kirche, Rathaus, Markt und moderner Rheinbrücke führen alle Wege auf den zentralen Rathausplatz mit seiner einmalig schönen Atmosphäre zu. Er bildet ein lang gestrecktes Dreieck, großzügig und intim zugleich. Eingefasst wird der Platz von komplett erhaltenen Häuserzeilen aus Gotik und Renaissance mit kunstvoll bemalten Fassaden, kleinen und großen Erkern und blumengeschmückten Fenstern.

Der beherrschende Bau ist das **Rathaus** (Rathausplatz 1), 1539–42 erbaut. Es war einst auch Kaufhaus und Kornhalle. Heute sind im Erdgeschoss Polizeiwache und städtische Verwaltung untergebracht. Der getäfelte **Ratssaal** mit seinem kostbaren Fensterglas liegt im 2. Stock.

Rund um den brunnengeschmückten Platz stehen Bürgerhäuser mit bemalten Fassaden, etwa das **Haus Vordere Krone** (Rathausplatz 7) mit seiner gotischen Fassade, dem Erker und Fresken aus dem frühen 18. Jh. oder das **Haus Weißer Adler** (Oberstadt 1) beim Rathaus mit Malereien aus dem 16. Jh.

Das Fachwerkhaus des **Restaurants Sonne** (Rathausplatz 13) mit seinem Erker aus dem späten 17. Jh. ist ebenso ein kunsthandwerkliches Juwel wie das **Haus Roter Ochse** (Rathausplatz 9) mit seinen aufwendigen Malereien. Die meisten Fassaden wurden jedoch erst im frühen 20. Jh. mit Fresken geschmückt, das Rathaus beispielsweise im Jahr 1900 von Carl Häberlin.

Auch die **Innenausstattungen** der historischen Bauten, die Interieurs der Restaurants und Gastwirtschaften zeigen auf engstem Raum eine reiche künstlerische und handwerkliche Vielfalt mit bemalten Balkendecken, Holzvertäfelungen oder zarten Stuckarbeiten, Dekoren und feinster Möbelkunst.

Benediktinerkloster St. Georgen

Die ursprünglich romanische Anlage des Benediktinerklosters St. Georgen wurde im 14.–16. Jh. durch Bauteile der Spätgotik und Renaissance ersetzt. Heute ist sie eine der besterhaltenen Klosteranlagen der Schweiz und Museum.

St. Georgen war eine kleine Klostergemeinschaft. Es lebten nie mehr als zwölf Mönche – die Apostelzahl – in dem weitläufigen Areal. Von der Pracht und Opulenz ihres Refugiums zeugen die Konventsgebäude mit Kreuzgang, Sommer- und Winterrefektorium, die Abtskapelle und die Wohnräume. Besonders beeindruckend ist der **Festsaal** mit seiner reich geschnitzten Tonnendecke aus Tannenholz und den Malereien aus den Jahren 1515 und 1516, die Szenen aus der Antike und weltliche Ereignisse darstellen, wie die Zurzacher Messe mit ihrem Menschengewimmel. Diese Arbeiten von Thomas Schmid und Ambrosius Holbein gelten als der Durchbruch der Renaissance im Bodenseeraum.

Die schlichte **Stadtpfarrkirche St. Georg** (tgl. geöffnet) ist der älteste Bauteil des ehemaligen Benediktinerklosters. Das dreischiffige Langhaus wurde um 1100 auf älteren Fundamenten errichtet; es ähnelt dem Konstanzer Münster. Der Nordturm stammt aus den letzten Jahren des 16. Jh. Chor und Liebfrauenkapelle sind mit Wandbildern geschmückt, u. a. werden Kaiser Heinrich II. und Kunigunde gezeigt, die ein Modell der Klosterkirche in Händen halten.

Fischmarkt 3, T 052 741 21 42, April, Mai, Sept., Okt. tgl. 11–17, Juni–Aug. bis 18 Uhr, Erw. 5 SFr, ermäßigt 3 SFr, Kinder bis 6 Jahre Eintritt frei

Museum Lindwurm

Das Museum für bürgerliche Wohnkultur und Landwirtschaft im frühen 19. Jh. zieht den Besucher in den Alltag jener Zeit hinein. Im historischen Bau, der schon im Entstehungsjahr 1495 den Namen Lindwurm erhielt und Anfang des 19. Jh. mit der Palastfassade geschmückt wurde, werden alle Aspekte des Hauswirtschaftens vom Vorrathalten bis zum Leben in der Bel Etage anschaulich dargestellt.

Understadt 18, Tel 052 741 25 12, www.museum-lindwurm.ch, März–Okt. Di–So 10–17 Uhr, Erw. 5 SFr, ermäßigt 3 SFr

Burg Hohenklingen

Seit dem Jahr 1200 sitzt die Burg Hohenklingen auf dem bewaldeten, 600 m hohen Bergkegel bei Stein am Rhein. Von der einstigen Schutzburg der Benediktinerabtei St. Georgen schweift der Blick über den Untersee, den Rhein, das Alpenvorland und das Dächermeer von Stein. Der romanische Turm wurde als Wohnturm genutzt, der Ausbau mit Palas, Burgkapelle und Ringmauer erfolgte um 1250. Heute ist die Burg ein Restaurant mit bürgerlicher und Gourmetküche.

T 052 741 21 37, www.burghohenklingen.com, Mi–So 10–23 Uhr (warme Küche 11.30–13.30,18–21 Uhr, dazwischen kalte Küche), Hauptgerichte ab 20 SFr

Schlafen

Wunderschöne Lage

Hotel Restaurant Rheingerbe: Reizendes Fachwerkhaus direkt am Rhein, ruhig gelegen. Das gepflegte Restaurant im 1. Obergeschoss wird ergänzt durch eine große Gartenterrasse (Mo geschl.).

Schiffländi 5, T 052 741 29 91, www.rheingerbe.ch, DZ 160 SFr, Hauptgerichte ab 26 SFr

Rheinblick

Hotel Restaurant Schiff: Das Stadthaus mit großer Gartenwirtschaft und schönem Blick auf den Rhein, sechs komfortable Zimmer. Im Restaurant wird mediterrane Küche serviert – und Pizza.

Schiffländi 10, T 052 741 22 73, www.hotel-ristorante-schiff.ch, DZ 130 SFr

Modern und jung

Hotel & Backpacker Schwanen: Nur wenige Meter vom Rhein entfernt bietet das historische Haus sehr ordentliche, modern eingerichtete Zimmer. Das Restaurant (tgl. 9–22 Uhr) bietet frische, regionale Marktküche mit *open kitchen.*

Charregasse 5, T 052 79 891 84 27, www.hotel-schwanen.com, DZ ab 120 SFr, Betten ab 25 SFr, Hauptgerichte ab 15 SFr

Günstig

Jugendherberge Stein am Rhein: Nahe dem Rheinschwimmbad gelegenes, komplett renoviertes Haus mit insgesamt 92 Betten. Garten mit Rheinblick. Auch Tagesmitgliedschaft möglich.

Ein Haus schöner als das andere: Am Markt in Stein am Rhein trifft Gotik auf Renaissance.

Hemishoferstr. 87, T 052 741 12 55, www.youthhostel.ch, ab 43 SFr/Person im Mehrbettzimmer

Camping

Campingplatz Grenzstein: Winziger, hübscher Campingplatz (8 Plätze), mit Swimmingpool und alten Baumwiesen oberhalb von Stein, Richtung Radolfzell, 10 Min. Fußweg zur Altstadt.

Öhningerstr. 75, T 079 646 96 02, www.campinggrenzstein.ch

Essen

Feine Küche

Hotel Restaurant Adler: Mittendrin im bemalten Fachwerkgewirr liegt das schöne Haus mit den historischen Räumen. Ausgezeichnete Küche, z. B. Kalbfleischcarpaccio mit Sauerrahmdressing und grünem Spargel, Rindsfilet gefüllt mit Gänseleber, Portweinsauce und Gemüsekranz.

Rathausplatz 2, T 052 741 22 92, www.adler-steinamrhein.ch, Hauptgerichte ab 25 SFr

Infos

- **Tourismus Stein am Rhein:** Oberstadt 3, T 052 632 40 32, www.tourismus.steinamrhein.ch, Di–Fr 10–12.30, 13.30–16 Uhr.

Ausflüge von Stein am Rhein

Wanderung nach Diessenhofen

Eine schöne Wanderung führt am Rheinweg entlang zum bezaubernden

Ort Diessenhofen (11 km, 2,5 Std., B/C 4). Malerisch am Rhein gelegen, lohnt das kleine Städtchen einen Besuch – zu besichtigen sind eine mittelalterliche Ministadtanlage mit Siegelturm, das Rathaus, die Stadtmauer, ein Schloss und eine Holzbrücke. Wer nicht zurücklaufen möchte, nimmt den Postautobus oder die Bahn oder – wenn's zeitlich passt – das Schiff.

Kartause Ittingen

Ein schöner Ausflug führt in den Thurgauer Seerücken zur Kartause Ittingen (C 5) bei Warth nahe Frauenfeld. Die komplett restaurierte Klosteranlage der Kartäuser mit zahlreichen Einzelbauten und reizendem dörflichen Charakter ist eines der wichtigsten Kulturdenkmäler der Ostschweiz und besteht seit 850 Jahren.

Heute ist das Kloster eine Stätte vielfältiger Begegnung. Es gibt zwei **Hotels,** eines davon als Zentrum der Stille. Auch das wunderschöne **Kunstmuseum Thurgau** ist hier beheimatet. Es zeigt neben religiöser Kunst das regionale Kunstschaffen, Naive Malerei und Wechselausstellungen.

Darüber hinaus wird hier Wein angebaut, Hopfen und Obst. Die gesamte Bewirtschaftung der Klosterländereien erfolgt nach ökologischen Gesichtspunkten. Im **Klosterladen** werden u. a. eigene Käse und Milchprodukte angeboten. Und das Restaurant Mühle sowie ein herrlicher Biergarten sorgen für das leibliche Wohl vor Ort.

T 058 345 10 60, www.kartause.ch, tgl. geöffnet, Museum Ittingen, www.kunstmuseum.tg.ch, Mai–Sept. tgl. 11–18, Okt.–April Mo–Fr 14–17, Sa, So, Fei 11–17 Uhr, Erw. 10 SFr, Kunstmuseum Thurgau Mai–Sept. tgl. 11–18, Okt.–April Mo–Fr 14–17, Sa, So, Fei 11–17 Uhr, Erw. 10 SFr, Klosterladen Mo 13.15–18, Di–Fr 9.30–12.15, 13.15–18, April–Okt. Sa, So 10–18, Nov.–März 10–12.15, 13.15–18 Uhr, Restaurant Mühle tgl. 9–23 Uhr, Hauptgerichte ab 26 SFr

Weinbau Familie Hausammann

Die junge Familie hat in ihre Weinberge einen gläsernen Pavillon für Verkostungen und kleine Feste gesetzt. Die Weine des nahe der Kartause gelegenen Gutes sind sehr gut, und der modernisierte Weinkeller mit Kiesboden und pinkfarbenen Dauben der Barrique-Fässer ist eine Augenweide! Ein schöner Ausflug.

Iselisberg 40, 8524 Uesslingen, T 052 746 14 14, www.iselisberger. ch, Fr 8–12, 13.30–17.30, Sa 10–12, 14–16 Uhr, während der Woche ›auf gut Glück‹ oder nach telefonischer Vereinbarung

Schaffhausen A 3/4

Groß geworden ist Schaffhausen (36 000 Einwohner) als Handelsniederlassung und Umschlagplatz für Schiffsgüter. Der nahe Rheinfall war nicht passierbar, sodass sich Schaffhausen schon im Mittelalter als Stapelplatz etablierte. Ab Ende des 12. Jh. war der Ort Freie Reichsstadt; seit 1500 gehörte er zur Eidgenossenschaft. Der gleichnamige Kanton ist der kleinste der Schweiz.

Die Altstadt ist wie Stein am Rhein wunderschön, weist bemalte Fachwerkhäuser, Barock- und Rokokofassaden auf. Das Zentrum der Stadt bilden das **Münster,** der **Fronwagplatz** und die **Vordergasse.** Über der Stadt thront inmitten von Rebhängen das **Kastell Munot,** eine prächtige Rundfestung aus dem 16. Jh., von der man schöne Ausblicke auf die Stadt und das Rheintal hat.

Im ehemaligen Benediktinerkloster Allerheiligen befindet sich das **Museum zu Allerheiligen** (Klosterstr. 16, T 052 633 07 77, www.allerheiligen.ch, Di–So 11–17 Uhr, Erw. 12 SFr, ermäßigt 9 SFr) mit einer heimat- und kulturgeschichtlichen Sammlung sowie einer Gemäldegalerie. Hier finden auch

Wechselausstellungen zeitgenössischer Kunst statt.

Ein Großteil der Sammlungen, die in den **Hallen für Neue Kunst** zu sehen waren, ist nach Basel verlegt, andere Sammlungsbereiche sind verkauft.

Rheinfall

Einmal im Leben sollte man sich von den gewaltigen Wassermassen des Rheinfalls von Schaffhausen beeindrucken lassen: Der größte Wasserfall Mitteleuropas bietet ein dramatisches Bühnenspektakel mit seinen dröhnenden weißgischtigen Wassermassen, die aus einer bewaldeten Höhe auf einer Breite von 150 m zwischen begrünten Felsen 23 m tief hinabtosen. Ein einzelner Felsen teilt den Wasservorhang. Im Juli, nach der Schneeschmelze in den Alpen, ist der Wasserstand am höchsten; dann ist das Naturschauspiel besonders eindrucksvoll. Die aufgewühlten Wasser sammeln sich im unteren Becken und fließen dann weiter. Besonders prachtvoll ist die Szenerie am 1. August, dem Schweizer Nationalfeiertag, wenn über dem Rheinfall ein Riesenfeuerwerk den Himmel erleuchtet.

Zwei **Fußwege** am Fluss entlang führen von der Altstadt Schaffhausens zum Rheinfall im rechtsrheinischen Ortsteil **Neuhausen** (5 km pro Strecke). Der Zugang zum **Rheinfall** und dem **Rheinfallbecken** mit Uferpromenade, Parkplätzen und Gastronomiebetrieben ist frei. Wer mit dem Auto anreist: Die nah an der Promenade gelegenen **Parkplätze** sind ausgeschildert. An der Neuhauser Uferpromenade findet sich auch der **Info Shop Rheinfall** (Rheinfallquai, T 052 632 40 20).

Eine Brücke führt zum **Schlössli Wörth,** einer alten Wasserburg und Zoll-/Ladestation mit Restaurant und Terrasse (s. Essen). Schräg gegenüber auf der linken Rheinseite erhebt sich Schloss Laufen.

Ortsteil Neuhausen, www.rheinfall. ch, zu Fuß, mit Buslinie 1 ab Bahnhof Schaffhausen oder Schiffslände, April–Sept. auch mit Bähnle des City Train ab Schiffslände, frei zugänglich

Schloss Laufen

Am linken Ufer thront hoch über dem Rheinfall auf einer Felsnase Schloss Laufen. Die komplett sanierte 1000 Jahre alte Anlage birgt mit dem **Historama** einen multimedialen Einblick in die Geschichte von Burg und Rheinfall und, dank **Belvedere-Weg, Panorama-Lift** und **Aussichtsplattform,** auch spektakuläre Ausblicke auf den Rheinfall. Man kommt dem Getöse des Wasserschwalls sehr nah. Shop und Café runden das Angebot ab.

Dachsen, T 052 659 67 67, www.schloss laufen.ch, März Mo–Fr 10–17, Sa, So 9–17, April, Nov. tgl. 9–17, Mai–Okt. tgl. 9–18, Dez.–Febr. tgl. 10–16 Uhr, Restaurant tgl. 11.30–23.30 (warme Küche bis 22 Uhr), Selbstbedienungsrestaurant tgl. 10–17 Uhr

Schlafen

Opulent

Sorell Hotel zum Rüden: Das Haus liegt in einer verkehrsberuhigten Altstadtstraße. Eine gelungene Mischung aus altem Stadtpalais und moderner, komfortabler Innenausstattung mit Kaminlounge und asiatischem Touch. 2022 neu gestaltet.

Oberstadt 20, T 052 632 36 36, www.rueden.ch, DZ ab 220 SFr

Angenehm

Gasthaus Löwen: Im familiengeführten Gasthof warten 7 ordentliche Zimmer. Gegenüber liegt die Busendstation der Linie 5 – sehr praktisch.

Herblingen (5 km nordöstlich der Altstadt), Im Höfli 2, T 052 643 22 08, www.loewen-sh.ch, DZ 130 SFr

Essen

Malerisch am Wasser

Güterhof am Rhein: In einem ehemaligen Warendepot an der Schiffslände hat sich ein gastronomisches Highlight etabliert. Vom Sandwich im Café über feine Speisen im Restaurant bis zum Absacker auf der Terrasse oder in der Barlounge bekommt man hier alles.

Freier Platz 10, T 052 630 40 40, www.gueterhof.ch, Mai–Sept. Mo–Fr 11.30–23, Sa 9–23, So 9–21, Okt.–April Mo–Do 11.30–23, Fr. 11.30–24, Sa, 9–24, So bis 18 Uhr, kleines Mittagsmenü 22 SFr, Hauptgerichte ab 31/36 SFr

Mit Rheinfallpanorama

Schlössli Wörth: Direkt im Rheinfallbecken, über eine Brücke mit dem Ufer verbunden, liegt das edle Restaurant, von dem aus man abends den beleuchteten Rheinfall direkt vor Augen hat. Angeschlossen ist ein Snack-Bistro und eine große Terrasse.

Neuhausen (ca. 5 km vom Bhf.), Rheinfallquai, T 052 672 18 21, www.schloessliwoerth.ch, Juli–Okt. tgl. 11.30–22, sonst Mi–Fr 11.30–14.30, 17.30–22, Sa 11.30–22, So 11.30–21 Uhr, Hauptgerichte ab 30 SFr

Mediterran

Bull & Bonito: Lust auf Tapas, Loup de mer oder lieber Fettucine? Hier kommt Urlaubsküche auf den Teller.

Bleicheplatz 1, www.bullandbonito.com, Frühstück Mo–Fr 6.30–10, Sa, So 7–11.30, Lunch Mo–Fr 11.30–13.30, Dinner Mo–Sa 18–21 Uhr, Hauptgerichte ab 22 SFr

Bewegen

Motorbootfahrten

Schiffmändli: Ein spannendes und eindrucksvolles Erlebnis sind die Motorbootfahrten. Unterhalb des Rheinfalls entlangfahren, das Rheinfallbecken durchqueren und dann in die liebliche Rheinauenlandschaft eintauchen, bis zum Kloster Rheinau schippern und zurück – ein toller Kontrast!

Anlege Rheinfallquai am Schlössli Wörth, T 052 659 69 00, www.schiffmaendli.ch, Mai–Sept. tgl., April, Okt. So, Abfahrtszeiten je nach Wetterlage und Wasserverhältnissen, 1,5 Std., Erw. 16 SFr, Kinder 8 SFr

Adrenalin für Groß und Klein

Adventure Park Rheinfall: Ein tolles Erlebnis sind die Seil- und Hangelpartien im größten Erlebnispark der Ostschweiz.

Nohlstrasse, neben Rheinfall-Parkplatz Neuhausen, T 052 670 19 60, www.ap-rheinfall.ch, unter Wettervorbehalt April–Okt. tgl. 10–19, letzter Einlass 16.30, Okt. bis 18.30, letzter Einlass 15.30 Uhr, die Eintrittspreise variieren je nach Alter und damit verbundener Zugangsberechtigung für unterschiedliche Strecken von 16 SFr (Kinder 4–7 Jahre, nur Kidsparcours) bis 40 SFr (ab 16 Jahre, alle Strecken), Sicherheitsmaterial und Einweisung inkludiert

Infos

- **Schaffhauserland Tourismus:** Vordergasse 73, 8200 Schaffhausen, T 052 632 40 20, www.schaffhauserland.ch.
- **Bahn:** www.sbb.ch, www.turbo.ch, www.bahn.de. Vom Bahnhof in der Bahnhofstrasse am Nordwestrand der Altstadt bestehen gute Verbindungen in alle Richtungen, nach Basel, Winterthur, Zürich, St. Gallen, Konstanz, Singen und Stuttgart.
- **Schiff:** Schweizerische Schifffahrtsgesellschaft Untersee und Rhein, T 052 634 08 88, www.urh.ch. Linienverkehr mit Verbindungen von Schaffhausen über Stein am Rhein nach Konstanz, Kreuzlingen. April Do–So, Mai–Mitte Okt. tgl.
- **Bus:** Der Busbahnhof für regionale und städtische Busse liegt wie der Bahnhof am Nordwestrand der Altstadt. Die Stadtbuslinie 1 fährt Bahnhof, Schiffslände und Rheinfall (in Neuhausen) an. Die Schweizer Postbusse bedienen den Verkehr ins Umland von Schaffhausen.

Ausflug nach Winterthur

B 6

Der Wunsch auf einen satten Kultur- und Kunsttag überwiegt die Badelust? Dann ist Winterthur, etwa 45 km südwestlich von Konstanz gelegen, das richtige Ziel. Die geschäftige Stadt hat sich als Museumszentrum international einen Namen gemacht. Mit ihren rund 115 000 Einwohnern ist sie heute ein bedeutender Wirtschaftsstandort und besitzt eine pulsierende, schöne Altstadt. Wie so oft in der Schweiz waren es Industriemagnaten mit ihren opulenten Villen des 19. Jh., die sich als Mäzene, Sammler und Sponsoren hervorgetan haben. Ihr Erbe hat einen Reichtum an heute öffentlichen kulturellen Schätzen hinterlassen, der Winterthur als Museumsstadt einmalig macht. Beispielhaft hierfür seien die Museen **Oskar Reinhart am Stadtgraben** mit Schweizer und alpenländischer Kunst und **Am Römerholz** mit internationalen Meistern von Grünewald und Cranach bis zum Postimpressionismus genannt. Insgesamt gibt es 17 Museen! Ein Besuch der drei folgenden Häuser liefert reiche Erfahrungen und lässt sich recht gut an einem Tag schaffen.

Villa Flora

Die Villa Flora ist ein Gesamtkunstwerk aus der Belle Époque. Die außergewöhnlich qualitätvolle Sammlung des Ehepaares Hahnloser von Schweizer und französischer Malerei des Nachimpressionimus ist hier zu sehen, oft aber auf Tournee in namhaften Kunsthäusern Europas. Bei diesen Gelegenheiten werden andere Ausstellungen gezeigt. In den originären Räumen mit intimem Charakter entfalten sich die Kunstwerke ganz wunderbar.

Unverkennbar ein Renoir – die Bronzeskulptur kann im Garten der Sammlung Oskar Reinhardt bewundert werden.

Tösstalstr. 44, T 052 212 99 66, www.villaflora.ch, Di–Sa 14–17, So, Fei 11– 15 Uhr, wegen Umbau bis 2024 geschlossen

Zentrum für Fotografie

Nur wenige Schritte von der Villa Flora entfernt tut sich eine andere Welt auf, die zeitlich an den Postimpressionismus anschließt: das Zentrum für Fotografie – das größte Fotozentrum in Europa. Es umfasst das 1993 gegründete **Fotomuseum Winterthur** sowie die 1971 gegründete **Fotostiftung Schweiz.** Beide Institutionen haben 2002/03 den Teil eines ehemaligen Industrieareals umgebaut, um vielfältige Auseinandersetzungen mit dem Medium Fotografie zu ermöglichen. So dient das Fotozentrum als Kunsthalle für zeitgenössische Fotografie (mit Ausstellungen u. a. von Nan Goldin, Thomas Ruff, Andreas Gursky oder Roni Horn) ebenso wie als klassisches Museum für die Fotokunst des 19. und 20. Jh. Werke von Karl Blossfeldt, Bill Brandt, August Sander, Edward Weston, Cartier-Bresson und Weegee hat man hier zusammengetragen – eine unglaubliche Sammlung, die alle großen Namen der Fotografie beinhaltet. Einen dritten Schwerpunkt bildet die angewandte Fotografie u. a. aus den Bereichen Industrie, Architektur, Mode und Medizin. Freunde der Fotokunst können hier auf über 1000 m² Ausstellungsfläche in Geschichte und Gegenwart gleichermaßen schwelgen. Zudem können sie sich an die PCs setzen und Werkzusammenstellungen aller berühmten Fotografen der Welt anschauen. Mit Café und Shop.

Grüzenstr. 44/45, T 052 234 10 60, www.fotomuseum.ch, Di–So 11–18, Mi bis 20 Uhr, Erw. 19 SFr, ermäßigt 15 SFr, Mi 17–20 Uhr Eintritt frei

Kunstmuseum Winterthur

Reiche Bestände an Kunst der Jahre 1945–65 zeichnen das Kunstmuseum Winterthur aus. In den schönen Sälen finden sich Gemälde und Skulturen von Picasso, Giacometti, Morandi, Oppenheim, Micheaux, auch amerikanische Kunst, Hans Arp und eine Reihe von Impressionisten. Im Café gibt es eine umwerfend gute Käsewähe!

Museumstr. 52, T 052 267 51 62, www.kmw.ch, Di 10–20, Mi–So 10–17 Uhr, Wechselausstellung Erw. 19 SFr, ermäßigt 16/10 SFr

MUSEUMSPASS

Der Museumspass für 17 Winterthurer Museen kostet für 1 Tag 29 SFr, für 2 Tage 44 SFr, die Nutzung des öffentlichen Nahverkehrs ist inkludiert. Bei Buchung des Art City Package über Winterthur Tourismus ist der Museumspass dabei.

Schlafen

Kinohotel

Hotel Loge: Inmitten der Altstadt liegt dieses ungewöhnliche Haus, das Hotel, Bar und Kino vereint. Im Kino werden Arthousefilme und regionale Filmprojekte gezeigt. Die Zimmer sind modern und schlicht eingerichtet.

Oberer Graben 6, T 052 268 12 00, www.hotelloge.ch, DZ ab 160 SFr, Bar Mo–Fr ab 14, Sa, So ab 13.30 Uhr

Infos

- **Winterthur Tourismus:** Hauptbahnhof, T 052 208 01 01, www.winterthur.com, Mo–Fr 9.30–17.30, Sa 10–16 Uhr.
- **Bahn:** S-Bahnen (www.zvv.ch) u. a. nach Schaffhausen, Stein am Rhein, Zürich. Gute Zugverbindung (www.sbb.ch) gibt es über Weinfelden nach Konstanz.
- **Stadtbus:** www.stadt.winterthur.ch/stadtbus. Linien in die Stadtteile und zu den Museen.

Höri, Bodanrück und Insel Reichenau

Reif für die (Halb-)Insel — Mönche und Künstler erfreuen sich am beschaulichen Leben hier. Auch so mancher Tourist.

Seite 219

Insel Reichenau ✪

Zeugnis der bedeutenden, großen Klosterkultur der Reichenau sind drei romanische Kirchen und die Schätze des einstigen Klosterlebens. Neben den historischen Bauwerken ist die Reichenau berühmt als ›Salat- und Gemüseinsel‹.

Seite 215

Wild- und Freizeitpark Bodanrück

Die Anlage nahe Allensbach lockt mit Freigehegen für über 300 verschiedene Wildtiere, Streichelzoo und Greifvogelvorführungen.

›Bülle‹, nicht ›Bulle‹ heißt die rote Zwiebel von der Höri.

Seite 204

Hermann Hesse auf der Höri

Die liebliche Landschaft und die Abgeschiedenheit am See haben immer schon Schriftsteller und Künstler auf die Höri gelockt, so auch Hermann Hesse. Aus seinen Häusern in Gaienhofen sind lebendige Museen geworden.

Seite 213

Bora Saunalandschaft

Unterschiedlichste Saunen, Dampfbäder und Ruheoasen bieten in Radolfzell luxuriöse Entspannung. Die Anlage hat auch einen Saunagarten und direkten Seezugang.

Seite 226

Auf den Spuren von Peter Lenk

Die hyperrealistischen und satirischen Skulpturen des Künstlers – etwa die Imperia am Hafen in Konstanz – sind rund um den See zu Attraktionen geworden. Seine Atelier-Gärten liegen in Bodman.

Seite 216

Waldwanderung

Von Dingelsdorf zum Erlebniswald Mainau mit seinen schwingenden Waldwipfelstegen.

Seite 207

St. Johannes und Veit

Hoch über dem See liegt im Gaienhofener Stadtteil Horn diese spätgotische Kirche mit dem idyllischen Kirchhof. Von hier aus hat man einen der schönsten Ausblicke auf den Zeller See und die Insel Reichenau.

Seite 209

Stadtmuseum Radolfzell

In Radolfzell hat das Stadtmuseum ein wunderschönes Zuhause im alten Apothekerhaus mit historischem Verkaufsraum. Sehenswert sind die Inszenierungen zur Stadtgeschichte.

Höri, Bodanrück und Reichenau sind ruhige Landstriche. Wer abends ausgehen möchte, Nachtleben, Kino oder Theater sucht, muss sich nach Konstanz oder Überlingen aufmachen.

Jetzt hör i uff«, soll Gott in feinstem lemannisch gesagt haben, als er ie soeben erschaffene Halbinsel im estlichen Bodensee betrachtete. Jnd aus diesem Grund heißt dieses leine Paradies nun ›Höri‹.

Bei Künstlern, Schriftstellern und Mönchen

W

Westlich von Konstanz weitet sich der Seerhein zum Untersee. Zwischen Stein am Rhein und Radolfzell ragt die Halbinsel Höri in ihn hinein. Mit ihren bewaldeten Hügeln rund um den Schiener Bergrücken, mit oftmals naturbelassenen Ufern, ist sie gemütlich, idyllisch und immer noch recht still.

Mitten im Untersee liegt die Insel Reichenau, deren romanische Kirchen zum UNESCO-Welterbe zählen. Die klösterliche Kultur wird heute ergänzt durch intensiven Gemüseanbau, der das Bild der Insel bestimmt. Zwischen der Reichenau und dem wirtschaftlichen Mittelpunkt der Region, Radolfzell, teilt sich der Untersee in den Zeller- und den Gnadensee, unterbrochen von der Mettnau – heute eine bevorzugte Wohngegend mit Kurzentrum und Naturschutzgebiet.

Nördlich davon liegt der sehr bergige, bewaldete Bodanrück mit der Stadt Allensbach. Er schiebt sich zwischen den Untersee und den Überlinger See. An seiner Kappe befindet sich Bodman-Ludwigshafen mit seinen beiden sehr unterschiedlichen Ortsteilen. Der gesamte westliche Bodenseebereich ist ideal zum Wandern und Radeln und bietet viel Ruhe und Erholung.

ORIENTIERUNG

O

Im Internet: www.bodenseewest.eu (Portal für die Region Konstanz–Bodensee–Hegau).
Transport: Auf der Höri gibt es von allen Orten am Seeufer **Busverbindungen** nach Radolfzell und Stein am Rhein. Von Radolfzell fahren Busse nach Allensbach und weiter nach Konstanz, von Konstanz nach Bodman-Ludwigshafen, von Allensbach zur Reichenau. Die **Regionalbahn** »Seehas« (www.sbb-deutschland.de) fährt von Radolfzell nach Singen/Hohentwiel sowie über Allensbach nach Konstanz. Die Höri bis Gaienhofen wird Mai–Okt. mit den **Schiffen** der Schweizerischen Schifffahrtsgesellschaft Untersee und Rhein (www.urh.ch) bedient. Die Höri-Fähre (www.schifffahrtlang.de) verbindet Horn, Berlingen und Gaienhofen mit Steckborn. Die Bodensee-Schiffsbetriebe (www.bsb.de) fahren von Radolfzell Richtung Konstanz. Von Allensbach Fährbetrieb zur Reichenau (T 07533 988 48, www.schifffahrtbaumann.de). Fährbetrieb zwischen Bodman, Ludwigshafen und Überlingen (T 07773 93 96 95, www.schifffahrtbodensee.de).

Halbinsel Höri

Die Höri bietet eine anmutige Landschaft. Bekannt wurden die Orte Hemmenhofen und Gaienhofen in Seenähe, als sich einige Schriftsteller und Maler hier niederließen, und hier auf der Halbinsel eine kleine Künstlerkolonie entstand. Die berühmtesten Kulturschaffenden waren Hermann Hesse und Otto Dix, deren Wohnhäuser erhalten sind und heute als Museen von deren Leben und Werk erzählen.

Schön ist die volkstümliche Erklärung für den Namen Höri: So soll der liebe Gott, nachdem er als letztes Werk der Schöpfung die paradiesische Halbinsel geschaffen hatte, ausgerufen haben – auf Schwäbisch natürlich: »Jetzt hör i auf!«

Öhningen, Wangen und Schienen D 4

Öhningen und seine Ortsteile Wangen und Schienen liegen inmitten der Obstgärten der Hinteren Höri, direkt an der Schweizer Grenze am Fuß des Schienerbergs. Im Mittelpunkt des Ortes steht auf einer kleinen Anhöhe das einstige **Augustiner-Chorherrenstift,** 965 gegründet, das als prächtiges Ensemble mit Schlosscharakter Anfang des 17. Jh. vom Konstanzer Fürstbischof Jakob Fugger erbaut wurde. Noch heute ist in den Gemäuern die Pfarrei zu Hause.

Im kleinen **Wangen** sind drei historische Fakten bedeutsam. Erstens gilt es als der älteste Ferienort auf der Höri. Zweitens gab es eine reiche jüdische Tradition. So haben hier u. a. die Familien von Jacob Picard und Albert Einstein gelebt. Die Einsteins zogen dann später nach Ulm. Heute erinnert nur noch ein Gedenkstein am Seeufer an die zerstörte Synagoge. Und drittens wurden 1856 am Seeufer Reste jungsteinzeitlicher Pfahlbauten entdeckt – damit begann die Erforschung der Pfahlbaukultur rund um den Bodensee. Diese Funde, u. a. Gefäße, Stein- und Knochenwerkzeuge sowie Versteinerungen aus Öhningen, sind im idyllischen **Museum Fischerhaus** (Seeweg 1a, www.museum-fischerhaus.de, April–Mitte Okt. Mi, So, Fei 14–17 Uhr, Erw. 2,50 €, ermäßigt 1 €), einem Fachwerkhaus aus dem frühen 17. Jh., liebevoll präsentiert.

Wandert man zwischen Öhningen und Wangen hinunter zur Riedlandschaft am See, lohnt in **Kattenhorn** die evangelische **Petruskirche** (Oberhaldenstr. 1) einen Besuch: Der Entwurf der Fenster stammt von Otto Dix, der sich 1936 im nahen Hemmenhofen niederließ.

Das inländisch gelegene Dorf **Schienen** besitzt eine bedeutende Pfarr- und Wallfahrtskirche: Die romanische dreischiffige **Basilika St. Genesius** ist mehr als 1000 Jahre alt. Die in ihr aufbewahrten Reliquien sollen um 800 aus Italien hierher gebracht worden sein.

Schlafen, Essen

Komfortabel

Residenz Seeterrasse: Ein schönes Plätzchen am Untersee, ideal zum Entspannen oder für Bewegung im Wasser oder in der Natur. Mit Restaurant und Pizzeria.

Öhningen-Wangen, Seeweg 2, T 07735 930 00, www.residenz-seeterrasse.com, DZ 90–165 €

Camping

Campingplatz Wangen: Schönes, familienfreundliches Areal direkt am See. Verbund mit öffentlichem Strandbad.

Seeweg 32, T 07735 91 96 75, www.camping-wangen.de

Bewegen

Baden

Strandbad Wangen: Sehr schön am bewegten Wasser des Seerheins gelegen, mit baumbestandenen Wiesen. Kinderfreundlich, neben dem Campingplatz. Seeweg 32, 07735 91 96 75

Infos

- **Tourist-Information Öhningen:** Klosterplatz 1, T 07735 819 20, www.oehningen-tourismus.de, Mo–Mi, Fr 8–12, Do 8–12, 14–18.30 Uhr.

Hemmenhofen

D 4

Das winzige, blumengeschmückte Hemmenhofen, Ortsteil von Gaienhofen, war ein Fischerdorf. Gepflegte Fachwerkhäuser und die Zehntscheuer mit Torkel (Weinpresse) bilden den alten Dorfkern. Direkt am Seeufer liegt das größte Hotel auf der Höri – der Tourismus ist also angekommen.

Museum Haus Dix

Ein Brunnen des Bodmaner Bildhauers Peter Lenk (s. S. 226), der auf ein Werk von Otto Dix (1881–1969) Bezug nimmt, weist den Weg zum ehemaligen Wohnhaus und Atelier des Malers an einer Höhenflanke des Schiener Berges am Dorfrand. Hier lebte Dix von 1936 bis zu seinem Tod. Die Dauerausstellung zeigt Leben und Werk des großen Malers. Dix hatte das Grauen des Ersten Weltkriegs, das Elend und die Vergnügungssucht der 1920er-Jahre in aufrüttelnden, schrillen Bildern gegeißelt. Von den Nazis wurde er schon 1933 mit einem Mal- und Berufsverbot geächtet, zahllose seiner Gemälde wurden aus den Museen entfernt. Die Höri bot ihm Abgeschiedenheit. In Hemmenhofen baute er sein Haus, des-

K

ENTLANG DER KUNSTROUTE

Die Kunstroute (D/E 4) am Untersee besteht aus mehreren Teilstrecken, eine davon verläuft auf der Höri. Sie umfasst neben dem Hesse- und dem Dix-Museum elf Stelen, die dort aufgestellt sind, wo einst die Staffeleien der Maler standen. Ein leerer Rahmen fasst die Landschaft ein, wie sie heute ist. Die Reproduktion des Bildes daneben lässt Perspektive und Landschaftsausschnitt mit den Augen des Malers nacherleben. Kunst und Künstler wie Otto Dix und Erich Heckel, Walter Herzger oder Helmuth Macke, Walter Waentig u. a. werden so auf besondere Weise lebendig. Die Route beginnt an der Tourist-Information in **Gaienhofen,** wo sich in der Schlossstraße die erste Stele befindet (Walter Herzger: »Landesteg Gaienhofen«, 1960). Weiter geht es in der Seegartenstraße in **Horn** (Helmuth Macke: »Untersee«, 1935) und dann über **Hemmenhofen** nach **Wangen** und zurück (14 km, Laufzeit ca. 4,5 Std., zurück nach Gaienhofen kann man von Wangen aus auch den Bus 7368 nehmen; www.vhb-info.de). Die übrigen Abschnitte der Kunstroute befinden sich auf der Reichenau, in Allensbach, am Schweizer Seeufer in Berlingen und Mammern sowie in Stein am Rhein. Eine detaillierte Broschüre mit Streckenverlauf ist bei der Tourist-Info Gaienhofen sowie bei allen Orten auf der Kunstroute erhältlich (www.gaienhofen.de/de/kultur/kunstroute).

sen Räume komplett erhalten sind. Im Atelier mit seinen großen Fensterpartien liegen die Malutensilien. Der Besitz mit dem schönen Garten wird von einer Stiftung unterhalten und inzwischen als Außenstelle des Kunstmuseums Stuttgart geführt (Stuttgart besitzt die weltweit größte Dix-Sammlung). Hier finden Wechselausstellungen statt, und der Blick von der Gartenterrasse ist herrlich – um mit Dix zu sprechen: »Gegend hier zum Kotzen schön.«

Otto-Dix-Weg 6, T 07735 93 71 60, www.kunstmuseum-stuttgart.de, Ende März–Ende Okt. Di–So 11–18 Uhr, Erw. 6 €, Kinder (6–14 Jahre) 4 €

Schlafen, Essen

Behaglich

Hotel Landgasthof Kellhof: Restauriertes großzügiges Fachwerkhaus in malerischer Lage. Gut ausgestattete, geschmackvolle Zimmer.

Hauptstr. 318, T 07735 20 35, www.kellhof.de, DZ 120–160€

Gemütliches Familienhotel

Haus Stern am See: Schönes Hotel mit Bistro-Café-Betrieb direkt am See und schöner Gartenterrasse für Gäste. Zimmer teilweise mit Balkon und Seeblick. Eigener Bootssteg, Badesteg, Bootsvermietung. Ausflüge auf der eigenen Hoteljacht möglich. Direkt neben dem Hotel liegt das Restaurant »S'Plätzle am See 2.0« (Do–Mo 9–18 Uhr). Nur März–Okt.

Uferstr. 34/32, T 07735 20 15, www.haus-stern.de, DZ 120–160 €

Bewegen

Bootsverleih, Wasserski, Radverleih

Haus Stern am See: Uferstr. 34, T 07735 20 15.

Gaienhofen

D 4

Der winzige alte Dorfkern von Gaienhofen mit der großen Linde und der Mauritiuskapelle wird von der Erinnerung an Hermann Hesse bestimmt: Seine Statue steht neben der Kapelle.

Hermann-Hesse-Höri-Museum

Das Bauernhaus mit Fachwerk und den blauen Fensterläden, in dem der junge Hesse mit seiner Frau 1904 bis 1907 zur Miete wohnte, sowie das alte Rat- und Schulhaus bilden heute das Hermann-Hesse-Höri-Museum (s. S. 204).

Im **Erdgeschoss** des ehemaligen Rathauses erzählt die Dauerausstellung von den zahlreichen Künstlern, die sich seit Ende des 19. Jh. auf der Höri niedergelassen haben, hier zu Hause oder zu Gast waren und die Landschaft ringsum immer wieder malten: u. a. Max Ackermann, Otto Dix, Erich Heckel. Wie Dix wurde auch der Mitbegründer der expressionistischen Künstlergruppe Die Brücke, Erich Heckel (1883–1970), von den Nazis verfolgt und geächtet. Als er 1944 nach Hemmenhofen in das Sommerhaus eines Freundes zog, dann zur Miete ins Pfarrhaus, kannte er das Bodenseeumland schon gut. Sein eigenes Haus, heute in Privatbesitz im Erich-Heckel-Weg und nicht zu besichtigen, bezog er 1955. In Radolfzell ist Heckel gestorben.

Kapellenstr. 8, T 07735 44 09 49, www.hesse-museum-gaienhofen.de, Mitte März–Okt. Di–So 10–17, Nov.–Mitte März Fr/Sa 14–17, So 10–17 Uhr, Erw. 6 €, Kinder (6–14 Jahre) 2 €, mit Audioguide

Schlafen, Essen

Ferien auf dem Bauernhof

Hof Balisheim: 700 Jahre altes Hofgut, sehr romantisch, am Ortsrand mit Hof-

TOUR
Schriftstelleridyll

Hermann Hesse auf der Höri

Infos

D 4

Hermann-Hesse-Höri-Museum Kapellenstr. 8, T 07735 44 09 49 www.hesse-museum-gaienhofen.de, Mitte März–Okt. Di–So 10–17, Nov.–Mitte März Fr/Sa 14–17, So 10–17 Uhr, Erw. 6 €, Kinder (6–14 Jahre) 2 €, mit Audioguide

Hermann-Hesse-Haus, H.-Hesse-Weg 2, T 07735 44 06 53, www.mia-und-hermann-hesse-haus.de, Führungen (Haus u. Garten) nur nach Voranm., Samstage im April–Sept., 12 Uhr, Erw. 9 €

Der weltberühmte Schriftsteller und Nobelpreisträger Hermann Hesse (1877–1962) hat als junger Ehemann in Gaienhofen gelebt. Die Zeit war für ihn prägend – für Gaienhofen ebenso, denn heute ist der malerische Ort Pilgerziel für Hesse-Fans.

Die Wirkungsgeschichte Hermann Hesses ist ein weltumspannendes Phänomen; besonders seine Romane »Narziss und Goldmund« sowie der »Steppenwolf« haben über Jahrzehnte hinweg bis heute jungen Menschen spirituelle Nahrung, Lebensentwürfe und Inspiration geboten. Von 1904 bis 1912 lebte der berühmte Schriftsteller in Gaienhofen.

Das »lustige Bauernhäuschen«

Für 150 Reichsmark Jahresmiete bezogen Hesse und seine Frau Mia das alte Bauernhaus mit den blauen Fensterläden und Portalen. Wunderschön präsentiert sich das dörfliche Ensemble um das Haus mit alter Linde, kleiner Kapelle und benachbartem ehemaligem Rat- und Schulhaus.

Tritt man in die niedrigen Räume mit den schweren Balken und den knarrenden Dielenböden, liegen in den Vitrinen – liebevoll erläutert – Hesses Tagebücher, Brillenetuis, seine Schreibmaschine, Briefe, ein Haushaltsbuch, Postkarten. An den Wänden hängen zahlreiche Fotos von der Familie, Verlegern und Freunden, Aufnahmen vom Badevergnügen am See, dem Ruderboot, das Hesse oft benutzte (Abb. s. S. 206).

Nach dem Einzug im Sommer 1904 nahm Hesse selbst Ausbesserungsarbeiten vor, und das junge Paar fragte sich auch beklommen, wie man den

Winter in dem alten Gemäuer überstehen könne. Hesse war beim Einzug 27 Jahre alt. Er war als noch wenig bekannter Dichter und Schriftsteller von Basel nach Gaienhofen gezogen. Im selben Jahr war sein Roman »Peter Camenzind« erschienen – der verkaufte sich doch immerhin so gut, dass Hesse den Sprung in eine freie Schriftstellerexistenz hatte wagen können.

So idyllisch lebte Hermann Hesse in Gaienhofen in seinem Haus am Erlenloh.

Mit der Natur, einfach und unstädtisch, wollte das Paar leben. Um einzukaufen – es gab keine Läden außer einem Bäcker – ruderte Hesse oftmals über den See ans Schweizer Ufer nach Steckborn. »Die Landschaft ist licht und hübsch … Sie sollten einmal kommen«, schrieb er an seine Freunde. Und so kamen sie, u. a. sein Verleger, Ludwig Thoma und Stefan Zweig.

Und heute Museum

Dieses erste Wohnhaus Hesses in Gaienhofen ist heute mit dem benachbarten ehemaligen Schul- und Rathaus zum **Hermann-Hesse-Höri-Museum** zusammengefasst (s. auch S. 203). Im Obergeschoss widmet man sich seinem Gesamtwerk und seiner Wirkungsgeschichte. Alle Romane und Erzählbände, auch in zahlreichen anderen Sprachen, seine Essays und Reisebilder für literarische Zeitschriften sind hier versammelt. Auch Hesses weiteres Leben, seine weiten Reisen und die Künstlergemeinschaft im Tessin werden erläutert.

Ins Haus am Erlenloh

Drei Jahre lebten die Hesses in dem Bauernhaus an der Kapelle zur Miete, dann wurde es, nachdem der erste Sohn zur Welt gekommen war, zu klein und unbequem. Vom Kapellenplatz sind es nur ein paar Schritte zur Hauptstraße und von dort in den Erlenlohweg, wo dann die erste Abzweigung der Hermann-Hesse-Weg ist. Und dort, Hausnummer 2, liegt das sehr schöne stattliche Landhaus im Reformstil, das Hesse von dem

Architekten Hans Hindermann bauen ließ und ab 1907 bewohnte: mit gemauertem Sockelgeschoss, blaugrünen Schindeln und schöner Fenstergestaltung.

Das **Haus am Erlenloh** bzw. das **Hermann-Hesse-Haus**, das einzige Haus, das Hesse je selbst baute, ist großzügig und anheimelnd, mit einem weiten Blick über den See. Hier wurden zwei weitere Söhne geboren, und die Familie lebte hier bis zum Umzug nach Bern im Jahr 1912, wo sich später die Wege des Ehepaares endgültig trennten. Seine drei Söhne Bruno, Heiner und Martin sind hier aufgewachsen, und hier hat Hesse die Romane »Unterm Rad«, »Gertrud« sowie mehrere Erzählbände geschrieben; der Kachelofen im Arbeitszimmer taucht mehrfach in seinen Texten auf.

Restaurierung von Haus und Garten

Seit 2003 hat das **Hermann-Hesse-Haus** nach wechselvoller Geschichte neue Eigentümer, die das Anwesen vor dem Verfall bewahrten. Es wurde aufwendig saniert, die Bibliothek Hesses restauriert, und Alltagsgegenstände wie Bilder, das Spielzeug der Kinder oder Möbel und Kleidung vermitteln noch etwas von der ursprünglichen Atmosphäre. Hesses Frau Mia war Fotografin; auch ihr widmet sich das Haus.

Das Bauernhaus, in dem Hermann Hesse ab 1904 wohnte, beherbergt heute das Hermann-Hesse-Höri-Museum.

Der über die letzten Jahrzehnte hinweg verwahrloste Garten wurde nach Hesses ursprünglichen Plänen von den Eigentümern und der Deutschen Stiftung Denkmalschutz liebevoll rekonstruiert. Beete und Wege, Hecken und Rabatten legte er selbst an; er schrieb: »… und wir hatten Erdbeeren und Himbeeren, den Blumenkohl und die Erbsen und den Salat im Überfluss.« Hesses Begeisterung und Liebe zur Gartengestaltung hat hier begonnen und begleitete ihn bis an sein Lebensende in Montagnola im Tessin.

Die engagierten Eigentümer bieten an Samstagen Führungen zu Haus und Garten, zu Mia Hesse sowie Kräuter- und Bauerngartenführungen an.

tieren aller Art, großer Spiel- und Liegewiese, Beachvolleyballplatz und Weiher.

Familie Burkart, T 07735 930 30, www.balisheim.de. 4 Ferienwohnungen für je 4 Personen je 60–80 € pro Nacht

Infos

- **Kultur- und Gästebüro:** Im Kohlgarten 1, T 07735 999 91 23, www.gaienhofen.de, April–Juni Mo–Do 8–12,14–16, Fr 8–12, Juli–Mitte Sept. Mo–Fr 8–12, 13.30–16.30, Sa 9–12, Mitte Sept.–März Mo–Do 8–12, 14–16, Fr 8–12 Uhr.
- **Bus:** Stein am Rhein und Radolfzell sind mit dem **Bus 7368** verbunden – damit Orte von Öhningen bis Moos.
- **Schiff:** Die **Höri-Fähre** (www.schifffahrtlang.de) bedient die Route Horn, Berlingen, Gaienhofen und Steckborn. Ab Hemmenhofen und Gaienhofen Mai–Mitte Sept. 3 x tgl. Linienverkehr nach Stein am Rhein und Konstanz.
- **Hermann-Hesse-Tage:** Okt., 3–4 Tage. Interessante Vorträge, Veranstaltungen und literarische Wanderungen.

Horn

E 4

Das Dorf Horn zieht sich eine Anhöhe an der Ostspitze der Höri hinauf. Hier treffen Untersee und Zellersee zusammen. Die spätgotische Kirche **St. Johannes und Veit** (1553) mit ihrem Treppengiebelturm ist weithin sichtbar und wurde zum Wahrzeichen der Höri. Vom Kirchhof hat man den wohl schönsten Rundblick auf den Untersee mit der Insel Reichenau.

Schlafen, Essen

Traumhaft

Hotel-Gasthaus Hirschen: Sehr geschmackvolle Zimmer und Ferienwohnungen verteilt auf drei Häuser. Die Küche mit eigener Schlachtung ist regional-deftig mit Spezialitäten wie Ochsenfetzen, Geschnetzeltes vom Ochsen. Ein Sommertraum sind der wunderschön gestaltete Restaurantgarten mit weißem Leinen auf langen Holztischen sowie die Wiesen und Terrassen mit Pool.

Kirchgasse 1, T 07735 933 80, www.hotelhirschen-bodensee.de, DZ ab 168 €, Restaurant tgl. 7.30–1 Uhr, im Winter Mi/Do geschl., Hauptgerichte ab 17 €

Günstig

Jugend- und Gästehaus am See: Zwei moderne Häuser direkt am See mit großem Gartengrundstück.

Hornstaader Str. 50, 54 b, 07735 985 20, www.spassamsee.de, DZ ab 80 €, ab 20 €/Person im Mehrbettzimmer

Camping

Campingdorf Horn: Große Platzanlage in ökologischer Bewirtschaftung; die Stellplätze sind in ›Runddörfern‹ angeordnet; mit Gastwirtschaft, Backhaus, Kinder- und Jugendzirkus. Der Platz wurde mehrfach vom ADAC ausgezeichnet.

Strandweg 3–18, T 07735 685, www.camping-horn.de

Bewegen

Baden

Strandbad Horn: Schön ist die große Liegewiese mit alten Bäumen, auch ein Restaurant-Kiosk gehört dazu.

unterhalb des Campingplatzes, je nach Wetter Mai–Sept. tgl. 8–22 Uhr

Fahrradverleih

Velo Martin: Hauptstr. 120, T 07735 38 42, www.velo-martin.de.

Ferienmalkurse

Atelier Heidi Reubelt: Sie widmen sich unterschiedlichen Schwerpunkten wie Menschenbild, Natur, Landschaft. Die Künstlerin hat ein sehr schönes Atelier. T 07735 18 23, www.heidireubelt.de, Kurse finden Ende April, Mitte Juni und im Sept. statt

Moos D 3

Der kleine, staatlich anerkannte Erholungsort Moos liegt nur 3 km von Radolfzell entfernt und blickt auf den Zellersee. Der alte Hafen ist idyllisch von weiten Schilfflächen umgeben.

Weithin bekannt sind zwei bedeutende Festivitäten: Am Montag nach dem dritten Sonntag im Juli beginnt hier im Rahmen des **Radolfzeller Hausherrenfestes** die Mooser Wasserprozession. Die Einwohner von Moos, allen voran der Pfarrer mit Prozessionskreuz, fahren auf blumengeschmückten Booten nach Radolfzell, besuchen das Hochamt im Münster und feiern mit den ›Städtern‹ auf den Straßen und Plätzen.

Am ersten Sonntag im Oktober ist mit dem **Büllefest** der weltliche Genuss am Zug. Bülle ist der heimische Begriff für rote Zwiebeln, die hier immer schon angebaut wurden. Es findet jährlich abwechselnd in einem der vier Ortsteile statt und zieht Tausende von Besuchern an, die von Stand zu Stand schlendern und probieren: Zwiebelkuchen, gegrillten Fisch, Kuchen, Suppen, Most und Wein …

Schlafen, Essen

Fein und ökologisch

Gasthof Grüner Baum: Der Wirt Hubert Neidhart bietet in seinen behaglichen Gaststuben und auf der Küchenterrasse regionale Küche aus ökologischer Landwirtschaft und frischesten Fisch. Seine mediterran inspirierte Bodenseefischsuppe oder die Hechtklößchen muss man probiert haben! Radolfzeller Str. 4, T 07732 540 77, www.gruenerbaum-moos.de, Küche Mo, Di 17.30–20.30, Fr–So 12–14, 17.30–20.30 Uhr, Hauptgerichte ab 19 €

Fischspezialitäten

Hotel Restaurant Schiff: Holz und maritimes Blau bestimmen die Inneneinrichtung im »Schiff«. Auf den Teller kommen gerne Fischspezialitäten. Gästezimmer im Stammhaus und im »Fischerhaus«, im Gästehaus »Sabrina« auch Appartements. Hafenstr. 1, T 07732 990 80, www.schiff-moos.de, DZ 98–178 €

Radolfzell D/E 3

Radolfzell (30 000 Einwohner) am nördlichen Uferbogen des Untersees ist der wirtschaftliche Mittelpunkt der Region. Das Seemaxx Factory Outlet ist ein großer Anziehungspunkt. Rund um das Münster kann man bummeln und shoppen. Berühmt sind die Kuren auf der Halbinsel Mettnau – im Kur- und Therapiezentrum für Herz- und Kreislaufgeschädigte, Stress- und Burnout-Patienten wird Gesundheit getankt, umgeben von einem Landschaftsschutzgebiet und den Seeufern.

Der Untersee mit seinen Naturschutzgebieten ist eine der artenreichsten und bedeutendsten vogelkundlichen Regionen Mitteleuropas. So ist Radolfzell Heimat zahlreicher Naturschutzverbände, etwa NABU, BUND, Deutsche Umwelthilfe, Bodenseestiftung und Stiftung Europäisches Naturerbe.

Geschichte

Die Ursprünge Radolfzells gehen bis in das Jahr 826 zurück, als Bischof Ratoldus von

Verona (er lebte im Kloster Reichenau) als geistliche Niederlassung neben dem Fischerdorf ein erstes winziges Gotteshaus gründete, die Cella Ratoldi. Damit war der Grundstein für die Stadt gelegt, und so ist auch heute noch das Münster Unserer Lieben Frau Mittelpunkt der Altstadt. Im 12. und 13. Jh. erhielt der Ort Markt- und Stadtrechte; um 1300 ging Radolfzell in habsburgische Hoheit über. 1810 wurde der Ort dem Großherzogtum Baden zugesprochen. 1863 wurde Radolfzell an das Eisenbahnnetz angeschlossen. Der Ferien- und Kurbetrieb begann in den 1920er-Jahren zu florieren, und nach dem Zweiten Weltkrieg entwickelte sich das Kurzentrum auf der Mettnau zu internationalem Rang. Radolfzell wurde Kurstadt.

Altstadt

Der alte Stadtkern von Radolfzell und seine umliegenden Eingemeindungen gruppieren sich um den nördlichen Unterseebogen. Die Altstadt ist durch Eisenbahnlinie, Bahnhof und Busbahnhof vom Seeufer und der Landzunge Mettnau getrennt. Wandert man vom Bahnhof aus die Seetorstraße hinauf, kommt man direkt in die verkehrsberuhigte Altstadt und zu ihrem Mittelpunkt, dem Marktplatz. Beherrscht wird er durch das **Münster Unserer Lieben Frau:** Die dreischiffige gotische Pfeilerbasilika wurde zwischen 1436 und 1550 erbaut. Einige Schritte entfernt fällt das einstige **Reichsritterschaftsgebäude** mit Portal und Freitreppe ins Auge, das heutige Amtsgericht. Hier versammelte sich zwischen 1600 und 1805 die Hegauritterschaft.

Besonders schön restauriert ist die ehemalige Stadtapotheke von 1689 – hier ist das **Stadtmuseum** (Seetorstr. 3, T 07732 815 34, www.stadtmuseum-radolfzell.de, Do–So 11–17 Uhr, Erw. 6 €, Kinder bis 18 Jahre frei) beheimatet. Schon allein der alte Apothekenraum ist sehenswert. Die Stadtgeschichte wird mit Tableaus und medialen Inszenierungen lebendig. Ein Raum ist dem Dichter Viktor von Scheffel gewidmet.

Auf der Ostseite des Kirchplatzes liegt das **Österreichische Schlösschen** (Stadtbibliothek), das als Renaissancebau 1619 für einen österreichischen Erzherzog begonnen, aber erst Anfang des 18. Jh. fertiggestellt wurde.

Schlendert man ein Stück weiter ostwärts durch die schmalen Gassen, führt der schön angelegte **Stadtgarten** im einstigen aufgeschütteten Stadtgraben zur Seestraße und zum **Grienen Winkel** mit alten Fischer- und Bauernhäusern aus dem 18. Jh. Auf der Seeseite hinter dem Gleis- und Bahnhofsriegel

W

WANDERUNG VON DER ALTSTADT BIS ZUR SPITZE DER METTNAU

Auf einem 7,5 km langen Spazierweg lassen sich die Besonderheiten Radolfzells und der Mettnau bis hinein in das Naturschutzgebiet erleben. Vom **Marktplatz** führt ein ausgeschilderter Weg durch die Bahnhofsunterführung zur **Uferpromenade**. Man hält sich links und passiert die Schiffsanlege und den Jachthafen. Dann biegt man in die Scheffelstraße und die Mainaustraße ein. Nach dem Seebad geht es auf dem Fußweg (gelbe Wegweiser) durch den **Mettnau-Park.** Beim Strandbad geht linker Hand das Kurzentrum ab und das Naturschutzzentrum Mettnau. Von hier führt der **Life-Pfad Untersee** durch den Auwald zum **Mettnauturm** mit herrlicher Aussicht. Wem der Rückweg zu lang wird, der kann mit dem Stadtbus ab Kurzentrum zurückfahren.

lockt das **Ufer** mit seinen Wiesenflächen, der Schiffsanlege und dem Jachthafen.

Halbinsel Mettnau D/E 3

Die Mettnau teilt den nordwestlichen Untersee in den Gnadensee mit Markelfinger Winkel und den Zellersee. Die ›Au in der Mitte‹ des Sees hat sich von einer Viehweide über einen Anbauort für Reben und Obst zur bevorzugten Wohngegend, Erholungslandschaft mit Bädern und Sportanlagen sowie zum hochrenommierten Kurzentrum mit modernen, variantenreichen Sport- und Gesundheitsangeboten entwickelt. Seit 1938 ist die südwestliche Inselspitze Natur- und Vogelschutzgebiet. Am Inseleingang erschließen die Scheffel- und Hausherrenstraße das Wohngebiet.

In der **Villa Bosch** ist die **Städtische Galerie** (Scheffelstr. 8, T 07732 813 79, www.villabosch-radolfzell.de, Mi–So 14–17.30 Uhr) zu Hause. Die Villa gehörte der Familie Bosch, die eine bedeutende Rolle in der Stadtgeschichte spielte.

Die Strandbadstraße führt entlang dem schönen **Mettnau-Park** bis zum Scheffelschlössle und den letzten Bebauungen vor dem Naturschutzareal, das in etwa die Hälfte der Insel, den gesamten Ostteil, einnimmt. Das **Scheffelschlössle** (nicht zugänglich) erinnert an den Dichter und Schriftsteller Viktor von Scheffel (1826–86), der mit seinem »Trompeter von Säckingen« zu einem viel gelesenen Autor seiner Zeit wurde. Nach einem ersten Badeaufenthalt kam von Scheffel wieder – und baute um 1870 seine italienisierende Villa.

Schlafen

Schönes Ambiente

ArtVilla am See: Am Park beim See gelegen, bietet das feine Garni-Hotel behaglich elegante Zimmer in einem Mix aus Alt und Neu in privater Atmosphäre. Mit Balkonen zum See, Terrasse, Garten, Wellnessbereich, Weinbar und Kaminraum.

Mettnau, Rebsteig 2, T 07732 944 40, www.artvilla.de, DZ 140–234 €

Stattlich im Zentrum

Hotel Garni Krone am Obertor: Alte Tradition und moderner Komfort im Haus mit 400-jähriger Geschichte in der Radolfzeller Altstadt. Großzügige Zimmer.

Obertorstr. 2, T 07732 929 90, www.bodenseehotel-krone.de, DZ 129 €

Für Familien und Gruppen

Naturfreundehaus Bodensee: Unterschiedlichste Angebote. Alle Zimmer mit Seeblick und Balkonen. Ideal für Familien. Mit Restaurant, Terrasse, Liegewiese, Badestrand, Spielplatz, Kanuverleih.

Markelfingen (ca. 3,5 km östlich), Radolfzeller Str. 1, T 07732 82 37 70, www.naturfreundehaus-bodensee.de

Ferienwohnung

Seebalkon Renate Nebel: Die Ferienwohnung mit Südbalkon und Gartenterrasse in dem schönen, mit Holzschindeln verkleideten Haus bietet alles, was man zum Urlaub braucht. Durch den Garten mit Liegewiese geht's direkt zum See.

Mettnau, Mettnaustr. 23, T 07732 146 77, www.seebalkon.de. 4 Zimmer für max. 6 Personen, 110 m², 82–125 €/Nacht (ab 6 Übernachtungen; ab 13 Übernachtungen 75–110 €)

Camping

Campingplatz Radolfzell-Markelfingen: Romantisch gelegene, gepflegte Anlage direkt am See mit flachem Badestrand, Restaurant/Kiosk, Spielplatz; direkte Bushaltestelle.

ca. 3,5 km östlich, Unterdorfstr. 25, T 07732 106 11, www.camping-markelfingen.de

Lieblingsort

Regional und bunt

Jeden Mittwoch und Samstag findet in **Radolfzell** morgens der große **Wochenmarkt** rund um den **Marktplatz** statt – er ist eine wahre Freude: üppig und vielfältig wie in Italien, mit Gemüse, Obst, Fisch, Fleisch, Geflügel und vielen kleinen Leckereien von den Erzeugern ringsum – Produkte, an denen man beim besten Willen nicht vorbeikommt …

Essen

Tolle Lage

Restaurant Strandcafé: Ein gläserner großer Pavillon mit Terrasse direkt an und über den Bodenseewellen.

Mettnau, Strandbadstr. 102, T 07732 151 16 50, www.strandcafe-mettnau.de, tgl. 9–24 (warme Küche 11–23, Nov.–März Mi Ruhetag) Uhr, Hauptgerichte ab 24,50 € (vegetarisch 15,50/17,50 €)

Regionale Bioküche

Mettnaustube: Fisch, Fisch, Fisch – von Austern über Labskaus bis zu heimischen Spezialitäten, eigene Fischräucherei.

Strandbadstr. 23, T 07732 601 21 85, www.mettnaustube.eu, Mo, Di 17–22, Fr–So 12–22 Uhr, Hauptgerichte 25–39 €

Deftig dörflich

Wirtschaft zum Kranz: Gemütliche Dorfatmosphäre im Gastraum und im Garten. Most aus dem Fass, Dünnele (alemannische Flammkuchen mit verschiedenen Belägen). Super!

Liggeringen (ca. 6,5 km nordöstlich), Bergstr. 3, T 07732 103 66, www.kranz-duennele.de, Küche Mi–Sa 17–21, So 11–14, 17–21 Uhr

Einkaufen

Auf Schnäppchenjagd

Seemaxx: Das Factory Outlet Centre Radolfzell liegt am Altstadtrand und ist zu Fuß gut zu erreichen!

Schützenstr. 50, T 07732 893 92 60, www.seemaxx.de, Mo–Fr 10–19, Sa ab 9.30 Uhr

Bewegen

Baden

Strandbad Mettnau: Nahe der Schiffsanlege Mettnau liegt das größte Strandbad am Bodensee mit weiten Ausblicken

Traditionell geht's in Radolfzell beim Hausherrenfest zu, mit dem der Stadtgründer geehrt wird.

hinüber zur Höri. Großzügige Anlage mit allen Annehmlichkeiten.

Strandbadstr. 100, T 07732 102 32, Mai–Ende Sept., tgl. 8–21 Uhr, Erw. 2 €, Kinder (6–17 Jahre) 1,30 €, unter 6 Jahre Eintritt frei

Bootsverleih

Bootsverleih an der Seepromenade: Ruderboote, Tretboote, Elektroboote, Kanus, Kajaks, Segelboote.

Karl-Wolf-Str. 9, T 07732 567 20, www.bootsvermietung-radolfzell.de

Saunieren im Luxus

Bora Saunalandschaft: Sehr schöne Saunaanlage mit Finnischer Sauna, Kelo-Steg-Sauna, Erdsauna, Dampfbad, Ruhe-Oasen, Steinduschen, Pool, Kosmetik und Massagen. Dazu Saunagarten mit Seezugang und Bar-Restaurant.

Karl-Wolf-Str. 33, T 07732 940 63 30, http://bora-sauna.de, So–Mi 10–22, Do–Sa 10–23 (Mai–Okt. bis 22) Uhr, Mo–Fr 27 € (Abendkarte für die letzten 3,5 Std. 23,50 €) Sa, So, Fei 31 € (Abendkarte 26,50 €), Kinder (Zutritt ab 6 Jahren) 20 €

Fahrradverleih

Fahrradverleih Joos: auch Tandems und Motorroller.

Schützenstr. 11 und 14 (200 m vom Bahnhof entfernt), T 07732 82 36 80, www.zweirad-joos.de

Geführte (Schiffs- und) Radtouren

s. Tourist-Information.

Stadtführungen

s. Tourist-Information.

Klettern

Kletterzentrum Kletterwerk: Halle, Kinderferienkurse, Kletterscheine.

Werner-Messmer-Str. 12, T 07732 95 98 48, www.kletterwerk.de, Mo, Mi, Fr 15–22.30, Di, Do 9–22.30, Sa, So, Fei 10–21 Uhr, Erw. 13,50 €, Kinder 10 €

Mit der Solarfähre auf Beobachtungstour

NABU Mettnau: Am Untersee werden die kleinen Solarboote oder die futuristisch anmutende Solarfähre Helio zur lautlosen Beobachtungsplattform: Die Ausfahrt »Vogelzug am Bodensee« z. B. führt in die Welt der Wasservögel, zu Enten, Tauchern und Möwen, die in den Flachwasserzonen zu Hause sind. Ein ungewöhnliches Erlebnis!

Am Wollmatinger Ried 20, T 07531 921 66 40, www.nabu-bodenseezentrum.de

Naturkundliche Ausflüge

NABU Bodenseezentrum: Bietet Einblick in die Lebensräume der Mettnau wie Schilf, Streuwiesen und Auenwald. Buchung von geführten Wanderungen und Bootsfahrten.

Am Wollmatinger Ried 20, www.nabu-bodenseezentrum.de

Infos zu Wasservögeln

BUND Naturschutzzentrum Mindelsee: Mit Ausstellung. Am Mindelsee (s. S. 215) wurden knapp 100 brütende ornithologische Arten festgestellt: Das Naturschutzzentrum setzt sich für den Erhalt und den Schutz des international bedeutenden Feuchtgebiets für Wasservögel ein.

Radolfzell-Möggingen (ca. 4,5 km nordöstlich), direkt im Ortskern an der Kirche, T 07732 15 07 26, www.bund-bawue.de, Mi–So 10–17 Uhr

Feiern

- **Internationaler Tag:** Ende Juni. Musik, Gesang und Tanz sowie kulinarische Köstlichkeiten aus vielen Ländern.
- **Hausherrenfest:** 3. So und Mo im Juli. Die Stadt ehrt den Stadtgründer und die Reliquien. In festlicher Prozession werden die Reliquien durch die Stadt getragen. Am Mo kommen die Bewohner von

Moos mit geschmückten Booten über den See, um ihre Ehrerbietung zu erweisen. Schlusspunkt ist ein großes Seefeuerwerk am Montagabend.

- **Altstadtfest:** 1. Sa im Sept. An zahllosen Ständen, bei Musik, Kinderevents und Kleinkunst vergnügen sich die Besucher.

Infos

- **Tourist-Information:** Seestr. 30, T 07732 815 00, www.radolfzell-tourismus.de, Mo–Fr 9–13, 14–17, Sa 10–13 Uhr. Von Mai–Sept. Sa 11 Uhr Stadtführungen; zudem werden geführte Radwanderungen aller Art in den Sommermonaten angeboten. Darüber hinaus gibt es auch kombinierte Schiffs- und Fahrradtouren als Tagestour; z. B. eine Fahrt mit dem Schiff nach Konstanz, dann nach Meersburg und mit dem Rad über Überlingen zurück. Auch Touren nach Kreuzlingen und Wollmatingen oder ans schweizerische Rheinufer.
- **Infos zur Mettnau und Kurangebot:** www.mettnau.com.
- **Bahn:** vom Bahnhof halbstdl. mit dem Seehas in Richtung Singen, Konstanz oder Lindau.
- **Bus:** vom Busbahnhof Bus 7368 Richtung Moos, Gaienhofen und Öhningen; mit Bus 7372 zur Insel Reichenau.
- **Schiff:** von der Anlege Seepromenade Mitte Mai–Mitte Sept. Linienverkehr nach Stein am Rhein, Schaffhausen, zu den Inseln Reichenau und Mainau. Mitte Juli–Mitte Sept. Solarfähre zur Mettnau und nach Moos.

Bodanrück

Der schluchtenreiche Bodanrück ist bergig und bewaldet: für Radfahrer eine echte Herausforderung. Das städtische Zentrum ist Allensbach. Etwas östlich davon führt ein Alleedamm hinüber zur Insel Reichenau, deren Klosterkultur zum UNESCO-Welterbe erklärt wurde.

Allensbach E/F 3

Das Institut für Demoskopie hat den Namen Allensbach bekannt gemacht: 1947 von Elisabeth Noelle-Neumann gegründet, erforscht das Institut immer wieder die Meinung der Deutschen zu Fragen der Politik, Wirtschaft und Soziologie. Für Urlauber bietet der Ort (ca. 7000 Einwohner) – mit seinen Ortsteilen **Hegne, Kaltbrunn, Freudental** und **Langenrain** lang gezogen am See gelegen – eine entspannte Atmosphäre in ländlicher Umgebung.

Die Geschichte Allensbachs ist eng mit dem Klosterleben der Insel Reichenau verknüpft; 724 wurde der Weiler erstmals in den Klosteraufzeichnungen erwähnt. Im 10. Jh. wurde er Fährstützpunkt und Stapelplatz für die Güter von und zur Klosterinsel. Gab es einen Missetäter auf der Reichenau, wurde er nach Allensbach übergesetzt und von dort nach Konstanz gebracht. Wollte der Abt Gnade walten lassen, läutete er die Gnadenglocke des Münsters: So erhielt der Teil des Sees zwischen Allensbach und der Insel Reichenau den Namen Gnadensee. Mitte des 16. Jh. war die große Zeit der Klosterinsel vorbei und Allensbach fiel an das Fürstbistum Konstanz. Nach langen Zeiten der Not wurde Allensbach 1803 badisch. Bei der Revolution von 1848 konnte der Anführer Friedrich Hecker die Allensbacher für die gemeinsame Sache gewinnen, doch der Aufstand wurde niedergeschlagen. Mit dem Bau der Eisenbahn 1863 kam dann der Fremdenverkehr auf.

Sehenswert ist die evangelische **Gnadenkirche** auf dem Hohrenberg: Sie wurde komplett umgebaut und bietet mit der seeseitigen Verglasung einen wunderbaren Blick. Hier finden Ausstel-

Blick über Allensbach auf den Bodensee mit der Insel Reichenau

lungen und Konzerte statt. Sehr schön angelegt ist die lange **Seepromenade,** die Lände, wie die Einheimischen sagen, mit Seegarten und Seebühne. Von hier blickt man direkt auf die Reichenau.

Wild- und Freizeitpark

Über 300 Wildtiere, darunter Bären und Luchse, die in riesigen Freigehegen gehalten werden, laden zum Kennenlernen ein. In der weitläufigen Anlage können Kinder den Aktivspielplatz, Streichelzoo und die Parkeisenbahn entdecken. Darüber hinaus gibt es Greifvogelvorführungen, Wasserspringboote und ein Restaurant.

Gemeinmärk 7, nahe Kaltbrunn, T 07533 93 16 19, www.wildundfreizeitpark.de, Mai–Sept. tgl. 9–17 (Park bis 18.30), Okt.–April 10–17 Uhr, Erw. 13 €, Kinder (3–14 Jahre) 11 €

Mindelsee-Rundweg

Vom Parkplatz des Wild- und Freizeitparks gelangt man zum Mindelsee-Rundweg. Der See, in der Eiszeit entstanden, liegt in einer Senke und ist ein naturbelassenes Vogelparadies. See und Umland mit Auwald, Riedwiesen und Schilfflächen stehen unter Naturschutz. Am See brüten seltene Vogelarten wie Schwarzkehlchen, Kolbenenten oder Bekassinen. Hier rasten Zugvögel, und über 20 000 Reiherenten ruhen hier tagsüber aus, bevor sie nachts den Bodensee zur Nahrungssuche ansteuern. Für die Besucher gibt es einen Rundweg, einen Rastplatz und eine Badestelle, die nur zu Fuß zu erreichen ist. Der Rundweg ist ausgeschildert.

Schlafen

Klein und komfortabel

Hotel am See: Gallus-Zembroth-Str. 19a, T 07533 50 91, www.hotel-amsee.de, DZ 96–125 €. Hell, sonnig, nett: Das

TOUR
Premiumblick auf die Insel

Waldwanderung von Dingelsdorf zum Erlebniswald Mainau

Infos

F 3

Start: Dingelsdorf
Ziel: Mainau (zurück per Bus oder Fähre)

Länge: 10 km
Dauer: 3 Std., leicht

Erlebniswald Mainau: www.erlebniswald-mainau.de, Ostern–Okt. tgl. 9–19 Uhr, Erw. 32 €, Kinder 10–13 J. 16 €, bis 17 J. 22 €, Mindestalter 10 J., Mindestkörpergröße 1,40 m

Vom Landungssteg in **Dingelsdorf** hält man sich landeinwärts, vorbei an den Gasthöfen Seeschau und Adler bis zur Gabelung. Am **Brunnen** nimmt man die Straße Zur Mühle, der man erst rechts, dann links abbiegend bis zur Wallhauser Straße folgt. Am Ortsausgang geht es links Richtung Wallhausen. An der nächsten Weggabelung halten Sie sich links und steigen hinauf auf den **Olber,** von wo sich eine herrliche Aussicht auf den Überlinger See bietet.

Die nächsten gelben Wegweiser führen zum **Dingelsdorfer Ried.** Halten Sie sich links entlang des **Riedsees.** Am Wegweiser Dingelsdorfer Ried geht man vorbei an der **Mooswiese** und dem **Mühlweiher** bis zum herrlichen **Mainau-Panoramablick.**

Auf dem **Jakobsweg** wandert man dann entweder zum **Biergarten St. Katharina** (nur zu Fuß zu erreichen, Innenhof des Klosters St. Katharina, T 07531 30 34 87, April–Okt. Mi–So, Fei 11–19 Uhr, Vesper um 10 €) oder gleich hinein in den **Erlebniswald Mainau** mit Hängebrücken auf Baumwipfelhöhe. Die Anlage kombiniert einen klassischen Hochseilgarten mit einem Kletterwald und einem Baumhöhenweg mit Baumhaus-Architektur: einmalig in Europa. Für Erwachsene, Jugendliche und Kinder gibt es spezielle Ausrüstungs- und Sicherungssysteme, sodass niemand Angst haben muss, wenn es auf die schwankenden Wipfelbrücken geht. Allein das (kostenlose) Zuschauen ist ein tolles Erlebnis!

Vom Erlebniswald überqueren Sie die L 219 und laufen ein Stück bis zum **Landungssteg Mainau.** Von dort geht es mit Bus oder Schiff zurück.

Garni-Hotel liegt am Ostrand des Ortes, mit weitem Blick auf den See, ca. 300 m vom Strandbad entfernt. Auch Ferienwohnungen.

Freundliche Einkehr

Haus St. Elisabeth: Das moderne, komfortable Gästehaus des Klosters Hegne der Barmherzigen Schwestern vom Heiligen Kreuz liegt auf einer Anhöhe mit weitem Seeblick und Garten. Es bietet Ruhe, Entspannung und Angebote für Geist, Seele und Körper.

Kloster Hegne (ca. 2,5 km östlich), T 07533 93 66 20 00, www.st-elisabeth-hegne.de, DZ 105–184 €

Ferienwohnungen und Schlafen im Heu

Müllerhof: Zwischen Bodanrück und Gnadensee liegt von Wäldchen und Obstplantagen umgeben der Biohof mit 4 modern und großzügig ausgestatteten Ferienwohnungen. Auch ein Heuapartment, voll ausgestattet und mit Balkon. Mit Spiel- und Grillplatz; Naturkostladen.

Kaltbrunn (ca. 2 km nördlich), Markelfinger Str. 12, T 07533 57 29, www.biohof-mueller.com, Strohlager ab 35 €/Nacht, Heuapartment ab 40 €/Nacht, Ferienwohnungen ab 65–75 €

Camping

Campingplatz Allensbach: Hochmoderner, großer grüner Campingplatz am See mit architektonisch anspruchsvollen Servicebauten, darunter kleine, funktionale Radlerunterkünfte, Café-Restaurant und angrenzendes offenes Strandbad mit großer Liegewiese.

Strandweg 30, T T 07533 997 65 65, http://campingamsee.com

Essen

Mit Esprit

Restaurant Zum Weinbrunnen: Im Fachwerkhaus mit Kachelofen, Terrasse und Garten. Französische Küche, z. B. Felchenfilet »au Cidre«.

Brunnengasse 2b, T 07533 31 13, www.zumweinbrunnen.de, Do–Di 17–23 Uhr

Mediterran

Casa Mia: Direkt am Seeufer bietet das Restaurant einen Mix aus mediterranen Küchen. Sehr schön sitzt man im schattigen Biergarten.

Hinnengasse 2, T 07533 940 52 75, www.casamia-bodensee.com, tgl. 10.30–23 Uhr

Bewegen

Baden

Strandbad am Campingplatz: Strandweg 30, Zugang frei.

Fahrradverleih

Radhaus: Von-Steinbeiß-Str. 2, T 07533 12 18, www.radhausallensbach.de.

Reiten

Pferdehof Buchholzhof: Reitunterricht, geführte Ausritte n. V.

Langenrain (ca. 6 km nördlich), T 0176 21 99 66 84, www.buchholzhof.org

Feiern

- **Jazz am See:** Mai–Sept. Viele Veranstaltungen im Seegarten, von Jugendorchestern über Latino-Jazz bis zu Chansonabenden oder Roma-Brassbands.
- **Seetorfescht:** 1. Juliwochenende. Mit Wasserprozession zur Insel Reichenau (am So).
- **Traditionelles Gnadensee-Schwimmen:** So Ende Juli/Anfang Aug., www.allensbach.dlrg.de. Über 400 Teilnehmer schwimmen von der Reichenau bis zum Strandbad Allensbach. Die DLRG begleitet die Schwimmer auf der 1,6 km langen Strecke. Rahmenprogramm im Strandbad.

Kleinod der Frühromanik und UNESCO-Welterbe – St. Georg in Oberzell auf der Insel Reichenau

Infos

- **Verkehrsbüro:** im Bahnhof, Konstanzer Str. 12, T 07533 801 35, www.allensbach.de, Mo–Fr 9–12, 14–17 Uhr.
- **Bahn:** mit dem Seehas alle 30 Min. Richtung Radolfzell, Singen sowie Konstanz.
- **Schiff:** Mitte Mai–Ende Sept. tgl. mehrmals Personen- und Radlerfähre zur Insel Reichenau.
- **Bus:** Verbindet mehrmals tgl. die Ortsteile miteinander.

Schloss Langenrain und Marienschlucht E/F 3

Auf der nordöstlichen Seite des bergigen Bodanrück grenzen die Ufer mit den kleinen Ortschaften Litzelstetten, Dingelsdorf und Wallhausen an den Überlinger See. Bei Langenrain, einem weiteren Ortsteil von Allensbach, liegt hoch auf dem Bodanrück das Gräflich von Bodmansche **Schloss Langenrain** (www.schloss-langenrain.com) aus dem Jahr 1648. Heute sind in dem anmutigen, roséfarbenen Barockbau eine Akademie der Konstanzer Universität und ein vornehmes Tagungshotel beheimatet.

Auf dem Weg hinunter zum Überlinger Seeufer liegen ein **Golfplatz** und das **Hofgut Kargegg.**

Der **Wanderparkplatz** am Waldrand oberhalb von Wallhausen ist Ausgangspunkt für einen aufregenden Abstieg in die im Sommer viel besuchte **Marienschlucht** (www.marienschlucht.de, im Sommer Ausflugsboot ab Bodman, Ludwigshafen, Sipplingen). Vorbei an der grün überwucherten Ruine Kargegg geht der Weg hinunter in die schmale, etwa 100 m lange Klamm. An der engsten Stelle ist sie nur 1 m breit.

Es geht über Brücken und Stege, an bemoosten Felswänden entlang – grüne, dschungelartige Wandflächen, die bis zu 65 m hoch aufragen. Die Marienschlucht steht unter Naturschutz und ist nur zu Fuß zu erreichen. Auch von Bodman führt ein Wanderweg am Bodenseeufer entlang bis zur Schlucht. Seit Herbst 2015 ist die Schlucht jedoch wegen Erdrutschen komplett gesperrt. Wann sie wieder geöffnet wird, ist unklar.

Insel Reichenau

Im Untersee, 4 km südlich von Allensbach, liegt die Insel Reichenau. Die Klosterinsel hatte im frühen Mittelalter politisch, wissenschaftlich und künstlerisch eine europaweite Ausstrahlungskraft. Von den über 20 Kirchen auf der Insel sind drei geblieben: Die Stiftskirche St. Georg, das Münster St. Maria und Markus sowie die Stiftskirche St. Peter und Paul gehören zu den wichtigsten Zeugnissen romanischer Baukunst in Deutschland. Seit dem Jahr 2000 ist die Reichenau UNESCO-Welterbe.

Die Reichenau ist die größte Bodenseeinsel, aber mit ihren 4,3 km² dennoch sehr übersichtlich. Hauptzufahrtsweg ist der Damm, der südlich von Allensbach auf die Südostspitze der Insel führt; es gibt ihn seit 1838. Die prachtvolle Pappelallee ist Teil der Deutschen Alleenstraße. Am Ende der Allee weist die Statue des Klostergründers Pirmin den Weg in die 1300-jährige Inselgeschichte. Deutlich wird auch sofort, dass heute – neben den Besuchern – der Gemüseanbau die wichtigste Rolle spielt: Das Klima ist mild, alles sprießt und gedeiht. Die Hälfte der Inselfläche wird dafür genutzt. Der früher bedeutsame Wein spielt nur noch eine untergeordnete Rolle. Salat- und Gemüsefelder, Plastikplanen, Gewächshäuser und Bewässerungsanlagen bestimmen das Bild zwischen den drei Ortsteilen Ober-, Mittel- und Niederzell. Jeder Ortsteil besitzt eine der kunsthistorisch bedeutenden Kirchen. Dazwischen gibt es immer wieder herrliche Blicke auf den Untersee und den Schweizer Seerhein.

Da die ganze Insel in Klosterbesitz war und die Klöster mit zahllosen Laienbrüdern autark wirtschafteten, siedelten sich die Klosterbauern bei ihren Äckern an, und noch heute folgen viele Wirtschaftswege und Straßen dem alten Raster, wie auch die Äcker und Felder zwischen den Kirchen noch sichtbar sind. Für Radfahrer und Skater sind die vielen landwirtschaftlichen Nutzwege ideal, um sich auf der Insel zu bewegen.

Geschichte

Im Jahr 724 entdeckte der Wanderbischof Pirmin mit seinen Männern die menschenleere Insel. Pirmin gründete dort mit Zustimmung des fränkischen Königshauses ein Benediktinerkloster.

Die Abtei entwickelte sich bald zu einem im ganzen Abendland anerkannten Zentrum für Wissenschaft und Kunst; auch der politische und wirtschaftliche Einfluss war groß. Aus der Klosterschule gingen namhafte

ÖFFNUNGSZEITEN AUF DER REICHENAU

Kirchen: tgl. 9–17 Uhr, Ausnahme St. Georg, s. dort.
Museen: April–Juni, Sept., Okt. tgl. 10.30–16.30, Juli/Aug. tgl. 10.30–17.30, Nov.–März Sa, So, Fei 14–17 Uhr.

R

RUNDWANDERUNG ODER RADTOUR UM DIE REICHENAU

Ideal für die Entdeckung der Insel ist Wandern oder Fahrradfahren. Der Rundweg über 10 km kann am Damm begonnen werden, wo der Rad- und Fußweg neben der Straße verläuft. In Oberzell bei St. Georg geht es an der Gnadenseeseite entlang bis Mittelzell, am Bootshafen und Strandbad weiter bis zur Nordspitze der Insel und zur Kirche St. Peter und Paul. Dann geht es – am Strandbad und Campingplatz vorbei – entlang der Uferseite am Untersee. Schließlich passiert man die Schiffslände und erreicht wieder den Damm.

Theologen und Gelehrte hervor, und in den Skriptorien entstanden wundervolle, kostbarste Handschriften wie das Evangeliar Ottos III. Zehn Codices sind in das UNESCO-Weltdokumentenerbe aufgenommen worden, jedoch befindet sich keiner heute noch vor Ort: Sie sind auf die großen Bibliotheken in aller Welt verteilt. Berühmt waren auch die Klosterbibliothek, die Goldschmiedewerke und die Reichenauer Malerschule für Buch- und Wandmalerei, die im 10. und 11. Jh. ihre große Blütezeit erlebte. Die Wandmalereien in St. Georg in Oberzell legen Zeugnis davon ab.

An großen Namen seien Abt Waldo und Abtbischof Heito genannt, die einst für Karl den Großen politische Missionen übernahmen. Als Gelehrter ragt die Person Hermanns des Lahmen (gest. 1054) hervor. Er war Mathematiker, Astronom und Musiker – ihm ist eines der frühesten Notensysteme der Musikgeschichte zu verdanken und die Einteilung der Stunde in 60 Minuten.

Am meisten geliebt und im Gedächtnis der Kulturgeschichte fest verankert ist wohl Walahfrid Strabo (gest. 849), der neben anderen Meisterwerken des frühen Mittelalters eine Dichtung über den Gartenbau schrieb und illustrierte, den »Hortulus«. Nach seinen Beschreibungen und ihm zu Ehren ist ein Kräutergarten beim Münster angelegt worden. Er war es auch, der Papst Gregor IV. von der ›Reichen Au‹ berichtete. Abt Hatto III. (888–913) brachte von einer Romreise das Haupt des hl. Georg mit. Für diese Reliquie wurde St. Georg in Oberzell errichtet.

Mit dem Ende des Mittelalters war auch die große Zeit der Klosterinsel vorbei. Im 16. Jh. wurde das Kloster dem Bistum Konstanz unterstellt, Mitte des 18. Jh. verließen die letzten Mönche die Insel. 1803 wurde das Kloster aufgelöst. Heute gibt es wieder drei Mönche, die für die Gottesdienste der drei Kirchen zuständig sind.

Oberzell

E 4

St. Georg

Kommt man über den Damm mit der schönen Pappelallee auf die Reichenau, liegt auf der Gnadenseeseite in Oberzell gleich die erste der drei romanischen Kirchen: St. Georg wurde unter Abt Hatto III. von 890 bis 896 in einfacher Form und mit stämmigem viereckigem Turm erbaut, um die Reliquien des hl. Georg aufzunehmen, die der Abt aus Italien mitgebracht hatte. Später wurde die Kirche mehrfach umgebaut. Heute besticht die Klarheit des Raums der dreischiffigen Säulenbasilika ohne Querschiff, mit Westapsis und rechteckigem Chor.

Spektakulär, ja einmalig sind die komplett erhaltenen, hervorragend restaurierten **ottonischen Wandmalereien** aus dem 10. Jh.: nördlich der

Alpen eine seltene Pracht. Sie wurden um 1880 unter dem Putz entdeckt. An den Säulenbögen zeigen Medaillons die Äbte mit Büchern. Darüber breiten sich Szenen des Neuen Testaments aus, die mit einem Mäanderband eingefasst sind. Sie erzählen von der Kraft und Macht der Heilsgeschichte – wundervoll in Schrägperspektive, mit ausgearbeiteten Licht- und Schattenpartien. Am nördlichen Choraufgang dann weltlich Süffisantes: Das »Geschwätz der Frauen«, das auf »keine Kuhhaut« geht, wird hier dargestellt.

Im **Museum St. Georg** am Parkplatz wird die Kirchengeschichte erläutert.

aus konservatorischen Gründen geschl., nur mit Führung: Mai–Sept. tgl. 12.30 und 16, April–Okt. Mo 17 Uhr

Aussichtspunkt Hochwart

Eine herrliche Aussicht inmitten der Weinberge zwischen Ober- und Mittelzell bietet der höchste Punkt der Insel, der Hochwart (439 m). Der milde Anstieg führt zum hübschen Teehäuschen: Hier ist heute die renommierte Werkgalerie Hochwart (Juliane Epp, T 07534 75 10, www.werkgaleriehochwart.de, Di, Mi, Fr, Sa 14–18 Uhr) zu Hause, eine Werkstatt für qualitätvolle Keramik und Kunsthandwerk.

Essen

Frischester Fisch

Fisch bei Riebels: Frischer geht es nicht – beim Fischer mit Fischhandel, eigener Räucherei und offener Fischküche mit einigen überdachten Tischen kann man wunderbar rasten – auf der Fahrradtour, bei der Wanderung oder als Imbiss- und Einkaufsziel.

Seestr. 13, kurz hinter St. Georg, T 07534 76 63, www.riebels-fischdelikatessen.de, Laden: Di, Mi 9–12.30, 14–17, Do, Fr 9–12.30, 14–18, Sa 9–12.30 Uhr, Bistro: tgl. 11.30–19 Uhr

An Christi Himmelfahrt ziehen Pilger zur Hochwart.

Mittelzell

E 4

Weiter geht es nach Mittelzell, dem Inselzentrum. Hier thront inmitten von Blumengärten das Münster St. Maria und Markus mit angrenzendem Klosterhof und Klosterbauten.

Münster St. Maria und Markus

Der Kirchenbau, ursprünglich aus dem 8. Jh., wurde mehrfach umgebaut; die heutige Gestalt der romanischen Basilika mit Ost- und Westquerhaus stammt aus dem 9.–11. Jh. Die große Loge am Westquerhaus war für den Kaiser bestimmt, hier wurde die Reliquie des hl. Markus dargeboten. Der gotische Chor datiert aus dem 15. Jh. Wunderbar sind die Sandsteinarkaden, die leuchtenden Kirchenfenster und der meisterliche offene Dachstuhl aus Eiche, der wie ein Schiffsrumpf angelegt ist. Das Holz aus dem 13. Jh. ist nahezu unbeschadet und musste bei der Restaurierung in den 1960er-Jahren nur wenig ergänzt werden.

In der **Schatzkammer** (April–Sept. Mo–Sa 10–12, 15–17, Okt. 10–12 Uhr) sind neben erlesenen Goldschmiedearbeiten wie dem »Oberzeller Kreuz« und einem Evangeliar die kostbaren Reliquienschreine (um 1000) aufbewahrt, die in den Prozessionen hervorgeholt und über die Insel getragen werden.

Am Münster liegt auch das **Kräutergärtchen,** das nach dem »Hortulus« von Abt Strabo, dem ersten Gartenbautraktat Europas, mit allen von ihm aufgeführten Heilpflanzen und Kräutern rekonstruiert wurde.

K

MIT DEM KANU UNTERWEGS

Ungewöhnliche Perspektiven beim beschaulichen Paddeln bietet eine Umrundung der Reichenau mit dem Kanu – entweder allein oder als geführte Tour. Vom Gnadensee aus, vor dem Panorama der Höri und den Vulkankegeln des Hegaus und nach einem Mittagspäuschen im Biergarten am Campingplatz, geht es zum Südufer mit Schweizer Panorama. Auf dem Rückweg wird der Inseldamm unterfahren. (12 km, 4–6 Std., reine Paddelzeit 3–4 Std.). **Kanustation Schiffslände:** T 0178 843 70 23, www.lacanoa.com, tel. reservieren, Kanu 3 Std./Tag/Person 15/25 €, Kajak 3 Std./Tag/Person 20/30 €.

Museum Reichenau

In der einstigen **Klosterleutesiedlung** um die Ergat, den Dorfplatz, steht auf zwei Sockelgeschossen aus Stein, die aus dem 12. Jh. stammen, noch eines der ältesten **Fachwerkhäuser** Süddeutschlands. Im ehemaligen Rathaus, zu Klosterzeiten Sitz des Ammans (Amtsmann), wird heute im Museum Reichenau die Geschichte des Weinbaus, der Fischerei und der Landwirtschaft lebendig. Eine weitere Abteilung widmet sich der bedeutenden klösterlichen Buchmalerei. Im **neuen Bau** daneben taucht der Besucher ab ins Mittelalter: Mit interaktiven Exponaten wird die Geschichte des Klosters, seine Macht und Wirkungsgeschichte und das Leben als Mönch oder Laienbruder nachgezeichnet.

Ergat 1 und 3, T 07534 99 93 21, April–Okt. tgl. 10.30–16.30, Juli/Aug. bis 17.30, Nov.–März Sa, So, Fei 14–17 Uhr, Erw. 5 €, Kinder (7–14 Jahre) 2 €

Niederzell

E 3

An der beschaulichen, schönen Nordspitze der Insel hält die dritte der Kirchen, die Stiftskirche St. Peter und Paul Wacht über die Ufer und den See.

Stiftskirche St. Peter und Paul

Im 8. Jh. wurde hier der erste Kirchenbau unter Bischof Egino errichtet. Die heutige dreischiffige Säulenbasilika stammt aus dem 11. Jh., an ihr wurde in den folgenden Jahrhunderten weitergebaut, und so ist das Innere barockisiert. Im Jahr 1900 wurden **Wandmalereien** freigelegt, die in den frühen Jahren des 12. Jh. von der Reichenauer Malerschule gefertigt worden waren. Im Zentrum thront eine überlebensgroße segnende Christusfigur in weißem Gewand mit rotem Mantel vor einem blauen Sternenhimmel. In den unteren Bildreihen erscheinen Propheten und Apostel.

Pfarrhaus und Schloss Windegg

Neben der Kirche steht das barocke Pfarrhaus und direkt am Seeufer, unweit entfernt, s'Bürgle oder Schloss Windegg. Im 17. Jh. für Gäste des Klosters umgebaut, ist es heute in privater Hand und nicht zu besichtigen.

Schlafen

Gediegen am See

Strandhotel Löchnerhaus: Strahlend weißes, kleineres Haus im Reformstil mit blumengeschmückten Balkonen, Terrasse, Bootssteg, eigener Liegewiese und Badestrand. Gute Küche, natürlich mit Fischspezialitäten.

Mittelzell, An der Schiffslände 12, T 07534 80 30, www.loechnerhaus.de, DZ 120–235 €

Hübsch und komfortabel

Insel-Hof: Das 3-Sterne-Haus im Ortskern von Mittelzell mit schöner Gartenanlage, Liegewiese und Terrasse mit Seeblick war einst das Pfarrhaus der Kirche St. Johann. Ruhige, angenehme Zimmer, teils mit Balkon und Gnadenseepanorama. Jahreszeitlich abgestimmte Küche mit regionalen Produkten.

Mittelzell, Seestr. 89, T 07534 246, www.inselhof-reichenau.de, DZ 90–160 €

Gemütlich

Gästehaus Seeblick: Modernes Haus mit Wintergarten, Terrasse und gemütlichen Zimmern mit Balkonen und Seeblick.

Mittelzell, Pirminstr. 124, T 07534 471, www.seeblick-allweier.de, DZ um 100 €

Camping

Campingplatz Sandseele: Direkt am See gelegen, mit Badestrand und komfortablen Anlagen. Für Kinder bestens ausgestattet. Minimarkt. Beim Freizeitcenter Ausleihe verschiedener Boote, Surfbretter und Kanus. Leihfahrräder. Restaurant mit Blick auf die Höri.

am Westufer, Bradlengasse 24, T 07534 73 84, www.sandseele.de

Essen

Nicht nur Fisch

Mein Inselglück: Ein Restaurant, in dem auch Vegetarier und Veganer fündig werden, ebenso wie Fleisch- und Fischesser. Oder man startet mit einem umfangreichen Frühstück in den Tag und lässt den Abend in der Inselbar ausklingen.

Abt-Berno-Str. 3, T 07534 995 59 60, www.meininselglueck.de, tgl. 7–22 Uhr

Beliebt

Weinstube Küferstüble: Behagliche Weinstube mit Reichenauer Wein, eigener Brennerei und bodenständiger Vesperküche (ab 8 €), auch Tische auf der Streuobstwiese.

Mittelzell, Spiegelberg 17, unterhalb der Hochwart, T 07534 555, www.kueferstueble.de, Mi–Mo ab 17.30 Uhr

Einkaufen

Wein

Kellerei Winzerverein Reichenau: Hier findet man alle Weine, die auf der

Reichenau gekeltert werden. Mit Verkostungen.

Mittelzell, Münsterplatz 4, T 07534 293, www.winzerverein-reichenau.de, April–Sept. Mo–Fr 9–18, Sa 9–16, Okt.–März Mo–Fr 10–17, Sa 10–14 Uhr

Gemüse und Pflanzen

Böhler Gemüse und Pflanzen: Direktvermarktung von Gemüse, Salat, Pflanzen und Produkten der Erzeuger aus der Region.

Niederzell, Riedstr. 10, Verkauf über das Selbstbedienungslädele von Sonnenaufgang bis Sonnenuntergang

Regionale Spezialitäten

Gemüse Pavillon Blum: Alles Charakteristische der Insel: Fisch und Wein, Gemüse und Obst.

Mittelzell, Marktstr. 1, T 07534 17 52, www.gemuesepavillon.de, April–Sept. Mo–Fr 9–18.30, Sa 8–16, So 10–17, Okt.–März Mo–Fr 9–18, Sa 8.30–16 Uhr

Bewegen

Baden

Strandbad Baurenhorn: Schöne Anlage in einer Gnadenseebucht mit Blick auf Allensbach.

Mittelzell, Strandbadstr. 5, T 07534 74 48, ca. Mitte Mai–Mitte Sept

Fahrradverleih

Freizeitcenter Reichenau: beim Campingplatz, T 07534 995 87 77, www.freizeitcenter-reichenau.de.

Feiern

Eine Besonderheit der Au, wie die Einheimischen sagen, sind drei Feiertage, an denen nicht gearbeitet wird: das Markusfest im April, das Heilig-Blut-Fest im Juni und Mariä Himmelfahrt im August.

- **Markustag:** 25. April. Parade der historischen Bürgerwehr, mit Festgottesdienst und Reliquienprozession in Mittelzell.
- **Heilig-Blut-Fest:** Mo eine Woche nach Pfingstmontag, höchster Feiertag auf der Reichenau. Prozession mit den Reliquien und Festkonzert in Mittelzell.
- **Mariä Himmelfahrt:** 15. Aug. Festgottesdienst für die Schutzheilige des Münsters, Prozession mit Reliquien, Parade der Bürgerwehr in Mittelzell.
- **Wein- und Fischerfest:** letztes Juli- oder 1. Augustwochenende. Breites kulinarisches Angebot, Wein- und Marktstände, Musik und Feuerwerk in allen Ortsteilen.

Infos

- **Tourist-Information:** Pirminstr. 145, Mittelzell, 78479 Insel Reichenau, T 07534 920 70, www.reichenau-tourismus.de, www.welterbe-reichenau.de, April, Okt. Mo–Fr 9–12.30, 13.30–17, Mai–Sept. Mo–Fr 9–18, Sa 9–13, Nov.–März Mo–Fr 9–12.30, 13.30–16 Uhr.
- **Bahn:** Der Bahnhof Reichenau liegt auf dem Festland vor dem Damm. Es bestehen halbstündlich Verbindungen mit dem Seehas Richtung Konstanz und Radolfzell. Auf die Insel geht es mit der Anschlussbuslinie 7372.
- **Bus:** Buslinie 7372 von Konstanz über Wollmatingen, stdl. auf die Insel. Der Inselbus verbindet die Stadtteile miteinander; die Fahrt kann unterbrochen werden, Fahrkarten sind den ganzen Tag gültig. Haltestellen: Schiffslände, Campingplatz, romanische Kirchen, Mai–Okt. tgl. alle 45 Min. 10–17 Uhr, Ende März–Ende April nur Sa, So, Fei, www.fahrplan-bus-bahn.de.
- **Schiff:** Mitte Mai–Mitte Sept. mehrmals tgl. Verbindungen nach Konstanz, Schaffhausen, Radolfzell und nach Allensbach. Eine Solarfähre bietet 6 x tgl. Verbindung nach Mannenbach.

Bodman-Ludwigshafen

An der Kappe des Überlinger Sees liegen sich die kleinen Orte gegenüber, die eine Doppelgemeinde bilden. Bodman ruht am Fuß des schluchtenreichen Waldgebiets Bodanrück, und am Nordufer des Überlinger Sees setzt mit Ludwigshafen, der B 31 und der Bahnlinie die Abfolge der Urlaubsorte ein, die die Ferienlandschaft der Nordseite des Bodensees charakterisieren. Das Naturschutzgebiet der Aachried schiebt sich als Keil im Landbogen dazwischen.

Bodman E 2

Bodman, abseits des Durchgangsverkehrs gelegen, ist mit seinen 1200 Einwohnern still und beschaulich. Der alte Ortskern rund um die Kaiserpfalzstraße mit der romanisch-gotischen Pfarrkirche **St. Peter und Paul** und dem historischen **Seetor** liegt parallel zur wiesengrünen, baumbestandenen **Uferpromenade.**

Auf der Landseite ziehen sich Bauernhöfe, Wohnviertel, Gärten und Obstplantagen hin. In einer der stillen Wohnstraßen lebt der im Bodenseeraum berühmte Bildhauer Peter Lenk: Seine manieristischen Skulpturen stehen in zwei gegenüberliegenden Gärten und beherrschen Bild und Atmosphäre (s. S. 226).

Blickfang des Ortes ist das elegante klassizistische **Schloss Bodman** (19. Jh.), umgeben von einer prächtigen Parkanlage, die für Besucher geöffnet ist (April–Okt. Mo–Fr 9–18 Uhr). Das Schloss ist im Besitz von Wilderich Johannes Graf von und zu Bodman und nicht zugänglich.

Schlafen, Essen

Nett am See

Hotel Fischerhaus: Das moderne, kleinere Haus liegt direkt im Wiesengürtel der Uferpromenade von Bodman. Zimmer überwiegend mit Seeblick.

Am Torkel 9, T 07773 55 01, www.hotel-fischerhaus.de, DZ 126–136 €

Mit Seezugang

Sommerhaus Hotel garni: Kleines Haus mit Balkonzimmern, schöner Garten mit Liegewiese, Pavillon und eigenem Badesteg.

Kaiserpfalzstr. 67, T 07773 76 82, www.hotel-sommerhaus.de, DZ 102–145 €

Tolle Torten

Café und Pension Hasler: Das zur Straßenseite hin unscheinbare Haus besitzt einen Wintergarten und eine große,

DER NAME BODENSEE

B

Der Bodensee hat Bodman seinen Namen zu verdanken. Aus einer St. Galler Urkunde aus dem Jahr 890 geht hervor, dass der Ort in Anlehnung an die karolingische Pfalz Bodema oder Podama benannt wurde. Die Pfalz als Erholungsort von Kaisern und Königen lag dort, wo heute die Pfarrkirche steht. 1277 verpfändete König Rudolf von Habsburg die Pfalz an den Ritter Johann von Bodman. Der See wurde Lacus Podamicus genannt; die Römer hatten ihn als Lacus Brigantinus bezeichnet. Und in den Schriften des mittelalterlichen Dichters Wolfram von Eschenbach wird vom Bodemse gesprochen; Anfang des 15. Jh. ist in Dokumenten erstmalig vom Bodensee die Rede.

TOUR
Ein Phänomen der Kunstwelt

Auf den Spuren von Peter Lenk

Infos

E 2

Start: Bodman
Ziel: Konstanz

Dauer: 1 Tag

Infos: www.peter-lenk.de

Buchtipp: Peter Lenk, Skulpturen, Konstanz 2021

Die satirisch-manieristischen Arbeiten des Bildhauers Peter Lenk sind umstritten. Der Künstler bleibt gern im Hintergrund, seine Werke verteilen sich aber rund um den See – die Imperia in Konstanz ist sogar zum inoffiziellen Wahrzeichen des Bodensees geworden. Eine Rundfahrt führt zu den wichtigsten Lenk-Stationen.

Die hyperrealistischen und satirischen Werke von Peter Lenk, geb. 1947, haben heftige Kontroversen ausgelöst und sind für viele Zeitgenossen außerordentlich gewöhnungsbedürftig. Sie karikieren Verschwendung, Geiz, Gier, Trägheit, Macht und Eitelkeiten – Eigenschaften, mit denen gerade Politiker und das Establishment gesegnet sind. Bei einer Tour entlang des Sees von Bodman bis Konstanz kommt man den schillernden Facetten der Lenk'schen Kunstwelten auf die Spur.

Gesellschaftskritik und Karikatur

Einen überwältigenden ersten Eindruck bieten die **»Wilden Gärten«** mit Lenks Atelierhäusern in **Bodman:** An der Kaiserpfalzstraße 20, den Hang hinauf, stehen, liegen und hängen zahllose Skulpturen, überlebensgroß und grotesk, dünn und dick, hässlich und schön, hyperrealistisch oder ätherisch-filigran. Die Grundstücke sind nicht zugänglich, aber der spähende Blick von außen auf die manieristische Vielfalt gibt einen Eindruck von der Schaffenskraft des Künstlers.

Die nächste Station ist **Ludwigshafen,** dessen Stadtväter Mut und Humor bewiesen: An einer Außenwand des Zollhauses am See ist seit 2008 der Fries **»Ludwigs Erbe«** zu sehen, auf dem sich u. a. Gerhard Schröder, Angela Merkel und Edmund Stoiber nackt und wild grinsend bei ihren Genitalien packen. Große Aufregung! Auch der Spiegel berichtete. Das Bildwerk zeige, wie Lenk formulierte, die »Global

In Lenks Skulpturengarten in Bodman

Players entfesselt. Topmanager im Dagobert-Fieber. Bunte-Leserinnen im Feudaltaumel. Ablasshandel im Sexparadies. Der Papst erzürnt. Die Dorfpolizei überfordert. Das Dixi-Klo auch. Vivat Ludwig.«

Viel Wirbel löste auch der Brunnen auf der Hofstatt in **Überlingen** mit dem **»Bodenseereiter«** aus: Lenk nimmt Bezug auf Gustav Schwabs Gedicht »Der Reiter und der Bodensee«. Hier ist es eine Karikatur Martin Walsers, alt und hoch zu Ross – vom großen Romancier deutscher Befindlichkeiten als sanftböswillige Übertreibung kommentiert. Walser, 1927 in Wasserburg geboren, lebt in Überlingen und soll eine Klage gegen Lenk verloren haben.

Satirische Geschichtsbetrachtung

In **Meersburg** geht Lenk andere Wege, indem er mit seiner **»Magischen Säule«** an der Hafeneinfahrt satirischen Bezug auf die lokale Geschichte nimmt – u. a. auf Annette von Droste-Hülshoff als Friedenstäubchen und auf Franz Messmer, der mit seiner spirituell verdrehten Theorie über den Magnetismus in seiner Zeit Aufsehen erregte.

Ähnlich geschichtsbezogen arbeitete Lenk auch in **Konstanz.** Die 9 m hohe, kraftstrotzende **»Imperia«**, die sich auf der Hafenmole um sich selbst dreht, ist Bildnis der schönsten und begehrtesten Edelhure zur Zeit des Konstanzer Konzils (s. S. 160). Sie hat Papst wie Kaiser im Griff – beide alt und schrumpelig. Stadtväter und Kirche als deren Erben waren *not amused*, opponierten heftig, aber das Gelände gehörte der Bundesbahn, und die hatte auch den Auftrag erteilt. Heute ist Konstanz glücklich mit dem neuen Wahrzeichen – und die Besucher auch.

Gesellschaftskritik, Übertreibung und krasseste Zuspitzung bei gleichzeitig deutlicher Personenzuschreibung aus Geschichte und Gegenwart: das sind die Charakteristika von Lenks Arbeiten, und er ist insofern ein Phänomen, als er Stadtverwaltungen und Besucher gleichermaßen in seinen Bann zieht.

B

ZUR BURGRUINE ALT-BODMAN

Vom Seeufer aus erreicht man auf ausgeschildertem Weg in knapp einer Stunde zu Fuß die Burgruine Alt-Bodman (E 2), die auf einem der drei Bergkuppen im Rücken Bodmans thront. Die Aussicht von hier ist herrlich. Die Herren von Bodman, denen der Habsburger König Rudolf im 13. Jh. das Reichsgut übertrug, ließen sich auf dem Frauenberg und der Burg Alt-Bodman nieder. Das Schloss im Park ist heute der vierte Bau.

viel besuchte Seeterrasse. Sehr lecker die Apfelwalnusstorte.

Kaiserpfalzstr. 65, T 07773 930 70, www.cafe-hasler.de, DZ ab 120 €, Café Mitte März–Mitte Okt. Di–So 8–22 Uhr

Hell und luftig

Gasthof Seehaus: Ein modernes und gepflegtes Haus mit großem Garten und einer Terrasse am See, die zum eigenen Bootsliegeplatz führt.

Kaiserpfalzstr. 21, Bodman, T 07773 56 62, www.seehaus-bodman.de, DZ 105 € (ohne Seeblick), 110–135 € (mit Balkon/Seeblick). Restaurant Mi–So ab 12 Uhr (warme Küche bis 21 Uhr), Hauptgerichte ab 16 €

Bewegen

Baden

Strandbad Bodman: Beim Segelhafen, mit Surfbrett- und Kanuverleih.

www.strandbad-bodman.de, Mai–Mitte Sept. bei gutem Wetter tgl. 9–20 Uhr, Erw. 2,50 €, Kinder 1 €, ab 18 Uhr die Hälfte

Fahrradverleih

s. **Tourist-Information** (s. Infos).

Infos

- **Tourist Information Bodman:** Hafenstr. 5, T 07773 93 00 40, www.bodman-ludwigshafen.de, April–Okt. Mo–Fr 9–12, 14–17 Uhr, sonst kürzer.
- **Bahn:** s. Ludwigshafen (s. S. 229).
- **Bus:** Verbindungen zwischen den Ortsteilen und nach Überlingen (stdl.).
- **Schiff:** Die Gemeinde Bodman-Ludwigshafen betreibt einen eigenen Motorschiffsbetrieb (T 07551 957 94 85, www.motorbootgesellschaft-bodman.de) zwischen den beiden Ortsteilen, zur Marienschlucht, nach Sipplingen und Überlingen. Mai–Mitte Okt. mehrmals tgl.

Ludwigshafen E 2

Ludwigshafen (nicht zu verwechseln mit Ludwigshafen am Rhein) hieß bis zum Jahr 1803 Sernatingen. Das kleine Fischer- und Winzerdorf gehörte seit dem späten Mittelalter zur Freien Reichsstadt Überlingen. Nach den Napoleonischen Kriegen fiel Sernatingen an Baden, und Großherzog Ludwig ließ einen Hafen anlegen, als Konkurrenz zum württembergischen Friedrichshafen. Hafen und Ortschaft erhielten seinen Namen. Das ehrgeizige Projekt lief gut an: Kaianlagen, Speicher und das Großherzogliche Hauptzollamt gingen in Betrieb. Mit der Eröffnung der Bahnlinie Radolfzell–Überlingen jedoch, der sukzessiven Verlagerung des Gütertransports vom Schiff auf die Schiene, konnte sich der Hafen nicht behaupten. Der Ort ist aber an den Bodenseebahnverkehr angeschlossen.

Heute ist Ludwigshafen ein Ferienort. Hauptanziehungspunkt ist immer noch das **Hafenareal** mit der Uferpromenade, umgeben von Parkanlagen mit alten Bäumen. Das stattliche Gebäude des **Zollhauses** (www.zollhausludwigshafen.de) ist heute liebevoll restauriertes Bürger- und Gästezentrum mit Ausstellungs- und Veranstaltungsräumen. Zur Hauptattraktion gemausert hat sich an einer Außenwand des Zollhauses das Triptychon »**Ludwigs Erbe**« von Peter Lenk, dem hier ansässigen Bildhauer (s. S. 226).

Schlafen, Essen

Schick

Hotel Immengarten: Modernes 4-Sterne-Haus. 23 Zimmer mit einem Hauch Romantik sowie überwiegend Balkon und Seeblick. Das Restaurant Rosmarin bietet Burger (ab 9,90 €), Regionales, aber auch asiatisch inspirierte Küche (ab 12,50 €), auch auf der schönen Sonnenterrasse.

Überlinger Str. 28, T 07773 93 74 20, www.bodenseehotel-immengarten.de, DZ ab 100 €, Restaurant/Café Fr–Mi 11–14, 17–21.30 Uhr

Am See

Wellnesshotel Adler: Modernes Gebäude direkt am See mit Wellnessareal, Liegewiese, Biergarten und Terrasse. Die Küche ist badisch geprägt mit mediterranen Anklängen.

Hafenstr. 4, T 07773 933 90, www.seehoteladler.de, DZ ab 140 €, Seerestaurant Mo–Fr ab 17.30, Sa, So, Fei 12–22.30 Uhr, Hauptgerichte ab 20 €

Angenehm

Hotel zum Hafen: Mitten in den Parkanlagen am See gelegen. Freundliches, kleines Familienhotel mit gut ausgestatteten Zimmern, z. T. mit Seeblick.

Parkstr. 1, T 07773 933 90, www.zum-hafen.de, DZ ab 90 €

Traditionell

Hotel Krone: Mitten im Ort liegt das traditionelle Gasthaus mit modernen Zimmern, auch Familienzimmer. Gehobene badische Küche.

Hauptstr. 25, T 07773 931 30, www.bodenseehotelkrone.de, DZ 70–93 €, Restaurant Di–Sa 17–22 Uhr, Hauptgerichte ab 17 €

Camping

Campingplatz Schachenhorn: Großer Platz am Seeufer mit Badestrand, Radlerhütten, Kiosk.

Radolfzeller Str. 23, T 07773 937 68 51, www.camping-schachenhorn.de, 15. März–15. Okt.

Einkaufen

Obst etc.

Hofladen Obsthof Specht: Regionale Produkte.

Hauptstr. 32, T 07773 93 81 16, www.obsthof-specht.de, in der Hauptsaison Mo–Fr 9–13, 14–18, Sa 9–16 Uhr

Bewegen

Baden

Strandbad Ludwigshafen: Baumbestandene Liegewiesen, dicht an der Bahn.

Seehalde 8, T 07773 51 16, www.strandbad-ludwigshafen.de, Frühjahr–Herbst bei schönem Wetter tgl. ab 9 Uhr, Erw. 2,50 €, Kinder (6–15 Jahre) 1 €

Fahrradverleih

Maier E-Fahrzeuge: Bahnhofstr. 3, T 07773 90 90 47, www.mef-see.de. **Hotel Krone:** Hauptstr. 25, T 07773 931 30, www.bodenseehotelkrone.de.

Infos

- **Tourist Information:** Hafenstr. 5, T 07773 93 00 40, www.bodman-ludwigshafen.de, April–Okt. 9–12, 14–17 Uhr, sonst kürzer.
- **Bahn:** stdl. in Richtung Radolfzell, Überlingen und Friedrichshafen.
- **Bus/Schiff:** s. Bodman S. 228.

Das Kleingedruckte

Er bewacht den Hafen von Lindau.

Anreise

... mit dem Flugzeug

Stuttgart und Zürich sind die nächstgelegenen großen Flughäfen. Von beiden ist das Ziel am Bodensee mit öffentlichen Verkehrsmitteln gut zu erreichen. Der Regionalflughafen Friedrichshafen wird aus Deutschland von Lufthansa ab Frankfurt angeflogen.

... mit der Bahn

Kommt man aus Richtung Ruhrgebiet oder Frankfurt am Main mit Ziel Konstanz, kann man über Stuttgart und Singen oder mit der Schwarzwaldbahn über Offenburg fahren. Von der Schnittstelle Singen geht es über Radolfzell nach Konstanz oder am nördlichen Seeufer entlang bis Friedrichshafen und Lindau. Von München, Nürnberg, Leipzig und Salzburg kommt man mit der Allgäubahn in Lindau an, oder es geht über Ulm nach Friedrichshafen.

In **Österreich** führt von Innsbruck aus die Arlbergbahn nach Bregenz. In der **Schweiz** führen Bahnverbindungen von Bern, Luzern und Zürich nach Schaffhausen, Romanshorn und Konstanz. Rund um den See ist das Streckennetz sehr gut ausgebaut (s. S. 252).

... mit dem Auto

Der gesamte Bodensee ist von einem Bundes- und Schnellstraßenring umgeben, der aus allen Himmelsrichtungen gut anzufahren ist. Aus Richtung Stuttgart etwa über die A 81 bis Kreuz Hegau/Singen. Die B 33 führt dann über Allensbach bis Konstanz (ca. 180 km). Die B 31 führt dafür ab Kreuz Stockach am nördlichen Bodensee entlang bis Friedrichshafen. Aus Oberschwaben, von Ravensburg/Weingarten kommend, stößt die B 33 auf Friedrichshafen, die B 30 auf Meersburg. Autobahn und Bundesstraßen aus dem Allgäu bzw. aus Bayern führen nach Lindau.

Kommt man aus **Österreich,** aus Richtung Landeck/Innsbruck, geht es über den Arlbergpass oder durch den Arlbergtunnel, Bludenz, Feldkirch und Dornbirn auf der A 14 nach Bregenz. In der Schweiz führt die N 1 nach St. Gallen und Rorschach; die N 7 stößt über Winterthur auf Kreuzlingen/Konstanz.

Bewegen und Entschleunigen

Angeln und Fischen

Da aus dem Bodensee das Trinkwasser für rund 5 Mio. Menschen kommt, der Fischfang professionell betrieben wird und viele Bereiche naturgeschützt sind, sind die Bestimmungen und Erlaubnisscheine zum Angeln und Fischen im See und den einmündenden Flüssen sehr detailiert. Die Länder Baden-Württemberg, Bayern, Österreich und die Schweiz handhaben die Genehmigungen jeweils unterschiedlich. In der Schweiz benötigt man im Uferbereich (150 m) keine Erlaubnis. Ansonsten haben beispielsweise Untersee und Hochrhein, der Konstanzer Trichter und die Insel Mainau jeweils eigene Bestimmungen. Tourist-Infos oder ortsansässige Sportgeschäfte erteilen Auskünfte für ihren Seebereich und vermitteln die Erlaubnis (Tages-/Monatskarten).

Baden

In jeder Gemeinde am Bodensee kann man dem Badegenuss frönen, sei es an einem naturbelassenen Strandstreifen mit Wiese, einer Badeanstalt oder einem Erlebnisbad am See mit Umkleiden, Liegewiesen und Kiosk/Imbiss. Für FKK-Anhänger ist die Strandlandschaft in Hard (Rheindelta, Österreich) die größte am Bodensee.

Die Badesaison wird Mitte Mai eröffnet und endet Mitte/Ende September. Ist das Wetter schlecht, empfehlen sich die luxuriösen Thermen in Überlingen, Meersburg, Lindau und Konstanz.

Golfen

Über ein Dutzend Golfclubs gibt es rund um den Bodensee, weitet man den Radius ins Hinterland aus, sind es etwa 20 Plätze. Die meisten bieten Schnupperkurse an, verleihen auch das Sportgerät. Einen Überblick 18 Plätze bietet www.golfplaetze-bodensee.de mit Links zu Vereinen, auch für Österreich und die Schweiz.

Inlineskaten

Das Inlineskaten ist ein Trendsport am Bodensee, besonders in der Schweiz. Da es wenig Steigungen gibt und das Netz asphaltierter Uferstraßen und Radwege groß ist, gibt es zahlreiche Strecken, auf denen Inlineskater ordentlich loslegen können. In Deutschland teilen sie sich das Routennetz mit den Fahrradfahrern; in der Schweiz sind die Strecken für Radler und Skater oftmals getrennt.

Der Kanton Thurgau ist das Mekka der Skater – hier ist das Streckennetz weit ins Hinterland ausgebaut (s. auch S. 150), die Ausschilderung ist optimal, und es gibt zahllose Tourenvorschläge, die man im Internet abrufen kann oder als Broschüre in den Tourist-Infos erhält. Sehr beliebt sind auch der Rundparcours auf der Insel Reichenau (13 km), die Strecke von Konstanz-Hafen über Kreuzlingen nach Romanshorn (21 km) und die 10-km-Strecke von Überlingen zur Promenade in Unteruhldingen.

Radfahren

Der **Bodensee-Radweg** (s. Kasten unten und S. 52) ist der beliebteste Deutschlands; kein Wunder, denn die Streckenabschnitte lassen sich wunderbar variieren. Man kann zwischendurch mit der Bahn oder dem Schiff fahren und die herrliche Region genießen, Pausen einlegen, wie man will, ohne auf einen festgelegten Zielort am Abend angewiesen zu sein, denn der nächste Ort mit einem Bett ist immer nah. Überhaupt ist das Rad das adäquate Verkehrsmittel für die Seeregion: Man fährt bis auf die Promenade, bis ins Strandbad, vor die Haustür der Museen und Sehenswürdigkeiten, ohne im Stau zu stehen oder sich um Parkplätze kümmern zu müssen. In jedem Ort, in vielen Hotels, kann man

BODENSEE-RADWEG

B

Infomaterial zum Bodensee-Radweg gibt es im Buchhandel; die Tourist-Infos bieten zudem handliche Pocket Guides mit allem Wissenswerten an. Und im Internet helfen die Portale **www.bodenseetouren.eu, www.bodensee-radweg.com** sowie **www.bodensee-radweg.de** weiter. Dort gibt es unter »Tourenvorschläge« ausgearbeitete Tages- oder Mehrtagestouren, mit dem Navigationspunkt »Tourenplaner« erstellt man seine individuelle Route zum Ausdrucken. Wer auf Leistung aus ist, schafft die 273 km See-Umrundung an zwei, drei Tagen – es gibt aber so viel Reizvolles zu sehen, dass sich ein einwöchiges gemächliches Radeln mit Sightseeing- und Badestopps anbietet. Beginnen kann man überall. Empfohlen wird eine Umrundung im Uhrzeigersinn, dann hat man den See stets ohne die Straße im Blick. Von Ende April bis Ende Sept. kann ein Gepäckservice gebucht werden, der das Gepäck morgens vom Hotel oder der Pension abholt und bis 18 Uhr an den Zielort bringt (Infos und Buchung T 07531 819 93 53, www.bodensee-radweg.com). Hotels, Pensionen und andere Übernachtungsbetriebe sind auf Radler eingestellt; eine **Zimmerreservierung** ist im Juli und August unbedingt ratsam (s. S. 52).

Räder, immer mehr auch Elektroräder, leihen.

Auf der Schweizer Seite ist das Velo, das Elektrorad, überall eingeführt; von Rorschach und Romanshorn kann man mit dem Velo bis nach St. Gallen fahren und das Rad dort abgeben. Diesen Service gibt es in Deutschland bei der Bahn mit ihrem Bahn-und-Bike-Service. www.bahn.de/ services. Über die Fahrradmitnahme in der Deutschen Bahn informiert die Servicenummer 030 29 70.

Fahrradverleih: Meist über Fahrradgeschäfte oder Reparaturbetriebe (Mo–Fr 8/9–12/12.30, 14/14.30–18, Sa bis mittags oder 16, Juli/Aug. auf dt. Seite Mo–Sa meist bis 19 Uhr, teils auch So geöffn., ab 10–12 €/Tag), in der Schweiz Radverleih auch per www.rentabike.ch.

Rad- und Wanderkarten: Kompass Bodensee West & Ost (je 1 : 50 000) sowie **Kompass Bodensee Gesamtgebiet** (1 : 75 000). Zu Wanderwegen im Bregenzerwald s. auch **www.vorarlberg.at/wanderwege.**

Reiten

Reiterferien und Reiterausbildung für Kinder und Erwachsene bieten Hofgüter und Pferdehöfe im Hinterland der deutschen Bodenseeregion, z. B. im Hegau, Linzgau oder im Deggenhauser Tal. Adressen und Auskünfte über www.bodensee.eu.

Wandern

Am Bodensee gibt es unendliche Wandermöglichkeiten – vom Uferspaziergang über gemütliche Wanderwege durchs Hinterland bis zu zünftigen Bergwanderungen im Bregenzerwald oder im Appenzell. Jeder Ferienort bietet ein Netz aus Spazier- und Wanderwegen sowie ausgearbeitete Routen mit Info- und Kartenmaterial an. Auf den Webportalen der Regionen (s. S. 241) liegen Routenvorschläge zum Ausdrucken bereit. Bei Wanderungen in den Alpen bitte auf zweckmäßige Ausrüstung mit ordentlichen Wanderstiefeln und Anorak achten. Wanderkarten sind in den Tourist-Infos erhältlich.

Wer kein eigenes Material besitzt: Etwa 20 Surfschulen verleihen alles Nötige und geben natürlich auch Kurse.

Wassersport

Segeln, Surfen, Tauchen, Motorboot-, Kanu- und Bötchenfahren gehören zu den schönsten Urlaubsvergnügen am Bodensee – schließlich ist das ›Schwäbische Meer‹ ein Mekka für alle Wassersportler. Aufgrund der Fallwinde aus den Alpen kann der See jedoch in Windeseile sehr stürmisch werden, mit hohem, kabbeligem Wellengang und starken Böen, sodass gerade beim Segeln und bei anderen Wassersportarten solide Kenntnisse erforderlich sind.

Fast jeder Ort hat zur Vermittlung derselben eigene Segel-, Tauch- und Surfschulen sowie einen Bootsverleih (es gibt rund 40 Segel- und Wassersportschulen rund um den See). In den Reisekapiteln sind die Kontaktadressen für alle Wassersportarten nicht extra aufgeführt; in jedem Ort hält die Tourist Information die Auskünfte bereit.

Für ernsthafte **Segler** sind die Jachthäfen, Segelschulen und Clubs in Langenargen und Kressbronn eine sehr gute Adresse. Fürs Segeln und Motorbootfahren auf dem Bodensee sind eigene **Patente** erforderlich; für Inhaber anderer Patente gibt es befristete Erlaubnisscheine. Auskünfte und Unterweisung erteilen alle Segelschulen.**Details zu den Segelscheinen und Segelschulen** bietet www. bodensee. travel.

Auch zum **Surfen** ist der Bodensee ideal. An den Naturstränden und flachen Ufern ist der Einstieg mit dem Brett einfach. Will man den spannenden Sport erlernen, stehen rund 20 Surfschulen zur Verfügung – mit Service und Brettverleih.

Für das **Kanu- und Kajakfahren** auf dem Bodensee ist La Canoa in Konstanz (www.lacanoa.de) die zentrale Adresse. 19 Kanustationen am See bieten geführte Halb- oder Tagesausflüge in die Naturschutzzonen und zu Sehenswürdigkeiten an, auch komplette Ferienangebote und Bootsverleih.

Darüber hinaus eignet sich der Bodensee gut zum **Tauchen.** Vor allem der Überlinger See mit seinen Steilwänden unter Wasser hat Spannung zu bieten. Rund zehn Tauchschulen bieten Kurse und Service für Taucher an. Einen Überblick gibt es unter www.bodensee.travel.

Wellness

Die Wellnessangebote rund um den Bodensee sind überwältigend vielfältig. In den Kurorten wie Radolfzell mit der Mettnau, in Überlingen oder Konstanz gibt es zahlreiche Angebote, die jeder Besucher wahrnehmen kann – Kneipp-Gänge, Yoga im Stadtpark, Strand- und Wassergymnastik oder Taiji (Taichi) auf der Wiese. Da jeder Ort sein Freibad hat und viele Hallen- und Erlebnisbäder vorhanden sind, sind auch damit immer Wellnessangebote verbunden. Die 4- oder 5-Sterne-Hotels, auch viele aus der 3-Sterne-Kategorie, haben großzügige und gepflegte Wellness- und Spabereiche mit eigenem Angebot – von der Beauty-Behandlung über beheizte Außenpools bis zu verschiedenen Saunen.

Luxuriös sind fünf Wellnesstempel, in denen man jeweils in herrlicher Umgebung halbe oder ganze Tage vertrödeln kann: die Bora-Saunen in Radolfzell und die eleganten Wellnesstempel mit innen und außen liegenden Becken, Ruhezonen und Saunalandschaften direkt am See in Lindau, Überlingen, Meersburg und Konstanz. Die drei Letzteren bieten auch ein vergünstigtes Kombiticket an (Adressen/Infos unter den jeweiligen Orten). Einen Überblick bieten www.bodensee.eu und www.bodensee-info.com.

Diplomatische Vertretungen

Deutsche Botschaft

… in Österreich
Gauermanngasse 2–4, 1010 Wien
T 01 71 15 40
www.wien.diplo.de

… in der Schweiz
Willadingweg 83, 3006 Bern
T 031 359 43 43
www.bern.diplo.de

Österreichische Botschaft

… in Deutschland
Stauffenbergstraße 1, 10785 Berlin
T 030 20 28 70
www.bmeia.gv.at/oeb-berlin

… in der Schweiz
Kirchenfeldstrasse 77–79, 3005 Bern
T 031 356 52 52
www.bmeia.gv.at/oeb-bern

Schweizerische Botschaft

… in Deutschland
Otto-v.-Bismarck-Allee 4, 10557 Berlin
T 030 390 40 00
www.eda.admin.ch/berlin

… in Österreich
Prinz-Eugen-Straße 9 a, 1030 Wien

T 01 795 05
www.eda.admin.ch/wien

Einreise

Für die Schweiz brauchen EU-Bürger einen gültigen Personalausweis oder Reisepass, der an den Grenzübertritten auch meistens kontrolliert wird. Auch Kinder, egal welchen Alters, benötigen ein eigenes Reisedokument! Umgekehrt brauchen Schweizer ihren Pass/Personalausweis für Deutschland und Österreich. An der deutsch-österreichischen Grenze kann es Kontrollen geben, zur aktuellen Situation: www.oeamtc.at. Wenn man mit Schiff oder Rad am Bodensee unterwegs ist, immer den Ausweis dabeihaben.

Elektrizität

Die Schweiz hat andere Steckdosen als Deutschland und Österreich: Die Steckdosen dort können zwar die flachen, zweipoligen Eurostecker aufnehmen, nicht jedoch die dicken, runden Konturenstecker; für sie braucht man einen Adapter. Die Schweizer müssen mit Adapter reisen. Überall gelten 220 V.

Essen und Trinken

Sterneparadies

Die Bodenseeregion ist für ihre hervorragende Küche bekannt, die Gastronomie kann hier aus dem Vollen schöpfen. Die Besonderheiten der verschiedenen Landesküchen rund um den See haben eine große Vielfalt hervorgebracht, die in den letzten Jahren von kreativen Gastronomen wiederentdeckt und aufs Schönste weiterentwickelt wurde: badisch-schwäbische, bayerische, österreichische und schweizerische Spezialitäten, von den Küchenchefs mit innovativer Könnerschaft verfeinert und mit mediterranem Flair kredenzt – nicht umsonst gilt die Bodenseeregion als Sterne- und Haubenparadies.

Im **Linzgau** haben sich einige hervorragende Köche zusammengetan, die ihre schönen Gasthöfe und ihre Küchenkunst gemeinsam vorstellen. Infos: www.bodensee-linzgau.de.

Darüber hinaus gibt es in der deutschen Bodenseeregion viele Hoteliers, die in gepflegter Umgebung besonderen Wert auf ein reiches **Frühstück** und üppige **Brunch-Angebote** mit frischen lokalen Produkten legen.

Frische, regionale Lebensmittel

In der überwiegend intakten Natur produzieren Obstbauern und Landwirte hochwertige Lebensmittel. Der Obst- und Gemüseanbau am Bodensee beliefert ganz Deutschland und bietet hier vor Ort frischeste Waren ohne lange Transportwege. Auf diese üppige, farbenfrohe Vielfalt stoßen Sie auch auf den schönen Wochenmärkten. Der Bodensee hat Trinkwasserqualität, und die Bodenseefische wie Felchen, Barsch, Hecht und Zander landen fangfrisch oder warm geräuchert in den Küchen der Gastronomiebetriebe. Aus dem Hinterland kommen Fleisch und Geflügel, sehr oft aus artgerechter Haltung. Im Allgäu, im Bregenzerwald und im Kanton Appenzell sind Milch, Milchprodukte und Käse der Stolz der Region. Sie werden mit großer Sorgfalt und oftmals auf traditionelle Weise produziert und veredelt. Infos und Adressen zu Produkten vom Bauern- und Obsthof, zu Hofläden und Hofcafés in der deutschen Bodenseeregion (Linzgau, Bodensee-Oberschwaben, Hegau und Höri) bietet der **Verein bäuerliche Anbietergemeinschaft e. V.,** Bamberger Str. 8, 88662 Überlingen-Lippertsreute, T 07553 72 11, www.bodenseebauer.de.

Weine, Säfte und Brände

Die Küchengenüsse werden durch die Weine wunderbar ergänzt. In den sonnenreichen Weinbergen an den Südhängen im Raum Meersburg und Hagnau, im schweizerischen Thurgau und rund um den Hohentwiel bei Singen gedeihen hervorragende Weine. Auch Obstbrände und feine Destillate sind am Bodensee zu Hause und werden überall von den Produzenten vor Ort angeboten. Das Gleiche gilt für die oft naturbelassenen Moste und Säfte.

Mehr Infos zu Weinen und Bränden gibt es beim **Verein Bodenseewein e. V.** (c/o Staatsweingut Meersburg, Seminarstr. 6, 88709 Meersburg, T 07532 446 70, www.bodenseewein.org, Website mit Adressen und kleinem Weinglossar, s. auch S. 284) dem Zusammenschluss der Winzer, Weingüter, Winzervereine und -genossenschaften der deutschen Bodenseeregion.

Feiertage

1. Jan.: Neujahr
6. Jan.: Dreikönigstag (Baden-Württemberg, Bayern, Österreich)
19. März: Josephitag (Landesfeiertag in Vorarlberg)
Ostern: Karfreitag, Ostermontag
25. April: Markusfest (Reichenau)
1. Mai: Tag der Arbeit
Christi Himmelfahrt: Am Do 40 Tage nach Ostern
Pfingsten: Pfingstmontag
Heilig-Blut-Fest: Am Mo eine Woche nach Pfingstmontag (Reichenau)
Fronleichnam: Am Do 10 Tage nach Pfingsten (Baden-Württemberg, Bayern, Österreich)
1. Aug.: Nationalfeiertag (Schweiz)
15. Aug.: Mariä Himmelfahrt (Bayern, Österreich)
3. So. im Sept.: Eidgenössischer Bettag (Schweiz)
3. Okt.: Tag der deutschen Einheit (Deutschland)
26. Okt.: Nationalfeiertag (Österreich)
1. Nov.: Allerheiligen (Baden-Württemberg, Bayern, Österreich)
8. Dez.: Mariä Empfängnis (Österreich)
25./26. Dez.: Weihnachten

Feste und Unterhaltung

Christliche Traditionen

Gefeiert wird viel und überall rund um den See. Da die Tradition fast ausschließlich vom katholischen Glauben geprägt ist (mit Ausnahme des protestantischen Thurgau und der hälftig gemischten Bevölkerung St. Gallens), werden zahlreiche Feste mit christlichen Wurzeln gefeiert. In Städten und Gemeinden zählen die großen **katholischen Prozessionen** zu den Höhepunkten im Gemeinschaftsleben – sei es zu Pferd wie in Weingarten oder mit Schiffen übers Wasser wie von Moos nach Radolfzell und von Allensbach auf die Klosterinsel Reichenau. Dort gibt es zudem spezielle Inselfeiertage, die in der Geschichte des Klosters gründen und bis heute das Kalenderjahr prägen.

Feste mit historischem Hintergrund wie die Schwedenprozessionen zu Ehren der Muttergottes in Überlingen gehören ebenfalls zum lebendigen Brauchtum: Trachten werden getragen, Tiere geschmückt, lokale Musikkapellen ziehen durch die Straßen, und oftmals werden historische Begebenheiten nachgestellt.

Auch mit **Weihnachtsmärkten** putzen sich manche Orte sehr schön und festlich heraus, etwa Lindau, Überlingen, Meersburg oder – groß und prächtig – St. Gallen und Bregenz.

Lebendiges Brauchtum

Heimatfeste werden in jedem Ort gefeiert. Im Frühling locken die zahlreichen **Blütenfeste** die Besucherscharen an, im Herbst sind die Weinfeste mit ihren **Rädle-, Buschen- und Besenwirtschaften** ein großer Anziehungspunkt. Auch **Ernte-**

FESTE UND FESTIVALS IM JAHRESVERLAUF

Februar
Fasnacht: v. a. in Überlingen, Oberschwaben, St. Gallen, Appenzell.

April
Sternfahrt Weiße Flotte: Sa Ende April zum Saisonbeginn. Musik und Events auf den Schiffen, Flottentreffen.
Überlinger WortMenü: 2. Aprilhälfte (in ungeraden Jahren). Literarisch-kulinarisches Festival in Gasthöfen, Buchläden, auf dem Schiff.
Inselfeiertag Markusfest: 25. April, Reichenau. Fest des Inselheiligen. Mit Bürgerwehrparade, Festgottesdienst im Münster und Prozession.

Mai
Bodenseefestival: www.bodensee festival.de. Hochkarätige Konzerte, Theater- und Literaturrahmenprogramm u. a. in Konstanz, Ravensburg, Meersburg, Friedrichshafen, Feldkirch, Weingarten und St. Gallen.
Schubertiade: Erste Maiwochen, Mitte–Ende Juni, erste Sept.-Wochen, Okt., Hohenems und Schwarzenberg, www.schubertiade.at. Weltweit größtes Schubertfestival mit 50 hochkarätigen Kammerkonzerten.
Droste-Literaturtage: 1. Maiwoche, Meersburg. Lesungen, Konzerte.
Blutfreitag in Weingarten: Fr nach Christi Himmelfahrt. Hoher kirchlicher Feiertag mit Gottesdienst in der Basilika, Pferdeprozession.
Reichenauer Blutfest: 1. Mo nach Pfingstmontag. Wichtiger kirchlicher Feiertag mit langer Tradition.
Gräfliches Inselfest: Letztes Maiwochenende, Mainau. Großes Frühlingsfest zum Bummeln, Einkaufen, Essen, Trinken, mit Gartenmarkt und Musik.
Internationale Bodenseewoche: 4 Tage Ende Mai, Konstanz. Festliche Events, Segelregatta, Wassersport aller Art.

Juni
Alpauftrieb: Anfang Juni, Allgäu, Bregenzerwald und Appenzell.
Match Race Germany: Juni, Langenargen. Internationale Segelregatta.
Seenachtsfest Arbon: Wochenende Mitte Juni. Mit Großfeuerwerk am So.
Open Air St. Gallen: Ende Juni/ Anfang Juli. Wichtiges Pop- und Rockfestival.
St. Galler Festspiele: Ende Juni–Mitte Juli. Klassische Musik und Oper auf dem Klosterplatz in der Altstadt.
Flohmarkt rund um die Uhr: Sa Ende Juni. Ein riesiger 24 Stunden währender Flohmarkt in Konstanz und Kreuzlingen.

Juli
Winzerfest Meersburg: 1. Juliwochenende. Größtes Weinfest am See.
Stadtfest Lindau: Sa, 1. Julihälfte. Musik- und Theaterfest.
Hausherrenfest und Mooser Wasserprozession: 3. So im Juli. Großes kirchliches und historisches Stadtfest mit Prozession in Radolfzell; am Mo Wasserprozession von Moos nach Radolfzell.
Bregenzer Festspiele: Mitte Juli–Mitte Aug., www.bregenzerfestspiele.com. Opernfestspiele auf der Seebühne und Rahmenveranstaltungen.
Promenadenfest Überlingen: Letztes Juliwochenende. Festival mit Musik, Tanz und Töpfermarkt.

August
Nationalfeiertag Schweiz: 1. Aug. Vereins- und Musikfeste in allen

Schweizer Orten; Feuerwerk am Rheinfall.
Sandskulpturenfestival: 2. Augustwoche, Rorschach. Internationale Teilnehmer bauen Skulpturen aus Sand.
Seenachtfest Konstanz: 2. Wochenende im Aug. Das wohl größte Fest am See, mit Seefeuerwerk.
Rutenfest: Letztes Wochenende vor den Sommerferien, Ravensburg. Historisches Stadtfest mit Festumzügen, Adler- und Bogenschießen.
Stadtfest Bregenz: Ende Aug. Viertägiges Musikfest, Höhepunkt des Stadtfestes ist das Klangfeuerwerk in den Seeanlagen.

September
Alpabtrieb: Anfang–Mitte Sept. im Allgäu, Bregenzerwald und Appenzell.

Oktober
Bülle-Fest: 1. Oktoberwochenende, Moos und Umgebung. Fest zu Ehren der roten Zwiebel, Kulinarisches, Handwerkliches und Musik.
Mittelaltermarkt Meersburg: Anfang Okt. Musik, Handwerk, Kulinarisches und Wein.

Dezember
Weihnachtsmärkte: Schön und festlich, z. B. in Überlingen, Meersburg, Lindau, Konstanz und St. Gallen.

dankfeste werden rund um den See begangen. In der Alpenregion, im Allgäu, im Bregenzerwald und in Appenzell sind der **Viehauf- und -abtrieb** prächtige, bunte Festtage, mit denen die Natur, ihre Gaben und die Arbeit von Mensch und Tier mit Gottesdiensten, alten Bräuchen, Trachten und Musik gewürdigt werden.

Fasnacht, Fasnet

Ist das neue Jahr eingeläutet, beginnen die Vorbereitungen für die ›fünfte Jahreszeit‹, die im Gegensatz zum rheinischen Karneval charaktervoller, ursprünglicher und weniger kommerziell ausgerichtet ist. Von Gründonnerstag bis Aschermittwoch regiert die schwäbisch-alemannische Fasnacht oder Fasnet die Seeregion.

Bunt und wild sind die Kostüme, die sich in verschiedene Gruppen aufteilen lassen: Die größte Gruppe sind Wilde Männer und Hexen mit grob geschnitzten Masken, die tatsächlich furchterregend und düster aussehen und mit Trommelmusik und wilden Sprüngen durch die Straßen ziehen. Zum anderen gibt es die Flecklesnarren in bunten Fleckenkostümen, die schuppenförmig auf die Leinwand genäht sind. Die Gesichter sind hinter gleichartigen Masken (oft aus Holz) versteckt. Die Narren gehen in die Zuschauermengen hinein, knallen mit sogenannten Karbatschen wild durch die Luft und machen ein wüstes Spektakel, das durchaus heidnisch und grotesk anmutet.

Überlingen ist eine der Fasnachtshochburgen am See; in Oberschwaben sind es Bad Waldsee, Aulendorf und Weingarten; aber auch in St. Gallen und Appenzell und in zahlreichen anderen Orten am See wird die Narrenfreiheit mit Masken, Kostümen, Umzügen und Musik gefeiert.

Unterhaltung, Kultur und Sportliches am See

Im Sommer bietet jeder Ferienort rund um den Bodensee **Hafen- und Seefeste** mit kulinarischem Angebot, musikalischen Veranstaltungen, Kindervergnügungen, auch Flohmärkten und sportlichen Veranstaltungen – etwa Segelregatten für Profis wie in Langenargen oder die Internationale Bodenseewoche Anfang Juli in Konstanz. Überall gibt es Marathonläufe, wassersportliche Wettbewerbe und abschließende Feuerwerke. Die bekanntesten und schönsten Sommerfeste mit Riesenfeuerwerk finden in Konstanz, Langenargen, Arbon und Schaffhausen statt.

Wunderschön ist auch die große **Sternfahrt** zu einem Überraschungsziel, mit der die Weiße Flotte der Bodenseeschifffahrt Ende April ihren sommerlichen Fahrbetrieb aufnimmt.

Der Bodensee als Festivalregion

Neben den großen Museen, Kunsthäusern, Galerien und Theatern, die rund um den See zu Hause sind, begeistern die zahlreichen Musik-, Literatur- und Kulturfestivals, die die Bodenseeregion zwischen April und Oktober mit weltläufigem Flair und starken Erlebnissen auftanken.

Geigen, Chöre, E-Gitarren

Schon seit über 20 Jahren erfreut das **Internationale Bodensee-Festival** jährlich den Mai hindurch seine Besucher: mit großen Sinfonieorchestern, Kammermusik, Chor- und Orgelwerken sowie Theater und Ballett unter einem übergreifenden Motto. Gespielt wird in fast allen Städten und größeren Gemeinden rund um den See wie Meersburg, der Birnau, Friedrichshafen, Lindau, Ravensburg, St. Gallen und Konstanz.

Einzigartig ist auch die **Schubertiade:** Das weltweit größte Schubert-Festival findet, sich ergänzend, in zwei reizvollen österreichischen Orten statt, im Mai und Oktober in Hohenems und im Juni und September in Schwarzenberg im Bregenzerwald. Die Atmosphäre ist intim, die Säle sind wunderschön, Künstler wie Publikum schwelgen gleichermaßen in der Musik Schuberts.

Absoluter Höhepunkt aller Festivalaktivitäten sind dann ab Ende Juli für vier Wochen die **Bregenzer Festspiele:** große Oper, alle zwei Jahre in neuer spektakulärer Inszenierung auf die Seebühne gebracht; aufregend modern, zugleich gibt es ein breites und interessantes musikalisches Rahmenprogramm – unvergesslich. Auch bei der Schifffahrt und Hotellerie rund um den See gibt es zahllose Angebote, die auf die Spielzeiten abgestimmt sind.

Für die Fans von Folk, Rock und Pop gibt es ebenfalls einige feste Pilgerziele am Bodensee: In **St. Gallen** ist es das **Open-Air-Festival** mit berühmten Rockbands, das jährlich mit neuen Höhepunkten aufwarten kann; in **Konstanz** findet **Rock am See** Ende August Tausende begeisterter Zuhörer. Und das **Hohentwiel Festival** bei Singen ist über Süddeutschland hinaus ein Begriff: Das Burgfestival fesselt mit einem 90-stündigen Programm, mit Folk, Klassik und Rock.

Literatur – mit Menü und auf dem Schiff

In der zweiten Aprilhälfte geht's alle zwei Jahre (das nächste Mal 2023) in Überlingen rund: Das **Überlinger WortMenü** (www.wortmenue-ueberlingen.de, www.meersburg.de) hat eine große Anhängerschar gewonnen. Das literarisch-kulinarische Festival findet in Restaurants, Cafés und Landgasthöfen statt und bietet Lesungen live mit Schriftstellern, die sich dem Thema Essen und Trinken gewidmet haben. Gleichzeitig tun die Gäste eben genau das, sie essen und trinken in kleinem Rahmen. Eine wunderschöne Idee, auf die die Einheimischen und ihre Gäste total ›abfahren‹ – die Karten sind sehr schnell ausverkauft!

In **Meersburg** finden am ersten Maiwochenende die **Droste-Literaturtage** (www.meersburg.de, www.intbodensee.club) statt. Vorträge, Lesungen, Konzerte u. a. im Alten Schloss und im Fürstenhäusle der Dichterin bieten authentisches Flair.

ROCK- UND POP-FESTIVALS IM INTERNET

www.openairsg.ch
www.rock-am-see.de
www.hohentwielfestival.de

Die Literaturtage finden jährlich seit 1948 statt, dem 100. Todesjahr von Annette von Droste-Hülshoff, und jedes dritte Jahr wird der renommierte Droste-Literaturpreis an eine deutschsprachige Autorin verliehen.

Im Herbst geht die Literatur aufs Wasser: Von **Konstanz** legt das Schiff Graf Zeppelin zur **LiteraTour** (www.intboden see.club) ab. An Bord sind Literaturliebhaber, die sich an Deck über Lesungen, ein musikalisches Programm, Diskussionen und eine milde, sommerliche Stimmung auf dem See freuen.

Weithin bekannt sind auch die **Hermann-Hesse-Tage** (www.gaienhofen.de) in **Gaienhofen**. Mit ihnen klingt der Kultursommer aus: Sie finden Ende Oktober statt und bieten besonders ausführliche Führungen durch alle Hesse-Stätten, Vorträge, Lesungen und ein musikalisches Programm. Das winzige Gaienhofen hat sich auf die Hesse-Fans und diejenigen, die es werden wollen, eingestellt: Pauschalangebote mit Übernachtungen machen es den Gästen leicht, das große Hesse-Werk an ›Originalschauplätzen‹ kennenzulernen.

Mehrtägige Wort-, Bild- und Musikfestivals, besonders auch mit Jazz, finden zudem an anderen Orten rund um den See statt, so in **Allensbach,** auf **Schloss Salem,** auf der **Mainau** und am **Rheinfall:** Kultur allerorten, vor herrlicher Seekulisse, was kann der Mensch noch mehr wollen?

FKK

Das einzige große FFK-Areal rund um den Bodensee befindet sich in Hard im Rheindelta. Allgemein stört sich in den Strandbädern in Deutschland niemand daran, wenn oben ohne gebadet wird.

Geld

Banken und Sparkassen gibt es flächendeckend; in ganz kleinen Orten gibt es zumindest einen **Geldautomaten.** Die meisten größeren Geschäfte, Hotels und Restaurants akzeptieren eine **Bankkarte** oder **Kreditkarten.** In kleinen Pensionen und Privatquartieren wird hin und wieder noch Bargeld verlangt. Kreditkarten werden auch in der Schweiz und in Österreich von Banken/Automaten und größeren Hotels und Restaurants akzeptiert.

In **Schweizer Währung** (Franken/SFr und Rappen) entspricht 1 € ca. 1,02 SFr, 1 SFr ca. 0,98 € (Stand Sommer 2022).

Oft sind die Preise auch in Euro angegeben. In grenznahen Orten und Tankstellen kann auch auf Schweizer Seite in Euro bezahlt werden; Wechselgeld gibt es in SFr.

Gesundheit

Apotheken

Bei den Öffnungszeiten der Apotheken gelten die allgemeinen Geschäftszeiten in den drei Ländern. Nacht- und Wochenenddienste sind in der Presse und an den Apotheken vermerkt.

Ärztliche Versorgung

Die Region ist mit Praxen und Krankenhäusern gut versorgt. Als **deutscher Staatsbürger** kann man sich mit der Europäischen Krankenversichertenkarte EHIC behandeln lassen, die sich auf der Rückseite der Krankenversichertenkarte befindet: Sie gilt für Österreich und wird auch in der Schweiz akzeptiert. Ohne die Karte müssen in beiden Nachbarländern alle Leistungen vor Ort bezahlt und die Rechnungen zur Rückerstattung der Kasse vorgelegt werden.

Schweizer Bürger können sich überall in Österreich oder Deutschland ärztlich (gegen Bezahlung) behandeln lassen; die Erstattung erfolgt je nach eigenem Versicherungsabschluss.

Österreicher sind in Deutschland bei Vorlage ihrer Versicherungskarte mitversorgt; in der Schweiz müssen Leistungen bezahlt und die Belege der Kasse zur Rückerstattung vorgelegt werden.

Informationsquellen

… am Bodensee allgemein

Jeder Ort am See hat eine **Tourist-Information** oder ein **Kuramt.** Gastgeberverzeichnisse und Broschüren der Region werden auch gegen eine freiwillige Gebühr verschickt. Die Tourist-Infos sind im Reiseteil vermerkt.

… in Deutschland

Internationale Bodensee Tourismus GmbH
Hafenstr. 6, 78462 Konstanz
T 07531 90 94 30
www.bodensee.eu

… in Österreich

Bodensee-Vorarlberg Tourismus
Römerstr. 2, 6901 Bregenz
T 05574 43 44 30
www.bodensee-vorarlberg.com

Bregenzerwald Tourismus
Impulszentrum 1135, 6863 Egg
T 05512 23 65
www.bregenzerwald.at

Vorarlberg Tourismus
Poststr. 11, 6850 Dornbirn
T 05572 377 03 30
www.vorarlberg.travel

… in der Schweiz

St. Gallen-Bodensee-Tourismus
Bankgasse 9, 9001 St. Gallen
T 071 227 37 37
www.st.gallen-bodensee.ch

Appenzellerland Tourismus
Hauptgasse 4, 9050 Appenzell
T 071 788 96 41
www.appenzell.ch

Thurgau Tourismus
Friedrichshafener Str. 55 a
8590 Romanshorn
T 071 531 01 31
www.thurgau-bodensee.ch

Schaffhauserland Tourismus
Vordergasse 73
8200 Schaffhausen
T 052 632 40 20
www.schaffhauserland.ch

Im Internet

www.bodensee.eu, www.der-bodensee.de: Die offiziellen Seiten der Internationalen Bodensee Tourismus GmbH. Alle Regionen um den See werden vorgestellt mit Links zu den Ortschaften. Erste Tipps und Tourenvorschläge, Kulturelles, Gastronomie und Wellnessangebote. Unterkünfte mit Online-Buchung. Prospektbestellung.
www.bodenseeferien.de: Auftritt der Mediengruppe Südkurier mit allgemeinen Infos, Verkehrsnetzen, Kurzporträts der Regionen, Tourenvorschlägen, Hotels und Ferienwohnungen.
www.bodensee-info.com: Gute Infos zu allen Bereichen des Tourismus wie Anreisemöglichkeiten, Übernachtungsmöglichkeiten mit Online-Buchung. Für Gartenliebhaber bietet www.bodenseegaerten.eu einen anregenden Überblick. Orte von A bis Z.
www.bodensee-radweg.com: Das Portal eines Fahrradreiseunternehmens ist für alle geeignet. Es stellt zahlreiche Reiseangebote mit Gepäcktransport und Übernachtungen vor; die Streckenbeschreibungen in Tagesabschnitten sind gute Vorschläge. Tipps und Kurzinfos zu Orten, Freizeit- und Übernachtungsmöglichkeiten.

Deutschland

www.bodensee.eu: Das Tourismusportal bietet zahlreiche Tipps für Urlaub auf der deutschen Bodenseeseite.

Österreich

www.bodensee-vorarlberg.com: Mit Schwerpunkt Bregenz. Allgemeine Infos zur Region, Events, Wandern, Kultur, Unterkünfte mit Online-Buchung, Gastronomie, Tourenvorschläge.
www.bregenzerwald.at: Überblicksinformationen zur Region mit allen Orten; Gastronomie, Unterkünfte mit Online-Buchung, Pauschalarrangements, Events, Kultur, Tourenvorschläge. Auch Broschürenversand.
www.vorarlberg.travel: Überblick über die Region Bregenz, Dornbirn, Hohenems ohne Bregenzerwald. Themenschwerpunkte, Tourenvorschläge, Events, Kultur, Unterkünfte mit Online-Buchung.

Schweiz

www.st.gallen-bodensee.ch: Offizielles Portal des Kantons St. Gallen. Ausflugstipps, Stadtgeschichte, Gastronomie. Unterkünfte mit Online-Buchung, Broschürenbestellung. Kulturadressen, Eventkalender, Verkehrsmittel.
www.appenzell.ch: Portal des Kantons Appenzell. Infos zu Erlebnis, Sport, Natur und Kultur. Online-Buchungen für Unterkünfte sind möglich; auch Broschüren-Download.
www.thurgau-bodensee.ch: Offizielles Urlaubs- und Ferienportal des Kantons Thurgau und des Schweizer Seerückens bis zum Schaffhauserland. Kurzporträts der Region und der Orte, viele Vorschläge zum Wandern, Skaten und Radeln. Verkehrsverbindungen, Kultur, Events. Unterkünfte über Online-Buchung.
www.schaffhauserland.ch: Webseite des Schaffhauserland-Tourismus. Kultur, Events, Porträts von Stein am Rhein, Schaffhausen etc. Wander-, Velo- und Skate-Routen; Ausflüge, Übernachtungen über Online-Buchung.

Kinder

Der Bodensee ist ein Paradies für Kinder. Auf dem und am Wasser gibt es vielfältige Freizeitmöglichkeiten: flache Strände und Kinderkurse in den Wassersportarten. Fast alle Freibäder und alle Erlebnisbäder sowie die großen Thermen haben attraktive Kinderangebote. Skateanlagen, Klettergärten, Freizeitparks – in allen drei Ländern ist das Angebot groß. Fast alle Ferienorte bieten spezielle Kinderprogramme in den Sommermonaten. Viele Unterkünfte sind kinderfreundlich gestaltet und bieten Eltern-Kind-Vergünstigungen. Und natürlich sind die Bauernhöfe und Ferienwohnungen auf dem Land (ohne Verkehr) für Kinder großartig.

Kurtaxe/Gästekarten

In Deutschland und der Schweiz fällt bei einer Übernachtung Kurtaxe an, im Regelfall zwischen 1 und 3 €. Der Betrag kommt der jeweiligen Stadt oder Gemeinde und deren Leistungsangebot zugute. In Österreich ist die Kurtaxe im Übernachtungspreis enthalten. Im Gegenzug: Es gibt überall entweder **örtliche oder regionale Gästekarten,** die zu unterschiedlichsten **Vergünstigungen** berechtigen, z. B. freie Nutzung der Stadt- oder Regionalbusse, vergünstigte Eintritte für Schwimmbäder, Museen etc.

Klima und Reisezeit

Am Bodensee herrscht ein mildes Klima: Der See wirkt wie ein Wärmekraftwerk und beeinflusst auch das Hinterland. Drückende Hitze gibt es kaum, weil immer eine leichte Brise über den See streicht. Im hügeligen, auch bergigen Umland sind die Temperaturen im Durchschnitt immer etwas höher. So liegen z. B. in Meersburg die Sonnentage mit Temperaturen von 25 °C bei 25 pro Jahr im langjährigen Mittel; in Ravensburg sind es 38. Der Uferabschnitt zwischen Meersburg und Immenstaad ist der wärmste.

Für einen Badeurlaub sind Juli und August mit hohen Luft- und Wassertem-

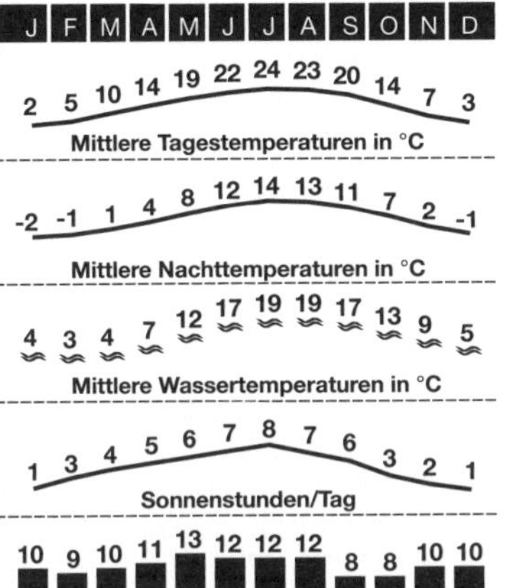

So ist das Wetter in Konstanz.

peraturen am günstigsten. Diese beiden Monate sind allerdings auch regen- und gewitterreich: starke Böen, ordentlicher Seegang, auch Blitz und Donner kommen am häufigsten zwischen 16 und 18 Uhr sowie zwischen 20 und 22 Uhr vor. Ein Drittel aller Niederschläge fällt in diesen beiden Monaten. Generell werden in Konstanz und auf der Reichenau die geringsten Niederschlagsmengen registriert; in Lindau, Bregenz und Rorschach sind sie doppelt so hoch. Die Alpenrandlage bringt Föhnwetterlagen mit sich; das wiederum verursacht oft Frühnebel über dem See und in Ufernähe, der sich im Lauf des Vormittags verflüchtigt. Und weil der See ein Wärmespeicher ist, wird die Abkühlung der Luft im Herbst verzögert. Für Wander- und Radurlauber sind Frühling und Herbst die schönste Zeit: Die Baumblüte beginnt früh im Jahr, im Herbst werden das Obst und der Wein geerntet.

Wann dorthin reisen?

Der **Frühling** kommt früh am Bodensee. In den Obstanbaugebieten rund um die Ufer beginnt die Baumblüte gegen Ende April und taucht die Uferlandschaft in ein weißes und rosafarbenes Blütenmeer. Dann ist ein Wander- und Radurlaub am schönsten. Die Weiße Flotte der Bodenseeschifffahrt nimmt ihren Kursbetrieb ab Ostern auf, sodass dann auch das ›Uferhüpfen‹ mit dem Schiff variantenreich möglich ist. Mai und Juni sind bei steigenden Temperaturen überwiegend sehr schön und stabil. Bei Sommertemperaturen sind dann die Uferpromenaden schon bevölkert, und alles blüht. Auf der Mainau ist die Rhododendren- und Rosenblüte auf ihrem Höhepunkt.

Für einen Badeurlaub sind die Monate im **Sommer,** also Juli und August, natürlich die besten. In der Hauptferienzeit – das gilt auch für Österreich und die Schweiz – sind die meisten Hotels, Pensionen und Ferienwohnungen ausgebucht; rechtzeitiges Reservieren ist unbedingt notwendig. Auf der B 31 jagt eine Staumeldung die andere, und auf dem Bodensee-Radweg muss man dann auch mal in der Schlange fahren. Weniger schön sind die Föhnwetterlagen: Der Südosten am Alpenrand ist besonders betroffen. Dann baut sich hoher Wellengang auf, und der See ist für alle Wassersportler gefährlich und unberechenbar. Ein Frühwarnsystem wird von allen Anrainerländern gemeinsam betrieben.

An den Hängen der Bodenseeufer werden im **Herbst** Obst und Wein geerntet – überwiegend bei milden Temperaturen, denn der See als Wärmespeicher verzögert die Abkühlung im Herbst. In der farbenfrohen Landschaft sind dann Wanderungen und Radtouren besonders reizvoll. Die Nebel nehmen zu und hüllen See und Land bis zum Mittag in Watte.

Der **Winter** ist mit weit unter 100 Frosttagen angenehm mild, und die Seegfrörne werden wir in den Zeiten der Klimaerwärmung wohl nicht mehr erleben: Zuletzt war der Bodensee im Winter 1962/63 komplett zugefroren. Der Untersee zwischen Merkelfingen und

Mettnau friert häufiger zu. Die Weiße Flotte stellt Mitte/Ende Oktober ihren Dienst ein, und nur der Katamaran und die Fähren ziehen weiterhin über den See. In den Ferienorten ist Winterschlaf angesagt: Viele Hotels, Pensionen und Restaurants, auch kleinere Museen und Sehenswürdigkeiten sind bis zum Frühjahr geschlossen, und die Nebel hüllen jetzt auch tageweise See und Uferlandschaft ein.

Sturmwarndienst

Ein Frühwarnsystem für Sturm wird von allen Anrainerländern gemeinsam betrieben, um Schifffahrt und Wassersportler zu warnen. An über 40 Stellen am See sind Blinkanlagen eingerichtet. Als **Vorsichtsmeldungen** blinken die orangefarbenen Leuchten 40-mal in der Minute, wenn der Wind mehr als 25 Knoten (= 47 km/h) erreicht. Bei **Sturmwarnung** blinken die Leuchten 90 Mal pro Minute: Dann sollen Boote sofort den nächsten Hafen ansteuern.

Was gehört in den Koffer?

Auch im Sommer sollte man immer Anorak und Fleecejacke oder einen Wollpulli dabeihaben: Sitzt man abends draußen, kann es kühl werden, und auch bei Schiffs- und Bootsfahrten sind Windschutz und etwas Wärmendes notwendig. Zum Laufen und Wandern, besonders in den Bergregionen, sind neben dem Anorak auch ordentliche Wanderschuhe/-stiefel ein Muss. Da überall der See lockt, sollte man auf Wander- und Radtouren die Badebekleidung nicht vergessen. Und auf jeden Fall eine Sonnenschutzcreme einstecken, denn die großen Wasserflächen wirken wie ein Brennspiegel.

Lesetipps

Bodenseeliteratur gibt es in Hülle und Fülle. Bildbände, Sachbücher zu Geologie, Archäologie, Geschichte, Sozialgeschichte, zur kulinarischen Region, Anthologien, Wander- und Radführer. Und seit geraumer Zeit eine wachsende Zahl an Seeromanen und -krimis von Autoren, die am See leben und/oder die Region als Tatort im Visier haben.

Elmar Bereuter: Felders Traum. München 2009. Roman zum Leben des Bauern, Dichters und Sozialreformers Franz Michael Felder (1839–69) aus dem Bregenzerwald.

Anja Jonuleit: Das Wasser so kalt. Bodensee Krimi. Köln 2016.

Jochen Kelter und Hermann Kinder: Bodenseegeschichten. Konstanz 2020. Alle ›Klassiker‹ sind drin; Schwerpunkt der Anthologie jedoch sind Schriftsteller des 20. Jh. und der Gegenwart.

Eva Moser: DuMont Kunst-Reiseführer Bodensee, Ostfildern 2012. Drei Länder – Kultur und Landschaft zwischen Stein am Rhein, Konstanz und Bregenz.

Peter, Peter: Bodensee 30 Kulinarische Eskapaden, Badenweiler 2011.

Martin Walser: Ein fliehendes Pferd. Frankfurt am Main. Die auch verfilmte Novelle aus dem Jahre 1978 spielt am Bodensee.

Ders.: Heimatlob, Frankfurt am Main 2010. Heitere und nachdenkliche Texte über die Heimatregion am Bodensee.

Medien

Zeitungen

Der Südkurier ist die größte Tageszeitung für Bodensee und Hochrhein. Auch die Schwäbische Zeitung und der Westallgäuer werden viel gelesen. In Österreich ist es die Vorarlberger Tageszeitung, in der Schweiz sind es die Appenzeller Zeitung und das St. Galler Tagblatt. Daneben gibt es einige kleinere Lokalzeitungen.

Infomagazine zur Region

Jedes Frühjahr erscheint das **Bodensee Magazin** mit Beiträgen und Informationen zu Kultur, Kunst, Freizeit, Schifffahrt und Sport und mit großem Eventkalender, auch im Internet unter: www.labhard.de.

Unübersichtlich, aber höchst informativ ist das jährlich erscheinende **Magazin Seezunge** für Genießer und Feinschmecker mit Hunderten von Tipps und Adressen rund um den See, im Internet unter: www.labhard.de.

Naturschutzgebiete

Rund um den Bodensee gibt es viele Uferzonen, die als ökologisch besonders wertvoll eingestuft sind und unter speziellem Schutz stehen. Gekennzeichnete Gebiete dürfen nur auf den ausgewiesenen Pfaden und Wegen begangen werden. Beobachtungstürme bieten Überblick, und mit Infotafeln und Naturschutzführern erschließt sich das geheime Leben der Tiere und Pflanzen. Zur Brutzeit der Vögel sind viele Bereiche nicht zugänglich, nur auf geführten Kanutouren lassen sich dann Beobachtungen machen.

Im Hinterland von Radolfzell liegt der **Mindelsee** (Führungen nur nach tel. Anmeldung, T 07732 150 70, www.bund-bawue.de), der zum länderübergreifenden Schutzprogramm Natura 2000 der EU gehört.

Die **Halbinsel Mettnau** bei Radolfzell untersteht seit 1926 dem Naturschutz.

Durch das rund 500 ha große **Eriskircher Ried** (www.naz-eriskirch.de) mit Sumpfwiesen, dichten Schilf- und Weidenbeständen nahe Friedrichshafen führen zwei Naturlehrpfade.

Das **Rheindelta** auf österreichischem und schweizerischem Gebiet ist mit rund 2000 ha das größte Naturschutzgebiet der Bodenseeregion und nach dem Donaudelta das größte Süßwasserdelta Europas.

Das **Wollmatinger Ried** (www.bodensee-ornis.de, www.nabu-bodenseezentrum.de) südlich von Allensbach am

Trotz des Touristenansturms finden zahlreiche Tierarten am Bodensee einen Rückzugsort. Im Schmetterlingshaus auf der Mainau gibt es auch Exoten.

Untersee hat internationale Auszeichnungen für vorbildliche Naturschutzarbeit und als Lebensraum für gefährdete Tier- und Pflanzenarten erhalten. Hier darf man nur in einer Gruppe unterwegs sein.

Notrufnummern

Euronotruf 112

Der Euronotruf 112 ist eine kostenlose Einrichtung für alle Länder der EU und der Schweiz. Evtl. Handy ausschalten und beim Wiederanschalten statt der PIN diese Nummer wählen.

... in Deutschland

Polizei- und Unfallnotruf: 110
Ärztlicher Bereitschaftsdienst: 116 117 (bei dringenden medizinischen Problemen in der Nacht, am Wochenende oder an Feiertagen)
Sperrung Handy-, Bank-, Kreditkarte: 116 116

… in Österreich

Polizei: 133
Ärztenotdienst: 141

… in der Schweiz

Polizei: 117
Notarzt: 144

Pannendienste:

ADAC-Pannendienst: 089 20 20 40 00
Österreich (ÖAMTC): 120
Schweiz: 140

Öffnungszeiten

Die Öffnungszeiten der **Geschäfte** in den drei Ländern entsprechen sich weitgehend. In den größeren Ferienorten und Städten am See sind sie durchgehend 9/10–18/19 Uhr geöffnet, Supermärkte meist bis 20 Uhr. In kleinen Orten und auf dem Land sind sie über Mittag (in Österreich oft 12–15 Uhr) geschlossen. Am Samstag sind die Geschäfte in der Schweiz und in Österreich bis 16/17 Uhr, in Deutschland in den größeren Städten bis 18 Uhr, in kleinen Orten bis 13/14 Uhr geöffnet.

Auch bei **Post** und **Banken** sind die Öffnungszeiten in Deutschland, Österreich und der Schweiz überwiegend zeitgleich (sie entsprechen den allgemeinen Geschäftszeiten).

Kleinere **Hotels, Pensionen und Restaurants,** die nahe am See liegen, haben nicht selten in den Wintermonaten geschlossen, wobei die Schließungszeiten individuell variieren. Die **Restaurants, Bistros, Gastwirtschaften** und **Cafés** an den Seeufern und Promenaden haben ab Mai bis Ende Sept./Anfang Okt. meist durchgehend geöffnet; Cafés schließen am Abend. In den Dorf- und Stadtzentren und in kleineren Dörfern im Umland gibt es warme Küche meistens bis 14/ 14.30 Uhr und nach einer Ruhepause wieder von 17.30/18 Uhr bis 22/23 Uhr Uhr. Landgasthöfe haben ebenfalls meistens am Nachmittag geschlossen. In der Schweiz wird frühzeitig gegessen: um 12 Uhr und gegen 19 Uhr. Man sollte daher, außer in den touristischen Zentren, abends nicht zu spät zum Essen erscheinen.

In allen drei Ländern sind die **Museen** meist am Montag geschlossen. Viele kleine Häuser haben nur Saisonbetrieb und/oder generell eingeschränkte Öffnungszeiten (z. B. nur am Wochenende, Do–So oder nur nachmittags). Die meisten **Kirchen,** seien sie katholisch oder protestantisch, haben ihre Türen täglich geöffnet.

Reisen mit Handicap

Der Service der Deutschen Bahn gibt Reiseauskünfte, Tipps für barrierefreies Reisen und plant individuelle Hilfen an Bahnhöfen. T 01806 99 66 33 (gebührenpflichtig, 14 ct./Anruf aus dem Festnetz), www.bahn.de/service/individuelle-reise/barrierefrei.

In den Tourist-Infos liegt die Broschüre »Barrierefrei unterwegs in der Region Hegau-Bodensee« aus. Sie wird jedes Jahr aktualisiert. In den Gastgeberverzeichnissen der Orte sind geeignete Unterkünfte meist gekennzeichnet. Zahlreiche Ferienorte bieten eigene Informationen zu rollstuhlgeeigneten Unternehmungen. Eine Liste mit entsprechenden Hotels, Pensionen und Ferienwohnungen bietet www.bodensee-info.com, weitere Infos auch www.rollstuhlundbehindertenurlaub.de.

Europaweiten Service für Körperbehinderte offeriert der Bundesverband Selbsthilfe Körperbehinderter e. V., BSK, Altkrautheimer Str. 20, 74238 Krautheim, T 06294 42 81-0, www.bsk-ev.org. Für den Reiseservice mit Unterkunftsadressen: www.bsk-reisen.org. In der Schweiz ist Mobility International Schweiz eine gute Adresse: www.procap-reisen.ch.

Reisekasse

Die Preise in Hotels, Pensionen und Ferienwohnungen sind nach Saison gestaffelt und belaufen sich in den Ferienorten am See auf zwischen 70 € und 300 €; in der Nebensaison bezahlt man etwa 10–20 € weniger. Für ein Doppelzimmer im mittleren Preissegment am See sollte man zwischen 80 € und 130 € einkalkulieren, auch in den großen Städten wie Konstanz, Bregenz und St. Gallen. Im Hinterland sind die Preise niedriger. Bei Aufenthalten, die länger als drei Tage dauern, werden günstigere Pauschalen angeboten, auch mit Halbpension. Für Familien mit Kindern sind Ferienwohnungen und -häuser günstig (zwei Betten 30–60 €/Tag; auf Bauernhöfen Wohnungen ab 35 €/Tag).

Im Restaurant liegen die Preise bei 9–25 € pro Gericht ohne Getränke. Kleinere Speisen und Vesper gibt es ab 6–7 €. Oft werden auch günstige Mittagsmenüs angeboten. In Gasthöfen ist das Essen nicht unbedingt günstiger, weil die Regionalküche oft gehoben ist. Diese Angaben gelten für Deutschland und Österreich.

In der **Schweiz** liegen die Preise für Übernachtungen um rund 20–25 % höher, für Essen und Trinken rund 30 %.

Reiseplanung

Zum ersten Mal am Bodensee?

Sie haben nur wenig Zeit und waren noch nie am Bodensee? Dann bietet sich **Konstanz** an, das städtische Zentrum am Bodensee. Es liegt zentral zwischen der deutschen Nordseite und der überwiegend Schweizerischen Südseite des Sees und ist von allen Himmelsrichtungen, mit Auto, Bahn oder Bus sehr gut zu erreichen. Die hübsche, quirlige Altstadt führt direkt bis ans Hafenareal mit der großen Imperia-Statue, vielen Kneipen, Restaurants und Bars. Von hier aus können Sie als Erstes mit dem Schiff entweder ans Nordufer, z. B. nach **Meersburg** – ganz romantisch! – oder auf die Blumeninsel **Mainau** fahren, den Seewind und die herrlichen Panoramen genießen. Das ist jeweils ein schöner Tagesausflug, der Ihnen

SPARTIPPS

S

Bodensee Card: Mehr als 160 Attraktionen wie Museen, Schlösser, Strandbäder oder Bergbahnen rund um den Bodensee mit Kursschifffahrt sind mit der Bodensee Card gratis. Die Drei-Tages-Karte kostet für Erwachsene 72 €, für Kinder (6–15 Jahre) 43 €, die Sieben-Tages-Karte für Erwachsene 114 €, für Kinder 69 €. Man kann die Karte während des ganzen Jahres nutzen, d. h. man muss sie nicht an aufeinanderfolgenden Tagen einsetzen. Bei der Karte für drei Tage kann man die Schifffahrt an zwei Tagen kostenlos nutzen, bei der Karte für sieben Tage an vier Tagen. Die Karte kann man online oder an mehr als 100 Verkaufsstellen kaufen. Infos: T 07531 90 94 90, www.bodensee.eu.
Bodensee-Ticket: Stark vergünstigt sind die Kombitickets für Bahn, Bus und Schiff inkl. ermäßigter Eintritte bei vielen Museen und Erlebnisparks rund um den Bodensee. Man kann zwischen drei verschiedenen Zonen und einer Dauer von einem bis zu drei Tagen wählen. Infos: www.bodensee-ticket.com.
Gäste-Cards: Die meisten Orte bieten lokale Gäste-Cards, die zu zahlreichen Vergünstigungen berechtigen.

den See und seine so unterschiedlichen Attraktionen nahe bringt.

Wenn Sie es gemütlich haben möchten, wäre eine Radtour am **Untersee** in westliche Richtung ideal; der Bodensee-Radweg ist gut ausgeschildert und auf der Schweizer Seite auch im Sommer nicht überfüllt. Die kleinen Seegemeinden wie **Gottlieben** oder **Ermatingen** sind zauberhaft, bieten Ruhe, hübsche Strandbäder und gute Gastronomie. Mit der Bahn, die rund um den See führt, kommen Sie jederzeit mühelos wieder zurück.

Welche kulturellen Ziele sind besonders interessant?

Einzigartig sind die Zeugnisse vom Leben der Steinzeitmenschen am Bodensee im toll gemachten Pfahlbau-Museum in **Unteruhldingen.** In **Konstanz** können Sie auf den Pfaden des großen Konstanzer Konzils wandeln, das zu Beginn des 15. Jh. stattfand und Kirchengeschichte schrieb. Auf der Insel **Reichenau** mit mehreren romanischen Kirchen und Museen lässt sich das Leben der Mönche im Mittelalter anschaulich nachvollziehen.

Einen Tagesausflug auf die Schweizer Seeseite lohnt auch das wohlhabende **St. Gallen,** geprägt vom Jahrhunderte währenden blühenden Textilhandel. Zum Welterbe gehört die wundervolle Kathedrale, umringt von der charaktervollen, großartig erhaltenen Altstadt mit opulenten Jugendstilbauten und dem hochinteressanten Textilmuseum.

Moderner wird's in **Friedrichshafen** mit seiner Geschichte der Luftfahrtpioniere. Das Zeppelin Museum ebenso wie das Dornier Museum präsentieren hier spannende Technikgeschichte. Das österreichische **Bregenz** wiederum ist weithin berühmt für seine Opernaufführungen auf der Seebühne und die hypermoderne Architektur seiner Museen, ob im Falle des Kunstmuseums oder des Vorarlberg Museums.

Einen Besuch wert ist natürlich auch **Schloss Arenenberg** mit seiner herrlichen Lage über dem See im schweizerischen Thurgau, und auf der **Halbinsel Höri** locken die intimen Wohnorte von Hermann Hesse und dem expressionistischen Maler Otto Dix.

Einen ausgedehnten Besuch lohnt auch **Ravensburg** im Oberschwäbischen mit der charaktervollen Altstadt und einem großen Museums- und Kunstangebot.

Was bietet sich an Natur und Landschaft ringsum?

Die ›Hinterländer‹ des Bodensees sind sehr unterschiedlich. Zwischen Obstwiesen oder Weinbergen wie im **Linzgau** oder dem schweizerischen **Thurgau** geht es gemütlich zu. Auch die **Halbinsel Höri** bietet reiche Genüsse mit schönen Wanderwegen, guten Gastwirtschaften am nordwestlichen Ausläufer des Sees. Die Höri gilt immer noch als ›Geheimtipp‹.

Schon alpenländisch geprägt sind die Regionen wie der **Bregenzerwald** oder das bilderbuchschöne **Appenzellerland,** deren Berge ja die Hintergrundszenerie des Sees bilden. Eingestreut sind auch Naturschutzzonen nahe der Seeufer.

Das **Rheindelta** zwischen Bregenz und Rorschach ist eine außergewöhnliche amphibische Landschaft, abseits und versteckt zwischen unzähligen Wasserarmen. Unbedingt sollte man mit dem Schiff einen Tagesausflug entlang des **Unterrheins** machen: sehr romantisch, und der berühmte **Rheinfall** von Schaffhausen darf dabei nicht fehlen.

IM WINTER AM SEE

Hotels und Pensionen, aber auch Restaurants in Seenähe schließen teilweise im Winter für ein oder mehrere Monate.

Wie sieht's mit Baden aus?

Das Verführerische an der Bodenseeregion ist die große Zahl an Freibädern. Jeder Ort hat ein Freibad direkt am See, oftmals kombiniert mit Poolbereichen, natürlich auch für Kinder. So können Sie beispielsweise an einem Tag drei verschiedene Freibäder mit dem Fahrrad erreichen und sich das Schönste aussuchen. Die Variationen sind erstaunlich: Da gibt es Wellnesstempel mit Innen- und Außenbereichen wie in **Radolfzell, Überlingen** oder **Konstanz;** im Gegensatz dazu die grüne Wiese mit altem Baumbestand und einer kleinen Wirtschaft oder Kiesstrände, frei und offen wie in **Kreuzlingen,** oder alte hölzerne Badis auf Stelzen wie in **Bregenz** oder **Rorschach.** Alle wunderbar, deshalb sollten Sie niemals den Badeanzug vergessen, wenn Sie unterwegs sind.

Mittelalterliches Kleinod in der Schweiz: Stein am Rhein

Wo finde ich ein schönes Urlaubsdomizil?

Das hängt nun ganz von Ihren Vorlieben und dem Geldbeutel ab. Es gibt rund um den See Hotels, Pensionen und Ferienwohnungen, die direkt am Wasser und an den Seepromenaden liegen, von très chic bis familiär. Da geht es dann geschäftig zu, aber auch an versteckten Buchten und an wenig bebauten Uferabschnitten lässt sich das Traumdomizil finden.

Sollte man vielleicht im Umland wohnen?

In den Hochsommermonaten ist es am See sehr voll. Ruhe und Behaglichkeit finden Sie dann im Umland. Oftmals bietet sich dort eine prachtvolle Aussicht auf den See und das gegenüberliegende Panorama. Und schöne Landgasthöfe, kleine Pensionen oder komfortable Hotels gibt es überall.

Geht es auch ohne Auto?

Ja: Mit der Bodensee-Bahn rund um den See kommen Sie in alle Orte; Ausflugsbusse mit Fahrradtransport fahren in die Umgebung, und selbstverständlich spielt am See die Schifffahrt eine bedeutende Rolle – nicht nur für Besucher. Zahlreiche Fähren und Linienschiffe sind Teil der (alltäglichen) Verkehrsstruktur, und auf allen Schiffen können Fahrräder mitgenommen werden. Freier und beweglicher, gerade bei lokalen Zielen, sind Sie aber, wenn Sie selbst in die Pedale treten.

Noch zwei persönliche Tipps

Versuchen Sie vorab, Tickets für die Oper auf der **Seebühne in Bregenz** zu bekommen – ein großes Vergnügen, in die Decke eingemummelt auf den See und die Bühne zu blicken und große Musik vor grandioser Kulisse zu hören.

Ich bin immer wieder begeistert von der **Halbinsel Höri:** In **Gaienhofen** liegen die sehr gepflegten Hermann-Hesse-Stätten. Im Nachbarort **Hemmenhofen** ist das Wohn- und Atelierhaus von Otto Dix zu besichtigen. Ein sehr schönes Gebäude mit viel Atmosphäre. Auf der Höri verläuft

Probieren geht über Studieren – in vielen Geschäften kann man vor dem Kauf verkosten.

auch ein Teil der **Kunstroute.** ›Bildrahmen‹ fassen hier Landschaftsausschnitte dort ein, wo Dix und seine Malerkollegen einst ihre Motive fanden.

Souvenirs

Kunsthandwerker, etwa Töpfer, Weber, Bildhauer, Glasbläser, Korbmacher oder Goldschmiede, rund um den See bieten in ihren Werkstätten und auf Handwerkermärkten schöne Dinge an, die man gerne mit nach Hause nimmt. In **Galerien** sind lokale und regionale Maler und andere bildende Künstler vertreten.

Kulinarische Mitbringsel sind neben Räucherfischen geräuchte Wurstwaren sowie zahlreiche Käsesorten aus dem Allgäu, dem Bregenzerwald und dem Appenzellerland. Konfiserie, Pralinen und regionaltypisches, traditionelles Gebäck gibt es in zahlreichen Ferienorten und Städten. Und auch über Weine der Region, feine Destillate und Natursäfte freuen sich alle Daheimgebliebenen.

Telefonieren

Öffentliche Telefonzellen sind im Zeitalter der Handys und Smartphones rar geworden. Telefonkarten verkaufen in allen drei Ländern Postfilialen und Tabakgeschäfte. In Österreich heißen Tabakläden *Trafiken.* In der Schweiz heißen die Telefonkarten *Taxcard.*

Vorwahlen

Deutschland: 0049
Österreich: 0043
Schweiz: 0041

Übernachten

Hotels, Pensionen und Privatzimmer

Das Angebot an Unterkünften am Bodensee ist überwältigend vielfältig. Es reicht vom 5-Sterne-Tempel mit Strand, Park- und Gartenanlagen, beheiztem Pool und üppig ausgestatteter Wellnesslandschaft über schöne Mittelklassehäuser bis hin zu heimeligen oder einfachen Pensionen und Privatzimmern. Die Preise liegen zwischen 70 und 300 € pro Doppelzimmer. Viele Hoteliers und Vermieter bieten eigene Programme, Führungen, Kinderbetreuung oder Abholdienste an. Es lohnt sich immer, eine Unterkunft für mehrere Tage zu buchen, denn die Preise sind meistens nach Aufenthaltsdauer gestaffelt, bieten Halbpension und enthalten bei mindestens dreitägigem Aufenthalt Pauschalen, Sonderrabatte und Extraleistungen. Bei einigen hochpreisigen Hotels sind Garten und Restaurant ausschließlich den Übernachtungsgästen vorbehalten, um die Unruhe des Tagestourismus zu vermeiden.

Bei der Buchung ist es wichtig, sich zu informieren, ob die Zimmer zur Seeseite liegen (meist teurer als Zimmer mit Seitenseeblick). Generell gilt, dass die Übernachtungsmöglichkeiten in den größeren Städten wie Konstanz, Bregenz oder Friedrichshafen stark auf Geschäftsreisende und Messebesucher ausgerichtet sind; in Konstanz gibt es überhaupt zu wenig Mittelklassehotels. Da ist es dann doch erholsamer, sich irgendwo im Umland einzunisten.

Eine Gesamtbroschüre mit Übernachtungsangeboten rund um den See existiert nicht; eine Auswahl an Unterkünften bietet **Bodensee-Hotels,** www.hotels.bodenseeportal.de. Die Tourist-Infos halten Gastgeberverzeichnisse ihres Ortes bereit, die man vorab bestellen kann, und schnüren auf Wunsch eigene Pauschalpakete mit zahlreichen Extras wie Besichtigungen, Ausfahrten etc.

Alle Übernachtungsbetriebe sind auf **Radler** eingestellt; die meisten bieten abschließbare Radunterstellplätze. Auf einigen Campingplätzen wie z. B. in Allensbach gibt es preiswerte moderne Radlerunterkünfte. Besonders fahrradfreundliche Hotelbetriebe sind in den Radkarten oder auf den Webseiten www.radsport-hotels.de und www.bettundbike.de aufgeführt.

Ferienhäuser und -wohnungen

Auch das Angebot an Appartements, an Ferienwohnungen und -häusern ist sehr groß. Sie sind ebenfalls in den Gastgeberverzeichnissen der Tourist-Infos enthalten. Von der Dachgeschosswohnung mit Küchenzeile bis hin zum weinumrankten Haus mit Garten, vom durchgestylten Appartementhaus direkt am See bis zum verwunschenen Holzhaus an einem Weiher im Hinterland ist alles vorhanden. Auf die Bedürfnisse von Kindern wird speziell eingegangen: Häufig ist im Garten ein Spielplatz oder Ähnliches angelegt. Die Gastgeber stellen sich auch zunehmend auf kurze Individualaufenthalte ein. Man muss also nicht mehr zwangsläufig von Samstag bis Samstag buchen, Vermietungen von zwei bis drei Tagen sind außer zu Schulferienzeiten immer öfter möglich.

Bauernhöfe, Heuherbergen

Viele **Bauernhöfe** rund um den Bodensee haben sich auf Feriengäste eingestellt und bieten abgeschlossene Wohneinheiten in einstigen Nebengebäuden oder in neu errichteten kleinen Häusern auf dem Hofgelände. Und weil Gästeunterkünfte und der Hofladen eine wichtige finanzielle Rolle spielen, sind die Angebote für die Gäste sehr oft vielfältig und interessant. So werden Erkundungen auf dem Hof angeboten, Beteiligung der Kinder beim Tierefüttern, Traktorfahrten oder Mitarbeit bei der Wein-, Obst- und Gemüseernte.

Ein beliebter Spaß sind die **Übernachtungen im Heu.** In den blitzsauberen Scheunen mit weicher Strohpolsterung liegt man zu mehreren in eigenen, mitgebrachten Schlafsäcken. Meistens gibt es noch einen Aufenthalts- und Frühstücksraum. Die qualitätsgeprüften Anbieter sind in den Gastgeberbroschüren der Tourist-Infos besonders herausgestellt.

Jugendherbergen und Campingplätze

Rund um den See gibt es 13 **Jugendherbergen** unterschiedlicher Ausstattung (teils Familien-oder Paarräume). Im Sommer unbedingt vorab buchen!

Die Häuser liegen meist in Seenähe, ein Bett im Mehrbettzimmer kostet ab ca. 20 € (auch in der Schweiz und Österreich). **Infos:** www.jugendherberge.de (Deutschland), www.youthhostel.ch (Schweiz) und www.oejhv.at (Österreich).

Knapp 80 **Campingplätze** gibt es am Bodensee – vom Mini-Privatcampingplatz bis zum durchorganisierten, hochmodernen Areal. Sie sind meist April–Oktober geöffnet. Spielplätze, Bootsanlege, Wassersportangebote, Seebadeanstalt und Bistro/Wirtschaft sind mit dem Platz oft zu einer Erholungslandschaft verbunden. Viele Plätze werden nach ökologischen Gesichtspunkten bewirtschaftet.

Auskünfte und Adressen: www.bodensee.eu und www.ecocamping.net.

Verkehrsmittel

Verkehrsmittel am See

Autofahren und Verkehrsregeln

Wer in der näheren und weiteren Umgebung des Bodensees Touren unternehmen möchte und immer mobil sein will, der wird mit dem Auto unterwegs sein. Staus und Behinderungen sind in der Hauptsaison und an Wochenenden aber einzuplanen, und in allen größeren Ferienorten mit beruhigten Kernzonen rings um den See ist das Parken mit einer entsprechenden Suche verbunden. Die Parkhäuser oder -zonen liegen am Rand oder außerhalb. In den größeren Städten wie Konstanz, Friedrichshafen oder St. Gallen mit ihren Einbahnstraßensystemen empfiehlt es sich sowieso, entweder mit der Bahn anzureisen oder das Auto im Parkhaus abzustellen.

Deutschland: Auf der Autobahn gibt es keine allgemeinen Geschwindigkeitsbegrenzung; auf Bundes- und Landstraßen dürfen 100 km/h nicht überschritten werden, in Ortschaften 50 km/h.

Österreich: Höchstgeschwindigkeit auf Autobahnen 130 km/h; auf Schnell- und Landstraßen 100 km/h. Auf Autobahnen und Schnellstraßen (überall, wo die Autobahnvignette benötigt wird) ist die Bildung von Rettungsgassen bei stockendem Verkehr oder Stau Pflicht – auch dann, wenn sich noch kein Einsatzfahrzeug nähert. Auto- und Motorradfahrer müssen tagsüber überall mit Abblendlicht fahren. In Österreich herrscht für Autobahnen **Vignettenpflicht;** das gilt auch für kürzeste Strecken. Es gibt das Pickerl für 10 Tage (Auto 9,60 €, Motorrad 5,60 €), 2 Monate (Auto 28,20 €, Motorrad 14,10 €) oder ein Jahr (Auto 93,80 €, Motorrad 37,20 €) bei den Automobilclubs, an Tankstellen und an den alten Zollstellen.

Schweiz: Als Höchstgeschwindigkeit auf Autobahnen (Nationalstraßen) gelten 120 km/h; auf Landstraßen darf man 80 km/h nicht überschreiten, innerorts 50 km/h. Außerhalb von Ortschaften sollte tagsüber das Abblendlicht eingeschaltet sein. **Die Beschilderung auf und für Autobahnen ist grün mit weißer Schrift.** Für die Autobahnen und autobahnähnlichen Straßen muss eine Gebühr entrichtet werden – sie wird ähnlich wie in Österreich mit der **Vignette** bezahlt. Sie gilt ein ganzes Jahr und ist bei ADAC-Geschäftsstellen, an allen Grenzübergängen sowie an Tankstellen erhältlich. Für Pkw- und Motorradfahrer kostet sie 40 €.

Die **Vignette** muss in beiden Ländern gut sichtbar an der Frontscheibe angeklebt werden. Die Strafen bei Nichteinhaltung sind hoch – und auch ›verleihen‹ ist nicht ratsam: Es wird kontrolliert!

Bahn

Das Streckennetz der Bahnen ist rund um den See sehr gut ausgebaut. Auf der Nordseite verkehrt die **Bodenseegürtelbahn** zwischen Radolfzell und Lindau in stündlichem Takt. Halbstündlich fährt der **Seehas** von Konstanz über Allensbach nach Singen und Engen. Auf Schweizer Seite verbindet die Seerheinlinie **Thurbo** Rorschach mit Schaffhausen. Der öffentliche Nahverkehr ist auf Radler eingestellt; im Hochsommer kommt es allerdings auch zu Engpässen, sodass frühzeitiges Erscheinen am Bahnhof empfehlenswert ist. Wer sich im Urlaub überwiegend an den Bodenseeufern aufhalten möchte (evtl. mit Rad) und nur ein, zwei Tagestrips in die Umgebung plant, kann auf das Auto gut verzichten und Bahn, Bus und Schiff nutzen.

Bus

Die lokalen und regionalen Busverbindungen um den Bodensee sind gut vernetzt und werden weiter ausgebaut, sodass auch Orte und Städte im Hinterland überwiegend gut zu erreichen sind. Alle Orte am deutschen Bodenseeufer sind durch die **Südbadenbus GmbH** und den kombinierten **ZugBus Regionalverkehr Alb-Bodensee GmbH RAB** abgedeckt. Für den Bereich Uhldingen gibt es einen **Erlebnisbus,** der eine Rundstrecke fährt, die bis nach Salem führt. Sehr gut ist die Buslinie 7935, die sogenannte **Seelinie,** entlang dem Oberseeufer, die alle Orte zwischen Überlingen und Friedrichshafen bedient. Zudem gibt es eine **Schnellbusverbindung** zwischen Konstanz und Friedrichshafen.

Schiff

Die Bodenseeschifffahrt bietet gemeinsam mit Bahn und Bus ein hervorragend ausgebautes Streckennetz am See. Ganzjährig sind die beiden **Autofähren** Meersburg–Konstanz (Ortsteil Staad) und Friedrichshafen–Romanshorn in Betrieb – in beiden Fällen spart der Autofahrer ca. 70 km. Auch der **Katamaran** (T 07531 363 93 20, www.der-katamaran.de) auf der Strecke Konstanz–Friedrichshafen verkehrt ganzjährig.

Von Ostern bis Mitte/Ende Oktober fährt die **Weiße Flotte.** Neben den deutschen Bodensee-Schiffsbetrieben (BSB) bieten die Vorarlberg Lines und die Schweizerische Bodensee Schifffahrt (SBS) – oft im Zickzackkurs – Verbindungen zwischen allen Seeteilen: **BSB Bodensee Schiffsbetriebe,** Konstanz, Hafenstr. 6, T 07531 364 00, www.bsb.de; **Vorarlberg Lines – Bodenseeschifffahrt,** Bregenz, T 05574 428 68, www.vorarlberg-lines.at; **SBS Schifffahrt AG,** Romanshorn, T 071 466 78 88, www.bodenseeschiffe.ch.

V

BAHN-, BUS- UND SCHIFFSVERBINDUNGEN IM INTERNET

Bodensee allgemein: www.bahn.de, www.bodo.de und www.schiffe-am-bodensee.ch.
Baden-Württemberg: www.bwegt.de.
Österreich: www.oebb.at, www.vmobil.at.
Schweiz: www.sbb.ch, www.thurbo.ch, www.thurgaumobil.tg.ch, www.postauto.ch.

Zwischen Kreuzlingen, Stein am Rhein und Schaffhausen verkehrt die **Schweizerische Schifffahrtsgesellschaft Untersee und Rhein,** Schaffhausen, T 052 634 08 88, www.urh.ch.

Auf lokaler Ebene kommen **Einzelangebote** hinzu. Neben den festen Kursverbindungen gibt es zahllose **Unterhaltungsangebote:** Partyschiffe, Charterschiffe für Veranstaltungen und thematische Feste an Bord.

Die **Gesamtfahrpläne** sind an jeder Schiffsanlege und in den Tourist-Infos erhältlich.

Fahrrad

Fahrradmitnahme: Die **Bahnen** rund um den See bieten viel Stauraum für Fahrräder an; an Wochenenden oder zur Hauptferienzeit ist die Nachfrage allerdings groß. Reservierungen sind nicht möglich, sodass man früh auf dem Bahnsteig sein sollte. Auch auf zahlreichen **Busstrecken** ist eine begrenzte Fahrradmitnahme möglich.

Fahrradverleih: In nahezu allen Orten gibt es Fahrradstationen, die Räder aller Art – natürlich auch Elektroräder – verleihen; meist muss man das Rad an den Ausgangspunkt zurückbringen (Bodensee-Radweg s. auch S. 232).

Das

Magazin

Ein Wink nach Lindau beim Rundflug aus der Kabine eines Zeppelins

Daten und Fakten

Die internationale Bodenseeregion — ist begehrt. Nicht nur bei Touristen, sondern als leistungsfähiger Wirtschaftsstandort mit Arbeitsplätzen in innovativen Branchen. Kein Wunder, dass die Einwohnerzahl rund um den See stetig steigt.

Geografie und Natur

Die Nordseite des Bodensees ist umgeben vom schwäbischen und bayerischen Hügel- und Voralpenland. Auf der Südseite klettert das Umland zur Voralpenlandschaft hinauf, im Hintergrund erblickt man die Alpen und am See auf österreichischer Seite das Naturschutzgebiet des Rheindeltas.

Auf deutscher Seite grenzt der südöstliche Teil Baden-Württembergs an den See, die winzige bayerische Enklave umfasst nur 18 km Uferlänge. Der kürzeste Uferabschnitt gehört zum österreichischen Bundesland Vorarlberg mit seiner Hauptstadt Bregenz. An die Südufer des Sees stoßen die Schweizer Kantone St. Gallen, Thurgau und Schaffhausen.

Der See gliedert sich von Ost nach West in den Obersee, den Überlinger See sowie den Untersee, der in Gnadensee, Zeller See und Seerhein unterteilt ist. Die tiefste Stelle (zwischen Fischbach und Uttwil) beträgt 254 m, die breiteste Stelle (zwischen Romanshorn und Friedrichshafen) 14 km. Die durchschnittliche Tiefe des Sees liegt bei 80 m, die mittlere Wassertemperatur im Sommer bei 17–20 °C. Durch die Erdkrümmung entsteht eine Seewölbung: Zwischen Rorschach und Friedrichshafen beträgt sie 12,3 m, zwischen Bregenz und Konstanz sogar 44,25 m.

Politik und Verwaltung

Deutschland, Österreich und die Schweiz arbeiten schon lange zusammen: Als Anrainerstaaten des Bodensees bildeten sie 1959 eine Gewässerschutzkommission in St. Gallen, um gemeinsame Umweltbelange miteinander zu regeln. Seit 1972 gibt es die Internationale Bodenseekonferenz, die länderübergreifende Fragen regelt. 1976 trat eine Internationale Bodensee-Schifffahrtsordnung in Kraft.

In Deutschland liegen folgende Landkreise bzw. Regionen am Bodensee: **Konstanz** (Baden) ist der westlichste Landkreis. Der Bodenseekreis (Württemberg) mit dem Verwaltungssitz Friedrichshafen bildet mit dem Landkreis Ravensburg und dem Landkreis Sigmaringen die Region **Bodensee-Oberschwaben.** Im Osten schließt sich der bayerische Landkreis **Lindau** an.

Vorarlberg ist das westlichste Bundesland Österreichs mit den Landschaften des Rheindeltas, des Bregenzerwaldes und Vorarlberg Bodensee. Die Hauptstadt ist Bregenz, größte Stadt ist Dornbirn. Das Land ist nach Wien mit fast 400 000 Einwohnern am dichtesten besiedelt; es war immer schon ein klassisches Einwanderungsland.

Daran schließt sich westwärts der schweizerische Kanton **St. Gallen** an. Seine Einwohnerzahl (rund 510 000)

S

STECKBRIEF

Lage und Fläche: Der Bodensee ist das drittgrößte Binnengewässer in Mitteleuropa. Seine Wasserfläche beträgt 536 km², die größte Seelänge 64 km. Seine Uferlänge von 273 km teilen sich drei Länder: Deutschland 173 km, die Schweiz 72 km, Österreich 28 km.
Einwohner (Region): ca. 4 Mio.
Größte Städte: Konstanz (ca. 84 000 Einw.), Friedrichshafen (ca. 61 000 Einw.), Radolfzell (ca. 31 000 Einw.), Bregenz (ca. 28 000 Einw.), Lindau (ca. 24 000 Einw.) und Überlingen (ca. 21 000 Einw.)
Größter Hafen: Romanshorn (Schweiz)

wächst ständig. Der höchste Berg ist der Ringelspitz (3247 m. ü. M), der bekannteste ist der Säntis (2501 m. ü. M).

Der Kanton **Thurgau** mit rund 282 000 Einwohnern und seinem Hauptort Frauenfeld grenzt im Westen an den vom Rhein durchflossenen Kanton Schaffhausen mit gleichnamigem Hauptort und rund 83 000 Einwohnern. Er ist der nördlichste Kanton der Schweiz und fast ausschließlich von Deutschland umgeben ist.

Wirtschaft

Rund um den See sind die Haupterwerbszweige die Landwirtschaft mit Obst-, Gemüse und Weinanbau sowie der Tourismus. Dabei zielt die intensive Vermarktung der Freizeitangebote auch auf die Ballungsgebiete Stuttgart, München und Zürich, denn durch die Autobahnanbindung ist der See als Naherholungsgebiet rasch zu erreichen. Die deutsche Bodenseeregion ist eine der wirtschaftlich innovativsten Bereiche Baden-Württembergs mit Elektronik, Maschinenbau, Luft- und Raumfahrttechnik sowie Nanotechnologie. Von der einst tonangebenden Textilindustrie in Vorarlberg und der Schweiz ist wenig geblieben; hier überwiegen Feinmechanik, Elektroindustrie sowie der Tourismus. Bildungs- und Ausbildungsangebote wie die Universitäten in Konstanz und St. Gallen und zahlreiche Fachhochschulen in den drei Ländern sind Zentren der Weiterbildung, die sich z. T. länderübergreifend zusammengeschlossen haben und eine sehr gute Forschungs- und Ausbildungsstruktur bieten. Insgesamt ist die sogenannte **Euregio Bodensee** ein leistungsfähiger Wirtschaftsraum, wobei besonders die Verflechtung der Regionszentren mit dem Umland durch ihre Vielfalt gekennzeichnet ist.

Religion

Auf der deutschen Seeseite und im österreichischen Vorarlberg sind über zwei Drittel der Bevölkerung römisch-katholischen Glaubens. Im Kanton St. Gallen sind über 50 % der Bevölkerung römisch-katholisch, rund 26 % evangelisch-reformiert. In den Kantonen Thurgau und Schaffhausen dominieren die Protestanten.

Sprache

In den drei Ländern rund um den See ist Deutsch die Amtssprache. In Österreich werden alemannische Dialekte als Umgangssprache gesprochen, die dem Schweizerdeutschen vergleichbar sind. In der Schweiz ist Hochdeutsch die Amtssprache, es dominiert aber umgangssprachlich das Schweizerdeutsch. Hier wie auch im Thurgau und im Kanton Schaffhausen wurzeln die deutschen Mundarten im Hochalemannischen. Auf der deutschen Seeseite dominieren die detailreichen Varianten des Schwäbisch-Alemannischen und des Bayerischen. ■

Im Schlemmerland

Fangfrischer Fisch und dazu ein Glas Weißwein aus der Region – ein Genuss

Deftig oder fein — Die Küche in den Restaurants am See bietet jedem Gaumen einen Genuss. Frisch sind die Produkte allemal, da sie in aller Regel vor Ort angebaut werden. In den Hofläden kann man manchen Genuss für zu Hause kaufen.

Rund um den Bodensee wird gut gekocht. Die Ausgangsprodukte stammen frisch aus der Region: Obst und Gemüse gedeihen im Überfluss, aus dem See kommt der fangfrische Fisch. Baden und Württemberg, Bayern, Österreich und die Schweiz bieten bodenständige Küchentraditionen, die dem Gast eine wunderbare kulinarische Vielfalt zur Auswahl stellen.

Eine gesegnete Landschaft

Der See liefert Felchen, Zander und Kretzer, in den Rebhängen ernten die Winzer die Trauben für süffige Weine, aus Hopfen werden heimische Biere gebraut, Tomaten, Gurken und unzählige Salatsorten wachsen auf der ›Salatinsel‹ Reichenau. Auf den Feldern rings um den See gedeiht Gemüse aller Art, oftmals in Bioqualität, und ein Gürtel aus Apfel-, Birnen- und Kirschbäumen säumt die Seeufer. Aus den Wäldern kommt das Wild; auf den Bauernhöfen wird auf artgerechte Tierhaltung Wert gelegt, und viele Höfe sind Direktvermarkter. Zahllose Gastronomen haben ihre eigenen, persönlichen Lieferanten und Fischer, von denen sie täglich ihre Ware beziehen.

Im Allgäu, in Vorarlberg und in Appenzell werden die würzigsten Käse auf den Almen produziert. Bäckereien liefern Brote und Gebäck ohne Zusatzstoffe, und die Mostereien bieten eine große Palette an weitgehend naturbelassenen Säften an. Kein Wunder, dass in Gasthöfen und Restaurants liebevoll bodenständig gekocht wird und sich die verfeinerte, kreative Regionalküche bis in den Sterne- und Haubenhimmel katapultiert hat.

Dünnele, Knöpfle und Güggeli

Jede Region pflegt die eigenen Traditionen. Im Bodenseebereich Baden-Württembergs dominiert die schwäbische und badische Küche. Ganz typisch sind *Maultaschen* und Teigwaren wie *Spätzle* oder die winzigen runden *Knöpfle*. Beide Teigvarianten werden frisch vom Brett ins Wasser geschabt und u. a. als Spinatknöpfle oder Käsepätzle bzw. Käseknöpfle serviert, am österreichischen und schweizerischen Seeufer mit lokalem Käse. *Dünnele* oder *Dinnele* sollte man unbedingt probieren: ein dünner Hefeteig, beispielsweise belegt mit Zwiebeln, Speck und Rahm, wird im Holzofen knusprig gebacken. Diese Art von Flammkuchen gibt es mit vielen verschiedenen Belägen, auch als süße Variante.

Schäufele sind gepökelte und geräucherte Schulterstücke vom Schwein und sie schmecken wunderbar mit deftigem Gemüse oder Sauerkraut. Ein zarter *Rostbraten* (vom Rind) mit viel gerösteten Zwiebeln ist ebenfalls beste schwäbische Küche. Überhaupt ist die Metzgerei sehr vielfältig: geräucherte Wurstwaren,

K

FÜR DEN KLEINEN HUNGER ZWISCHENDURCH

Wer am späten Vormittag oder nachmittags statt Kaffee und Kuchen gern etwas Deftiges isst, wird im Schwäbischen das (nicht die!) **Vesper** wollen: etwa einen Wurstsalat, Sulzfleisch oder einen Schinken-/Schlachtwurst-Teller. Auf Bayerisch ist das die **Jause.** In der Schweiz heißt der Imbiss am späten Morgen **Znüni,** am Nachmittag Zvieri. In den kleinen Orten ist die **Hockete** oder **Hocketse** das charakteristische Dorffest – meistens im Freien mit einfachen lokalen Speisen, Bier und Wein. In der Schweiz heißt diese Vergnügung **Chilbi.**

Hartwürste, unterschiedlich verarbeitetes Kalbsbrät. Rund um den See stehen übrigens auch *Innereien* wie Kutteln, Bries, Leber oder saure Nierle gern auf der Speisekarte; sie werden mit Sorgfalt und Fantasie zubereitet.

In Bayern werden natürlich *Haxen* und *Braten* sowie ordentliche *Weißwürste* in den Wirtshäusern serviert. In Bregenz und Umgebung gibt es neben den typischen *Wiener Schnitzeln*, dem *Tafelspitz* und dem Vorarlberger Griesgericht *Riebel* die üppigen österreichischen Torten und Mehlspeisen und die handgeschöpften Käse der Alpsennereien aus dem Bregenzerwald. In der Schweiz findet man überall die *Röschti*, *Güggeli* (knusprige Hähnchen), Gerichte mit Käse und Fondues und natürlich *Schoggi*, Schokolade in jeglicher Form. Unbedingt probieren sollte man eine typische regionale *Bratwurst*, die nach geheimen Rezepten aus feinstem Kalbsbrät hergestellt wird: In St. Gallen ist sie Kult.

Kulinarisch geht's in der Bodenseeregion eher deftig zu, allerdings gibt es viele edle Restaurants, die auch traditionelle schwäbische Spezialitäten wie Maultaschen (Bild unten) sternefähig zubereiten.

Gasthöfe und Gourmettempel

Schöne alte Gasthöfe gibt es in großer Vielfalt in den Orten am See und vor allem im jeweiligen Umland. Zahlreiche Wirtshäuser haben sich ›aufgerüstet‹, sind umgebaut und verfügen über gut ausgestattete Zimmer. Ihre Küchenchefs, meistens die Besitzer, bieten Regionalküche mit frischesten Zutaten auf hohem Niveau, wie beispielsweise die Linzgau-Köche: ein Zusammenschluss mehrerer Gastwirte in unterschiedlichen Ortschaften, die Hervorragendes bieten und sich überregional einen Namen gemacht haben.

Wunderschön sind beispielsweise auch das Gasthaus Hirschen in Gaienhofen-Horn, der Löwe in Hagnau und die traditionsreichen Wirtshäuser im Bregenzerwald. Im Bereich Oberschwaben gibt es den Zusammenschluss ›Landzunge‹, deren Mitglieder (Gastwirte, Hoteliers, Bauern und Metzger) sich für regionale Küche und Produkte stark machen.

Wer selber einkaufen möchte, dem seien die Wochenmärkte empfohlen. Auf den Marktplätzen sind meist riesige bunte Pyramiden mit Gemüse, Obst, Kräutern, Mosten und kleinen Schleckereien errichtet, und oftmals kommt noch ein extra Markttag für die Landwirte der Region hinzu. Die Bauern- und Obsthöfe im Umland betreiben oft Direktvermarktung, verfügen über einen Hofladen und eventuell auch einen kleinen Haustierzoo oder einen Spielplatz für die Kinder.

Vielfältig sind auch die Gaumenfreuden der gehobenen Kategorie: In der Bodenseeregion gibt es über 200 Gourmetrestaurants, die mit Hauben, Michelinsternen, Gabeln oder Punkten ausgezeichnet sind! Die verschiedenen Schwerpunkte reichen von feinster Regionalküche, fantasievollen Fischkreationen bis zu exotischem Crossover.

Übrigens bieten die meisten Gourmetrestaurants über Mittag Tagesgerichte und kleine Menüs an, die wesentlich günstiger sind als ein Abendbesuch. ■

KULINARISCHE TIPPS IM INTERNET

In fast allen Touristeninformationen gibt es Zusammenstellungen schöner Landgasthöfe und Restaurants mit Adressen im Umkreis. Auch folgende Internetadressen bieten hilfreiche Informationen zum Thema:

www.bodenseebauer.de: Die Vereinigung Bodenseebauer (überwiegend Landkreis Konstanz) bietet Adressen und Infos zu landwirtschaftlichen Betrieben mit Direktvermarktung.

www.labhard.de: Das Magazin »Seezunge« erscheint jährlich im Verlag Labhard Medien und bietet einen tollen Überblick über die Restaurants, Hotels, Gasthöfe, Weingüter und regionalen landwirtschaftlichen Produzenten rund um den Bodensee.

www.vorarlberg-isst.at: Eine Vielzahl an guten Restaurantadressen für die Region Vorarlberg.

www.thurgau-bodensee.ch (Link »geniessen«): Die Website bietet eine Vielzahl an Tipps zu kulinarischen Restaurantadressen, Hofläden etc.

www.biobodensee.net: Grenzüberschreitendes Verzeichnis der Bio-Anbieter rund um den Bodensee (Bauernhöfe, Hotels, Hofläden, Restaurants etc.).

Lange Leitung

Erfrischendes Nass — auch für Nichtschwimmer. Der Bodensee versorgt rund fünf Mio. Menschen mit Trinkwasser. Über kilometerlange Leitungen fließt das Wasser bis in Gemeinden im Odenwald im nördlichen Baden-Württemberg.

Für rund 5 Mio. Menschen in Baden-Württemberg, Bayern und der Schweiz bietet der Bodensee frisches Trinkwasser. Er ist somit ein schier unerschöpfliches Reservoir. Merkwürdig erscheint es schon, wenn die Urlauber aus dem Umland erst auf dem See herumschippern und dann daheim sein Wasser trinken.

Erbe der jüngsten Eiszeit

Der rund 15 000 Jahre alte Bodensee, ein Erbe der letzten Eiszeit, ist das zweitgrößte natürliche Trinkwasserreservoir in Europa. Gespeist wird er von den Gletschern und Niederschlägen des alpinen Umfelds. Der Alpenrhein liefert zwei Drittel des Frischwassers, der Rest stammt von zahlreichen, auch sehr kleinen Zuflüssen. Diese Wasserzufuhr erzeugt eine dauernde sanfte Strömung, bis der Rhein den See bei Stein am Rhein wieder verlässt.

In den 1950er-Jahren griffen die an Wassermangel leidenden Städte und Gemeinden Baden-Württembergs auf das kostbare Frischwasserreservoir des Bodensees zu. 1954 wurde der Zweckverband Bodensee-Wasserversorgung gegründet, die größte Fernwasserversorgung in Deutschland. Seither bietet der See zuverlässig reines Trinkwasser, auch für die Stadt Lindau in Bayern sowie die Schweizer Kantone St. Gallen und Thurgau. Das Wasser enthält schon im See wenig Schadstoffe und zeichnet sich durch einen niedrigen Nitratwert aus. Der geringe Kalkgehalt wird von allen Verbrauchern geschätzt. Trotzdem gibt es Verunreinigungen, auch von der Schifffahrt, die herausgefiltert werden müssen.

Trinkwasser für Millionen

Im Überlinger See wird das Wasser über drei Leitungen entnommen und zur Aufbereitungsanlage auf den 310 m höheren Sipplinger Berg befördert (s. S. 26). Das Leitungsnetz der Bodensee-Wasserversorgung ist über 1700 km lang, es schlängelt sich durch den Mittleren Neckarraum, auf die Höhen der Schwäbischen Alb und des Schwarzwalds und über die Landeshauptstadt Stuttgart bis hinauf zum Odenwald. Rund 320 Städte und Gemeinden sind an das baden-württembergische Versorgungsnetz angeschlossen, hinzu kommt noch die Versorgung im bayerischen Bodenseeraum und der Schweizer Seeseite. Heute werden jährlich rund 125 Mio. m^3 Trinkwasser entnommen; im täglichen Durchschnitt sind das rund 360 Mio. l Trinkwasser oder 100 Badewannenfüllungen pro Sekunde. Diese gewaltige Menge hat keine Auswirkungen auf den Wasserstand im Bodensee; allein die Verdunstung ist doppelt so hoch wie die durchschnittliche Entnahme. Der Wasserinhalt des Bodensees beläuft sich auf 50 Mrd. m^3. Der jährliche Durchfluss an Frischwasser im Bodensee beträgt 11,5 Mrd. m^3, das ist 80-mal mehr als die Wasserentnahme. ■

Entspannung an Deck

Von Land zu Land — die Weiße Flotte verbindet nicht nur die Ufer, sondern auch die drei Länder am See. Dies ist die schönste und schnellste Art, sich zwischen Ostern und Oktober am See zu bewegen.

Die bunte Vielfalt der Schiffe auf dem Bodensee ist nicht nur eine sommerliche Freude für Urlauber, sondern auch ein veritabler Faktor für die Verkehrsstruktur rund um den See. Rund 70 Schiffe der gewerblichen Schifffahrt rauschen und gleiten über den See: Fähren, schnelle Katamarane, ein futuristisch anmutender Luxusliner und die zahlreichen Dampfer der Weißen Flotte. Hinzu kommen alte Lastensegler und kleine Solarboote. Viele der Schiffe stammen aus der 2011 geschlossenen Bodan-Werft in Kressbronn, so auch die Autofähre, die seit 2010 Konstanz und Meersburg miteinander verbindet – ein schnittiges Gefährt mit geschwungenen gläsernen Aufbauten, mit Salon und großem Oberdeck, energiesparend und umweltfreundlich betrieben.

S

SCHIFFSFAHRTEN

www.bodenseeschifffahrt.de
Alle auf dem Bodensee fahrenden Schiffsunternehmen sind auf dieser Website zu finden. Neben dem Linienverkehr werden hier auch sämtliche Ausflugsfahrten und Schiffsveranstaltungen aufgeführt.

Besondere Schiffsfahrten
Ein Erlebnis ist eine Fahrt mit dem alten Lastensegler, der Lädine (www.laedine.de, s. S. 56), die in Immenstaad zu Hause ist, oder mit dem Raddampfer Hohentwiel (www.hs-bodensee.eu, s. S. 115). Wie auf dem Traumschiff geht es auf der Sonnenkönigin (www.vorarlberg-lines.at) zu, die vom Heimathafen Bregenz aus mal hier, mal dort für besondere Events eingesetzt wird.

Leinen los!

Vor der Corona-Pandemie hat die gesamte Flotte rund 60 000 Fahrten mit 4,7 Mio. Gästen und 1,5 Mio. Fahrzeugen unternommen. Die ganzjährig fahrenden Autofähren und Katamarane verknüpfen die wichtigsten Häfen rund um den Bodensee: Friedrichshafen mit Romanshorn, Konstanz mit Meersburg und Konstanz mit Friedrichshafen.

Die Weiße Flotte knüpft ein dichtes Netz zwischen den schönsten Ausflugszielen am Bodensee. Ihre Linienschifffahrt beginnt im April und endet im Oktober. Die Saison wird mit der tra-

Lädinen nennt man die historischen Lastensegler, die zwischen dem 14. und 20. Jh. auf dem Bodensee Dienst taten.

ditionellen internationalen Flottensternfahrt eröffnet. Zwölf auf Hochglanz gewienerte Ausflugsdampfer starten von unterschiedlichen Häfen. Vor der Rückfahrt bilden die Schiffe einen Stern auf dem Wasser.

Lastensegler und Trajektkahn

Vom 17. Jh. an haben die Lädinen, kompakte Lastensegler, den Güterverkehr über den See bestimmt. Sie transportierten auch im Winter und im dicken Nebel tonnenweise Güter über den See, so Getreide in die Schweiz und Warenströme der frühen Textilindustrie von Österreich und der Schweiz hinüber an die deutschen Ufer.

1824 wurde die württembergische Wilhelm zwischen Friedrichshafen und Rorschach als erstes Dampfschiff in Betrieb genommen. Im Lauf der Jahrzehnte reagierte die Schifffahrt dann auf die rasanten Entwicklungen im Landverkehr. Ab 1869 schoben sich von Romanshorn die sogenannten Trajektfähren über den See bis Lindau oder Friedrichshafen: Lastkähne mit Schienen an Deck, die mehrere Eisenbahnwaggons aufnehmen konnten. Sie bewegten sich teils mit eigenem Antrieb, teils mit Schleppbooten. Erst 1976 sind ihre Fahrten eingestellt worden.

Schifffahrt als Vergnügen

Mitte des 19. Jh. stiegen besonders die Spazier- und Lustfahrten an, das Angebot sonntäglicher Rundfahrten erweiterte sich, Tagesausflügler und Sommerfrischler kamen mit der Bahn und stiegen auf Vergnügungsdampfer um, die langsam den Güterverkehr verdrängten. 1848 gab es die erste Eisenbahnstrecke bis Friedrichshafen, in schneller Folge konnten dann alle größeren Häfen, auch in Österreich und der Schweiz, per Bahn erreicht werden. Ein neuer Typ Schiff wurde in den 1860er-Jahren aus der Taufe gehoben: der Salondampfer, unten Frachtraum, oben Salon und Aussichtsdeck. Das letzte Salondampfschiff wurde 1913 erbaut, die Hohentwiel – sie bietet heute besondere Ausflugsfahrten. Eine erste Autofähre wurde 1928 zwischen Konstanz und Meersburg in Betrieb genommen, ein Jahr später folgte die Strecke Romanshorn–Friedrichshafen.

Neben der Linienschifffahrt sind es die zahlreichen Ausflugsfahrten und Programmangebote, die den Bodensee so beliebt machen: von schwimmenden Seminaren der Umweltakademie über Piratenfahrten für Kinder, Tanzabende auf Deck bis zur winzigen Solarfähre, die lautlos in die Schilfzonen der Naturschutzgebiete hineinsteuert – sie alle tragen dazu bei, dass Besucher dem Charme und der Vielfalt des Sees verfallen. ■

Von der Sonne verwöhnt

Wasser und Berge — Die Landschaft am Bodensee ist vielfältig. Mehrere Naturschutzgebiete bieten seltenen Vogelarten einen Rückzugsort und lassen besondere Pflanzen wachsen.

Am Bodensee herrscht ein fast mediterranes, sonnenverwöhntes Klima. Im Hintergrund leuchten die Alpengipfel, zwischen Hügeln und gewellten Wiesen erwartet die Besucher eine Bauernlandschaft wie aus dem Bilderbuch mit Obstplantagen, Gemüsefeldern, Weinbergen und Hopfen. Im Winter liegt oft der Nebel über Wasser und Umland. Dann ist die Bodenseewelt still und in sich gekehrt.

Die Seelandschaft

Für die Lage und Ausformung des riesenhaften Gletschersees waren vor allem die Eiszeiten verantwortlich. Vor ca. 40 Mio. Jahren ging die Auffaltung der Alpen mit der Senkung des angrenzenden Landes einher, und der mitrutschende Schutt wurde zu Sandstein: Alle Hügelketten und Berge rund um den See wie der Pfänder, der Bodanrück oder die steilen Wände bei Überlingen/Sipplingen sind aus Sandstein – sie reichen tief in den See hinein. In mehreren Eiszeiten bildete sich die Topografie des Seebeckens aus, seine Tiefe und Form.

Nach der letzten Eiszeit (Würm) vor etwa 15 000 Jahren erstreckte sich die Wasserfläche im Osten und Südosten, Österreich und der Schweiz, weit ins Land hinein. Im Nordwesten des Umlands entstanden die Vulkankegel des Hegau, auf der nördlichen Seeseite sind die sogenannten Drumlinge charakteristisch: über 50 m hohe, runde Knubbel, die aus dem welligen Land herausragen. Auf der Südwestseite des Sees schuf sich der Rheingletscher Platz, indem er sich ins flache Vorland schob. Der Seerücken auf der Südseite bildete sich wie auch auf der Nordseite vor der Alpenkette zu einer welligen Hügellandschaft aus.

Naturschutzgebiete

Dort, wo die Seeufer überwiegend oder komplett naturbelassen sind, trifft man immer noch auf Schilfgürtel, die einst für den gesamten See charakteristisch waren. Binsen, Wassergräser, Süßgrasarten und Laichkräuter durchmischen das Schilfrohr und bieten für die geschlüpfte Fischbrut versteckte Lebens-

Ursprüngliche Landschaft: Schilfgürtel am Bodensee

räume. Auf die Schilfgürtel angewiesen sind auch die am Bodensee heimischen Vögel wie die Lachmöwen, die Stockenten, Höckerschwäne und die kleinen, schwarzgefiederten Blesshühner.

Reich an seltenen Vogelarten sind die Naturschutzgebiete rund um den See: bei Radolfzell der Mindelsee und die Halbinsel Mettnau, das Eriskircher Ried bei Friedrichshafen, das Rheindelta als größtes Schutzgebiet und das Wollmatinger Ried am Untersee. In diesen Tier- und Pflanzenparadiesen finden zur Brutzeit über 100 Singvogelarten Schutz, auch Haubentaucher und Graureiher. Besonders die zahlreichen Entenarten wie Kolben-, Schnatter-, Löffel- und Reiherenten bestimmen das Leben an den Seeufern. Bei den Kormoranen, die sich im Herbst am See niederlassen, scheiden sich die Geister. Die immer zahlreicheren Vögel dezimieren den Fischbestand deutlich (s. S. 276), was zu Streitigkeiten zwischen Fischern und Naturschützern führt.

Der ganze Tierreichtum in den Schutzgebieten lässt sich nur mit Führungen erkunden, denn neben Vögeln sind auch seltene Insekten, Reptilien, Biber und Froscharten zu finden.

Herrlich ist aber auch die Fülle seltener Pflanzen, die den großen Reiz der Naturschutzgebiete ausmacht: Orchideen oder die blau blühenden Schwertlilien sind hierbei die spektakulärsten. ■

Alpenländische Avantgarde

Tradition und Moderne — bilden bei der Architektur Vorarlbergs keine Gegensätze, sondern eine gelungene Symbiose. Der traditionsreiche Werkstoff Holz in der modernen Formensprache der Architektur überrascht vor allem in den Gemeinden im Bregenzerwalds.

Vor rund 30 Jahren haben die damals wilden jungen Architekten aus Vorarlberg ihre Zunft aufgemischt. Heute sind ihre lichten, schnörkellosen und eleganten Bauten aus Holz, Glas und Beton weltweit gerühmt. Besonders eindrucksvoll in ihrem Miteinander von Alt und Neu zeigt sich die Holzbaukunst in den Gemeinden im Bregenzerwald.

Die neue Vorarlberger Architektur hat weltweit Furore gemacht, und auch am Bodensee gibt es überzeugende neue Architektur. Zwei Häuser neben dem Kunsthaus KUB Bregenz des Schweizer Stararchitekten Peter Zumthor liegt das komplett sanierte, architektonisch und inhaltlich hochinteressante Vorarlberg Museum. Das Festspielhaus am See stammt von dem Vorarlberger Architekturbüro Dietrich und Untertrifaller. Das avantgardistische Clubhaus im Hafen Rohner und das farblich changierende Nordwesthaus, beide in Fußach, hat das Duo Baumschlager und Eberle gebaut; die Büros sind international renommiert. In Dornbirn setzen das Designhotel Martinspark oder die Räumlichkeiten der Inatura-Erlebniswelt kräftige Akzente.

INFOS

Vorarlberger Architekturinstitut: Marktstr. 33, Dornbirn, T 05572 511 69, www.v-a-i.at. Ausstellungen, Veranstaltungen, hier auch Buchung von geführten Besichtigungstouren sowie Broschüren und Kartenmaterial.
Werkraum Haus Bregenzerwald: Hof 800, Andelsbuch, T 05512 263 86, http://werkraum.at, Di–Fr 10–18, Sa 10–16 Uhr. Holzkubus auf Stelzen von Peter Zumthor mit Tourist Info und Shop.
Amber Sayah: Architektur in Vorarlberg, Stuttgart 2006.
Florian Aicher, Renate Breuß: eigen + sinnig. Der Werkraum Bregenzerwald, München 2015.

Holzbau im Bregenzerwald

Die Liste der modernen charaktervollen Bauten ließe sich fortführen. Im Bregenzerwald jedoch ist das Spiel der Architekten mit Natur und Licht, Tradition und zukunftsweisender Technik besonders auffallend, es scheint wie mit der Landschaft verwachsen. Ästhetisch anspruchsvolle zeitgenössische Bauten bis hinauf in die Berge sind allgegenwärtig, selbst in den kleinsten Dörfern. Holz und Glas dominieren, meist lichte, leichte Konstruktionen mit klaren Linien und schnörkelloser Raffinesse. Schachteln, Kisten und Kuben mit schlichten Quer- oder Längsverschalungen aus Holz, langen Glasfronten oder eingeschnittenen Fensterbändern, überdachten Galerien und Umläufen. Neben der Schönheit der Form wird bei allen Bauten auch auf energetische Nachhaltigkeit geachtet.

Das Wälderhaus – alt und neu

Seit den 1980er-Jahren blüht die sogenannte Vorarlberger Baukunst: ein Zusammenspiel aus Architekten, Zimmerern, Tischlern und anderen Baubetrieben, die mit hohen Qualitätsmaßstäben auf alten Traditionen fußen und sie in die Zukunft führen. Die alten Wälderhäuser sind Fachwerkkonstruktionen mit Fassaden aus Holzschindeln, die je nach Wetterseite goldbraun oder silbergrau gealtert sind. Ihre Innenausstattung ist komplett aus Holz: Böden, Decken, Wände, Einbauten, Möbelstücke. Diese Kunst der Holzverarbeitung ist in Vorarlberg in gewandelter Form weiterhin präsent: Die Zahl der holzverarbeitenden Betriebe ist erstaunlich. Eine solch traditionsbezogene Innovationskraft kann sich nur entfalten, wenn viele Bauherren Wert legen auf die Zusammenarbeit mit lokalen Handwerkern, die regional gewachsene Materialien verarbeiten – genau das ist im Bregenzerwald der Fall. So ist die vielfach eingesetzte unbearbeitete Weißtanne »im guten Zeichen geschlägert«, d. h. nach Mondphasen gefällt und langsam getrocknet. In den Innenräumen, bei Vertäfelungen und Einbauten wird u. a. heimisches Lindenholz, Eiche und Buche verarbeitet. Hinzu kommen viel Fotovoltaik und Erd-

Vom renommierten Schweizer Architekten Peter Zumthor (Bild oben) stammt u. a. das Kunsthaus in Bregenz (Bild unten).

wärmeanlagen, also Nachhaltigkeit und Energieeffizienz.

Moderne Privatbauten, Hotels und Gaststätten heimischer Architekten finden sich in jedem Ort und sind den jeweiligen Gegebenheiten angepasst. Besonders eindrucksvoll, sinnlich und ästhetisch überzeugend sind z. B. das Hotel Sonne in Mellau oder das Hotel Gams in Bezau. Ein harmonisches Miteinander von Alt und Neu bieten auch das Hotel Schiff und Hotel Gasthof Krone in Hittisau mit behaglichen, modernen Gasträumen, maßgeschneidert wie eine Holzschatulle mit eigens gefertigtem Mobiliar. Auch das Restaurant s'Schulhus und das Fußballclubhaus in Krumbach als lang gestreckte hölzerne Schachtel mit wettergeschützter Tribüne repräsentieren diesen Baustil. Bei den zahlreichen Kulturbauten fällt das Gemeindehaus in Andelsbuch sofort ins Auge: ein dunkler Holzkubus auf Stelzen mit unregelmäßig über Eck platzierten Fenstereinschnitten, direkt an der Durchgangsstraße. Sehr schön, licht und frech in seiner Doppelfunktion ist auch das Feuerwehrhaus und Frauenmuseum in Hittisau. Oder die Juppenwerkstatt in Riefensberg, eine elegante Schauwerkstatt für die traditionellen Festtagskleider in einem entkernten Fachwerkbau. Herzerwärmend ist das kleine Angelika-Kauffmann-Museum in Schwarzenberg: Da ist das alte, wettergegerbte Wälderhaus um einen maßgeschneiderten Anbau ergänzt, der durch seine handwerkliche Perfektion besticht. Am Ortsrand führt der Angelika-Kauffmann-Festsaal (Schubertiade!) mit bodentiefen Fensterflächen und offenen Terrassen mitten in die Wiesen hinein. Und auch in Schoppernau ist das Kulturhaus mit Tourismusbüro, Bücherei und dem Michael-Felder-Museum überaus gelungen. ■

Neue Vorarlberger Architektur: das Frauenmuseum im Feuerwehr- und Kulturhaus in Hittisau

Große Kunst am See

Größer geht kaum — Die Kulissen der Bregenzer Festspiele lassen schon von fern erahnen, dass auf dieser Bühne Außergewöhnliches zu sehen ist. Karten sollte man rechtzeitig kaufen. Sie sind begehrt. Genauso wie die Hotels zur Festspielzeit.

Die Bregenzer Festspiele — mit ihren Riesenkulissen auf der Bühnenplattform im See, die hochmodernen, aufsehenerregenden Inszenierungen und die künstlerische Qualität besitzen weltweites Renommee – auch in einem James-Bond-Film sind sie verewigt.

Grandiose Seekulisse

Ein großartiges Erlebnis: Die Sonne sinkt, Schiffe haben ringsum angelegt, die Lichter von Lindau am gegenüberliegenden Ufer funkeln, und nach der Festfanfare setzt in der Dämmerung die Musik ein und strömt über den See. Vor den riesigen Kulissenaufbauten auf der Seeplattform beginnt der Operngenuss als grandioses, alle Sinne ansprechendes Spektakel. In den vergangenen Jahren ist von Mitte Juli bis Mitte August u. a. »Porgy and Bess« von Götz Friedrich inszeniert worden, es hat Puccinis »La Bohème« gegeben, Verdis »Nabucco«, den »Troubadour« vor einer fulminanten Hochofen-Kulisse, Verdis »Aida«, Giacomo Puccinis »Turandot« oder 2022/23 »Madame Butterfly« ebenfalls von Puccini. Regelmäßig werden bedeutende Regisseure, Sänger und Orchester verpflichtet.

Zusätzlich gibt es internationale Theatergastspiele im Theater am Kornmarkt sowie Musicals und Konzerte in der Festspielhalle. Im weißen Riesenzelt in den Seeanlagen locken außerdem Rockmusik, Performances und Kleingruppen. Die Seefestspiele in Bregenz, auf der größten Seebühne der Welt, sind so erfolgreich, dass sie mit Bayreuth und Salzburg verglichen werden.

Rings um den See sind Hotellerie, Gastronomie und die Schifffahrt auf die Festspielzeiten eingestellt, in vielen kleinen Orten gibt es Pauschalangebote mit Schiffs- oder Bustransfer.

007 – im Auge der Toska

Anfang Mai 2008 jagte dann auch James Bond, alias Daniel Craig, durch das Riesenauge der Toska-Inszenierung. Angereist war er mit einer 200-köpfigen Filmcrew. Während mehrerer Nächte wurde die Aufführung erneut komplett auf die Beine gestellt, mit Solisten, Statisten, Orchester, Chor, Technikern und Publikum – alles für den Superagenten. Seit dem Winter 2008 geistert die Seebühne nun als eine der Schlüsselszenen im Film »Ein Quantum Trost« durch die Welt.

Vom Lastkahn zur Weltbühne

Angefangen hat alles im Jahr 1946, als die Wiener Sinfoniker zum ersten Mal verpflichtet werden konnten. Die ›Bühne im See‹ waren zwei Lastkähne, die im Gondelhafen nebeneinanderlagen: einer für das Orchester, der zweite für die Bühne. Die Zuschauer saßen auf einfachen Stühlen und Bänken, bezahlt wurden die Künstler in Naturalien. Heute genügen die Zuschauertribünen, auch mit verglasten VIP-Lobbys und neuester Medienausstattung, höchsten Ansprüchen. Bei einer Führung kann man sich das im Sommer alles aus der Nähe ansehen. Vielleicht haben Sie Glück und Wetterlage sowie baulicher Zustand der Bühne erlauben es, dass Sie die Bretter, die die Festspielwelt bedeuten, betreten können. Was aus der Ferne so filigran aussehen kann, bekommt plötzlich Körper und Struktur. Die spektakulären Bühnenbilder werden über Monate hinweg gebaut und im Frühling mit einem zünftigen Richtfest gefeiert. Teil einer solchen Führung ist auch das Festspielhaus, das seit 1980 mit architektonisch interessantem Anbau am Seeufer vor der Bühne im Wasser steht: mit Wandelhalle, mehreren Sälen und einem Café-Restaurant. Das alles soll noch schöner und moderner werden. Im Januar 2022 haben umfangreiche Sanierungsarbeiten begonnen. Festspielhaus und Seebühne werden saniert und erweitert. Die Bauarbeiten sind für drei Jahre geplant und sollen 60,5 Mio. Euro kosten.

Direkt neben dem Festspielhaus liegen das Casino und das Grand Hotel Bregenz. Und auf dem Platz der Wiener Symphoniker herrscht reges sommerliches Treiben. ■

INFORMATIONEN RUND UM DIE FESTSPIELE

I

Die Festspielzeit mit allen Rahmenprogrammen beginnt ab der 2. Juliwoche und geht bis Ende August. Informationen im Internet gibt es unter www.bregenzer festspiele.com.

Auskunft, Vorverkauf: Ticket Center, Platz der Wiener Symphoniker 1, T 05574 40 76, Okt.–Ende Juni Mo–Fr 9–12, 14–17, Ende Juni–Ende Aug. tgl. 9–17 Uhr und an der Abendkasse eine Stunde vor Spielbeginn; auch jederzeit online unter www.bregenzerfestspiele.com.

Eintrittspreise für die Seebühne: 30–260 € je nach Platz und Wochentag. Fr und Sa sind die Karten teurer als unter der Woche. Frühzeitige Bestellungen erforderlich. An der Abendkasse sind nur vereinzelt Karten zu haben.

Hinter den Kulissen: Eine spannende Reise ins Innere des Theaterbetriebs, die Seebühne und das Festspielhaus bieten 50-minütige **Führungen.** Von Anfang Juni bis Mitte Juli Mo, Mi, Fr 16 Uhr, Ende Juli–Ende Aug. tgl. 10.30, 11.30, 12.30, 13.30, 14.30 und 15.30 Uhr. Tickets unter T 05574 40 76, online oder an der Tageskasse.

Prächtige Kulissen wie bei »Aida« sind typisch für die Bregenzer Festspiele.

Das zählt

Zahlen sind schnell überlesen — aber sie können die Augen öffnen. Nehmen Sie sich Zeit für ein paar überraschende Einblicke. Und lesen Sie, was rund um den Bodensee zählt.

4,15

Millionen Menschen leben in der internationalen Bodenseeregion, Tendenz steigend. Besonders viele wollen im schweizerischen Thurgau wohnen, dort liegt die jährliche Wachstumsrate bei 1,2 Prozent. Jeder vierte im Thurgau stammt nicht aus der Schweiz, sondern aus einem von 135 anderen Ländern.

273

Kilometer lang ist das gesamte Bodenseeufer. Das entspricht etwa der Strecke von Hannover nach Berlin. Gerade mal 18 Kilometer entfallen auf Bayern, 28 Kilometer auf Österreich, 72 Kilometer auf die Schweiz und 155 Kilometer auf Baden-Württemberg.

300.000

Kilogramm Fisch holen die Kormorane jedes Jahr aus dem Bodensee. In schlechten Fangjahren kriegen die Vögel mehr als die Berufsfischer.

42

Meter macht die Erdkrümmung von Bregenz bis Konstanz aus, sodass man am österreichischen Ufer die Spitze des Konstanzer Münsters sehen kann.

33

Mal ist der Bodensee zwischen 875 und 1963 komplett zugefroren, sodass man zu Fuß von Ufer zu Ufer gehen konnte. Ob es wohl jemals wieder eine ›Seegfrörne‹ geben wird?

1.500

Statisten waren 2008 bei den Filmaufnahmen für den James-Bond-Film »Ein Quantum Trost« im Einsatz. Sie spielten in Abendgarderobe das Publikum einer »Tosca«-Aufführung der Bregenzer Festspiele. Insgesamt war Vorarlberg dann nach 11 Drehtagen gerade einmal 7 Minuten auf der Leinwand zu sehen.

80.000

Euro kostet das Feuerwerk beim Seenachtsfest in Konstanz, so viel wie zwei Elektroautos der Kompaktklasse.

1,5

Meter pro Jahr schwankt der Wasserpegel des Bodensees. Doch auf dem Trockenen sitzt deshalb niemand.

8

Mal hat der Kapitän der »Hohentwiel«, des letzten Dampfschiffes auf dem Bodensee, die Erde umrundet. Zumindest rechnerisch, ausgehend von den 285.000 Kilometern, die er auf dem See zurückgelegt hat.

600.000

Tulpenzwiebeln setzen die Gärtnerinnen und Gärtner auf der Mainau jeden Herbst. Und nach der Blütezeit graben sie alle wieder aus.

22,25

Meter hoch ist der stählerne Aussichtsturm an der Mole in Friedrichshafen. Das ist etwa ein Drittel des Absprungpunktes der Skispringer in Oberstdorf.

600

Hektar Fläche bewirtschaften die deutschen Bodenseewinzer. Das entspricht der Fläche von etwa 840 Fußballfeldern.

356.000

Kubikmeter Trinkwasser schickt die Bodensee-Wasserversorgung in Sipplingen durchschnittlich pro Tag an rund 5 Millionen Menschen.

30

Tage Nebel zählen die Meteorologen am Bodenseeufer des Thurgaus zwischen Oktober und Januar. Vor 100 Jahren waren es noch 60. Es wird lichter.

220.000

Tonnen Äpfel ernten die Bodenseebauern jedes Jahr. Im Schnitt kauft jeder Deutsche 17 Kilogramm pro Jahr, natürlich nicht nur vom Bodensee.

64

Bäume fielen am Überlinger Seeufer für den Uferpark, der im Rahmen der Landesgartenschau 2020/21 angelegt wurde.

9

Sorten Appenzeller Käse produzieren die dortigen Käser, wobei es den Raclettekäse nur von September bis März gibt. In Deutschland bekommt man meist nur den extra Würzigen mit dem schwarzen Etikett.

13

Millionen Übernachtungen zählte die internationale Bodenseeregion im ersten Coronajahr 2020 – ein Rückgang gegenüber dem Vorjahr um 40 Prozent.

400

Nobelpreisträger waren schon in Lindau, etwa so viele wie in Stockholm. Seit 2019 kann man ihre Namen und Entdeckungen auf dem Nobelpreisträger-Steg kennenlernen.

18.000

Kilogramm wiegt die »Imperia« im Konstanzer Hafen. Das sieht man der 9 Meter hohen Dame gar nicht an.

Frisch aus dem See

Der Kormoran — ist nicht jedermanns Freund und für die Bodenseefischer eine echte Konkurrenz. Jeder Vogel holt etwa 500 g Fisch aus dem See. Jeden Tag. Aber auch die Sauberkeit des Sees ist ein Problem. Die Fische finden zu wenig Nahrung.

Zwischen 3.30 und 6 Uhr morgens haben die Fischer auf dem Bodensee noch ihre Ruhe: In absoluter Stille, bei gutem Wetter mit Sonnenaufgang vor dem Alpenpanorama, holen sie die am Vorabend ausgelegten Netze ein. Der einzige idyllische Moment, denn die Berufsfischer rund um den See haben es schwer.

Es gibt mehrere Gründe, warum das Geschäft der 140 Berufsfischer so mühselig geworden ist. Neben den berufsbedingten Unbillen ist es vor allem das blitzsaubere Wasser. Es ist nährstoffarm und bietet zu wenig Algen, die natürliche Nahrung der Fische. Noch in den 1970er-Jahren nahm das Algenwachs-

F

FISCHVERKAUF AM BODENSEE

Viele Fischer brauchen zum Überleben ein zweites Standbein und betreiben daher Fischgeschäfte, Räuchereien oder Gasthäuser. Im Folgenden sei eine kleine Adressauswahl vorgestellt:

Bodensee Fischerei & Räucherei Knoblauch: Ehbachstr. 3, Unteruhldingen, T 07556 55 30, www.knoblauch-bodensee.de. Eigener Fischerei- und Räuchereibetrieb, mit Laden und Imbiss. Mit Fischgeschäft und dem Bistro Fischhaus Löwenzunft in Überlingen auf dem Marktplatz vertreten (Hofstatt 7, s. S. 22).

Riebel's feine Fischdelikatessen: auf der Reichenau, Seestr. 13, Oberzell, kurz hinter St. Georg, T 07534 76 63, www.riebels-fischdelikatessen.de, Laden Di–Fr 9–13, 14–18, 14–18, Sa 9–13 Uhr, Imbiss ab Ende März bis in den Herbst (wetter- und jahreszeitenabhängig) ab 11.30 Uhr. Echter geht es nicht: frischester Fisch, eigene Räucherei, eine offene Fischküche mit einigen überdachten Tischen nah am See. Hier kann man wunderbar rasten.

Der Fang wird immer dürftiger, immer mehr Fischer werfen das Handtuch und wandern in andere Berufe ab.

tum durch Phosphate und die Verunreinigung durch Nitrate aus Überdüngung der landwirtschaftlichen Flächen ringsum rasant zu. Der Sauerstoffgehalt des Sees nahm rapide ab. Um die Qualität des Wassers für die Trinkwasserversorgung nicht zu gefährden, wurden für 2 Mrd. € Kläranlagen am See und an den Zuflüssen gebaut. Seit der Jahrtausendwende ist das Wasser nun sehr rein, für den natürlichen Fischbestand allerdings schon *zu* rein – ein Dilemma.

Um den Fischbestand im See zu erhalten, sind länderübergreifend Fischbrutanstalten eingerichtet worden, in denen heute Millionen Besatzfische herangezogen werden. Brutanstalten gibt es in Langenargen, Nonnenhorn, Hard und Rorschach. Die schwimmfähige Brut wird im April/Mai ausgesetzt. Die Fische bleiben aber klein, und die Fangerträge sinken. So wurden 2020 nur 295 t Fisch gefangen – 87 t mehr als 2019, dem Jahr mit dem historischen Tiefstwert, aber immer noch deutlich weniger als der Mittelwert der vorangegangenen zehn Jahre, der bei gut 435 t liegt. Ein echtes Problem, denn der Fischbedarf steigt.

Die ›Plagen‹

Die Internationale Bevollmächtigtenkonferenz für die Bodenseefischerei (IBKF) setzt länderübergreifend die Vorgaben. Es gibt penible Vorschriften über Netzarten und Zeitfenster zum Fischen: wer wann, wo, wie auf dem Wasser tätig werden darf. Erschwerend kommen die rund 12 000 Hobby- und Sportfischer rund um den See hinzu, außerdem die Motorbootfahrer, die durch Fanggebiete rasen und dabei Netze zerstören.

Die größte neue Plage aber sind die Kormorane: Jeder ausgewachsene Vogel holt pro Tag 1 kg Fisch aus dem See. Früher war der Kormoran nur im Winter am See zu finden, heute gibt es mehrere hundert Brutpaare, die sich jährlich rund 200 t Fisch schnappen. So ist zwischen den Fischereiorganisationen und den Naturschützern seit Langem ein heftiger Streit entbrannt, da Kormorane nicht bejagt werden dürfen und für die Fischer die Wirtschaftslage immer schwieriger wird. Die Internationale Bevollmächtigtenkonferenz für die Bodenseefischerei fordert ein international abgestimmtes Kormoran-Management rund um den See.

Leckereien aus dem See

Für Fischliebhaber bietet der Bodensee trotz allem eine reichliche Auswahl, wobei der ›Brot- und Butterfisch‹ des Sees der bekannte Felchen ist. Dann folgen Barsch (hier am See Kretzer genannt, in der Schweiz heißt er Egli), Seeforellen, Saiblinge, Hecht, Karpfen, Aal und Zander. Die Auswahl ist entsprechend groß: Ein Felchen Müllerin Art konkurriert mit feinen Kretzerfilets; wunderbar sind auch Hechtklößchen oder gebratener Zander. Ein Stück geräucherter Aal im Brötchen ist ebenfalls ein Genuss. ■

»Annette von Droste-Hülshoff den Gutskindern von Rüschhaus Märchen erzählend« lautet der Titel des Holzstichs, der 1872 nach einer Zeichnung von Theobald von Oer angefertigt wurde.

Reise durch Zeit & Raum

Aus unterschiedlichen Gründen — zieht es Menschen seit Jahrtausenden an den Bodensee. Pfahlbauten, Klöster, Schlösser und Museen erzählen von bedeutenden und weniger bedeutenden Zeiten.

Eisige Vergangenheit

Um 14 000 v. Chr.

Wer denkt schon angesichts eines spektakulären Sonnenuntergangs im Sommer an die eisige Vergangenheit des Bodensees? Und dennoch wäre dieses Erlebnis nicht möglich, hätte sich der Rheingletscher in der Würmeiszeit nicht bis nach Schaffhausen vorgeschoben. Bei seinem Rückzug hinterließ er den Bodensee, der damals aber fast doppelt so viel Fläche bedeckte wie heute. Doch schon bald setzte ein Prozess ein, der bis in die Gegenwart reicht: Der See verlandete zusehends. Der heutige Bodensee liegt im Bereich der Endmoräne des Rheintalgletschers.

Zum Anschauen: Der Bodanrück ist mit seinen länglichen Hügeln, die durch Gletschergeschiebe entstanden sind, eine Art Freilichtmuseum, S. 214

Menschen siedeln am See

8000 v. Chr.–200 n.Chr.

Nachdem sich das Eis zurückgezogen hatte, erkundeten zwischen 8000 und 5500 v. Chr. Jäger und Sammler die Region, ohne sich aber niederzulassen. Um 3000 v. Chr. setzte dann die Bautätigkeit am See ein, die Pfahlbauten entstanden. Die Kelten, etwa ab 800 v. Chr. am Bodensee, errichteten stadtähnliche Anlagen, die teils heute noch bestehen, z. B. Bregenz (keltisch Brigantion) oder Konstanz. Für die Römer, die im 1. Jh. v. Chr. an den Bodensee kamen, war Bregenz – jetzt Brigantium genannt – ebenfalls der wichtigste Ort. Weitere römische Stützpunkte bildeten Arbon (Arbor Felix) und Konstanz (Constantia).

Zum Anschauen: Pfahlbaumuseum in Unteruhldingen, S. 28

Alemannen und Mittelalter

3.–13. Jh.

Im 3. Jh. n. Chr. besiedelten die Alemannen zunächst das Nordufer des Sees, rückten dann aber immer weiter nach Süden vor. Die Römer zogen sich bis an die Rheingrenze zurück, bevor sie um 400 die Gebiete nördlichen der Alpen komplett aufgaben. Die Herrschaft der Alemannen war allerdings auch nicht von langer Dauer. Um 500 mussten sie sich dem Frankenkönig Chlodwig I. geschlagen geben. Chlodwig konvertierte nach diesem Sieg zum Christentum. Die Franken förderten in der Folge die Missionstätigkeit iro-schottischer Mönche. Aber erst um 610 kamen diese am Bodensee an. Bekannt sind vor allem Columban sowie Gallus, der Kloster und Stadt St. Gallen den Namen gab. Konstanz wurde in dieser Zeit Bischofssitz. Mit der Gründung der Klöster in St. Gallen und auf der Reichenau begann eine politische, kulturelle und wirtschaftliche Blütezeit am See. Im 12. Jh. übernahmen die Staufer unter Kaiser Friedrich I. Barbarossa die Herrschaft und trugen durch ihre Kreuzzüge dazu bei, dass sich rege Fernhandelsbeziehungen vom See in die Welt entwickelten. Ein komplexer Wirtschaftsraum entstand.

Zum Anschauen: Insel Reichenau, S. 219; Klosterbezirk St.Gallen, S. 131

Habsburger und Konzil

13.–15. Jh.

Auch unter den Habsburgern, die 1273 mit der Wahl Rudolf I. zum deutschen König an die Macht kamen, behielt der Bodenseeraum seine wirtschaftliche und strategische Bedeutung. Überlingen, Lindau und Konstanz hatten als Reichsstädte ein besonderes Gewicht. Meersburg, Arbon, Schaffhausen und Bregenz wurden ausgebaut. Die Bodenseestädte waren sich ihrer Bedeutung bewusst und sicherten ihre Freiheiten gegenüber dem Adel durch verschiedene Bündnisse untereinander. So schlossen sich 1353 Konstanz, Zürich, St. Gallen, Schaffhausen, Lindau und Überlingen zusammen. Im Appenzeller Krieg (1401–08) standen die Bodenseestädte auf der Seite des Abtes von St. Gallen, der die Landesherrschaft anstrebte. Bauern und Bürger wehrten sich, unterstützt von großen Teilen Vorarlbergs und der Stadt St. Gallen. Der Aufstand wurde niedergeschlagen.

Kurze Zeit später rückte Konstanz ins Zentrum kirchlicher Auseinandersetzungen. 1378 hatte sich die katholische Kirche nicht auf einen Papst einigen können. Ansprüche auf das Amt wurden sowohl in Avignon als auch in Rom erhoben. Warum in Avignon? Die französische Krone hatte zunehmend ihren Einfluss in der katholischen Kirche ausgeweitet, bis 1305 auch ein Franzose zum Papst gewählt wurde. Clemens V. ließ sich nicht in Rom, sondern in Lyon zum Papst krönen und zog 1309 dauerhaft in den Papstpalast in Avignon ein. 1376 verlegte Gregor XI. die Papstresidenz zwar wieder nach Rom, aber als die Bedeutung der französischen Kardinäle unter seinem Nachfolger Urban VI. schwand, wählten die Franzosen kurzerhand Clemens VII. zum Gegenpapst mit Sitz in Avignon. 1409 kam dann beim Konzil in Pisa ein dritter Papst hinzu, Johannes XXIII. Da ergriff König Sigismund die Initiative und bewirkte, dass Johannes XXIII. das Konzil in Konstanz einberief, um die Spaltung der katholischen Kirche zu überwinden. Bekanntermaßen führte dieser Plan zum Ziel. Vier Jahre dauerte das Konzil, rund 50 000 Menschen lebten zwischen 1414 und 1418 zusätzlich in Konstanz und am Ende war Martin V. als alleiniger Papst mit Sitz in Rom gewählt. Die katholische Kirche musste sich aber nicht nur mit internen Auseinandersetzungen beschäftigen. 1415 weigerte sich der böhmische Reformator Jan Hus in Konstanz, seine Lehre zu widerrufen und wurde als Ketzer verbrannt.

Zum Anschauen: Konzil in Konstanz, S. 160; Hus-Museum in Konstanz, S. 162

Zeit des Umbruchs

15.–17. Jh.

Auch wenn der Reformator Jan Hus Anfang des 15. Jh. noch als Ketzer verbrannt worden war, die Umbrüche der Neuzeit ließen sich auch am Bodensee nicht aufhalten. Der Eidgenossenschaft, 1291 von Uri, Schwyz und Unterwalden gegründet, schlossen sich immer mehr Regionen an. Als 1499 das Haus Habsburg die Schweiz österreichischer Herrschaft unterwerfen wollte, entfachte es damit den Schwabenkrieg. Im September 1499 musste Kaiser Maximilian I. im Frieden zu Basel den Eidgenossen weitreichende Zugeständnisse machen. Auch der Thurgau gehörte nun zur Eidgenossen-

Als Ketzer verurteilt und 1415 auf dem Scheiterhaufen verbrannt: der Reformator Jan Hus

schaft, wodurch Konstanz seine Hoheitsrechte verlor und zur Grenzstadt ohne eigenes Territorium wurde. Die Grenzen am Bodensee, die damals zwischen Deutschland und der Schweiz festgelegt wurden, gelten bis heute. Wirklich unabhängig vom deutschen Reich wurden die Eidgenossen aber erst im Westfälischen Frieden von 1648.

Die Reformation brachte weitere Unruhe an den See. 1521 wurde Konstanz protestantisch, wenig später nahmen Schaffhausen, St. Gallen und weitere Reichsstädte den neuen Glauben an. Auch wenn die ländlichen Gebiete eher katholisch blieben, sollte dort nicht alles beim Alten bleiben. 1525 schlossen sich die Bauern zum ›Seehaufen‹ zusammen, um u. a. die Abschaffung des Frondienstes und der Leibeigenschaft zu erreichen. Sie wurden vernichtend geschlagen und mussten sich mit den menschenverachtenden Zuständen abfinden. Ein Schicksal, das die protestantischen Reichsstädte 1547 ereilte. Nach dem Schmalkaldischen Krieg wurde beispielsweise Konstanz wieder katholisch.

Unter den verheerenden Auswirkungen des Dreißigjährigen Krieges litten alle Anwohner am Bodensee. Schwere Zerstörungen, eine erhebliche Zahl an Todesopfern und der wirtschaftliche Niedergang der Region brachten großes Leid. Schwedische Truppen besetzten die Mainau, Buchhorn und Bregenz. Kronach, Weismann und Überlingen widerstanden den Belagerungen. Überlingen gedenkt dieses Erfolges noch heute jedes Jahr.

Zum Anschauen: Schwedenprozession in Überlingen, S. 25

Zeit des Aufbruchs

17.–18. Jh.

Das Ende des Dreißigjährigen Krieges mit dem Westfälischen Frieden von 1648 initiierte eine ungeheure Bautätigkeit. Gegen die dunkle Zeit setzten sich die Fürsten mit lichten, üppig ausgestatteten Bauwerken ab. Künstler und Baumeister aus ganz Europa wurden mit lukrativen Aufträgen an den See und nach Oberschwaben gelockt. Der Katholizismus kam zu neuer Blüte und zeigte dies deutlich. Die barocke Prachtentfaltung war eine Machtdemonstration von Adel und Klerus, auch gegeneinander. Auf der Strecke blieb die Landbevölkerung, deren Leben nach wie vor von Armut und Hunger bestimmt war. In ihrer Verzweiflung wanderten viele aus. Die Nachkommen derer, die blieben, gehörten vielleicht zu den 40 000 Menschen, die im 18. Jh. Arbeit an den Webstühlen rund um den Bodensee fanden.

Zum Anschauen: Oberschwäbische Barockstraße, S. 286; Wallfahrtskirche Birnau, S. 32; Stiftsbibliothek St. Gallen, S. 132

Politische Neuordnung

19. Jh.

Mit Beginn des 19. Jh. endete die deutsche Besonderheit, dass kirchliche und weltliche Regierungsämter miteinander verbunden werden konnten. Ein Fürstbischof wie jener von Konstanz hatte nicht nur große Macht, sondern auch großen Reichtum, was noch heute in dessen Sommerresidenz, dem Neuen Schloss Meersburg, zu erleben ist. 1803 jedoch wurden alle geistlichen Fürstentümer und Klöster aufgelöst, um die weltlichen Fürsten abzufinden, die linksrheinische Gebiete an Frankreich verloren hatten. Für das Kloster Salem ein harter Schlag, war es doch der größte Grundbesitzer am See.

Frankreich verursachte Ende des 18. und zu Beginn des 19. Jh. viel Unruhe in Europa. Bereits 1798 hatten französische Truppen die gesamte Schweiz besetzt und machten die Eidgenossenschaft zur Helvetischen Republik. 1806 legte Napoleon die Staatsgrenzen für Baden, Württemberg und Bayern am Bodensee fest, die bis heute gelten. Der württembergische König Friedrich I. schuf sich auch sogleich ein ›Denkmal‹ am See mit der Gründung der Stadt Friedrichshafen. Großherzog Ludwig von Baden konnte das so nicht stehen lassen und taufte den neuen Hafen in Sernatingen 1826 Ludwigshafen – ein Name, der kurze Zeit später für den gesamten Ort übernommen wurde.

Zum Anschauen: Neues Schloss in Meersburg, S. 41

Industrielle Revolution und Demokratiebewegung

19./20. Jh.

Wirtschaftlich war der Bodenseeraum über lange Zeit wenig bedeutend. Erst mit Beginn der Dampfschifffahrt 1824 nahm die wirtschaftliche Entwicklung im wahren Sinn des Wortes wieder Fahrt auf. Die Schiffe transportierten vor allem Waren für die Textilindustrie. St. Gallen und Städte in Vorarlberg wie Dornbirn entwickelten sich durch die industrielle Revolution und der daraus resultierenden Erfindung von Stickmaschinen zu bedeutenden Textilstandorten und wurden in ihrer wirtschaftlichen Bedeutung mit Manchester verglichen. Webstühle, die bereits in großer Zahl vorhanden waren, wurden mechanisiert und stellten große Mengen von Stoffen her. Auf das erste Dampfschiff folgte 1847 die erste Eisenbahnlinie von Friedrichshafen nach Ravensburg, die drei Jahre später bis nach Ulm verlängert wurde. Friedrichshafen und Romanshorn waren ab 1869 mit einer Trajektfähre, also einer Eisenbahnfähre, verbunden, die erst 1976 ihren Betrieb einstellte. Mit diesen neuen Verkehrsmitteln konnten nicht nur Güter transportiert werden, es konnten auch Menschen bequem an den See kommen, denn der Bodensee galt schon damals als Sehnsuchtsort.

Mit dem Start des ersten Zeppelins im Jahr 1900 war der Weg Friedrichshafens zum Zentrum der Flugzeugindustrie vorgezeichnet. 1935 wurde die Stadt auch Zentrum der Rüstungsindustrie, Ursache für die fast vollständige Zerstörung des ursprünglichen Ortes im Zweiten Weltkrieg.

Parallel zur industriellen Revolution setzte in Baden mit der 48er-Revolution die Demokratiebewegung ein. Friedrich Hecker rief 1848 auf dem Konstanzer Stephansplatz die erste Deutsche Republik aus, aber die Revolution wurde blutig niedergeschlagen. Die Revolutionäre flüchteten in die benachbarte Schweiz, die kurz zuvor ein Bundesstaat wurde, was zur Folge hatte, dass auch die Klöster im Thurgau aufgelöst wurden.

Die Kriege des 20. Jh. hinterließen auch am Bodensee ihre Spuren. Konstanz als Garnisons- und Grenzstadt war im Ersten Weltkrieg besonders betroffen, Friedrichshafen wurde im Zweiten Weltkrieg wegen seiner Rüstungsindustrie fast vollständig zerstört, als einzige Stadt am Bodensee. Nach Kriegsende war die Bodenseeregion bis zur Gründung der Bundesrepublik Deutschland im Jahr 1949 französische Besatzungszone und wurde 1952 Teil des neu gegründeten Landes Baden-Württemberg. Ab 1950 war auch wieder die Grenze zur Schweiz passierbar.

Zum Anschauen: Textilmuseum in St. Gallen, S. 134; Zeppelin Museum in Friedrichshafen, S. 58; Dornier Museum in Friedrichshafen, S. 59; Rosgartenmuseum in Konstanz, S. 166; Kartause in Ittingen, S. 193

Landwirtschaft, Tourismus, Bildung
20./21. Jh.

Landwirtschaft und Tourismus entwickelten sich in der zweiten Hälfte des 20. Jh. neben der Industrie zu wichtigen Einnahmequellen am Bodensee. Schon 1881 hatten Winzer in Hagnau die erste (heute noch bestehende) Winzergenossenschaft in Baden gegründet. Zwischenzeitlich arbeiten Winzerinnen und Winzer in allen Ländern rund um den See und bringen hervorragende Weine in die Flaschen. Noch bekannter dürfte allerdings das Bodensee-Obst sein, das wie das Gemüse von der Reichenau auch exportiert wird.

Nachdem mit Eisenbahn, Schiff und einem Flughafen in Friedrichshafen die Infrastruktur geschaffen war, entwickelte sich der Tourismus am Bodensee stetig und damit das kulturelle Angebot. Museen wie das Pfahlbaumuseum, gegründet 1922 und damit das älteste Freilichtmuseum Deutschlands, oder die Bregenzer Festspiele, die 1946 initiiert wurden, sind nur zwei Beispiele. Welche Bedeutung das kulturelle Erbe am Bodensee hat, wurde spätestens dann klar, als die UNESCO 1983 den Stiftsbezirk St. Gallen, 2001 die Klosterinsel Reichenau und 2011 die Pfahlbauten zum Welterbe erklärt hat.

Neben der Kultur war aber auch immer die Natur wichtig für den Tourismus am See. Bergbahnen wie die Pfänderbahn aus dem Jahr 1927 oder die Bahn auf den Säntis von 1935 machten die Berge schon früh für viele Menschen erreichbar. Das erste Mainau-Blumenjahr wie es Gartenfreunde bis heute kennen, zog 1955 Touristen in größerer Zahl auf die Insel. Heute sind es ca. 1,2 Mio. jährlich. Mit den Landesgartenschauen in Überlingen und in Lindau im Jahr 2021 entstanden neue Erholungsräume für die Gäste. Ein Spektakel, das sich so schnell nicht wiederholen dürfte, zog 1963 Menschen aus nah und fern an: die Seegförne. Damals war der Bodensee komplett zugefroren, sodass man darauf spazieren konnte.

Der Bodensee lockt nicht nur Touristen an, sondern auch kluge Köpfe. Seit 1951 treffen sich Nobelpreisträger jährlich in Lindau, um sich mit jungen Wissenschaftlerinnen und Wissenschaftlern auszutauschen. 1966 wurde in Konstanz eine interdisziplinäre Reformuniversität gegründet, an der heute mehr als 11 000 Studierende lernen und forschen.

Damit die Bodenseeregion auch in Zukunft als Lebens-, Natur-, Kultur- und Wirtschaftsraum stark bleibt, gründeten die angrenzenden Länder und Kantone 1972 die Internationale Bodenseekonferenz, eine sehr aktive und zukunftsorientierte Gemeinschaft.

Das erfolgreichste Verkehrsluftschiff seiner Epoche, der »Graf Zeppelin«, wurde 1928 fertiggestellt.

Zum Wohl!

Probieren, probieren, probieren — so kommt man zu seinem Lieblingswein. Ob beim Winzer, im Restaurant oder in der Besenwirtschaft, es gibt viele Möglichkeiten, den Seewein zu verkosten und seinen Favoriten zu finden.

Rund um den Bodensee werden vorzügliche Weine angebaut, denn dank des nahezu mediterranen Klimas werden die Rebhänge von der Sonne verwöhnt. Die Rebsorten Müller-Thurgau, Spätburgunder, Weiß- und Grauburgunder gedeihen in der milden Luft prächtig. Ein Winzer oder eine Weinstube am See lohnt immer einen Besuch.

Die Geschichte des Weinbaus am Bodensee ist sehr alt. Schon die Römer haben Rebstöcke über die Alpen gebracht, und um 900 n. Chr. ist die Spätburgunder-Traube zuerst im Königsgarten von Bodman angebaut worden. Auf den großen Klosterbesitzungen wurde jahrhundertelang Wein gekeltert. Im Weinbaumuseum Meersburg werden die Werkzeuge, die Riesenpressen und das prunkvolle, 50 000 l fassende Zehntfass als historische Zeugen der schweren Arbeit, aber auch der Genussfähigkeit der hohen Herrschaften bewahrt.

Heute reift der Wein zu 85 % in Stahltanks, in den Genossenschaften, aus denen 70 % der Bodenseeweine stammen, und großen Weingütern wird modernste Kellereitechnik eingesetzt. Die erste badische Winzergenossenschaft wurde vom Pfarrer und Sozialreformer Heinrich Hansjakob Mitte des 19. Jh. in Hagnau gegründet, um die Wirtschaftlichkeit der zahlreichen kleinen Weinbauern zu erhöhen und ihnen mehr Unabhängigkeit zu geben. In Hagnau gibt es heute noch 52 Winzerfamilien, die rund 150 ha Rebland bearbeiten. Das ist hier wie meist in Europa Hand- und somit Knochenarbeit, denn die Steilufer sind für Maschinen ungeeignet.

Der Weinanbau rund um den Bodensee profitiert von dem fast mediterranen Klima der Region.

Klima und Terroir

Die riesige Wasserfläche des Bodensees wirkt als Wärmespeicher, spiegelt das Sonnenlicht und wirft es auf die Hänge.

WEINGÜTER AM BODENSEE

Zentrale Vereinigung der deutschen Weinerzeuger am See ist der **Verein Bodenseewein e. V. im Staatsweingut Meersburg,** Seminarstr. 6, 88709 Meersburg, T 07532 446 70, www.bodenseewein.org, www.staatsweingut-meersburg.de, Verkauf Mo–Fr 9–18, Sa 9–16, April–Okt. auch So 11–18 Uhr; öffentliche Weinproben: »Open Air« im Reithof (bei schlechtem Wetter im Kelterhaus) Juni–Aug. Di und Fr 19 Uhr, sowie im vineum, Vorburggasse 11, April, Mai, Sept., Okt. Fr 19 Uhr; Karten für alle Weinproben in der Vinothek, Seminarstr. 6; Gruppen nach Voranmeldung.
Weitere Weingüter und Genossenschaften sind u. a. die **Winzervereine von Meersburg, Reichenau, Hagnau,** die **Weingüter des Markgrafen von Baden** mit Hauptsitz auf Schloss Salem, die **Schlosskellerei Bodman** und die **Spitalkellerei Konstanz. Weingut Aufricht:** Höhenweg 8, Stetten (zwischen Meersburg und Hagnau), T 07532 24 27, http://aufricht.de. Dieses Gut zählt zu den kleineren, innovativen Weingütern. Seine Weißweine wurden international mehrfach prämiert. Weingüter im Thurgau: Auch im schweizerischen Thurgau gibt es hervorragende Weingüter, die alle einen Besuch lohnen, z. B. das **Weingut Hausammann,** Iselisberg 40, 8524 Uesslingen, www.iselisberger.ch.

Die Sommer sind lang, die Winter mild. Auch die leichten Böden eignen sich hervorragend für den Weinanbau. Um Überlingen und Meersburg ist es fruchtbarer Moränenschotter, im Hegau – am Hohentwiel – Vulkangestein, und zwischen Stein am Rhein und Schaffhausen überwiegt ein Sandboden, der besonders von Spätburgunderreben geschätzt wird. Rund um den See gibt es etwa 1000 ha Rebland; 400 davon im Thurgau, so z. B. in Ermatingen, Salenstein und Berlingen. Die 600 ha auf deutschem Boden verteilen sich auf zwei Anbauflächen: Das Anbaugebiet Baden erstreckt sich vom Hochrhein über den Hegau, Überlingen und Salem bis etwa Meersburg als Bereich Bodensee. Das Rebland um Kressbronn gehört zum Württembergischen Bodensee und die Region von Nonnenhorn bis Lindau ist Bayerischer Bodensee.

Die Rebsorten

Aus der Schweiz kommt die Traubensorte, die den Weinbau der gesamten Bodenseeregion revolutionierte: Es war ein Hermann Müller aus Tägerwilen im Thurgau, der eine Kreuzung aus Riesling und Sylvaner salonfähig machte: Als Müller-Thurgau wurde die Sorte 1925 in Deutschland zum ersten Mal angebaut. Heute ist dieser süffige, fruchtige Weiße mit 75 % Rebfläche der absolute Renner in der Seeregion. Der Spätburgunder wird als Rotwein, Weißherbst oder Rosé ausgebaut: kräftig und voll als Roter, hellrot – weil ohne Haut vergoren – als Weißherbst und als spritzig-feiner Rosé. Der liebliche Ruländer wie auch der rassige Grauburgunder – beide aus der rosa-grauen Burgundertraube und unterschiedlich ausgebaut – sind ebenfalls feine und begehrte Weine.

Auch die Sekte finden reißenden Absatz; sehr gut ist ein Pinot Brut aus Weiß- und Grauburgunder. Und nicht zu vergessen die Nebenprodukte: feinste Wein- und Sektgelees, Traubenkernöle und Probierpakete mit verschiedenen Weinen. Und wo Wein angebaut wird, sind auch Brände nicht weit: Trester, Obstler, edle Destillate. ■

Pracht im Überfluss

Nur die Besten — Die Auftraggeber der barocken Bauwerke holten nur die fähigsten Handwerker und Künstler nach Oberschwaben und an den Bodensee. Nach dem Dreißigjährigen Krieg entstand eine Pracht, die auch heutige Besucher tief beeindruckt.

Oberschwaben, der hügelige Landstrich zwischen Donau und Bodensee, ist, wie auch das angrenzende bayerische Allgäu, vom Katholizismus geprägt. So gibt es Kirchen, Klöster, Konventbauten und Schlösser in großer Fülle, die im Rausch barocker Üppigkeit schwelgen. Die Oberschwäbische Barockstraße — führt von einem Juwel zum anderen.

Nach der Finsternis: Licht und Glanz

Der Dreißigjährige Krieg (1618–48) bildete eine nachtschwarze Zäsur in der Geschichte Deutschlands und der Nachbarländer. Eine Generation lang gab es auch in Oberschwaben Tod, Zerstörung, Hunger und Elend. Erst ab der Mitte des 17. Jh. konnten Fürsten und Äbte wieder beginnen, ihre Machtansprüche mit großen Bauten zu verdeutlichen. Der gewaltige Bauboom des Barock hielt bis Mitte des 18. Jh. an. Die Fertigstellung der Bibliothek im St. Galler Stiftsbezirk im Jahr 1767 gilt als zeitlicher Abschluss. In dem Gebiet, das in zahllose Kleinstaaten aufgesplittert war, waren die Klöster mit ihren Besitzungen Träger der regionalen Macht. Die Äbte hatten die politischen, gesellschaftlichen und kulturellen Schlüsselpositionen inne, und jedes Kloster wollte das andere übertreffen.

Die neue Bauauffassung wurde auch nördlich der Alpen aus Italien übernommen. Die religiöse Kunst stand im Zeichen der Gegenreformation, spiegelte Machtanspruch sowie Repräsentationsbedürfnis wider und schwelgte zur Ehre Gottes und des Klerus in Licht, glanzvollem Dekor und herrlichen Malereien.

Der prachtvolle Hochaltar der Wallfahrtskirche St. Maria in Birnau bei Uhldingen

Die Crème de la Crème

Sei es in der Kathedrale oder der Stiftsbibliothek in St. Gallen, im Schloss Salem, in der grandiosen Basilika in Weingarten oder in der Wallfahrtskirche in Birnau: Die Auftraggeber holten sich die besten und bekanntesten Baumeister, Handwerker und Kunsthandwerker ihrer Zeit. Diese waren in Genossenschaften zusammengeschlossen. Sie zogen von Auftrag zu Auftrag durch die Lande und bauten die kriegszerstörten Kirchen und Residenzen in bisher unbekannter Pracht wieder auf. In Oberschwaben und rund um den Bodensee wirkten vor allem die herausragenden Vorarlberger Baumeister und die Wessobrunner Stuckateure. Sie reichten ihre Kunst und ihr Können in den Familienclans weiter, sodass wir immer auch Väter, Söhne und Brüder als Ausführende vorfinden: Christian und Peter Thumb, Franz Beer von Bleichten und Johann Michael Beer, Michael und Johann Georg Kuen.

Von Handwerkern zu Künstlern

Zimmerer, Stuckateure und andere Handwerker entwickelten sich zu großen Künstlern, wie etwa die Stuckateure der Familie Schmutzer oder Joseph Anton Feuchtmayer, der die Stuck-Alabaster-Technik vervollkommnete. Er lebte später bei Salem, sein Haus ist heute ein intimes, interessantes Museum (s. S. 35).

Die Asams aus Benediktbeuern wiederum waren große Illusionsmaler, die herrliche Deckengemälde schufen: Cosmas Damian Asam und sein Bruder waren beide Maler und Architekten und begründeten die Rokokophase in der Fresken- und Altarbildmalerei. Gemeinsam lernten sie in Rom, Vorbild ihrer Arbeiten war Gian Lorenzo Bernini.

Höhepunkte für Auge und Ohr

Die Merkmale der barocken Baukunst sind überall in der Bodenseeregion anzutreffen: gerundete Formen, überbordende Ornamentik, Stuck, Putten, Fresken in lichten, hellen Farben mit viel Weiß und Gold. Und doch sind die Bauwerke individuell und völlig unterschiedlich. So bildet die Basilika in Weingarten ein Extrem der barocken Kirchenbaukunst: Sie ist Deutschlands größte Barockbasilika. Gewaltig ragt die dem Petersdom in Rom nachgebildete Kuppel in den Himmel, ein Monument des Glaubens und der klerikalen Macht. Im Kirchenraum harmonisiert der lichte Stuck mit kunstvollen Fresken, die goldenen Chorgitter, Hochaltar und Chorgestühl sind eine sinnliche Pracht; der Gesamteindruck ist kühl und prächtig. Alles strebt nach oben, dem Himmel zu.

Ganz anders dagegen präsentiert sich die kleine, anmutige Wallfahrtskirche in Birnau: Heiter und festlich liegt der dem menschlichen Maß angepasste pastellfarbene Bau in den Weinbergen hoch über dem Bodensee. Wieder andere Facetten der Baukunst und der Ausstattung finden sich u. a. im Neuen Schloss in Meersburg, das die sehr weltliche Residenz der Konstanzer Fürstbischöfe war und ein geschlossenes System absoluter Macht und Prachtentfaltung demonstriert.

Wer den zahlreichen Bauwerken folgen will, dem seien die Kloster- und Schlossanlage in Salem oder auch Schloss und Kirche auf der Insel Mainau empfohlen, natürlich auch die einzigartige Klosterbibliothek St. Gallen (die Bauten sind in den jeweiligen Kapiteln dargestellt).

Die Ausgestaltung all jener Innenräume mit ihren Gemälden und Fresken erzählt immer auch ›Geschichten des Himmels und der Erde‹, verwoben mit Ereignissen und Personen, die die Betrachter – die meisten Menschen konnten nicht lesen und schreiben – aus ihrer Umgebung kannten. Zum anderen galt dem Ohr höchste Aufmerksamkeit: Die großartigen Orgeln etwa in Salem, St. Gallen und Weingarten brausten zur Ehre Gottes und erfüllten die Gemäuer mit Lobpreis, Freude und Ehrfurcht. Auch heute noch ist das Zusammenspiel von Raum und Klang überwältigend und einschüchternd zugleich. ■

AUF DEN SPUREN DES BAROCK

A

Die ca. 860 km lange **Oberschwäbische Barockstraße** reicht von Ulm und Umgebung durch das südöstliche Baden-Württemberg und das westliche Allgäu bis zum Bodensee. Die **Hauptroute,** von Ulm kommend, führt u. a. über die einstige Benediktinerabtei Ochsenhausen zur Basilika von Weingarten. Die **Ostroute** zeigt mit Ottobeuren und Memmingen das bayerische Barockspiel. Die **Westroute** vom Donautal ins Linzgau und zum Bodensee präsentiert u. a. Schloss Meßkirch, das Kloster und Schloss Salem und die Wallfahrtskirche Birnau. Die **Südroute** führt vom österreichischen Bregenz und Umland bis zum schweizerischen St. Gallen. Verbindendes Element sind rund 100 Kirchen und Klöster sowie einige Schlösser.

Infos: www.oberschwaebische-barockstrasse.de, www.oberschwaben-tourismus.de. Touristeninformationen, Kirchen und Klöster bieten Broschüren an. Die Oberschwäbische Barockstraße ist durch einen gelben Putto auf grünem Grund gekennzeichnet.

In schlossähnlichen Räumlichkeiten residierte der Abt im Konvent von Salem (Bild oben); ein ganz echtes Schloss nennt die gräfliche Familie der Insel Mainau ihr Eigen (Bild unten).

Noch mehr aktuelle Reisetipps von Autorin Ingrid Nowel und News zum Reiseziel finden Sie auf www.dumontreise.de/bodensee.

DAS KLIMA IM BLICK

Reisen bereichert und verbindet Menschen und Kulturen. Wer reist, erzeugt auch CO_2. Der Flugverkehr trägt mit einem Anteil von bis zu 10 % zur globalen Erwärmung bei. Wer das Klima schützen will, sollte sich für eine schonendere Reiseform (z. B. die Bahn) entscheiden – oder die Projekte von atmosfair unterstützen. Atmosfair ist eine gemeinnützige Klimaschutzorganisation. Die Idee: Flugpassagiere spenden einen kilometerabhängigen Beitrag für die von ihnen verursachten Emissionen und finanzieren damit Projekte in Entwicklungsländern, die dort den Ausstoß von Klimagasen verringern helfen. Dazu berechnet man mit dem Emissionsrechner auf www.atmosfair.de, wie viel CO_2 der Flug produziert und was es kostet, eine vergleichbare Menge Klimagase einzusparen (z. B. Berlin – London – Berlin 13 €). Atmosfair garantiert die sorgfältige Verwendung Ihres Beitrags.

Ingrid Nowel ist Reise- und Kulturjournalistin und lebte überwiegend in London und Berlin. Seit sie nach Süddeutschland zog, hat sie ihre neue Heimat kennen- und schätzen gelernt. Was ihr am Bodensee so gefällt? Die Welt- und Weitläufigkeit, die die drei Länder rund um den See bieten, die unterschiedlichen Landschaftsregionen, die attraktiven Uferpromenaden, die Kulturangebote, die Alpenkulisse, das Nebeneinander von Trubel und Stille. Und ganz besonders die Vielfalt der kulinarischen Angebote.

Abbildungsnachweis
akg-images, Berlin: S. 278, 281 **Angelika Kauffmann Museum,** Schwarzenberg (AT): S. 97 re. (Marion Hirschbühl) **Bodensee-Therme Konstanz,** Konstanz: S. 170 **Bregenzer Festspiele GmbH,** Bregenz (AT): S. 273 (Karl Forster) **DuMont Bildarchiv,** Ostfildern: 2/3, 6, 7 li. o., 8, 11, 12/13, 14 li., 14 re., 15 li., 23, 29, 33, 38 li., 39 li., 39 re., 45, 59, 63, 74 li., 75 li., 87, 96 li., 99, 103, 114, 118 re., 119 li., 119 re., 141, 154 li., 157, 165, 175, 176, 178 li., 192, 198 li., 198 re., 206, 212, 221, 227, 233, 243, 245, 249, 250, 254/255, 261 o., 265, 269 u., 289 o., 289 u. (Johann Scheibner); 88 (Markus Heimbach); 72, 83, 149, 154 re., 162, 277, 284, 286 (Rainer Kiedrowski) **Frauenmuseum Hittisau,** Hittisau (AT): S. 270 (Ines Agostinelli) **Glow Images,** München: S. 215, 258/259 (imagebroker/Katja Kreder) **Huber-Images,** Garmisch-Partenkirchen: S. 78 (Reinhard Schmid) **Ingrid Nowel,** Hechingen: S. 183, 295 **laif,** Köln: Titelbild (Dagmar Schwelle); 269 o. (Keystone Schweiz/Christian Beutler) **Mauritius Images,** Mittenwald: S. 108 (Chromorange/Ernst Weingartner); 261 u. (Michael Weber); 125 (Pitopia/Thomas Böttger); 179 li., 196 (Ros Drinkwater/Alamy); 199 re. (Westend61/Holger Spiering); 97 li. (Westend61/Martin Siepmann) **picture-alliance,** Frankfurt a. M.: S. 283 (ZB/Berliner Verlag/Archiv) **Shutterstock.com,** Amsterdam (NL): S. 7 re. m. (AK-Snapshot); 155 li. (Baloncici); 179 re. (Georg Holubec); 155 re. (kesterhu); 230 (makasana photo); 75 re. (nadia_if); 199 li. (Nyokki); 122 (Robert Buchel); 7 li. u. (Sergii Gnatiuk); 74 re. (Sina Ettmer Photography); 178 re. (Urban Napflin) **St. Gallen-Bodensee Tourismus,** St. Gallen (CH): S. 118 li., 128 **Städtisches Museum,** Überlingen: S. 15 re. **Therme Lindau GmbH,** Lindau : S. 94 (David Matthiessen) Regensburg: S. 31, 38 re., 48, 53, 96 re., 111, 136, 153, 161, 169, 185, 188, 205, 211, 218, 267

Umschlagfoto:
Am Stadtgarten von Konstanz (Titelbild)

Kartografie: © DuMont Reiseverlag, Ostfildern

Autorinnen: Ingrid Nowel, Cornelia Tomaschko (Bearbeiterin) **Bildredaktion:** Sima Ebrahimi, Titelbild: Carmen Brunner **Grafisches Konzept und Umschlaggestaltung:** zmyk, Oliver Griep und Jan Spading, Hamburg

Hinweis: Autorinnen und Verlag haben alle Informationen mit größtmöglicher Sorgfalt geprüft. Gleichwohl erfolgen alle Angaben ohne Gewähr. Bitte schreiben Sie uns! Über Ihre Rückmeldung und Ihre Verbesserungsvorschläge freuen wir uns: DuMont Reiseverlag, Postfach 3151, 73751 Ostfildern, info@dumontreise.de, www.dumontreise.de

1. Auflage 2023

Printed in Poland

Offene Fragen*

Deftig oder süß? Schäufele oder Hüppen?

Fliegt oder fährt ein Zeppelin?

Warum nennen die Schweizer den Thurgau ›Mostindien‹?

Sup-Board oder Wanderschuhe ins Gepäck?

Ist der Untersee Teil des Rheins oder Teil des Bodensees?

Seite 200

Was machen die Mainau-Gärtner mit den vielen, vielen Tulpenzwiebeln?

Seite 275

Ist die Halbinsel Höri ein Rückzugsort für Künstler?

Seite 201

Wann lassen es die Schweizer krachen?

Seite 144

Was wäre, wenn das Appenzeller Käserezept verloren ginge?

Ticken die Uhren in der Schweiz langsamer?

Was hat es mit dem Gropp auf sich?

Seite 186

Wurde Martin Walser tatsächlich am Bodensee geboren?

Seite 84

Können die Bayern auch Wein?

Seite 284

Feiert Konstanz das Seenachtsfest trotz Klimanotstand weiter?

Sind die Vorarlberger echte Österreicher?

** Fragen über Fragen – aber Ihre ist nicht dabei? Dann schreiben Sie an info@dumontreise.de. Über Anregungen für die nächste Ausgabe freuen wir uns.*